本书获"北方民族大学2021年度校级本科教材建设项目"
和教育部首批新文科研究与改革实践项目
"新文科背景下民族高校商科专业融合创新人才培养模式研究"
（项目编号：2021140128）出版经费资助

战略营销管理

Strategic Marketing Management

杨保军 编著

前言 PREFACE

开启美好的战略营销旅行体验

对于大多数人来说，战略营销还是一个陌生的概念。自1967年菲利普·科特勒教授出版划时代的著作《营销管理》以来，随着全球范围的社会及市场经济的演进，对市场营销理论和内涵的更新就一直没有停止过。科特勒教授也一直勤于耕耘，将《营销管理》著作更新到第16版。在这一更新的过程中，众多学者分别从经济学、管理学、行为科学、人类学、数学等学科角度为市场营销学提供了丰富的营养，使市场营销学从传统的边缘学科发展成为主流的管理学科。一方面，新的市场营销理论不断涌现出来，如关系营销、整合营销、战略营销、服务营销、绿色营销等理论，丰富了市场营销理论；另一方面，从应用学科的角度来看，旅游市场营销、服务市场营销、汽车营销、房地产营销、商业银行营销等行业营销理论和实践形成了多层次的立体学科网络。在这一系列理论变迁过程中，战略营销作为重要的营销学科逐渐为学界和企业界所重视。

每一位营销学者和从业者都有一个共识：市场营销的关键是创造顾客价值并建立稳定的顾客关系，战略营销是建立在战略管理层面来思考顾客价值和企业未来营销战略发展方向的学问，始于顾客需求和顾客价值的探索，通过市场细分和目标市场的选择，确定企业在目标市场的定位，系统思考战略营销情报、战略营销资源、战略营销能力以及战略营销执行，并制定有效的营销战略，以此获得市场竞争优势。本教材将遵循这样的研究思路开启美好的战略营销之旅。

战略营销旅行里程碑

《战略营销管理》是在笔者 2008 年出版的《差距——市场导向的战略营销管理》一书的基础上，结合当前战略营销管理和市场营销、战略管理理论最新研究成果撰写而成的，在这本教材中将建构以下七大战略营销主题。

一是顾客价值。战略营销的目标是从战略的高度来看待顾客对企业的价值，强调从顾客角度来理解产品和服务的价值，并根据竞争情报的研究获取顾客对企业产品的感知，向目标顾客提供超越竞争对手的价值，而顾客为了使自己获得的感知价值最大，也更加乐于和企业维持互动的关系。《战略营销管理》研究顾客价值体现了从产品到营销能力和营销资源的转变，是通过改变关系双方交互的内容来提升顾客价值感知的。按照交易营销理论，顾客购买的产品是顾客价值的主要来源；产品的本质是准备交换的、由资源和特征构成的预制物，营销的本质应是交换，顾客的价值是能够实现交换的价值。战略营销以营销能力和营销资源为基础，从顾客角度来思考提升顾客价值感知。战略营销研究顾客价值的目的在于维系与顾客的关系，拉近与顾客的距离。关系营销注重从长期角度出发维护现有的顾客关系。战略营销更注重顾客对企业产品、服务、品牌、形象的认识，从而找到营销差距，并缩小、弥合这种差距。本教材第 1~3 章，分别从战略营销基础、战略营销的商业逻辑、战略营销导向几个方面，分析基于顾客视角的战略营销理念的建立。

二是战略营销定位。战略营销的关键是发现市场机会并获得竞争优势的过程。企业通过市场细分发现市场机会，并选择目标市场，由此建立产品或服务的市场定位，从而为企业指明创造顾客价值的方向。本教材第 4~5 章的核心是从战略角度理解营销环境、战略营销环境的变化趋势及分法方法；基于营销战略的视角分析战略市场细分、战略目标市场选择和战略市场定位，理解企业如何实现差异化并定位其产品和服务在市场上的最大竞争优势。

三是战略营销情报。战略营销情报是企业获取营销竞争力的前提。一个企业在战略营销实践中，战略决策制定者需要对企业内部营销资源、营销能力进行分析，并了解市场中竞争对手、顾客/客户、供应商、新进入者、替代者和营销合作联盟伙伴等方面的监控情报，也就是说必须与企业的营销竞争情报部门进行合作、研讨才能做出正确的战略决策。主要研究内容包括：（1）企业营销战略决策和行动方面的情报需求；（2）对主要市场参与者的描述和动态监控，指竞争对手、顾客/客户、供应商、新进入者、替代者和营销合作联盟伙伴等方面的监控情报需求。企业在营销战略的定位和营销战略的执行中，应注重战略营销竞争情报系统的构建，提升营销竞争情报水平。具体在营销实践中，应考虑以下因素：营销竞争情报流程、营销竞争情报组织、情报技术、决策支持、企业文化。本教材的第6章全面分析了战略营销情报的构建及实践。

四是战略营销资源。 战略营销资源是企业在战略营销管理过程中所培育的人力、组织制度、相关的营销能力、知识以及信息等一系列要素的组合，是企业为了提升竞争能力和竞争优势、取得营销绩效而用来制定并实施营销战略和策略的基础。战略营销资源是营销竞争力的最基础的层次。战略营销资源包括两方面的因素：外部营销资源和内部营销资源。本教材第7~9章全面分析企业战略营销资源的基本概念，战略产品资源、品牌资源的构成，专门分析顾客资源的含义、特点，以解释战略营销资源在企业营销战略制定中的重要作用。

五是战略营销能力。 战略营销能力是企业营销竞争力的支撑力量。所谓战略营销能力是指企业通过营销程序用于动员、协调和开发战略营销资源以获取市场竞争优势的核心能力。战略营销能力是企业在长期营销策划和营销战略、策略指导下在营销过程中经验的积累。战略营销能力包括营销战略规划能力和市场运营能力。本教材的第10~11章分析了战略营销能力的内涵、特点及构成，并从战略定价能力、沟通能力等角度分析了企业市场运营能力。

六是战略营销执行。 战略营销执行是实现营销竞争力的保证。菲利普·科特勒认为，营销执行是将营销计划转化为行动和任务的部署过程，并保证这种任务的完成，以实现营销计划所制定的目标。战略营销执行是一整套行为和技术体系，它能够使公司形成独特的营销竞争优势。一个企业尽管拥有独特的异质性的营销资源和营销能力，但是如果没有很好的营销执行力同样会在市场中败北。企业的战略营销执行主要包括：营销团队组织和营销人员流程执行、营销战略流程执行、营销运营流程执行。伴随着市场竞争的发展，执行力越来越成为决定企业成功的关键因素，也构成了企业竞争力的重要一环，只有不断地坚持执行和跟进每一项营销计划，企业才能获得更高的营销运营效率，也才能不断增强企业的营销竞争力。本教材第12章专门分析企业战略营销执行的概念、特点、历史发展以及企业如何提高战略营销执行力。

七是营销战略制定。 市场导向概念强调企业战略营销观念的执行、企业对于顾客和竞争对手的关注以及市场营销部门对于营销资源和能力协同的战略重要性，是建构在企业长期形成的以关注顾客和竞争对手为导向的战略思维基础上的营销理念。市场导向战略是基于市场导向理念形成的战略营销规划和行动。市场导向战略是一个管理过程，其任务是通过关注顾客以创新满足顾客的需求，建立竞争标杆以缩小差距；整合营销资源和能力，以获得目标利润和成长。本教材第13章分析市场导向的营销战略执行的内涵和方法。

战略营销旅行实践

《战略营销管理》结合当前中国宏大的改革开放场景，展示华为、小米、海尔等中国优秀企业的战略营销实践，全面回顾中国优秀企业战略营销实践案例和故事，结合战略营销理论分析其营销成败与得失。本教材在每一章开头都辟有最佳战略营销实践专栏，在每一章末尾附录两个企业案例作为训练，为课程讲解和课程练习提供案例资料。本教材在撰写过程中结合了党的十八大以来的重要理论和政策，以及中国传统文化典籍中的相关知识，力求从课程思政角度引领学生从党和国家战略高度分析战略营销理论和实践，以便更好地理解中国快速发展的社会和经济实践。

《战略营销管理》基于企业视角分析企业战略营销管理框架和实践。在教学过程中，一方面强调战略营销概念、理论和分析框架，另一方面从市场、顾客、竞争对手视角分析战略营销理论和实践，力求使同学们在基础市场营销理论的学习过程中逐步引入战略营销思维，从现实出发理解战略营销分析框架。本教材包括多个中国企业和国外企业经典案例。这些案例主要是知名企业的营销与业务的战略营销实践。一方面，展现一些早期的经典案例，目的是分析其独特的战略营销思维；另一方面，展现大量紧跟时代脚步的企业案例，目的是综合考虑当前国内和国际市场的商业环境、市场变化，与时俱进。本教材选取的案例包括大型企业、中小型企业，有许多可供同学们思考和查阅的学习材料，这些案例可以帮助同学们理解每一章的概念和方法，同时可以用作课堂讨论、实践作业和课堂陈述。

为更进一步促进同学们对本教材的学习，笔者专门编写了《战略营销管理》教学大纲、教案、习题集以及为教学使用的PPT课件，以期为教师和同学们在课程规划、案例讨论、习题测试等方面提供帮助，希望他们在这场愉快的战略营销旅行体验中收获智慧、知识和能力。

致　谢

一本教材的出版并不是作者一个人的研究贡献，而是需要参考更多学者的经典教材和最新研究成果，一些公开发表的刊物、教材中展现的企业案例也成为本教材选用的材料，《战略营销管理》的完成得益于许多人的无私奉献和宝贵经验。本教材在编纂过程中参考了大量的教材、专著、论文文献以及案例资料，对此，我们不仅在案例和引用资料后详细注明，也在书后的参考文献中一一标注，在此对这些作者深表谢意。感谢北方民族大学市场营销教师团队各位老师的大力支持。感谢北方民族大学教务处王建伟处长及其同人高效率的工作。本教材是教育部新文科研究与改革实践项目"新文科背景下民族高校商科专业融合创新人才培养模式研究"（2021140128）的部分成果，感谢北方民族大学教材出版基金的大力支持。特别感谢社会科学文献出版社的高雁和贾立平编辑，她们出色的专业工作为本教材的如期付梓提供了巨大的支持。

2022 年 12 月于银川

目录 CONTENTS

第1章 绪论 ·· 1
  最佳战略营销实践：传音手机的战略营销 ·· 2
  第1节 营销管理概述 ·· 3
  第2节 战略营销管理思想的演进 ·· 8
  第3节 战略营销思想产生的背景 ·· 14
  本章小结 ·· 16
  案例训练1：腾讯 ·· 17
  案例训练2：海底捞 ·· 18
  战略营销实训 ··· 19

第2章 战略营销管理基础 ··· 20
  最佳战略营销实践：比亚迪汽车竞争优势 ·· 21
  第1节 战略营销的商业逻辑 ·· 21
  第2节 战略营销的含义与特点 ·· 25
  第3节 战略营销管理要素与任务 ·· 29
  第4节 战略营销策划 ·· 33
  本章小结 ·· 36
  案例训练1：海尔 ·· 36
  案例训练2：星巴克 ·· 38
  战略营销实训 ··· 39

第 3 章　战略营销导向 ·· 40

最佳战略营销实践：雀巢的模块组合营销 ·· 41
第 1 节　营销导向的演变 ·· 42
第 2 节　营销管理范式的历史与创新 ··· 47
第 3 节　战略营销组合 ··· 53
本章小结 ·· 56
案例训练 1：菜鸟网络 ··· 57
案例训练 2：小米手机 ··· 58
战略营销实训 ·· 60

第 4 章　战略营销环境 ·· 61

最佳战略营销实践：入乡随俗的肯德基 ··· 62
第 1 节　营销环境的战略意义 ·· 63
第 2 节　战略营销环境变化趋势 ··· 66
第 3 节　战略营销环境的分析方法 ·· 69
本章小结 ·· 74
案例训练 1：特斯拉 ·· 74
案例训练 2：茅台 ··· 75
战略营销实训 ·· 76

第 5 章　战略营销定位 ·· 77

最佳战略营销实践：大宝的亲民路线 ··· 78
第 1 节　战略市场细分 ··· 79
第 2 节　战略目标市场选择 ··· 84
第 3 节　战略市场定位 ··· 86
本章小结 ·· 93
案例训练 1：万宝路 ·· 93
案例训练 2：王老吉 ·· 94
战略营销实训 ·· 94

第 6 章　战略营销情报 ·· 95

最佳战略营销实践：海尔的情报战略 ··· 96
第 1 节　战略营销情报的起源 ·· 97

第 2 节　战略营销情报价值与影响因素 ·················· 99
　　第 3 节　战略营销情报系统与运行 ······················ 104
　　本章小结 ·· 112
　　案例训练 1：摩托罗拉 ································ 112
　　案例训练 2：百度 ···································· 113
　　战略营销实训 ·· 113

第 7 章　战略营销资源 ···································· 114
　　最佳战略营销实践：冷酸灵牙膏的战略营销 ·············· 114
　　第 1 节　战略营销资源的概念与性质 ···················· 115
　　第 2 节　战略营销基础资源 ···························· 120
　　第 3 节　战略渠道资源 ································ 127
　　第 4 节　战略顾客资源 ································ 131
　　本章小结 ·· 138
　　案例训练 1：戴尔 ···································· 138
　　案例训练 2：农夫山泉 ································ 139
　　战略营销实训 ·· 139

第 8 章　战略产品资源 ···································· 140
　　最佳战略营销实践：大窑汽水的战略营销 ················ 140
　　第 1 节　战略产品资源的特点、开发与创新 ·············· 141
　　第 2 节　战略品类资源 ································ 146
　　本章小结 ·· 159
　　案例训练 1：强生公司 ································ 159
　　案例训练 2：云南白药 ································ 159
　　战略营销实训 ·· 160

第 9 章　战略品牌资源 ···································· 161
　　最佳战略营销实践：全聚德：老字号的品牌之路 ·········· 162
　　第 1 节　战略品牌资源的概念与性质 ···················· 163
　　第 2 节　品牌资产 ···································· 167
　　第 3 节　战略品牌进化 ································ 171

第4节　战略品牌资源管理 …………………………………………… 175
　　本章小结 …………………………………………………………………… 180
　　案例训练1：格力电器 …………………………………………………… 181
　　案例训练2：娃哈哈 ……………………………………………………… 181
　　战略营销实训 ……………………………………………………………… 182

第10章　战略营销能力 …………………………………………………… 183
　　最佳战略营销实践：七匹狼的营销转型 ………………………………… 183
　　第1节　企业能力理论 …………………………………………………… 185
　　第2节　战略营销能力的内涵与价值分析 ……………………………… 187
　　第3节　战略营销能力结构 ……………………………………………… 190
　　第4节　战略营销能力管理 ……………………………………………… 193
　　本章小结 …………………………………………………………………… 196
　　案例训练1：江中制药 …………………………………………………… 197
　　案例训练2：宝洁 ………………………………………………………… 198
　　战略营销实训 ……………………………………………………………… 198

第11章　市场运营能力 …………………………………………………… 199
　　最佳战略营销实践：拼多多的市场运营模式 …………………………… 200
　　第1节　市场运营能力概述 ……………………………………………… 200
　　第2节　战略定价能力 …………………………………………………… 203
　　第3节　战略沟通能力 …………………………………………………… 208
　　本章小结 …………………………………………………………………… 217
　　案例训练1：泡泡玛特 …………………………………………………… 217
　　案例训练2：途家 ………………………………………………………… 218
　　战略营销实训 ……………………………………………………………… 219

第12章　战略营销执行 …………………………………………………… 220
　　最佳战略营销实践：新东方的营销执行 ………………………………… 221
　　第1节　战略营销执行的基础理论 ……………………………………… 222
　　第2节　战略营销执行价值分析 ………………………………………… 226
　　第3节　战略营销执行体系 ……………………………………………… 228

第 4 节　战略营销审计 ·· 234
　　第 5 节　战略营销审计的度量 ······································ 241
　　本章小结 ·· 250
　　案例训练 1：乌江榨菜 ··· 251
　　案例训练 2：爱马仕 ··· 251
　　战略营销实训 ·· 252

第 13 章　市场导向营销战略 ·· 253
　　最佳战略营销实践：京东的战略营销规划 ·················· 254
　　第 1 节　市场导向战略内涵与演变 ······························ 255
　　第 2 节　市场导向营销战略分析工具 ·························· 262
　　第 3 节　市场导向营销战略规划 ·································· 266
　　本章小结 ·· 271
　　案例训练 1：蜜雪冰城 ··· 272
　　案例训练 2：欧莱雅 ··· 272
　　战略营销实训 ·· 273

第 14 章　全球化、新技术与战略营销差距 ························ 274
　　最佳战略营销实践：耐克的全球化运营 ······················ 275
　　第 1 节　全球化与战略营销 ·· 275
　　第 2 节　新技术与战略营销 ·· 278
　　第 3 节　战略营销标杆与差距 ······································ 281
　　本章小结 ·· 294
　　案例训练 1：百雀羚 ··· 294
　　案例训练 2：阿里巴巴 ··· 295
　　战略营销实训 ·· 296

参考文献 ·· 297

第1章 绪论

本章要点

市场营销是一种创造顾客价值的哲学，营销更是一种创造竞争优势的战略。一个没有战略远见的营销者只能是一个守旧者，一个没有战略思维的营销者只能墨守成规、止步不前。随着经济全球化的发展，以战略的视角来分析营销、指导营销的进步已刻不容缓。本章将在管理学、战略管理和市场营销理论的基础上分析战略营销管理思想的演进、战略营销理论产生的背景，期望通过本章的学习，学生能够在营销理论的基础上继续以战略管理的思维深入分析战略营销的内涵。

关键术语

战略 Strategy

市场营销 Marketing

营销管理 Marketing Management

需求 Needs

市场 Market

战略营销 Strategic Marketing

学习目标

核心知识：熟悉和掌握营销管理的基本概念
　　　　　　了解营销管理的产生和发展、时代背景
　　　　　　了解战略营销理论产生的背景

核心能力：认知并能有意识地培养自己的营销素质，用战略思维来分析营销管理问题

课程思政目标：运用战略思维认识国家新发展战略

引导案例　　　　　**最佳战略营销实践：传音手机的战略营销**

2006年，传音控股在中国香港成立，经过多年发展，拥有TECNO、Itel、Infinix等手机品牌，目前已经是全球主要的手机供应商之一。近年来，中国手机产业发展迅猛，国内市场接近饱和，而海外市场仍有很大的发展空间，在国内鲜为人知的传音手机成为非洲手机行业的"本土之王"。传音手机自2007年进入非洲市场，仅用了10年时间，就从手机行业的无名小卒成长为中坚力量，如今已经成为非洲手机市场上的销量冠军。传音手机凭借其对非洲国家市场营销环境和客户需求的良好把握以及因地制宜的营销策略在激烈的竞争中脱颖而出，成为国产手机在非洲手机市场成功的典范。传音手机在非洲市场的成功不仅成就了自己，也给非洲人民带去了"福音"，传音手机一方面给渠道经销商足够的让利空间，另一方面通过驻场指导、统一宣传等形式助力各地经销商销售。较高的利润和良好的合作体验让传音手机与各地的经销商建立了长期、良性的合作关系。传音手机能够成功的关键在于，寻求到非洲这个手机"蓝海"市场，迎合当地消费者的需求，进行本土化研发、定价、销售，并且制定了合理的发展进程，实现稳步发展，为中国品牌"出海"拓展了更多的想象空间。

资料来源：王琨《基于战略钻石模型的传音手机经营策略研究》，《现代商贸工业》2020年第35期；吴清《传音手机：一年一亿部称雄非洲的背后》，《中国经营报》2022年1月10日；赵青松、李宜逊《传音手机开拓非洲市场的成功经验及其借鉴》，《江苏商论》2020年第1期。

每个时代都需要战略，《三国志·卷三十五·蜀书》有这样一段记载：

亮躬耕陇亩，好为《梁父吟》。身长八尺，每自比于管仲、乐毅，时人莫之许也。惟博陵崔州平、颍川徐庶元直与亮友善，谓为信然。时先主屯新野。徐庶见先主，先主器之，谓先主曰："诸葛孔明者，卧龙也，将军岂愿见之乎？"先主曰："君与俱来。"庶曰："此人可就见，不可屈致也。将军宜枉驾顾之。"由是先主遂诣亮，凡三往，乃见。因屏人曰："汉室倾颓，奸臣窃命，主上蒙尘。孤不度德量力，欲信大义于天下，而智术浅短，遂用猖蹶（獗），至于今日。然志犹未已，君谓计将安出？"

亮答曰："自董卓已来，豪杰并起，跨州连郡者不可胜数。曹操比于袁绍，则名微而众寡，然操遂能克绍，以弱为强者，非惟天时，抑亦人谋也。今操已拥百万之众，挟天子而令诸侯，此诚不可与争锋。孙权据有江东，已历三世，国险而民附，贤能为之用，此可以为援而不可图也。荆州北据汉、沔，利尽南海，东连吴会，西通巴、蜀，此用武之国，而其主不能守，此殆天所以资将军，将军岂有意乎？益州险塞，沃野千里，天府之土，高祖因之以成帝业。刘璋暗弱，张鲁在北，民殷国富而不知存恤，智能之士思得明君。将军既帝室之胄，信义著于四海，总揽英雄，思贤如渴，若跨有荆、益，保其岩阻，西和诸戎，南抚夷越，外结好孙权，内修政理；天下有变，则命一上将将荆州之军以向宛、洛，将军身率益州之众出于秦川，百姓孰敢不箪食壶浆以迎将军者乎？诚如是，则霸业可成，汉室可兴矣。"先主曰："善！"于是与亮情好日密。

关羽、张飞等不悦，先主解之曰："孤之有孔明，犹鱼之有水也。愿诸君勿复言。"羽、飞乃止。①

这就是著名的《隆中对》。《隆中对》是一篇重要的战略文献，清晰地阐释了什么是战略、什么是战略分析、什么是战略方案，理解《隆中对》的战略思想为学习战略营销管理提供了重要的参考。

在学习战略营销管理理论与知识时，首先有必要搞清楚以下问题。

◆什么是企业，其使命是什么？
◆战略的内涵是什么？
◆营销管理的历史演进的阶段是什么？
◆战略营销的商业逻辑是什么？
◆战略营销与营销竞争力的关系是什么样的？
◆战略营销与顾客价值的关系是什么样的？

第1节　营销管理概述

一　营销管理概念与价值

（一）市场与市场营销

史学家司马迁在《史记·货殖列传》中说："天下熙熙，皆为利来；天下攘攘，皆为利往。""熙熙攘攘"这个词就描写了市场的样子。什么是市场？马克思并没有直接给出市场的定义，他在《资本论》中提出："流通是商品所有者的全部相互关系的总和。"② 在这里，市场作为商品牌交换的场所实现商品与货币的交换。随着社会分工的细化，作为市场中的卖方衍化为各种各样的行业，形成了卖方集合，作为买方的顾客则形成了市场。美国市场营销协会（AMA）将市场定义为"一种产品和

---

① （晋）陈寿：《三国志·卷三十五·蜀书》（四），中华书局，1959，第912~913页。
② 马克思：《资本论》（第1卷），人民出版社，1972，第188页。

劳务的所有潜在购买者的需求总和"①。由此，从微观角度来看，市场就是指购买者或者顾客。营销学大师菲利普·科特勒将顾客群定义为市场，认为"市场＝人口＋购买力＋购买欲望"，包括消费者市场、企业市场、非营利性市场和政府市场等。国家统计局发布的《中华人民共和国 2021 年国民经济和社会发展统计公报》显示，2021 年社会消费品零售总额 44.1 万亿元，全年实物商品网上零售额 108042 亿元，②释放巨大消费潜力。中国庞大的消费市场不仅促进了国内经济的持续增长，也成为世界经济增长的引擎。

市场营销是伴随着现代市场发展而形成的商业学科。伴随着市场的不断发展，市场营销的概念也在不断发展。1960 年，美国市场营销协会将市场营销（Marketing）定义为"引导产品或劳务从生产者流向消费者的企业营销活动"。1994 年，菲利普·科特勒指出，"市场营销是个人或集体通过创造并同别人交换产品和价值，从而使个人或集体满足其欲望或需要的一种社会管理过程"。③ 在 2016 年出版的《营销管理》第 15 版中，菲利普·科特勒进一步将市场营销定义为："市场营销是一个社会过程，在这个过程中，个人和团体可以通过创造、提供与他人自由交换有价值的产品与服务来获得他们的所需所求。"④ 在这一定义中，市场营销可以从三个方面理解：第一，市场营销是产品和服务的交换过程，通过交换满足顾客的需求；第二，市场营销的核心是克服交换的障碍；第三，市场营销是管理过程。

（二）营销管理的价值

菲利普·科特勒首先是从社会角度来定义市场营销的，"表达了市场营销在社会中扮演的角色"。从管理学角度来定义市场营销，则称之为营销管理（Marketing Management），科特勒将营销管理看成"选择目标市场并通过创造、传递和传播卓越顾客价值，来获取、维持和增加顾客的艺术和科学"⑤。在这个定义中包括以下三个方面的含义。

第一，营销管理的目标是获取顾客价值，企业通过获取、维持和增加顾客达到获得顾客价值的目的。营销管理是基于顾客和需求的管理，企业通过吸引、维系和发展顾客，建立长期的顾客关系，以创造卓越的顾客价值和顾客满意度。由此，顾

---

① 转引自王永贵编著《市场营销》（第 2 版），中国人民大学出版社，2022，第 3 页。
② 《中华人民共和国 2021 年国民经济和社会发展统计公报》，国家统计局官网，http：//www.stats.gov.cn/xxgk/sjfb/zxfb2020/202202/t20220228_1827971.html，最后访问日期：2023 年 2 月 14 日。
③ 转引自王永贵编著《市场营销》（第 2 版），中国人民大学出版社，2022，第 4 页。
④ 〔美〕菲利普·科特勒、〔美〕凯文·莱恩·凯勒：《营销管理》（第 15 版），何佳讯等译，格致出版社和上海人民出版社，2016，第 6 页。
⑤ 〔美〕菲利普·科特勒、〔美〕凯文·莱恩·凯勒：《营销管理》（第 15 版），何佳讯等译，格致出版社和上海人民出版社，2016，第 6 页。

客价值包括企业为顾客提供的产品和服务价值以及顾客的感知价值，营销管理通过一系列营销活动，向顾客传递优于竞争对手的价值和信息，达到吸引顾客的目的。顾客满意度是顾客对产品和服务的感知绩效与期望绩效的比较结果。满意度高的顾客将变为忠诚顾客，进而产生重复购买。营销管理需要不断创造更多的顾客价值和顾客满意度，建立长期的顾客关系以提高市场占有率，获取更大的利润。

第二，交换是营销管理的核心。企业通过选择目标市场实现市场交换，并通过营销战略和策略以克服交换的障碍，实现营销管理的目标。在市场中阻碍顾客购买的因素有很多，包括顾客接受产品和服务的信息的障碍，顾客对企业提供的产品和服务、价格、便利性认知的障碍，沟通障碍，等等，营销管理的价值就在于通过一系列营销战略和营销策略克服与顾客的沟通和交换的障碍，实现顺利交易。

第三，营销管理是管理的过程，既具有科学性，又具有艺术性。营销管理是基于市场的复杂的管理过程，包括顾客和需求管理、客户关系管理、营销战略与策略管理、品牌管理等多个方面。要有效提升管理效率，一方面，需要有科学的管理方法、战略与策略的制定和选用，体现出营销管理的科学性和规律性的特点；另一方面，面对顾客和市场的变化，需要企业灵活和变通处理，体现出艺术性的特点。

二 营销战略

（一）战略

战略营销首先是从企业管理开始的。从人类历史有企业开始，就伴随着管理的影子，管理赋予企业目标、使命与未来。1903年，美国人亨利·福特正式创立福特汽车公司，并在1908年生产出世界上第一辆属于普通百姓的汽车——T型车。作为一名出色的管理者，亨利·福特坚持"尽力了解人们内心的需求，用最好的材料，由最好的员工，为大众制造人人都买得起的好车"。1913年，福特汽车公司开发出了汽车行业中的第一条流水线，这种创新的管理方式使T型车产量达到了1500万辆，创造了一个至今仍未被打破的世界纪录。从亨利·福特的故事中我们看到，作为社会经济重要组成部分的企业，由人赋予其发展的目标和使命，并通过战略和管理方法获得生产效率。

1911年，泰勒出版了《科学管理原理》一书，管理活动正式成为人们关注的中心活动，自此以后的100多年里，人们以各种不同的方式实践着形形色色的管理思想，管理思想也在各个领域发挥着巨大的作用。通常，人们将"管理"定义为通过与他人共同努力，既有效率又有效果地把事情做好的过程。因此，追求效率和效果是企业管理的重要目标，管理者在指挥和监督其他人工作时，要执行一系列活动或者职能，与泰勒同时代的法国管理学家亨利·法约尔最早开始思考这些职能。法约尔认为，所有的管理者都要执行五项管理活动，这五项管理活动是计划、组织、命令、协调和控制。

但是，随着管理理论和实践研究的深入，管理的职能逐渐泛化，战略成为重要的管理职能。管理学大师彼得·德鲁克认为，战略规划不是未来的决策，它所涉及的只是当前决策的未来性。2017年，特斯拉股票市值在交易中首次超过美国最大的汽车公司通用汽车公司，而在这一年，特斯拉仅仅是一家汽车销量不过10万辆，还有9.5亿美元亏损的汽车公司，该公司的使命是"推动世界向可持续交通发展"。而它的对手通用汽车公司却是一家年产量达到1000万辆、账面利润高达90亿美元的巨无霸企业。投资者没有丧失理性，他们只不过选择了汽车产业的未来。产业的未来就是战略思考的范畴。

"战略"这一概念很早以前就进入人们的知识视野，最早人们并不将这一概念用在日常生产或生活中，而是与战争和军事连在一起，通常指将军为达到军事目的而对全局进行的指挥和部署。1938年，管理学家切斯特·巴纳德将战略概念引入管理领域，在其代表作《经理的职能》一书中，战略因素被用来分析企业组织决策机制。1965年，美国学者安索夫在代表作《企业战略》中清晰地阐述了"战略"的概念，他认为，战略管理的目的是"发展一系列有实用价值的理论和程序，使经理人能用来经营……商业公司可以凭借这些实用的方法来做出战略决策"。伴随着企业管理活动的现代化，战略的内涵也越来越丰富，公司的战略是指经理所采取的一系列用以超越竞争对手和获取卓越盈利能力的行动。[①] 学术界已经从企业竞争方式、获取竞争优势、竞争力等方面理解战略的内涵。理解战略的概念包括以下四个方面。

第一，战略目标是获取竞争优势。战略是组织对未来的规划，具有长远性、全局性、纲领性和竞争性的特点。战略并不是静止的，在企业经营的大环境下，战略是建立在竞争的大背景下，企业与竞争对手争夺市场、获取顾客的过程。因此组织需要通过与众不同的战略手段获取竞争优势。

第二，战略是对未来趋势的判断。战略是关于组织的愿景和使命，因此，战略必须建立在对当前环境的详细分析和清晰认识的基础上，包括对组织员工的认知、对顾客的认知、对相关群体的认知，了解各自的优势和劣势，这样才能确定未来的发展方向，做出对未来趋势的准确判断。

第三，战略就是聚焦。彼得·德鲁克认为，企业存在的唯一目的就是创造顾客。顾客在哪里？顾客的兴趣和偏好是什么？如何满足顾客的需求，这是企业营销需要考虑的问题。但不仅仅止于此，面对竞争环境和未来的发展，企业需要通过聚焦领域、聚焦顾客来满足顾客的需求，因此就需要通过战略创造顾客，实现企业目标。

---

① 〔美〕小阿瑟·A. 汤普森、〔美〕玛格丽特·A. 彼得拉夫、〔美〕约翰·E. 甘布尔、〔美〕A.J. 斯特里克兰三世：《战略管理——概念与案例》，于晓宇等译，机械工业出版社，2020，第3页。

第四，战略就是行动。战略不仅是决策，战略也是实现决策的行动。企业通过执行制定的战略，精准实施制定的战略措施，实现预定的战略目标。因此战略规划不是不切实际的蓝图，而是将蓝图实现的行动。

（二）战略与竞争优势

管理问题不仅仅是企业的内部问题，企业必然由内向外走向市场开展竞争。迈克尔·波特认为："竞争是企业成败的关键。"企业在竞争的市场环境中要获得胜利必须具有竞争优势。他认为："竞争优势是企业保持的一种独特的竞争能力，可以使企业超越竞争对手，为顾客提供超越对手的价值。"因此，当前一个企业在市场中吸引消费者或者应对竞争对手时就必须获得超过竞争对手的优势，包括为顾客提供比竞争对手更有竞争力的产品或服务，为顾客提供比竞争对手更有价值的产品，创造令顾客感到舒适和愉悦的环境，等等。江小白是近年来不断成长的中低端白酒品牌。相对于传统白酒品牌，江小白跳出"饮用"的思维定式，为顾客"赋情"，帮助顾客更好地释放情绪，成为帮助人们进行对话的品牌。其以年轻人为对象，摆脱大众传播模式，通过社交媒体发布有趣的文案，帮助顾客记录"小而美"的美妙时刻，从而使消费者产生共鸣，在消费者心目中占据了一席之地。

1. 竞争优势

当竞争对手在市场中以"难以置信"的价格销售产品或投放独特的产品或服务时，就会对市场形成冲击。竞争对手提供了满足顾客需求的价值，从而确立了竞争优势。企业在市场中提供给顾客的价值越高，越容易获得顾客满意和顾客忠诚，越不容易受到竞争对手的攻击。企业战略营销管理者关键是监控竞争对手，通过精确核算和规划，为顾客经济高效地提供价值。如果能够用更低的成本为顾客提供相同的价值或更高的价值，就可以获得或维持企业的竞争优势。

2. 竞争战略

迈克尔·波特认为：竞争战略是要在竞争发生的产业宏观舞台上追求一种理想的竞争地位。竞争战略旨在针对决定产业竞争的各种作用力建立有力的、持久的地位。在竞争的环境中每个企业都需要通过为顾客提供适当的产品或服务，以满足顾客需求。在大多数情况下并不仅仅如此，需要不断开拓创新，通过差异化策略来获取市场的青睐，创新是否有效由竞争决定。因此，企业竞争战略的选择包括是否能够为企业带来赢利机会、能否通过竞争获取优势的市场地位等。在管理活动中，企业竞争优势可以来源于设计、生产、营销、物流等价值活动，但并不总是持续的，要想获得持续的竞争优势，企业必须依靠竞争战略。

（三）营销战略

市场营销作为企业的重要职能，具有完成企业营销任务、获取竞争优势、提升市场竞争力的功能。因此营销战略成为企业战略的重要组成部分。菲利普·科特勒认为："营销经理需要界定使命、营销目标和财务目标，以及需要满足的市场需求和竞争定位。"因此，营销战略可以定义为企业根据使命、营销目标和财务目标制定营销战略规划，在综合考虑外部市场机会及内部资源状况等因素的基础上，确定目标市场选择和市场定位，选择相应的市场营销策略组合，并予以有效实施和控制的过程。营销战略作为重要的战略，其主旨是提高企业营销资源的利用效率，使企业资源的利用效率最大化。

一个完整的营销战略应该包括以下问题。

1. 企业的使命是什么？——企业的使命陈述
2. 营销战略的业务单元有哪些？——确定营销战略主体和资源分配
3. 营销战略成长的方向是什么？——确定企业成长战略和营销创新方向
4. 企业面向的顾客是谁？其有什么特点？——企业基于此制定市场细分战略
5. 顾客有哪些需求，企业应如何满足顾客的需求？——确定企业的市场定位战略
6. 企业的竞争对手是谁？——确定竞争对手，使用迈克尔·波特的五种竞争力模型
7. 如何制定营销战略？——确定营销战略方法，如 PEST 分析法、SWOT 分析法
8. 企业的营销战略计划是什么？——制订营销战略计划
9. 如何实现营销战略？——营销战略的执行

第 2 节　战略营销管理思想的演进

在营销的世界里，当一个企业面对复杂的外部环境时，营销不仅仅是指人们一般理解的策略或方法，营销还是一种创造顾客价值的哲学，营销更是一种创造竞争优势的战略。彼得·德鲁克认为，对于企业存在的目的，只有一个正确而有效的解释："创造顾客。"任何企业都有两个基本功能，也只有这两个基本功能：营销和创新。这一重要的判断成为现代营销管理的基本理论基础。一个没有战略远见的营销者只能是一个守旧者，一个没有战略思维的营销者只能墨守成规、止步不前。当全球化已经在我们的家门口时，以战略的视角来分析营销、指导营销的进步已经刻不容缓。

一　营销战略起源

1905 年，宾夕法尼亚大学的克罗西开设了一门"产品营销"的课程，标志着现

代营销学的产生。但是，由于人们处于物资相对短缺的时代，没有多少企业为怎样把产品卖出去而操心，市场营销学也迟迟派不上用场。但是，一场大危机改变了事情的走向。1929~1933年经济危机使大量产品卖不出去，这促使企业不能只注重大力发展生产，还必须采取广告术与推销术去推销产品，市场营销学有了用武之地。但是这样的日子并没有维持多久，在供给相对不足的日子里，许多企业谈起营销往往不屑一顾，市场营销者被描述成一群挟着皮包游走在大街小巷的并"将一根稻草说成金条"的推销骗子。

环境是影响企业发展最为重要的因素。二战后，尤其是20世纪50年代，在西方经济迅速恢复和发展的大背景下，市场环境发生了巨大变化，生产企业数量增多了、商品供给丰富了、消费者在零售商面前开始高声说"不"了，市场的供过于求的局面很快促进了竞争的加剧。市场营销学开始真正被企业重视起来，并逐渐丰富起来，罗·奥尔德逊、约翰·霍华德、麦卡锡、菲利普·科特勒的营销理论得到了市场的肯定，并对企业的实践产生了重大的影响，企业的营销行为发生了从以产品为起点、以销售为手段、以增加销售获取利润为目标的传统经营方式，到以顾客为起点、以市场营销组合为手段、以满足消费者需求来获取利润的现代营销观念的转变。

市场竞争总是向纵深发展的，尤其是在现代科学技术推动和市场范围扩大的大背景下。在全球化、网络化的竞争市场上，传统的市场营销理论遇到越来越多的尴尬。一方面，传统的营销组合已经无法有效激发消费者的消费诉求，消费者对企业花样翻新的营销手段感到疲惫，传统的广告、促销手段不断被消费者手中的"遥控器"抵制；另一方面，企业之间的竞争在每个传统的营销层面上刀刃互现，广告战、价格战、成本战等恶性竞争已经难以谈得上营销策略的组合，无论是在传统的日化行业还是在新兴的数字电子行业，企业的营销似乎都走入了价格战这一条死胡同。科特勒对现在的市场生态的系统总结是：品牌数量剧增；产品生命周期大大缩短；更新比维修便宜；数字化技术引发多个市场的革命；商标数与专利数迅速上升；市场被极度细分；广告饱和；新品推介越来越复杂，消费者越来越难以被打动。毫无疑问，竞争的加剧和又一轮的产能过剩已经将企业再次推向了微利时代。这种新的营销困境似乎是目前市场营销着实要面对的问题。

如何突破这种营销困境？如何拓展本土抑或全球市场？如何促进企业与消费者的有效联结？如何实现营销理论与实践的双繁荣？面对一系列问题，服务营销、关系营销等新概念层出不穷，营销理论的日益成熟和企业服务市场的日益精细化相映成趣。但是，新的理论总是与现实存在差距。

理论和实践表明，战略营销是突破市场营销困境的重要理论。在全球市场上，软饮料行业面临的竞争非常激烈，顾客表现出多元化的需求，如何获得营销优势？靠高科技吗？但是在软饮料行业中，采用高科技的业务战略无法帮助企业获得竞争优势，可口可乐公司从企业整体的角度来思考如何获得竞争优势。不断强化优势品牌，通过强大的品牌地位来获得营销优势，这种从整体角度做营销的思维就是战略营销的思维，也就是不将营销作为企业的一种单纯的业务去运作，而是强调从整体出发考虑问题。在个人电脑领域，许多传统的制造商一直在孜孜不倦地试验着各种营销方式，戴尔公司在市场上没有像一般企业通过广告、促销等方式来满足顾客的需求，而是通过建立直销的体系，在电脑行业中的分销环节建立了低成本优势，从而奠定了强有力的竞争地位。这就是战略营销思维，沃尔玛公司就运用了这种营销思维。实践证明，在全球化发展的今天，传统的站在企业角度来思考问题的营销方式逐渐遇到前所未有的困境，顾客的个性化需求、多方面的营销影响因素、多变的市场环境、激烈的竞争市场都使一般意义的营销策略失去作用，企业只有以战略的思维来思考营销、思考企业整体的竞争优势、思考企业营销竞争力的获得，企业营销才会表现出真正的活力来。

二　营销职能的变迁

在激烈的市场竞争中，企业要及时对市场变化做出反应，市场营销在企业中的关键作用也不言自明。但是市场营销作为一种企业管理职能，它受重视的程度就像潮涨潮落一样，随着时代而发生变化。

20世纪70年代，美国的几乎每一家公司都从市场营销中获益。但是，随着通货膨胀的加剧和资源的短缺，财务管理、采购和生产占据了企业的中心舞台。而在80年代后期的美国，市场营销又重新成为新的优先考虑的事情，几乎没有一个组织能承受得起轻视市场营销所造成的不良后果。在对美国250家主要公司的调查中，大多数管理人员认为公司的第一任务是制定市场营销策略，第二任务是控制生产成本和优化人力资源。在世界500强的大公司中，约有2/3的公司的CEO曾经都是营销经理；公司的营销部门在公司中的地位很高，有很大的发言权；一般一个新项目或者产品，要先经过营销部门，才能进入研发部门。就整个企业的运营过程来说，营销是起点，也是终点，起于市场调研，终于客户服务和满意度调查。

对市场营销前后重视程度的不同隐含着一种基本的趋势，那就是市场营销的职能已经发生了巨大的变化：市场营销从一种单独的与生产、财务、人事、研发等并列的职能，发展成综合性的企业职能。它不仅把企业的其他单项职能联结在一起，而且是反馈和影响外界环境的基本途径，事实上，市场营销已经不再是广告和销售的代名词，它由一系列的任务组成，而每一项任务都要受到公司内部条件、市场机会和市场变化情况的协同制约，市场营销管理也不再仅仅是市场营销专业人员的工作，而是与运作和计划等各部门的经理共同来完成，市场营销观念必将渗透到企业管理的每一个角落。

(a) 市场营销作为
同等重要的职能

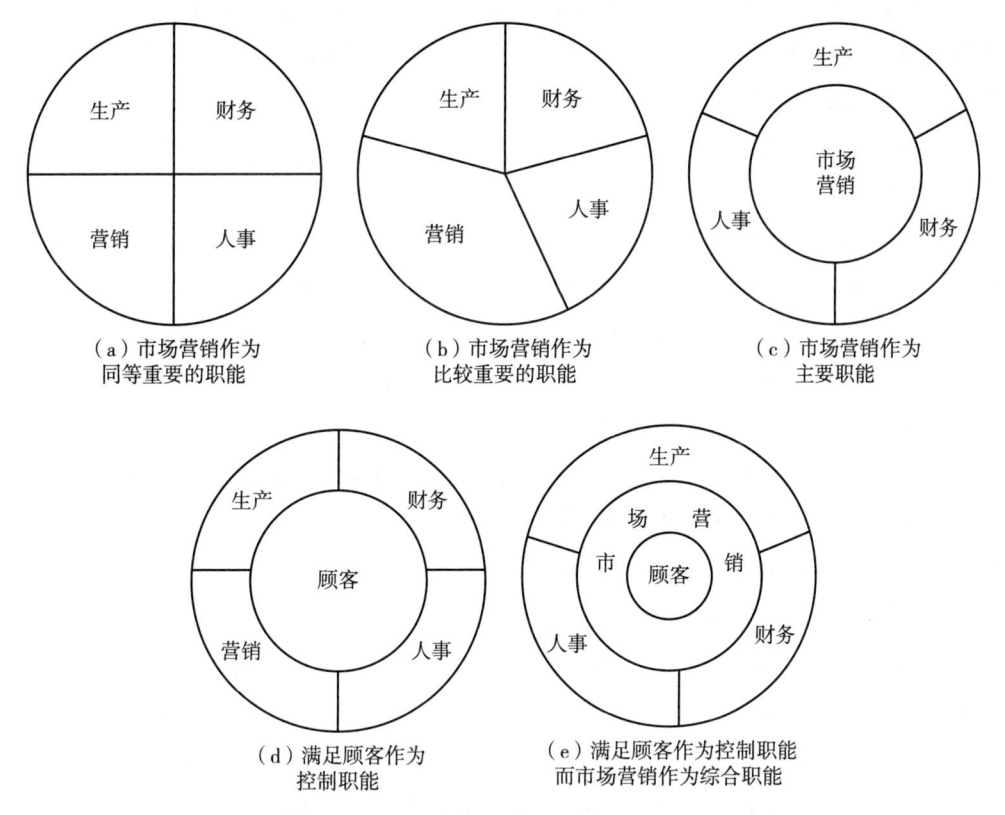

(b) 市场营销作为
比较重要的职能

(c) 市场营销作为
主要职能

(d) 满足顾客作为
控制职能

(e) 满足顾客作为控制职能
而市场营销作为综合职能

图 1-1 市场营销职能在企业中地位的变化

资料来源：晁钢令主编《市场营销学》，上海财经大学出版社，2009，第 17 页。

图 1-1 反映了市场营销职能在企业中地位的变化。在现代的竞争环境中，企业需要通过对市场的调查，弄清楚谁是企业的潜在客户、他们需要什么样的产品、需要多少产品等基本市场信息，然后制定市场策略，指导生产，协调好与顾客的各种关系，最终实现顾客的价值和企业的效益的提升。同时，企业的经营活动对外也涉及供应商、分销商、竞争对手和顾客等各种关系，其中既有复杂的利益关系，也存在着相互制约和依赖，就需要营销部门来不断协调各种关系和建立不同利益主体间合作的新方式。在企业内部，营销活动也涉及人、财、物等各部门的资源，如何对它们进行合理配置，为企业的营销活动创造支持条件，也需要营销系统进行统一的资源整合和管理。

三 营销战略与营销时代

（一）营销战略职能

营销能够仅仅局限在企业的一般职能吗？回答是否定的。在以市场为导向的现代竞争中，营销已经从企业的一种职能上升到了战略层次。进入21世纪以来，全球市场出现了一些新的变化。资源稀缺性日益突出、新技术的影响、市场竞争的日趋激烈、各种新的竞争理论的出现都使企业经营的不确定性日益加大。在这种竞争态势下，企业如果还按部就班地工作，不以战略眼光看待发生的一切，就可能遭受灭顶之灾。菲利普·科特勒教授认为，全球大部分产业的产能过剩，实际上，问题不是出在供给层面，而是出在需求层面。过多的产品在追求过少的客户的青睐。与此同时，全球化、资讯科技以及网络发展也带来了巨大的市场变化，对企业生存环境产生了革命性的冲击。这些都要求企业进行转型，唯有挣脱传统的营销局限，转而制定营销战略，才能对市场容量及企业自身定位做出更明确的界定，才能在转型中蜕变成功。因此，与一般的职能性的营销相比，市场营销被赋予了战略的功能：从整体角度考虑企业的生存和发展，重视顾客与市场的研究；注重挖掘企业的潜在顾客的需求，提供优于竞争对手的顾客价值，强调开发新产品与潜在的新市场；综合研究企业的内部顾客和外部顾客以及竞争对手等相关公众，从战略高度来分析；以获得和保持竞争优势为目标，实现企业的持久性赢利。

20世纪是市场营销从产生到发展的重要时期，市场营销从企业的单一职能逐步向营销战略变迁，营销理论研究也从营销策略研究向营销战略规划纵深发展。20世纪60年代，美国麦卡锡教授提出4P营销组合策略，4P是产品（Product）、价格（Price）、分销（Place）、促销（Promotion）4个英文单词的首字母缩写，构建了营销策略研究的基本范式。菲利普·科特勒教授在《营销管理》历次版本中进一步将营销策略精细化，并引入多种理论和方法，提出了营销战略理论。在此期间，劳特朋教授提出4C策略，4C是顾客（Customer）、成本（Cost）、便利（Convenience）、沟通（Communication）4个英文单词的首字母缩写，4C策略从顾客满意研究出发，提高营销沟通能力。随着关系营销理论的发展，舒尔茨教授提出4R营销理论，4R是关联（Relevancy/Relevance）、反应（Reaction）、关系（Relation）、报酬（Retribution）4个英文单词的首字母缩写，4R营销理论从提高顾客忠诚度出发，强化企业与顾客的关系。从4P策略、4C策略到4R策略理论，从波士顿矩阵分析、SWOT分析等多个战略分析方法在营销管理领域的应用，学者们对营销理论具体的策略方案、方法的关注逐步上升到营销战略层面。如何获得营销竞争力？如何获得竞争优势？如何提升营销价值？成为营销战略研究的重要内容。一套完整的营销战略能够为企业进入市场制定各类基本的路线。营销战略研究的基本框架包括以下三个方面。

一是营销环境分析。营销战略研究的前提是营销环境分析，包括宏观环境分析（经济环境、政治环境、社会环境、法律环境、技术环境分析）、产业与市场环境分析（产业结构、产业生命周期、市场竞争结构分析）、消费者行为分析（消费者结构、消费者行为影响因素等分析）。营销环境分析为企业营销战略的制定提供前提和依据。

二是目标市场战略。自20世纪70年代两位职业广告人特劳特和里斯发表划时代的巨著《定位》以来,目标市场战略成为营销战略的核心。目标市场战略包括市场细分(Segmenting)战略、目标(Targeting)市场选择战略和市场定位(Positioning)战略,即STP战略。STP战略为营销战略理论提供了重要的分析框架。

三是竞争优势战略。营销战略理论发展和成熟必然受到迈克尔·波特教授的影响,从《竞争优势》、《竞争战略》到《国家竞争优势》,迈克尔·波特提供的一系列分析模型成为营销战略分析的方法论基础,竞争优势理论的产业与市场分析、企业使命、战略选择、战略实施与控制等内容形成营销机会分析、营销目标、营销战略、营销计划、营销控制等理论内容,在今天的营销战略理论与实践中仍然发挥着巨大的作用。

(二)营销的新现实

《营销管理》第15版中指出:"随着营销新行为、新机会与新挑战的出现,市场相比十年前已经发生了巨大的变化。本书重点阐述三大变革的力量:科技、全球化和社会责任。"① 这一判断同样适用于分析营销战略的演变。环境和市场的变化是决定营销战略决策的重要因素,决策者需要有敏锐的洞察力来分析营销面临的新现实。

1. 全球化及逆全球化

伴随着技术与交通的发展,世界已经变成了"地球村"。各国之间在贸易上的交流,促进了全球在经济、政治与文化等方面的相互交流,全球化使人们获得了更多的商品交易、服务和旅行的机会。进入21世纪以来,新兴市场国家和发展中国家群体崛起,成为不可逆转的时代潮流。近几年,这些国家对世界经济增长的贡献率很大。美国在2021年的GDP超过23万亿美元,中国、俄罗斯、巴西等新兴市场国家无论是GDP总量还是人均GDP都实现了快速增长,消费能力也显著提升。全球化促进了各国日益多元化,改变了创新和产品生产方式,出现了远程的协作与分工。

但是,全球化的发展逐步受到各方面的影响,成为各方争论的重要问题。近年,贸易保护、修边境墙、阻止移民等一系列举措推动了逆全球化的浪潮。逆全球化是在全球化过程中经济、社会、文化与政治在持续变迁过程中出现的,总体上不能适应现代化进程。在世界面临百年未有之大变局的大环境下,全球化和逆全球化都正成为战略营销重要的影响因素。

2. 科学技术的发展

商业革命不仅需要远见,更需要科学技术的创新。现代科学技术发展日新月异,深刻影响着现代商业的发展。2000年,中国西部地区居民的通信方式主要是有线电

---

① 〔美〕菲利普·科特勒、〔美〕凯文·莱恩·凯勒:《营销管理》(第15版),何佳讯等译,格致出版社和上海人民出版社,2016,第13页。

话，互联网技术并没有得到普及，但截至 2022 年 8 月，西部地区移动电话总数达到 44056 万部，使用先进的 5G 移动电话用户已达 11675 万部。① 网络购物在目前已成为中国居民重要的购物手段。2021 年，全国网上零售额 130884 亿元，同比增长 14.1%。其中，实物商品网上零售额 108042 亿元，吃类、穿类和用类商品分别增长 17.8%、8.3% 和 12.5%。② 随着大数据、人工智能、移动互联网、云计算技术的快速发展，科学技术深刻影响着企业和消费者，而对市场营销的影响不局限于对营销策略的影响，还对营销战略的制定和商业规模产生影响。

3. 伦理行为和社会责任

未来，随着技术和自媒体的快速发展，信息透明度逐步上升，诚实、正直、诚信、履行社会责任正在演变为企业最为重要的价值观。企业伦理行为如果不达标，不仅面临经济损失，还可能极大地损害企业信誉和生存。2020 年 6 月，美国多家组织联合发起了一项名为"停止拿仇恨赚钱"的运动，呼吁企业 7 月份暂停在脸书平台上投放广告，因为"脸书长期以来允许种族主义、暴力和可验证的虚假内容在其平台上传播"。随后，包括美国电信巨头 Verizon、本田美国公司、美国运动品牌巴塔哥尼亚、联合利华、可口可乐、好时、李维斯等 90 多家企业响应了这一呼吁。广告收入大幅缩水的脸书股价大跌逾 8%，在市值蒸发约 558 亿美元之后，脸书首席执行官马克·扎克伯格终于表示，公司将改变政策，禁止广告中的仇恨言论。③ 信息手段的应用使企业认识到世界正变得很小，人们关注的公平和正义因为企业错误的伦理行为迅速成为社会的焦点。由于市场营销的影响会扩散到整个社会，因此，市场营销人员必须考虑其营销行为将会触及社会道德、生态文明、环境污染乃至国家尊严。因此，营销任务不仅要满足消费者需求，也需要满足社会长远福祉。

第 3 节　战略营销思想产生的背景

一　营销时代的变迁

2015 年，现代营销学之父菲利普·科特勒在日本东京的世界营销峰会上发表演讲，他认为："从营销思想进化的路径来看，营销所扮演的战略功能越来越明显，

---

① 工信部运行监测协调局：《工信部发布 2022 年 1—8 月通信业经济运行情况　我国移动网络"物"连接规模首超"人"连接》，《人民邮电报》2022 年 9 月 22 日。
② 《中华人民共和国 2021 年国民经济和社会发展统计公报》，国家统计局官网，http：//www.stats.gov.cn/xxgk/sjfb/zxfb2020/202202/t20220228_1827971.html，最后访问日期：2023 年 2 月 14 日。
③ 陈沁涵：《"停止拿仇恨赚钱"！美国社交媒体巨头遭金主集体抵制》，《新京报》2020 年 6 月 29 日，http：//www.bjnews.com.cn/world/2020/06/29/743467.html。

逐渐发展成为企业发展战略中最重要和核心的一环,即市场竞争战略,帮助建立持续的客户基础,建立差异化的竞争优势,并实现盈利。"战略营销成为科特勒教授关注的重点。菲利普·科特勒教授先后撰写了《营销革命3.0:从产品到顾客,再到人文精神》《营销革命4.0:从传统到数字》等著作,对营销理论和实践进行了划分,根据各个时期市场营销关注的不同热点,他把营销的衍化划分为以下四个时代。

(一) 营销1.0时代

这一时期,是市场营销学的诞生时期,企业以生产和产品为中心,关注产品的生产效率,推销是营销的代名词,"以产品为驱动"。营销就是纯粹的销售,是一种说服的艺术。

(二) 营销2.0时代

20世纪50年代后,伴随着二战结束,世界进入相对和平时期,人们关注的焦点已经从产品质量向更为深层次的消费情感转移,消费者主导了市场,消费市场面临从卖方市场向买方市场的转移,"以消费者为驱动",企业不但注重产品功能,而且要为消费者提供情感价值,让消费者了解产品背后的故事,为消费者提供独一无二的功能和情感的价值组合。

(三) 营销3.0时代

伴随着全球化的不断发展,国际贸易促进了市场营销的发展,企业之间的交易关系日益加深,市场竞争推动企业不断适应市场的变化。在这一过程中,观察消费者、创造比竞争对手更高的顾客价值、赢得顾客的青睐成为企业的目标。由此,企业需要"以价值观为驱动",通过创造商业模式,不断推进商业模式创新,为消费者提供新的价值主张,企业的盈利能力与社会责任感及其所宣扬的价值观息息相关,"交换"与"交易"被转化为"互动"与"共鸣",营销的价值主张从功能与情感的差异化升级为精神与价值观的一致性。

(四) 营销4.0时代

2017年,菲利普·科特勒与何麻温·卡塔加雅、伊万·塞蒂亚万合作出版了《营销革命4.0:从传统到数字》,将市场营销的目光引向数字经济时代,他们认为在数字经济时代,基于大数据、人工智能新技术,企业利用社群营销、价值观营销将营销的中心转移到如何与消费者积极互动、让消费者更多地参与到营销价值的创造中来。在数字化连接的时代,洞察与满足这些连接点所代表的需求,帮助客户实现自我价值,就是营销4.0所需要面对和解决的问题,它是以价值观、连接、大数据、社区、新一代分析技术为基础的,即"以自我实现为驱动",超越马斯洛需求层次,以促进消费者自我实现。

综上所述,虽然以上观点仅代表菲利普·科特勒教授的个人观点,但其对营销时代的划分回应了市场营销学从工业时代到数字经济时代的核心任务的变化，并基于时代的变化分析了营销理念的变迁、营销研究的变化，切合了市场营销理论与实践的发展方向，对战略营销理论研究具有重要意义，值得每一位营销学者和实践者重视。

二　战略营销时代

正因为如此，战略营销这个事关企业生存与发展问题的分支学科被提上了议事日程。以全球化的视野、战略的眼光来看待当前市场出现的问题，并给出具有中国特色的理解，具有重要的理论和现实意义。战略营销需要回答以下两个重要的问题。

1. 谁是企业的顾客，怎样才能创造优于竞争对手的顾客价值？
2. 谁是企业的竞争对手，怎样才能获取营销竞争力？

进入 21 世纪以来，以顾客为中心的交易营销范式和关系营销范式随着市场不断发展逐步孕育出新的营销理论，包括战略营销理论、价值共创理论等。战略营销管理范式是全球化背景下市场营销理论的重要创新，对促进企业以战略的眼光审视、分析市场，制定有针对性的营销战略和策略，具有重要的研究意义。

伴随着全球化背景下大量外资企业的进入，市场竞争不断升级，竞争对手之间的战略互动明显加快，依旧停留在传统思维里演绎营销策略的中国企业已经越来越不能适应这种多变的市场状态，主要表现在：虽然中国众多企业强调要对顾客的需求做出反应，不断强化市场营销工作，但大多数企业的经营重心始终放在企业内部；着眼于短期的目标和与顾客有限的交易关系上，重视开发顾客而忽视保留顾客；企业营销战略决策失误，不能适应顾客多变的需求；在对待外部竞争者与合作伙伴上往往表现为以自我为中心和被动反应；在市场中不能准确定位竞争标杆，营销竞争战略和策略跟不上市场的节奏；企业过于注重营销的轰动性，长远发展考虑不足；等等。

由此证明，调整市场营销思维、以战略眼光来审视市场营销理论、分析战略营销的核心概念、探索战略营销分析模式、构建战略营销研究框架将对中国企业的营销发展具有重要意义。

本章小结

市场营销产生于 20 世纪初，其根本目的是促进产品的销售。伴随着市场竞争的日趋激烈，以及顾客需求的变化，市场营销的内涵、边界、目标逐步发生了变化，营销战略研究成为研究的重要方向：一方面，营销战略在解决企业营销困境和方向上起到很大作用；另一方面，营销思想的演进逐步使战略营销成为市场营销学研究的核心内容。学习本章内容，一方面需要学生巩固基础营销理论知识，另一方面需要学生了解和掌握战略营销的理论和现实背景，以便更为深入地理解战略营销的内涵。

案例训练 1：腾讯

腾讯成立于 1998 年，总部位于中国深圳，是中国最早也是目前中国市场上最大的互联网即时通信软件开发商。腾讯发行多款风靡全球的电子游戏及其他优质数字内容，为全球用户带来丰富的互动娱乐体验。腾讯还提供云计算、广告、金融科技等一系列企业服务，支持合作伙伴实现数字化转型，促进业务发展。

1998 年，马化腾和同学张志东在广东省深圳市正式注册成立"深圳市腾讯计算机系统有限公司"，为寻呼台建立网上寻呼系统。1999 年，即时通信服务（OICQ）开通，以便捷的沟通模式迅速被中国消费者接受。此后，腾讯以此为基础，分别开拓了社交业务、娱乐业务、支付业务、工具业务等。根据腾讯业务发展，其成长过程划分为三个阶段：创业阶段（1998~2004 年），通过技术模仿和引进，聚焦于 QQ 的产品开发，积累用户资源和开拓市场；成长阶段（2005~2010 年），围绕一站式在线生活战略开拓多元市场；成熟阶段（2011 年至今），提出平台开放战略，整合多方资源跨界经营。腾讯的业务情况如下。

社交业务包括 QQ、微信、QQ 空间。QQ 支持在线聊天、即时传送语音、视频、在线（离线）传送文件等全方位基础通信功能。微信，2011 年上线，用一种纯粹的创新理念，为数以亿计用户的生活带来改变，综合即时沟通、娱乐社交和生活服务为一体的新移动生活方式在微信里逐步形成。QQ 空间，一个包容网民各种关系链的社交大平台，满足用户展示、交流和娱乐的需求。支付业务包括财付通、微信支付和 QQ 钱包。财付通，致力于为互联网用户和企业提供安全、便捷、专业的在线支付服务。微信支付，是集成在微信客户端的支付功能，用户可以通过手机完成快速的支付流程。QQ 钱包，一个支持银行卡绑卡支付、Q 币支付、NFC 公交卡充值的移动支付产品。娱乐业务包括腾讯游戏、腾讯影业、腾讯动漫、腾讯电竞、阅文集团（腾讯文学）、QQ 音乐等。资讯业务包括腾讯网、腾讯新闻客户端、腾讯视频、腾讯微博等。工具业务包括 QQ 浏览器、腾讯手机管家、腾讯电脑管家、腾讯地图、QQ 邮箱等。平台业务包括腾讯开放平台、腾讯云等业务。腾讯以 QQ 即时通信软件起家，在腾讯的发展过程中，其最大的竞争优势，就是其作为个人即时通信的先行者，经过多年发展，积累了庞大的用户群。腾讯利用如此多的用户，发展了以 QQ 用户群为基础的互联网增值业务。多元化经营的发展、多项优势业务的整合，使得腾讯发展其他业务时得心应手，腾讯继而进军网络电视、邮件、网络购物等多项业务领域，协同效应愈加明显。

腾讯坚持一切以用户价值为依归，将社会责任融入产品及服务；推动科技创新与文化传承，助力各行各业升级，促进社会的可持续发展。其愿景和使命，推动了公司的快速发展，2021年公司市值达到4.51万亿元。

资料来源：腾讯公司官网；夏清华、何丹《企业成长不同阶段动态能力的演变机理——基于腾讯的纵向案例分析》，《管理案例研究与评论》2019年第5期。

案例思考：查阅资料并分析腾讯公司营销战略有什么特点？

案例训练2：海底捞

海底捞品牌创建于1994年，历经二十多年的发展，海底捞国际控股有限公司已经成长为国际知名的餐饮企业。截至2022年6月30日，海底捞在全球开设1435家直营餐厅，其中1332家门店位于中国（含港澳台门店22家），103家位于11个其他国家。海底捞多年来历经市场和顾客的检验，成功地打造出信誉度高、融各地火锅特色于一体的优质火锅品牌。

1994年，海底捞火锅在四川简阳开业，作为一个业务涉及全球的大型连锁餐饮企业，海底捞秉承诚信经营的理念，以提升食品质量的稳定性和安全性为前提条件，为广大消费者提供更贴心的服务，更健康、更安全、更营养和更放心的食品。由在四川简阳的单店发展为至2010年在北京、上海、西安、郑州、天津、南京、沈阳、杭州、青岛等城市共拥有50多家直营店，拥有4个大型现代化物流配送基地和1个原料生产基地，并且拓店速度还在加快。2010年，海底捞营业额近15亿元，拥有员工1万多人，总年客流量约2000万人，一家店的日翻台率一般在4~5次，一家旗舰店的年营业额为5000万元左右，一家新店从开店到回本赢利的周期为6个月。海底捞的服务员每月流动率约为10%，店经理以上干部基本不流动。海底捞的发展历程可以归结为以下四个阶段。

（1）单店创生阶段：CEO关注顾客和员工的规范化（1994~1998年）。海底捞火锅店开业时采取家族企业的管理方式：张勇负责端盘子、做底料，施永宏负责收钱、采购，店里每月结一次账；4个人几乎整天都在店里，吃喝都在一起，自娱自乐。这期间，张勇经常开会分析问题、总结经验教训，主要是分析怎么抓客户，如果没有按照张勇的要求做也要开会检讨问题。凭借着能够让顾客感受到家人般的服务、消除顾客的不满意，海底捞的口味和服务不断改善，口味甚至得到了顾客的指点。

（2）连锁直营阶段：高层授权经理与规范化行为（1999~2005年）。从1999年开始，海底捞走出简阳，在西安市雁塔区开了第一家分店。第一家分店经营成功后，海底捞开始陆续在郑州、北京、成都等地复制西安雁塔分店模式。海底捞建立了师带徒的员工培养模式、轮岗式的员工晋升通道，在薪酬、福利等各方面尊重与善待员工，建立了真正公平公正的过程和结果考核体系。

(3) 精细化运营阶段：授权与规范化的员工服务及企业软硬件投资（2006~2009年）。伴随着分店的开张，海底捞在不断复制优秀店面的扩张过程中，形成了一整套超五星级顾客服务流程，通过拓店制度改革解决人力资源匮乏的问题，完善了物流配送体系，实施品质控制，并运用IT改善管理流程，包括员工超五星级顾客服务流程的授权与规范化；规范化的拓店制度；IT系统实施与典型应用；西河原料生产基地和四大物流配送中心的规范化；等等。海底捞投入巨资和人力搭建了大食品体系，陆续建立了4个集采购、加工、仓储、配送于一体的大型现代化物流配送基地和1个原料生产基地，并成立了专门的管理部门对整个食品安全体系进行监管。从建立食品安全管理体系到用基地化管理控制原材料，海底捞建立了一条涵盖种植、采购、仓储、加工、运输、销售的全产业链模式。

(4) 管理转型阶段：精英能力复制与规范化转型（2010年至今）。2010年，海底捞已完成了组织结构由层级向扁平化的变革，组建教练组、海底捞大学和自发的学习型组织等帮助店经理和员工快速提升能力，形成学习与创新快速集成与扩散机制，业务也在向外卖经营扩展。2010年6月，海底捞正式创办了海底捞大学，用于内部员工的培训。海底捞大学还定期举办"金讲台"活动：每个门店派三四名员工开展业务教学竞赛，内容是管理沟通、会计成本核算等。海底捞大学的老师主要是海底捞内部人员和从外部聘请的大学老师。高层干部也有被直接送到北大光华管理学院、长江商学院等学校攻读EMBA。

中国餐饮业的平均员工流动率为28.6%，而海底捞低于10%，海底捞的顾客回头率高达50%，顾客满意度和口碑明显优于竞争对手，单店的日翻台次数为7次，新店从开业到回本赢利的周期为6个月。海底捞通过整合员工资源和组织文化，促进员工主动创新带来服务流程和服务项目的创新，形成了以服务为主要优势、产品为次要优势的营销模式，为顾客带来了独特的价值（惊喜和精细服务）。海底捞的成功使其成为非常稀缺的案例资源。

资料来源：海底捞官网；李飞、李达军、马燕《服务型品牌好服务定位点的形成机理——海底捞和胖东来的双案例研究》，《管理案例研究与评论》2017年第6期；李飞、米卜、刘会《中国零售企业商业模式成功创新的路径——基于海底捞餐饮公司的案例研究》，《中国软科学》2013年第9期；郑晓明、丁玲、欧阳桃花《双元能力促进企业服务敏捷性——海底捞公司发展历程案例研究》，《管理世界》2012年第2期。

案例思考：查阅资料并试从战略营销角度分析海底捞经营有什么特点？

战略营销实训

实训项目1：组建一个学习小组，讨论在当前学生市场中一个非常热衷的产品，如何在大学生中定位，并设计一个营销方案，并向其他小组的同学展示你的想法。

实训项目2：登录一个招聘网站，了解营销职业生涯。

第 2 章　战略营销管理基础

本章要点

市场营销是个人和集体通过创造并同别人交换产品和价值以获得其所需所欲之物的一种社会过程。战略营销是基于企业战略视角思考市场营销过程。其商业逻辑包括商业模式、顾客价值与营销竞争力。在此基础上，战略营销是指企业从战略的高度，以打破职能疆界来获取持久竞争优势和营销竞争力为目标，通过对战略环境的分析，在战略营销竞争情报的支持下，不断培育企业的战略营销资源、战略营销能力与战略营销执行力的管理过程。战略营销分析框架包括战略营销资源、战略营销情报、战略营销能力与战略营销执行四个方面。

关键术语

商业逻辑 Business Logic

战略营销 Strategic Marketing

营销管理 Marketing Management

战略营销情报 Strategic Marketing Intelligence

战略营销资源 Strategic Marketing Resources

战略营销能力 Strategic Marketing Capability

战略营销执行 Strategic Marketing Execution

战略营销策划 Strategic Marketing Planning

学习目标

核心知识：了解并掌握战略营销商业逻辑的内涵

　　　　　了解并掌握顾客价值的概念与内涵

　　　　　了解并掌握战略营销分析框架

核心能力：学习和掌握战略营销策划基本能力

课程思政目标：战略营销理论来源于实践，培养学生勇于实践的精神

第 2 章 战略营销管理基础

引导案例

最佳战略营销实践：比亚迪汽车竞争优势

比亚迪公司（以下简称"比亚迪"）是 1995 年创设的一家高新技术民营企业，2002 年在中国香港上市，其法定创始人代表是王传福，总部位于广东深圳，主要涉足新能源产业、汽车产业以及 IT 产业，比亚迪凭借在电池生产领域、汽车制造领域的技术优势以及自身的资源条件，同时本着自主研发、自主生产和自我品牌的意识在新能源汽车领域不断创下辉煌，近些年的销量也逐渐赶超宝马、特斯拉等汽车行业大咖，创下了中国新能源汽车领域的奇迹，成为全球新能源汽车巨头。比亚迪新能源汽车通过成本领先战略和差异化战略创造企业竞争优势。其使自身生产成本低于同行业的其他生产商，主要是通过以下几个方面的实践。首先，利用原有优势以实现成本领先，由于比亚迪在电池方面有着丰富经验，其也把此经验运用到新能源汽车中来。其次，进行技术创新以实现成本领先，比亚迪是目前国内唯一掌握车用磷酸铁锂电池规模化生产技术的企业，在世界上处于领先地位。除了贯彻执行成本领先战略外，比亚迪还将差异化战略融入其新能源汽车发展战略中。比亚迪为了获取竞争优势，遵守以创造和交付顾客价值为中心的经营模式，在理解现代市场营销的内涵的基础上，以顾客价值作为创新的第一渠道要素，以支持其持续的成长。

资料来源：鲁顺婷、刘畅《"一带一路"背景下比亚迪新能源汽车出口竞争优势分析》，《商场现代化》2022 年第 2 期；向熳《比亚迪新能源汽车的市场竞争环境及战略分析》，《中国市场》2016 年第 32 期。

第 1 节 战略营销的商业逻辑

杰克·韦尔奇在《商业的本质》一书中说："商业是探求真实，建立互信的过程。"市场营销是个人和集体通过创造并同别人交换产品和价值以获得其所需所欲之物的一种社会过程，在这一过程中蕴含的商业本质包括了如何探求真实以及如何与顾客建立互信。战略营销是在基础市场营销理论的基础上思考市场与企业的发展战略。影响战略营销的要素有很多，而其中最关键的要素包括三个方面：企业、顾客与竞争对手。战略营销的核心是通过战略营销规划和设计实现营销价值创新，由此战略营销的商业逻辑包括以下三个方面。

一 商业模式

在电子商务平台运营中，京东的商业模式与阿里巴巴的不同，拼多多则建立了另外一种商业模式。战略营销首先需要分析商业模式才能确定未来的营销战略和策略。早期商业模式研究文献主要阐明企业的商业逻辑，反映企业的产品、服务和信息流体系。哈佛商学院约翰·戴顿教授认为交通工具、购物中心和电视网络构成20世纪商业模式的三种力量。伴随着互联网、电子商务的快速发展，商业模式反映了企业的每一个参与者及其所起到的作用，以及每一个参与者的潜在利益和相应的收益来源与方式。王永贵教授认为当前商业模式定义的研究主要包括三个方面：强调商业模式价值创造的内涵、强调获取利润的逻辑、强调商业模式战略运用的选择。他将商业模式界定为"描述了企业如何创造价值、交付价值和获取价值以及分享价值的商业逻辑"[①]。约翰·戴顿认为，21世纪商业模式受到移动搜索、社交网络和电子商务三种力量的影响。每个企业的商业模式都是在长期的商业活动中通过对商业环境的了解探索出的适应企业发展的盈利模式、销售模式、渠道模式。

  商业模式首先是一种战略定位，反映在企业市场细分、选择目标市场、制造产品和服务、满足市场需求的过程中。王老吉商业模式的成功在于创新性地将自己的产品定位于"饮料+药饮"，为广大顾客提供可以"防上火"的饮料，正是这种不同于以往饮料行业只在产品口味上不断创新的竞争模式，最终使王老吉成为"中国饮料第一罐"。其次，商业模式反映了企业的资源和能力状况。成功的商业模式建立在企业拥有的关键资源和能力的基础上，并在此基础上进行关键资源开发和配置。苹果公司商业模式的成功在于资源和能力创新方面，苹果公司突出表现在能够为客户提供充分满足其需求的产品这一关键活动上。苹果公司每一次推出新产品，都超出了人们对常规产品的想象，其独特的设计以及对新技术的采用都超出消费者的预期。再次，商业模式反映了商业生态环境认知和创新。企业根据市场需求围绕合作伙伴进行创新，包括供应商、经销商及其他市场中介，通过合作来达到共赢。小米商业模式的成功就在于其建立了一条基于核心资源和能力的商业生态链。小米生态链是一个基于企业生态的智能硬件孵化器，即用寻找竹笋的方式做投资，给生态链公司输出产品方法论、背书品牌和供应链，提供渠道、营销和投融资支持等养分，大幅提高孵化成功率，让其快速成为一家中等规模的公司，形成一片共生、互生、再生的竹林生态体系。小米在移动互联网、人工智能、物联网和中国制造升级的大背景下布局市场，利用小米生态链对小米品牌加持，并通过上新品，为小米网和小米之家引流，保持小米的品牌热度，利用丰富的品类提高了用户的购买频次和忠诚度，拓展了用户群体。小米生态链通过做感动人心、价格厚道的产品，改善民众的生活，创造了巨大的社会价值。

---

  ① 王永贵编著《市场营销》（第2版），中国人民大学出版社，2022，第61页。

商业模式并不是一成不变的，需要不断创新以促进企业发展，包括：开创新的产业领域，提供全新的产品或服务；从客户出发设计产品和服务，为客户创造增加的价值；不断整合新的要素，通过集成创新实现商业模式的创新。

二 顾客价值

关于价值的含义，人们的理解总是千差万别。无论是哲学还是管理学，价值理论总是被赋予重要的角色。营销学主要研究处于竞争中的企业与顾客之间的关系与价值，菲利普·科特勒认为："价值就是指消费者对产品满足各种需要的能力的评估。"德鲁克认为："营销的真正意义在于了解对顾客来说什么是有价值的。"20世纪80年代以来，随着竞争的不断加剧，越来越多的企业将视角转向顾客价值，考虑通过价值分析，使企业所能够提供的顾客价值最大化。

泽丝曼尔（Zaithaml）在1988年首先从顾客角度提出了顾客感知价值理论，将顾客感知价值定义为"顾客所能感知到的利得与其在获取产品或服务中所付出的成本进行权衡后对产品或服务效用的整体评价"。在此后的顾客价值研究中，不同的学者从不同的角度对顾客价值进行了定义。菲利普·科特勒提出了顾客让渡价值的概念。他认为："顾客让渡价值是指总顾客价值与总顾客成本之差。总顾客价值就是顾客期望从某一特定产品或服务中获得的一组利益。而总顾客成本是在评估、获得和使用该产品或服务时引起的顾客的预计费用。"其中，总顾客价值包括了产品价值、服务价值、人员价值和形象价值四个方面；总顾客成本则包括了货币价值、时间成本、精力成本和体力成本四个方面。盖尔在其著作《管理顾客价值》一书中，借助质量来定义顾客价值，认为"市场感知质量（market-perceived quality）是顾客将你的产品（或服务）与竞争者的产品（或服务）相比较时的评价，而顾客价值则是对企业产品的相对价格进行调整后的市场感知质量"。菲利普·科特勒在《营销管理》第15版中提出顾客感知价值的概念，认为顾客感知价值是基于顾客在不同选择上所获得的整体利益与所支付的整体成本之差。具体来说，顾客价值的意义主要有以下几点。

第一，传统的营销管理注重以"顾客为导向"，强调企业如何使购买自己产品和服务的顾客感到满意，而较少关注竞争对手与其顾客的情况，这类企业与顾客之间的关系往往是静态的，希望通过企业的一系列营销活动以及产品或服务质量的提高来获取顾客的忠诚。战略营销管理理论借助了顾客价值的理念并赋予新的含义。战略营销的目标是从战略的高度来看待顾客对企业的价值，强调从顾客角度来理解产品和服务的价值，并根据竞争情报的研究获取顾客对企业产品的感知，向目标顾客提供超越竞争对手的价值，而顾客为了使自己获得的感知价值最大，也更加乐于和企业维持互动的关系。由此我们认为，从战略营销角度所认识的顾客价值应是顾客感知价值,是顾客感知利得与感知利失之间的权衡。

第二,战略营销管理研究顾客价值体现了从产品到营销能力和营销资源的转变,是通过改变关系双方交互的内容来提升顾客的感知价值。按照交易营销理论,顾客购买的产品是顾客价值的主要来源;产品的本质是准备交换的、由资源和特征构成的预制物,营销的本质应是交换,顾客的价值是能够实现交换的价值。关系营销理论注重顾客关系的建立、维护,认为价值是为顾客创造的价值,这是关系营销的目的,交换过程是关系营销的表现形式,对话过程是关系营销的沟通层面,关系营销就是认识、解释和管理供应者与顾客之间持续的业务合作关系。战略营销作为一种截然不同的理念,认为:企业为谋求长远的发展,必须超越现有的产品概念和顾客关系维系观念,从顾客面临的问题出发,逐步提高营销能力和营销资源,缩小顾客感知产品和服务质量与顾客期望之间的差距,企业为顾客提供的营销价值包括了营销能力和营销资源,而不仅仅是简单的产品。由此,我们认为,战略营销以营销能力和营销资源为基础,从顾客角度来思考提升顾客的感知价值。

第三,战略营销研究顾客价值目的在于维系顾客关系,拉近与顾客之间的距离。关系营销注重从长期角度出发维护现有的顾客关系。战略营销更注重顾客对企业产品、服务、品牌、形象的认识,从而找到营销差距,并缩小、消除这种差距。因此,维系顾客的关系重在了解顾客、获知顾客情报,使顾客不仅在单次交易中获得利益,如优异的产品质量、定制以及各种支持性服务,而且可以增加其再次购买的可能性,这是对企业(供应商)信任的开始,是顾客感知价值提升的开始。随着交易次数的增加,关系双方在不断地交互中产生情感联系,满足了关系顾客的高层次需要,对顾客具有特殊的价值。鼓励销售人员与顾客建立彼此的信赖和尊重的情感联系对于企业也非常重要,彼此的紧密联系是企业获知顾客期望的重要途径。

三 营销竞争力

营销竞争力是企业竞争力的重要构成部分。所谓营销竞争力就是指在市场竞争的环境下,企业在营销竞争情报的指导下,利用自身所拥有的营销资源和营销能力制定营销战略和营销策略并有效执行,从而更好地满足消费者需求,实现更好的营销业绩,提升自身市场竞争地位和盈利水平的综合能力。

市场导向的战略营销管理促使企业从战略角度来思考营销问题。战略营销管理促使企业营销从策略性的产品竞争向提升营销竞争力过渡,也就意味着面对消费者需求的多元化和个性化,企业要从以产品竞争为中心的营销模式向以提升营销竞争力、创造顾客价值为中心的营销模式转变。因此,强化企业的营销竞争力对战略营销管理具有重要意义。

中国已经处于买方市场，原有的产品观念、销售观念已经不能适应市场竞争的需要，企业需要在营销的各个竞争环节上提高自身的竞争能力。但是，中国企业还没有认识到市场营销的本质，缺乏整体市场营销观念。因此，企业需要全面、系统地从企业内、外部的资源、组织、传播方式、形象、环境、创新等各竞争层面展开研究，提升营销竞争力，提高企业营销竞争力水平。

从大的方面说，中国企业近年获得了较快的成长，但很多企业快速成长所依赖的并不是企业的核心竞争力，而是依靠廉价资源优势，如土地、资金、人才，且并没有支付足够的成本，个别企业还依赖垄断和地方政府保护、低廉的劳动力成本等，未来几年，这些优势将不会存在。企业的存亡取决于是否具有核心营销竞争力，即是否具有独特的营销资源、营销能力以及卓越的营销执行力，这种独特性具体表现为企业所拥有的资源是偷不去、买不来、拆不开、带不走、溜不掉的。在竞争日益激烈、价格大战连年不断、竞争对手产品不断升级的情况下，企业不断探寻新的营销模式，提升企业营销竞争能力。

传统的营销理论都认为，营销的灵魂就是4P，即产品、价格、分销和促销四大部分，这使人们认为市场营销就是处理产品、销售渠道、价格和促销推广方面的问题，也就是说，人们认为营销就是处理一些具体的策略方面的问题，很少能从战略的高度来看待这个问题。在企业经营实践中，营销问题至关重要，在很多时候，营销决定了企业的生死存亡。济南的三株公司、秦池集团都是因营销问题走向了危机的边缘。而重视营销竞争力就是将企业营销策略论、工具论的认识提升到战略认识的高度，提升营销竞争力的目的是获得营销竞争优势，而竞争优势的获得很大程度上依赖战略高度，因此，企业的营销情报体系的建立、营销资源的培育、营销能力的提升、营销执行力的提高都是从战略角度重视营销的表现，只有这样，才可以确保具体营销行为的正确性。

第2节　战略营销的含义与特点

一　战略营销的含义

（一）战略营销研究

自从现代意义上的市场营销概念在20世纪50年代确立以来，西方国家营销领域的重点不断发生变化，从50年代的产品研究、60年代的消费者研究、70年代的分销研究直到80年代的竞争研究，从20世纪80年代末到21世纪初，西方市场营销研究重点转向战略营销。战略营销的提出是市场营销管理史上的一次革命，表现为战略营销从原来把市场营销管理以顾客或产品为着眼点转移到企业外部环境上来，即使对顾客了解得再全面也是不够的，一个企业要取得成功，必须把顾客或产品放到一个更广阔的环境中去理解，这个环境包括竞争者、（政府）政策与管理、广泛的社会、经济和政治等外部力量。

学术界对战略营销的概念及理论研究较早。Lovelock较早从服务角度提出战略营销的概念。[1] 爱尔兰学者弗兰克·布拉德利在《战略营销》一书中认为，战略营销既是一种企业哲学，也是一个实施过程，战略营销是要达到更高生活水平的价值创造的一个重要决定因素。他认为战略营销是确定并选择客户价值、提供价值、传播价值、交付价值的过程。美国战略营销专家马克·E. 佩里教授认为，战略营销就是由确定目标市场和进行市场定位这两个核心要素驱动的一个决策过程。[2] Varadarajan将战略营销领域视为对组织、组织间和环境现象等的研究，这些现象与组织、消费者、客户、竞争对手及其他外部群体的互动行为有关。在最广泛的层面上，营销战略可以被定义为一个组织的综合决策模式，其中规定了其在创新中有关产品、市场、营销活动和营销资源的关键选择，沟通和/或交付产品，在与组织的交流中为客户提供价值，从而使组织能够实现特定目标。[3] 作为一个研究领域，战略营销最基本的问题是企业的营销战略如何受到需求侧因素和供应侧因素的影响。

国内学者对战略营销理论的研究也表现出浓厚的兴趣，王桂林最早提出战略营销的概念，分析了相对于传统营销，战略营销所具有的特点和研究步骤。[4] 潘成云提出了战略营销管理的分析框架，分析了战略营销管理的内容。[5] 在著作出版方面，主要是翻译国外教材和出版关于战略营销基本概念和分析、战略营销案例研究等内容的图书。当前战略营销理论被应用于各个行业，推动企业营销战略的发展。

（二）战略营销的概念

战略营销管理是一种新的营销管理范式，是一种新的营销理论框架。战略营销涵盖了企业从生产到销售，包括生产过程和流通过程的一切活动，然而，它又超越了市场营销的目标。战略营销是一种站在企业战略制高点上发现成长性潜在消费需求、寻找企业与竞争对手的差距，将企业的营销活动融入企业的竞争战略中，使企业的营销活动以获取竞争优势为导向，通过获取竞争优势以保证企业能够实现可持

---

[1] Lovelock, C. H., "Classifying Services to Gain Strategic Marketing Insights," *Journal of Marketing*, 1983, 47 (3): 9-20.
[2] 〔美〕马克·E. 佩里：《战略营销管理》，李屹松译，中国财政经济出版社，2003。
[3] Varadarajan, R., "Strategic Marketing and Marketing Strategy: Domain, Definition, Fundamental Issues and Foundational Premises," *Journal of the Academy of Marketing Science*, 2010, 38 (2): 119-140.
[4] 王桂林：《战略营销——九十年代西方市场研究的新方向》，《北京商学院学报》1994年第5期。
[5] 潘成云：《战略营销管理理论：一个分析框架》，《当代财经》2006年第9期。

续发展。传统的市场营销管理已远远不能适应变化,不能适应现代市场竞争的需要。因此,需要把营销建立在一个新的高度上,即通过发掘、积聚、集中企业的营销资源和营销能力,使企业建立长久的竞争优势并具有营销竞争力。战略营销的根本点在于着眼于企业的长久生存,以竞争为动力,以获取最终的顾客价值为目标,通过对战略环境的分析,不断培育企业的营销资源、提升营销能力与营销执行力,在战略营销竞争情报的支持下做出最适合企业发展的战略决策。

由此,战略营销是指企业从战略的高度,以打破职能疆界、获取持久竞争优势和营销竞争力为目标,通过对战略环境的分析,在战略营销竞争情报的支持下,不断培育企业的战略营销资源、提升战略营销能力与战略营销执行力的管理过程。

二 战略营销管理的特点

(一) 战略营销管理是以市场为导向的管理过程

以交易营销为特征的传统营销管理是为实现组织目标而对旨在建立、加深和维持与目标购买者之间有益的交换关系的设计方案所做的分析、设计、实施及控制。其根本目标是吸引新顾客,达成交易并满足消费者需求。战略营销管理的对象还包括企业内、外所有可能涉及的人员,如供货商、竞争者、公众、职员、顾客等。也就是说,战略营销管理不光是满足顾客的需要,还要击败对手,满足市场竞争的需要。企业的一切营销活动都围绕追求市场份额、扩大竞争优势、提高营销竞争力进行。在此基础上,市场导向成为企业的重要营销哲学,它是企业的核心理念,既引导着企业全体员工统一行动,又带来组织结构、工作程序和营销策划的一系列变化。市场导向意味着战略营销将重点关注两方面:提供顾客价值和研究竞争对手。战略营销管理提供顾客价值意味着确定顾客希望得到的价值,包括合适的产品和服务质量、合理的或可接受的价格、顾客想要得到的利益等。这是战略营销管理的核心目标。战略营销管理将以空前的重视态度和特别的视角来研究竞争对手,目的是获得高于竞争对手提供给顾客的价值。

(二) 战略营销管理的焦点是发现成长性潜在消费需求

法国欧洲工商管理学院市场营销教授菲利普·帕克,在英国《金融时报》上载文阐释自己的观点,认为企业战略营销聚集点,就是全球化成长性潜在消费需求,以此为目标来瞄准重点市场,就能有效地实施战略营销。菲利普·科特勒认为,营销管理就是需求管理,营销管理可能要对付不同的需求情况。[①] 但是总体上来说,以交易为中心的传统营销将销售业绩作为营销工作重点,往往把取得最好的销售业

---

① 〔美〕菲利普·科特勒:《营销管理:分析、计划和控制》,梅汝和等译校,上海人民出版社和西蒙与舒斯特国际出版公司,1996,第 21 页。

绩作为营销业务的工作重点。对于战略营销来说，关注企业未来的发展、未来的抉择才是重要的。海尔集团（以下简称"海尔"）是中国著名的家电制造企业，自1984年创立以来以年均增长78%的增长速度持续稳定发展，已发展成为在海内外享有较高美誉的大型国际化企业集团。其产品从1984年的单一冰箱发展到拥有白色家电、黑色家电、米色家电在内的86大门类13000多个规格的产品群，并出口到世界160多个国家和地区。海尔走的就是一条不断通过创新满足顾客需求，又通过创新挖掘顾客潜在需求、引领顾客消费潮流的发展之路。在创新阶段，海尔产品门类已相当齐全，其主导战略衍化为海外市场设计、生产、营销的三位一体化。在这个阶段，海尔研发活动的重点在于：一方面，对现有技术的整合创新，如把变频技术运用到冰箱设计中，开发出变频冰箱，把现代信息技术运用到冰箱设计中，开发出网络冰箱；另一方面，力求紧跟世界前沿技术，通过在发达国家和地区建立信息分中心和设计网络，及时获取国际最新资讯。在技术策略上，其更加注重运用全球科技资源，形成了包括战略联盟工作系统、产学研工作系统等在内的技术创新外部体系。海尔利用新兴技术，捕获潜在市场需求，并初步实现了技术创新的全球化。海尔的这种不断创新的经营思维，就是关注成长性潜在顾客需求的战略营销思维。

（三）战略营销管理是以企业整体为研究对象，是以战略的眼光来看待营销活动

战略营销的主要目标是寻求企业的生存领域，强调按照企业生存的具体要求，确定基本理念和企业的总体方针和政策，把整个企业的营销置于包括企业自身、市场竞争者、公众以及客观环境等在内的大系统中。这就要求企业以自身的长远目标和根本利益为出发点，在满足消费者需要的前提下，充分利用企业营销资源和营销能力，通过企业营销价值的创造和综合实力的增强，不断地开拓新的市场需求，谋求企业长久的竞争优势。

（四）战略营销管理是基于动态环境分析的营销活动

企业与环境是什么关系，在战略管理理论中有不同的争论。一般认为，企业与外界环境是持续不断的物质、能量和信息的交换的关系，在交换的过程中企业获得生存和发展的现实基础和未来条件，增强了企业的生命力。在营销学中，外界的环境被定义为营销环境，包括微观环境和宏观环境，是影响企业营销活动的重要因素。菲利普·科特勒认为："一个企业的营销环境由企业营销管理机能外部的行动者与力量所组成，这些行动者与力量冲击着企业管理当局发展和维持同目标顾客进行成功交易的能力。"[①] 传统的营销理论强调营销战略与环境要相匹配，主张战略应适应

---

① 〔美〕菲利普·科特勒：《营销管理：分析、计划和控制》，梅汝和等译校，上海人民出版社和西蒙与舒斯特国际出版公司，1996，第96页。

环境。但是，以适应环境为立足点的主流企业营销战略并未对企业营销实践产生显著作用。相反，一味坚持营销战略与环境相适应，只会使企业处于被动地位，失去改造自身所处的环境的机遇，对企业在现代复杂动态环境下的健康持续发展是不利的。动态环境是指企业所处的宏观经济环境、产业环境、企业内部环境、政治环境、社会环境等环境的一致性随着时间的变化在形式、内涵、状态上所表现出来的差异。随着商业活动日趋全球化，企业将会面临跨国商品与服务交易、国际资本流动规模和形式的增加以及技术的广泛、迅速传播等多种因素的影响，战略环境的复杂程度和不可测度将大大加深。这是动态环境出现的直接因素。复杂的动态环境反映了当前市场面临的全球化竞争加剧、消费需求变化加快且难以预测、产品生命周期缩短、新技术层出不穷、竞争规则发生变化等现状，直接影响着企业营销活动的开展。战略营销正是面对这样的竞争现实，以动态的环境为基础，面对复杂多变的市场环境，探索企业营销战略的适应性和创新性，从而在动态环境中确立企业的竞争优势。

第3节 战略营销管理要素与任务

战略营销作为市场营销学的一个新的理论范式，其研究的视角、方法、理论基础各有不同，本书基于市场导向，基于现代战略管理理论、企业能力理论、企业资源基础理论、营销情报理论、战略执行理论，对战略营销管理的研究框架做出了全新的分析。

一 战略营销管理要素

（一）战略营销情报

宝洁公司是一家重视情报调研的企业，公司设有专门的消费者市场研究部，主要的职能就是针对消费者、零售业做深度分析，对品牌决策和顾客开发等战略给予指导和支持。战略营销的前提是获取战略营销情报，通过战略营销情报可以获得营销洞见。战略营销情报是专门的竞争情报，是为企业战略营销管理提供环境监视、预警服务的信息系统和研究过程。战略营销情报的核心内容是对竞争对手信息的收集和分析，是情报技术与反情报技术。战略营销情报主要涉及环境监视、市场预警、技术跟踪、对手分析、策略制定、竞争情报系统建设和商业秘密保护等领域。

（二）战略营销资源

云南白药集团股份有限公司作为中国著名的中药老字号企业，依托国家一级中药保护品种——云南白药,不断进行技术研发,加强文化传承、提升营销管理能力,品牌声誉逐年提高,获得制药市场的竞争优势。其成功得益于企业培育了战略营销资源。对于战略营销资源来说,可以分为两类:内部基础性的战略营销资源和外部战略营销资源。内部基础性的战略营销资源是指企业经过长期的积累和培育在企业内部形成的资源,包括企业营销人力资源、财务资源、物质资源、产品、品牌、技术、商誉、商标、企业形象、组织结构、组织资产等。外部战略营销资源是指企业通过发现、积累以及关系营销获得的资源,也包括企业通过外部营销联盟获得的战略营销资源,主要包括顾客/客户资源、经销商及网络资源、供应商资源、营销信息及营销竞争情报资源等。

(三) 战略营销能力

在一个动态的竞争环境中,每个企业都会积累一定的资源、知识和能力以应对竞争,这些依赖于企业发展的历史、企业文化、创业者及其管理者的经验及偏好,从而在市场中形成各具特色、独一无二的资源、知识和能力,这就决定了企业之间的差异。在战略营销实践中,企业异质性的特点决定了企业必然通过积累、培育和开发战略营销资源以及提升战略营销能力以突出差异性,获得营销竞争力和持续的竞争优势。那么,什么是战略营销能力呢?我们认为,战略营销能力是指企业通过战略营销流程用于动员、协调和开发战略营销资源以获取市场竞争优势的核心能力。华为是全球领先的信息与通信技术(ICT)解决方案供应商,随着公司采购进入高速数字化采购新时代,为了保持国际竞争力,华为邀请IBM公司帮助建立起自己的采购系统,从组织结构、市场投标、采购需求、电子化交易、与供应商沟通等方面入手,努力在技术、价格、质量、交货、响应、速度以及创新等方面获得竞争优势。

(四) 战略营销执行

海尔作为中国著名的家电制造企业,不仅产品和服务享誉市场,海尔文化也为市场所熟悉,作为海尔文化的重要内核的OEC管理法被广为流传,这是海尔以目标管理为基础独创的一种生产管理理念——"日事日毕,日清日高",即每天的工作每天完成,每天的工作要清理并每天有所提高。通过这样的管理理念,海尔实现了执行理念和境界的提升。战略营销要把理念、战略贯彻到市场中需要战略营销执行。战略营销执行是确定企业要做什么并如何做的学问。要做什么就是要明确方向。许多企业之所以执行力弱就是战略营销执行的方向不明确。战略营销执行过程就是一个发现问题和解决问题的过程,所以第一项工作就是要诊断和分析所要面对的问题。企业营销效果不佳的问题到底出现在什么地方?是在营销战略方面呢,还是在战略营销执行方面呢?如果在战略营销执行方面,那么是营销规划,还是营销策略,或者是营销政策出现了问题?找到了问题的所在点也就找到了执行的方向。

二 战略营销管理的任务

菲利普·科特勒在《营销管理》第 15 版中提出，营销管理的任务是创建战略和计划、捕获营销洞见、联系顾客、创建强势品牌、创造价值、传递价值、传播价值、负责任地进行营销以取得长期成功。从战略营销角度来说，在面对竞争激烈和变化的市场，企业需要从战略营销的角度思考企业营销的目的、企业与内部员工的关系、企业与顾客的关系、企业与竞争对手的关系以及如何将营销战略落地的任务，因此战略营销管理的任务包括以下几个方面。

（一）创造顾客价值

京东是一家大型电商公司，2007 年开始自建物流，2017 年 4 月正式成立京东物流集团（以下简称"京东物流"）。京东物流从战略角度来看物流与顾客的关系，坚持做中国领先的技术驱动的供应链解决方案及物流服务商，以"技术驱动，引领全球高效流通和可持续发展"为使命，致力于成为全球最值得信赖的供应链基础设施服务商。京东物流建立了包含仓储网络、综合运输网络、最后一公里配送网络、大件网络、冷链物流网络和跨境物流网络在内的高度协同的六大网络，服务范围覆盖了中国几乎所有地区、城镇和人口，不仅建立了中国电商与消费者之间的信赖关系，还通过 211 限时达等时效产品，重新定义了物流服务标准。2020 年，京东物流助力约 90% 的京东线上零售订单实现当日和次日达，客户体验持续领先行业。京东物流的运营超越了产品、服务概念和顾客关系维系观念，从顾客面临的问题开始，逐步提高营销能力和积累营销资源，缩小顾客感知产品和服务质量与顾客期望之间的差距，创造了更高的顾客价值，实现了战略营销目标。

（二）获得营销竞争力

在以市场为导向的市场中，市场营销的功能是注重企业的市场占有率以获得良好的营销业绩，而决定市场占有率的要素除了所有竞争者共同面对的外部环境、产业环境外，根本就在于企业是否具有营销竞争力。战略营销资源的整合、战略营销能力的培育使企业在营销战略、营销策略的应用上更具有竞争性，从而最终获得市场份额的提高。企业是否具有营销竞争力最终由顾客决定，企业成长的本原是创造顾客价值，产品的设计、价格策略的制定、营销渠道的整合、企业形象的维护都是为了顾客能够最终接受产品。京东物流在营销过程中不但为顾客传送价值，而且主动为顾客发掘价值、创造价值，以此获得了顾客的认同，使企业获得了竞争优势。

（三）创建强势品牌

强势品牌不是短期的，要建立长期的品牌优势、给予消费者品牌承诺、创造品牌价值、建立品牌竞争优势，并不是短期营销策略能够解决的问题，这需要企业通过长期的战略营销活动来创建。同仁堂老字号品牌的建立是以"制药一丝不苟,卖药货真价实"为宗旨,坚持"修合无人见,存心有天知"的信条,坚持质量制胜,以口碑带动企业品牌传播,这是战略营销重要的任务。

(四) 获得营销洞见

营销洞见不仅仅是从营销调研中获得的,企业战略营销是基于对营销环境的判断、顾客的认知和竞争对手的分析,利用战略营销情报判断未来的发展趋势,提出适合企业发展的营销战略。京东物流的成功在于通过企业的行业经验和市场调研,提出了物流速度是电子商务发展的关键的营销洞见,从而促使其获得了营销竞争力。

(五) 创建营销战略与计划

战略营销的目的是创建适应企业发展需要的营销战略。格力是一家家电企业,公司成立初期,主要依靠组装生产家用空调,现已发展成为多元化、科技型的全球工业制造集团,产业覆盖家用消费品和工业装备两大领域,产品远销160多个国家和地区。早在2015年初,格力电器董事长董明珠就凭借着其对市场的敏锐嗅觉,看到了智能家电市场的巨大潜力,致力于打造格力的"智能环保家居系统",其核心优势是,通过光伏发电技术与格力云控平台的定制的能源管理方案,实现能源结构的优化,为用户节约电力消耗。格力的战略建立在企业长期积累的战略营销资源基础上,并成为企业长期的营销战略。

党的二十大报告指出:"(十年来)我们提出并贯彻新发展理念,着力推进高质量发展,推动构建新发展格局,实施供给侧结构性改革,制定一系列具有全局性意义的区域重大战略,我国经济实力实现历史性跃升。……国内生产总值从五十四万亿元增长到一百一十四万亿元,我国经济总量占世界经济的比重达百分之十八点五,提高七点二个百分点,稳居世界第二位;人均国内生产总值从三万九千八百元增加到八万一千元。……谷物总产量稳居世界首位,……制造业规模、外汇储备稳居世界第一。……一些关键核心技术实现突破,战略性新兴产业发展壮大,载人航天、探月探火、深海深地探测、超级计算机、卫星导航、量子信息、核电技术、新能源技术、大飞机制造、生物医药等取得重大成果,进入创新型国家行列。"[①] 在这一系列辉煌的成就面前,中国企业做出了巨大贡献。在实现中华民族伟大复兴的历史进程中,还需要中国企业进一步加大技术创新,积极推进管理创新,在世界市场上获取竞争优势。因此,中国企业必须以战略视角来审视营销,从战略营销的角度积极推进自身获取营销竞争力。

---

① 《中国共产党第二十次全国代表大会文件汇编》,人民出版社,2022,第7页。

第4节　战略营销策划

一　营销策划

策划是指企业在充分占有现实信息资料的基础上，判断未来的发展趋势，围绕着确定目标，全面地构思、设计行动方案，从而达到预定目标的管理活动。战略营销策划是在市场调研的基础上总结营销者对市场的系统判断形成的关于企业营销战略和营销方案的书面文件。通常，营销策划书的撰写要遵循以下四个原则。

一是逻辑思维原则。策划的目的在于解决企业营销中遇到的问题，按照逻辑思维来编制策划书。首先，设定情况，交代策划背景，分析产品市场现状，再把策划中心目的全盘托出；其次，详细阐述具体策划内容；最后，明确提出解决问题的对策。

二是简洁朴实原则。要注意突出重点，抓住企业营销中所要解决的核心问题，深入分析，提出可行性的对策，针对性要强，要具有实际操作指导意义。

三是可操作原则。编制的策划书是要用于指导营销活动实践的，其指导性涉及营销活动中的每个人的工作及各环节关系的处理。因此其可操作性非常重要。不能操作的方案创意再好也无任何价值。不易于操作的策划也必然要耗费大量人、财、物，且管理复杂、显效低。

四是创意新颖原则。要求策划的"点子"（创意）新、内容新、表现手法新，给人以全新的感受。新颖的创意是策划书的核心内容。

二　战略营销策划的内容

在战略营销管理中，营销策划是将企业整体的战略营销活动具体化的过程，为企业创建强势品牌、实现顾客价值、明确营销战略和营销方案、描述发展方向提供重要的指导，通过营销策划将营销战略目标以及如何达成营销目标的方法告知企业战略策划部门、营销决策部门和营销运营部门，以激励他们实现这些目标。市场导向战略营销策划是基于企业对市场的战略认知形成的战略分析计划，通常包含以下几个方面。

（1）战略营销环境分析。通过 PEST 分析法、波特五种竞争力模型、SWOT 分析法分析企业宏观环境、微观环境，以确定宏观背景下企业的资源、能力、成本状况、顾客、竞争对手状况。

（2）战略营销目标。基于环境分析提出企业战略营销目标。

（3）营销战略分析。基于系统的战略分析形成企业使命、战略营销目标、市场定位、财务目标，从战略营销情报、战略营销资源和战略营销能力以及战略营销执行角度确定营销战略。

（4）营销方案。基于营销战略描述具体营销策略和营销活动。

（5）财务预测。基于营销战略确定的财务分析、财务决策、财务风险分析及防范策略。

（6）实施控制。明确如何实现营销目标、制定实施方案和应急方案，并在实施过程中进行监督控制等。

三　战略营销策划书

战略营销策划书一般包括以下几方面的内容。

（1）概要。相当于一般图书的序，主要是对策划的项目进行概要说明，包括策划的目的、意义、创意形成的过程、相关策划的介绍等，概要应简明扼要，以三四百字为宜。

（2）目录。策划书的目录和图书的目录起到的作用是相同的，它涵盖了全书的主体内容和要点，读后应能使人对策划的全貌、策划人的思路、策划书的整体结构有一个大体的了解，并且为使用者查找相关内容提供方便。

（3）前言。前言的作用在于统领全书，因此其内容应当包括策划的宗旨、目的和背景，以及策划的必要性等问题的描述。前言一方面是对内容的高度概括性表述，另一方面在于引起读者的注意和兴趣。读者看过前言后，要使其产生急于看正文的强烈欲望。

（4）情景分析。在这一部分中，需要明示策划所实现的目标或改善的重点。无论是多么精美的策划方案，如果定位于错误的市场，把重点放在错误的方向上，最终必定偏离企业所希望达到的目标，从而导致失败。所以在进行营销策划之前要找到一个最佳切入点，以及实现那些目标的战略直觉。这主要是通过界定问题来解决的，即把问题简单化、明确化、重要化。

（5）环境分析。"知己知彼，百战不殆"，这就需要策划者对环境比较了解。环境分析的内容包括市场状况、竞争状况、分销状况、宏观环境状况等。市场状况方面，主要是分析目前产品的市场、规模、广告宣传、市场价格、利润空间等；列出近期目标市场的数据，通过年度相对指标对比，得出分析结果。竞争状况方面，对主要的竞争者进行辨认，并逐项描述他们的规模、目标、市场份额、产品质量、营销战略和其他特征，从而精准地了解他们的意图和行为。分销状况方面，列出在各个分销渠道上的销售数量资料及其重要程度。宏观环境状况方面，描述宏观环境的主要趋势（如人文的、经济的、技术的、政治法律的、社会文化的），阐述其与本企业产品的某种联系。

（6）问题点和机会点。策划方案，是对市场机会的把握和策略的运用，因此分析问题、寻找市场机会就成了营销策划的关键。找准了市场机会，可以极大地提高策划成功率。通常采取SWOT分析法，即对企业内部环境的优势（strengths）、劣势（weakness）、外部环境的机会（opportunities）、威胁（threats）进行全面评估。一是分析销售、经济、技术、管理、政策（如行业管制等政策限制）等方面的优势和劣势。二是分析市场机会与把握情况，分析市场竞争的最大威胁与风险因素。三是综合分析市场机会、环境威胁、企业优势与劣势等战略要素，明确能够为"我"有效利用的市场机会，即尽可能将良好的市场机会与企业优势有机结合，同时要努力防范和化解因环境威胁和企业劣势可能带来的市场风险。四是在SWOT分析的基础上，明确在制定和实施市场营销战略计划过程中还须妥善解决的主要问题。

（7）营销目标。无论是什么方面的营销策划书，其主体内容都应当明确企业具体要达到的营销目标，如市场占有率、销售增长率、分销网点数、营业额及利润目标等。通常营销目标应满足四个条件：目标必须按轻重缓急有层次地进行安排；在可能的条件下，目标应该用数量表示；目标必须切实可行；各项营销目标之间应该协调一致。

（8）营销战略。在营销策划书中的"营销战略"部分，要清楚地表述企业要实行的具体战略，包括市场细分、目标市场和市场定位三方面的内容。市场细分，其目的在于帮助企业发现和评价市场机会，以正确选择和确定目标市场。目标市场，即根据企业资源状况及实力，找准目标市场。市场定位，是指企业为在目标顾客心目中寻求和确定最佳位置而设计产品和经营特色的活动。

（9）营销组合策略。确定营销目标、目标市场和市场定位之后，就必须着手准备在各个细分市场所采取的具体营销策略，以及确定相关的营销组合策略。所谓营销组合，就是企业的综合营销方案，企业根据自己的营销目标与资源状况，针对目标市场的需要对自己可控制的营销策略（产品策略、价格策略、渠道策略、促销策略）进行优化组合和合理的综合运用。产品策略，即阐述产品体系、品牌体系、品牌管理、包装体系、包装形式、包装设计等内容。价格策略，即阐述定价原则、定价方法、价格体系、调价体系等内容。渠道策略，即阐述渠道建设指导方针、渠道开发步骤、渠道网络架构、渠道激励措施等内容。促销策略，即阐述人员推销、广告、营销推广、公共关系的方式方法。

（10）行动方案。要实施营销策划，需要将各项营销策划转化成具体的活动程序。为此，必须设计详细的策划行动方案。在行动方案中，需确定以下的内容：要做什么作业？何时开始？何时完成？其中的个别作业为多少天？个别作业的关联性怎样？在何地？需要何种方式的协助？需要什么样的布置？要建立什么样的组织机构？由谁来负责？实施怎样的奖酬制度？需要哪些资源？各项作业收支预算为多少？

（11）财务预算。财务预算主要是对策划方案中的各项费用的预算，包括营销过程中的总费用、阶段费用、项目费用等，其原则是以较少的投入获得最优效果。

（12）策划控制方案。策划控制方案可分为一般控制方案和应急方案。一般控制方案，包括每月或每季度详细检查目标的完成情况；高层管理者要对目标进行重新分析，找出未达到目标的项目和原因；对实现营销效果的具体评价，如经营理念、整体组织、信息流通渠道的畅通情况、战略导向和工作效率等。应急方案，主要考虑市场信息的不确定性，需要制定几套应急方案，其中须列出可能发生的所有特殊事件及发生这些特殊事件时的对策，以降低风险。

（13）结束语与附录。结束语与前言呼应，以使策划书完整，主要是再重复一下主要观点并突出要点。附录是策划书的附件，附录的内容对策划书起着补充说明作用，便于策划书的实施者了解有关问题的来龙去脉，附录为营销策划提供有力的佐证。在突出重点的基础上，凡是有助于阅读者理解营销策划内容的和增强阅读者对营销策划信任的资料都可以考虑列入附录，如引用的权威数据资料、消费者问卷的样本、座谈会记录等。列出附录，既能补充说明一些正文内容，又显示了策划者的责任感，同时也能增加策划书的可信度。附录也要标明顺序，以便查找。

本章小结

面对营销新现实，优秀的营销者正从战略视角来审视营销问题，以适应快速变化的市场。战略营销逻辑关系到企业商业模式、顾客价值和营销竞争力。在此基础上，企业从战略角度分析自身战略营销资源、战略营销情报、战略营销能力与战略营销执行，建立战略营销管理分析框架，从市场调研中分析未来的营销情报，从营销资源积累中为营销战略提供资源和能力保障，从执行中保证营销战略能够落地。

案例训练1：海尔

海尔集团（以下简称"海尔"）创立于1984年，是全球领先的美好生活和数字化转型解决方案服务商。海尔始终以用户为中心，从资不抵债、濒临倒闭的集体小厂发展成引领物联网时代的生态型企业。海尔连续4年作为全球唯一物联网生态品牌蝉联"BrandZ最具价值全球品牌100强"，连续14年稳居"欧睿国际全球大型家电零售量排行榜"第一，2022年全球营业收入达3506亿元，品牌价值达4739.65亿元。三十多年来，海尔与时俱进，从产品品牌到平台品牌，始终站在时代与行业发展前列。

从海尔发展历史看，共经历了六个战略发展阶段。一是名牌战略阶段（1984~1991年），只做冰箱一种产品，探索并积累了企业管理的经验，为今后的发展奠定了坚实的基础，总结出一套可移植的管理模式。二是多元化战略阶段（1991~1998年），从一个产品向多个产品发展（1984年只有冰箱，1998年时已有几十种产品），从白色家电进入黑色家电领域，以吃"休克鱼"的方式进行资本运营，以无形资产盘活有形资产，在最短的时间里以最低的成本把规模做大，把企业做强。三是国际化战略阶段（1998~2005年），产品批量销往全球主要经济区域市场，有自己的海外经销商网络与售后服务网络，Haier品牌已经有了一定知名度、信誉度与美誉度。四是全球化品牌战略阶段（2005~2012年），为了适应全球经济一体化的形势，运作全球范围的品牌，海尔通过提升产品的竞争力和企业运营的竞争力，与分供方、客户、用户都实现双赢利润，从单一文化转变为多元文化，实现持续发展，推进全球化品牌战略发展。五是网络化战略阶段（2012~2019年），海尔将公司业务变成网络上的一个节点，实现从"制造产品"到"孵化创客"的转型。六是生态品牌阶段（2019年至今），海尔从传统时代的产品品牌到互联网时代的平台品牌，发展到物联网时代的生态品牌。

如何通过营销推进公司战略？海尔根据自己的目标与市场的特点进行合理的组合搭配，形成了适合本企业发展的最佳营销组合。在产品开发商方面，建立了海尔"从市场中来，到市场中去"的环形开发机制，从市场难题中得到科技创新的课题。海尔有句名言："质量是产品的生命，信誉是企业的灵魂，产品合格不是标准，用户满意才是目的。"海尔人知道，只有给市场提供了最满意的产品和服务，才会给企业回报最好效益，通过产品创新推进市场开发。张瑞敏说，海尔不打价格战，要打就打价值战。海尔对产品的定位做到优质优价，不以价格作为卖点，而是以产品的高科技含量、使用简单、多功能一体化和完善的售后服务等为人们带来高品质、高享受的生活。海尔的销售渠道经历了一个发展的过程。从初期依靠商场销售到店中店建设，再到建设自己的品牌专卖店，迅速提升了海尔品牌的信誉度和知名度。目前，海尔在全球设立了10+N创新生态体系、71个研究院、30个工业园、122个制造中心和23万个销售网络，旗下海创汇创业加速平台孵化了7家独角兽企业、102家瞪羚企业、120家专精特新"小巨人"企业。海尔每年都保持几十个百分点的高增长率。海尔还坚持维护自建网络的规模，未见收缩的迹象。海尔的营销网络之所以如此强势，与它多元化家电的定位策略是分不开的。同时海尔集团在走向国际化的过程中，正是通过海外经销商和代理商，成功地打进了美国和欧洲市场，并获得良好的销售业绩。

海尔品牌策略的核心是凸显服务优势和强调技术与创新。在缺乏诚信和好的服务理念的时期，海尔的策略更加关注服务。这时期，海尔以其独特性、差异性、价值性和延展性获得了消费者的信赖。海尔凭借其高质量、人性化、"真诚到永远"的服务赢得了广大用户的尊重和忠诚。其领先的理念和水平，也造就了海尔品牌与其他家电品牌的不同。

资料来源：根据海尔官网资料整理。

案例思考：试从海尔案例分析战略营销的要素有哪些？

案例训练2：星巴克

1971年，星巴克在美国华盛顿州的西雅图成立，后来成为世界著名的咖啡品牌，主要销售产品有咖啡、茶、蛋糕、三明治等，同时销售一些与咖啡产业链相关的衍生品，如星巴克咖啡杯、咖啡机、极具星巴克特色的毛绒玩具等。星巴克占领美国市场后于1996年正式进军国际市场。2020年12月，随着在83个国家的业务发展，星巴克全球共有32660家分店。进入中国以来，星巴克充分尊重中国的传统，在门店设计、食物和饮料的加工过程中加入中国元素；开发融入中国传统文化和适合中国人口味的饮料和小食，让进店的顾客感受到浓厚的文化气息，提升体验感。1998年3月其在中国台湾首次开业；1999年1月，中国大陆第一家星巴克在北京开业，其后是上海、深圳等。目前，中国是仅次于美国的星巴克第二大市场。中国是一个巨大的市场，星巴克的官网显示，该公司截至2021年2月在中国拥有超过4800家商店，年销售业绩达到25.83亿美元。

星巴克能有今天的辉煌离不开霍华·舒尔茨。他1982年加盟星巴克，被任命为市场部经理。他在意大利进行商务旅行时，受到当地咖啡店经营方式的启发，构想出了一个能够在美国实施的类似的经营理念。他向老板说出了自己的想法，但被这个家族企业拒绝了。随后，舒尔茨离开了星巴克，自己开了一家咖啡店，他用不到2年的时间就收购了星巴克。星巴克从位于西雅图的一家单店发展到拥有几千家连锁店的实力强大的企业，其业务遍及世界各地。舒尔茨的成功在于他把极普通的咖啡消费变成了文化消费，进入星巴克的顾客会感到轻松、愉快的氛围，并能享受到"紧张生活之余的一种奇妙和浪漫的感觉"。要让顾客享受这种感觉，员工的服务态度和服务质量至关重要。在星巴克，服务就是一切。也可以说，星巴克为消费者提供的不仅仅是咖啡，而是一种精神体验，正是这种体验提升了咖啡消费的价值。

星巴克从创立之初，就以优质的现磨咖啡脱颖而出，而在后续的发展中不断创新，紧跟时代步伐，不断在原材料和口味上满足全世界的消费者。同时，星巴克也是第一个提出将咖啡购买和体验感合二为一的企业，把咖啡店打造成消费者休闲娱乐的空间、工作学习以及社交的场所。星巴克的产品和服务逐渐深入人心，给消费者留下了有品质和有情调的品牌形象。星巴克不仅将自己定位为高品质产品和服务的提供者，也将自己定位为一种高品质生活的追求者和践行者。星巴克将其主打的客户放在初入职场的年轻人身上，这样一类消费者具有一定的消费实力，对咖啡和"第三空间"有需求，以及对品质生活有追求。纵观星巴克咖啡的定价，大多数咖啡的价格在人民币 30 元左右。多年以来，这样的定价在全球市场上也没有太大的波动，处在整个咖啡行业中等偏高的价格水平。

近年来，电商和外卖业迅速发展，星巴克也把握住了商机，加快了线上布局。近年来，中国市场外卖业发展迅猛。星巴克自 2018 年与中国阿里巴巴合作，开启配送服务，这使得星巴克在数字化方面有了较大的突破，凭借阿里巴巴旗下的饿了么、口碑以及盒马鲜生平台，星巴克的外卖业务占了中国地区营收的 6%，同时，星巴克还逐渐向美国以及全球市场复制中国市场的外卖业务，进一步提升了外卖业务的收入占比。在线下渠道方面，星巴克建立了以区域为核心的加工和配送体系，加强对第三方的物流管理。从加工环节来看，星巴克在全球有 24 个合作供应商，为当地市场供应咖啡豆。区域化的集中加工简化了门店咖啡制作流程，减少了人员配备，提升了门店的效率。从配送环节看，星巴克的产品由三大板块组成，即 6 个"绿色咖啡"仓库、9 个区域配送中心、48 个中央配送中心。"绿色咖啡"仓库位于烘焙工厂附近，储存未加工的咖啡豆；区域配送中心负责配送包括烘焙好的咖啡豆在内的所有星巴克零售店需要的物品，其中 7 个区域配送中心都由第三方物流公司运营管理，这提高了星巴克的工作效率，并且，将非核心业务外包，有利于星巴克专注饮品的制作。星巴克线下采取直销、零售和其他特殊渠道销售等方式。

星巴克的定位，虽然主打的是一、二线城市，但伴随着在这些城市发展的逐渐饱和，竞争日益加剧，星巴克也把目光瞄准有着巨大潜力的下沉市场，挖掘尚未完全开发的三、四线城市的咖啡市场。伴随中国人民生活水平的日益提高和消费者对咖啡文化的认同，中国市场巨大的人口红利必将给星巴克带来更多的发展机遇。

资料来源：崔双林、徐瑞泽编著《营销实战案例》，暨南大学出版社，2001；邢源、牟晓伟《星巴克营销策略探析》，《合作经济与科技》2022 年第 14 期；王慰《星巴克营销策略浅析》，《上海商业》2022 年第 1 期。

案例思考：从案例中分析星巴克的营销理念，并运用战略营销理论分析星巴克取得成功的关键要素是什么？

战略营销实训

实训项目 1：选择一家企业，通过户外调查和网络收集资料，撰写企业战略营销策划书。

实训项目 2：选择一家日用消费品企业，利用 SWOT 分析法分析该企业的营销现状。

第3章 战略营销导向

本章要点

从企业导向到市场导向反映了企业在营销实践中营销理念的转变。市场导向从顾客和竞争的视角分析营销理念，指导企业营销实践，在此基础上产生了战略营销。在营销理论逐步发展的过程中，从交易营销、关系营销向战略营销的转变是营销管理范式的变化，通过分析企业与市场的关系、与顾客的关系，可以深入理解战略营销范式的内涵。营销组合是企业多个营销策略的配合。本章从战略营销资源、战略营销情报、战略营销能力与战略营销执行四个方面分析战略营销组合，战略营销组合具有整体性、层次性和动态性。

关键术语

营销导向 Marketing Orientation

企业导向 Enterprise Orientation

顾客导向 Customer Orientation

市场导向 Market Orientation

竞争导向 Competitive Orientation

市场导向 Market Orientation

营销管理范式 Marketing Management Paradigm

交易营销范式 Transaction Marketing Paradigm

关系营销范式 Relationship Marketing Paradigm

战略营销范式 Strategic Marketing Paradigm

战略营销组合 Strategic Marketing Mix

学习目标

核心知识：了解并掌握营销导向的发展阶段

了解并掌握营销管理范式

理解并掌握战略营销组合的概念及构成

核心能力： 学会从历史角度分析战略营销范式的变迁

课程思政目标： 从中国企业改革开放的历史看企业营销理念的变迁

引导案例　　最佳战略营销实践：雀巢的模块组合营销

雀巢公司（以下简称"雀巢"）于1867年诞生于瑞士日内瓦湖畔一个小镇上，成立至今，已在86个国家建立了500多家工厂，有29家研发机构。其产品线横跨9个品类，拥有20多个国际知名品牌。雀巢是最早进入中国的跨国公司之一，雀巢的成功自是多种因素共同作用的结果，但其中，模块组合营销战略的实施是一个重要因素。整合营销强调，从消费者沟通的本质意义展开促销与营销活动，主张将广告、公关、直销等各种推广宣传工具进行有机组合，以最大限度地增加消费者的认知。模块组合营销并没有否定整合营销，只不过它更进一层，强调对于具体的模块市场，根据消费需求进行适当的调整，准确把握并满足消费者，同时又坚持整合的原则，以期获得最大的整合效益。雀巢有效地结合了标准化和差异化的产品策略，其在中国市场上的品牌是以国际品牌为主，以本地品牌为辅。雀巢所采取的"可选择模块"也即差异化策略，标志性的运作就是品牌的本土化。即使是进行产品的市场推广，雀巢也是在深刻洞察中国社会的变化，了解中国消费者的心理需求、价值观、生活状态之后才采取相应策略，所以，无论是广告诉求、情感诉求还是产品诉求都能打动中国消费者。雀巢利用品牌的国际性，让消费者深深记住它的名字，与此同时，进行彻底的本土化，实实在在地满足顾客的需求。

资料来源：李岳丽《标准化与差异化产品策略的融合——以雀巢公司为例》，《经济视角》2011年第23期；毕继东《"雀巢"的模块组合营销》，《中国市场》2000年第6期；郭斌《我国企业国际营销中的本土化战略探析——以雀巢公司品牌本土化为例》，《对外经贸实务》2013年第4期。

彼得·德鲁克认为："市场营销是如此基本，以致不能把它看成是一个单独的功能，……从它的最终结果来看，也就是从顾客的观点来看，市场营销是整个企业活动。"[①] 从20世纪90年代起，我们进入了超强竞争时代，新的竞争优势交替频繁，顾客变得越来越挑剔，他们想得到更多的选择机会、更好的产品，这股动力将迫使一味维持传统、行为守旧的企业退出市场。在这种日益动荡复杂的市场环境中，

---

① 转引自〔美〕菲利普·科特勒《营销管理：分析、计划和控制》，梅汝和等译校，上海人民出版社和西蒙与舒斯特国际出版公司，1996，第1页。

市场营销以其独特的视角和功能不断促使富有远见的企业适应市场的变化。当市场营销成为整个企业的活动时，作为战略的营销由此显现出来，一种新的营销管理范式——战略营销管理成为当前研究的重点。

第1节 营销导向的演变

营销导向实质上是指用一种什么样的哲学来指导组织的营销努力，以达到平衡组织、顾客和社会三方面的利益关系。菲利普·科特勒认为，营销观念是实现组织目标的关键，其比竞争对手能更有效地针对目标市场创造、传递和传播卓越的客户价值。[①] 营销导向关系到企业的营销理念、营销战略的制定和策略的实施，作为一种新的营销范式——战略营销管理坚持什么样的营销导向是一个重要的问题。

一 企业导向

作为一种古老的营销理念，企业导向是在商品供不应求的状态下的必然产物。亨利·福特曾说："无论市场需要什么颜色的汽车，我只生产黑色。"100多年后的今天我们仍然感觉到此企业的傲慢。当企业经营者认为企业的职责在于通过不断提高生产效率，降低成本生产产品时，大规模分销就成为在这一时期的主要营销手段。一般来说企业导向包括生产观念（我们生产什么就卖什么）、产品观念（我们有什么产品就卖什么产品）、推销观念（我们推销什么顾客就买什么）。

二 顾客导向

顾客导向是影响最大的营销理念，深刻影响着交易营销范式和关系营销范式的构建。彼得·德鲁克于1954年就提出，顾客的需求是企业整个活动的中心和出发点，企业从事商品生产、商品交换及市场营销的最终目的是促使顾客购买、满足顾客的某种需求。1960年，西奥多·李维特在《哈佛商业评论》上发表名为《营销近视症》的文章，他认为，那些曾经一度快速增长的行业（如铁路业、电影业、石油业、食品杂货店业等）之所以被衰退的阴影笼罩，是因为它们以产品为导向，而不是以顾客为导向。

此后，"以顾客为导向"就成为重要的营销观念而并被人们认同。顾客导向本质上是一种以满足消费者的需求和欲望为导向的营销观念，强调企业必须将识别消费者需求置于首位，掌握需求的多样性、多变性特征，有针对性地开展市场营销活

[①] 〔美〕菲利普·科特勒、〔美〕凯文·莱恩·凯勒：《营销管理》（第15版），何佳讯等译，格致出版社和上海人民出版社，2016，第20页。

动,顾客导向理念关注顾客,要求企业为顾客创造价值,从而形成由外而内的思维方向。这种营销观念产生于买方市场形成的初期,它的产生对生产观念、推销观念来讲是一场革命,多年来一直被奉为指导企业市场营销实践的准则。宝洁公司无疑是贯彻顾客导向的典型。原宝洁品牌经理查尔斯·戴克曾在《宝洁的观点》中列举了宝洁关于消费者的原则,具体内容如下。

(1) 相信消费者。消费者是有眼光且有分辨能力的。他们会仔细权衡产品的价值及成本,然后选择提供真实价值的厂商。

(2) 切勿愚弄消费者。贩售劣质产品终究无法逃过消费者的慧眼。即使产品质量有点差异,消费者仍会细心察觉,并以购买与否的表达方式对产品做出评价。

(3) 顾客决定价值。价格并非决定价值的唯一要素,消费者对价值的敏感度,已由市场上无数成功的例子及少数失败的例子得到验证。

(4) 想顾客之所想。宝洁的成功有两个要素:第一,通过严谨且系统化的消费行为研究来了解消费者的需求;第二,研制正确的产品,并规划适当的营销方案以满足消费者的需求。

(5) 不因买卖成交而轻慢顾客。大多数的公司设有顾客关系部门。有些公司认为所谓顾客关系,不过就是处理或应付顾客抱怨罢了。宝洁积极要求使用其产品的顾客提供反馈,并给予迅速答复。在这一过程中,宝洁与顾客的关系被进一步强化。

(6) 消费者是老板。在宝洁,"消费者是老板"不是一句冠冕堂皇的空话,因为,与众多消费者的沟通实实在在地促进了宝洁产品的不断改进。

(7) 必须对顾客负责。宝洁公司新开发的玉兰油系列产品在刚刚上市时,玉兰油系列产品的包装盒上都明显标有"外用,避免接触眼睛,如不慎入眼,即用清水彻底冲洗。如有持续皮肤或眼睛刺激,请停止使用"的字样。

(8) 倾听顾客的声音。宝洁公司成功的关键在于对消费者的深入了解以及不间断地开发具有突破性技术的新产品来满足消费者的需求。

但是,来自营销实践的证据表明,一些企业仅仅将"顾客导向"停留在口头上,而另一些企业期望追随顾客或引导顾客,但最终被指责为屈从于顾客从而失去了营销的方向。宝洁就被指责为屈从于市场,宝洁疯狂扩展生产线使产品类型和品种增多,但实际差异性很小,从而使顾客产生迷茫感。[①]

三 竞争导向

除了原有"以客为尊""将顾客利益摆在第一位"的基本精神和做法外,企业在日益激烈的竞争环境中,察觉到仅一味地接近顾客、满足顾客的需要还不够,还

---

① 〔美〕乔治·S.达伊:《市场驱动型组织》,白长虹等译,机械工业出版社,2003,第30页。

要比竞争者更有效率地适应顾客需要与偏好的改变以及市场环境因素的变化，才能够保有长期持续的竞争优势，进而达成企业的利润目标。在这样的环境中，竞争导向应运而生。

竞争导向是指企业的市场营销活动要以竞争者为中心，其本质是一种以瞄准竞争对手，从别人手中抢生意的营销观念。它强调在当今竞争日趋激烈的市场环境下，企业赢利或生存的关键点，已不再是能否算在市场变化之先、能否符合消费者需求，而在于能否算在竞争对手之上、能否击败竞争对手。竞争导向的营销理念认为竞争创造了需求，消费需求是由处于市场竞争中的企业创造出来的，企业优先于竞争对手才能在市场中获得消费者青睐，脱颖而出。因此，以竞争为导向的企业关注市场占有率，重视产品和技术的生命周期，通过利用现代的营销技术获取营销竞争力，成为当地和全球市场的霸主，从而实现巨额利润。

竞争导向营销观念是以美国著名市场销售战略家阿·拉依斯与克·特拉特于1986年出版的著作《市场销售战》为代表，并被视为市场营销的一种新的理论，是今后乃至21世纪的市场营销取向。

以竞争为导向的营销理念在国内家电业中得到了淋漓尽致的反映。从1996年长虹彩电首次在全国掀起大规模的降价以来，价格战便像洪水一样涌入人们的视野，中国家电业的价格战可以用"壮观""惊心动魄"来形容。从始至终，价格战成为市场竞争的主旋律。国内家电市场领导者长虹的产品市场定位是：推行价格竞争路线，加强技术革新，扩大规模，降低成本，减少利润。其定价目标是销售额达到最大增长量。与此相适应，长虹形成了自己的价格战略。长虹实施了层次分明的价格组合方案。长虹根据每个产品品种的质量、技术和服务制定不同的价格组合，以适应广大消费者的不同需求。国内几次大规模的彩电价格战都是由长虹开始的。长虹以其在彩电市场上超强的技术实力、彩电生产能力和生产规模，形成很强的成本优势。因此长虹彩电依靠数次大规模的价格战占据了相当大的市场份额，至今仍是中国彩电之王。很显然，竞争导向的营销理念不断遭到学术界和实业界的批评，忽视顾客的需求、不能与顾客建立长期的联系、低水平竞争等不断见诸报端，使坚持这一理念的企业常常蒙受顾客、竞争对手和公众的责难。

四 市场导向

由顾客导向，进而到竞争导向的提出，反映了社会环境的变化对营销观念的形成和发展的决定作用，示意了企业实践对营销准则的不断追求。但是，随着世界经济一体化进程的加快，企业之间的竞争已经跨越国界成为一场全球的角逐。相应地，营销也逐渐淡化了国别色彩，日益成为一种全球性的企业行为。在全球化背景下，单纯就上述的某一种观念而言，并不能完整地反映出买方市场条件下企业市场营销的本质联系，仅仅从顾客、竞争对手等某个导向角度来从事营销活动必然带来片面性。

由此，在顾客、竞争对手、内部组织之间建立起一种协调机制，促进企业的营销战略和策略的贯彻，是市场导向的核心所在。市场导向代表组织的一系列过程与活动，特别是有关组织和顾客的信息传播活动。美国华盛顿大学的 Narver 和 Slater 认为市场导向实际上包括了三类行为，即顾客导向行为、竞争导向行为和协调互动行为，并指出产生这些行为的主要动力是企业文化。

市场导向理论是在营销领域的生产观念向营销观念转变过程中形成的，是营销理论发展的结果。有关市场导向的理论主要包括以下两个阶段。

一是概念探讨期，一般在 20 世纪 90 年代之前。这一时期的市场导向定义集中于概念性的探讨，强调企业对于市场营销观念的执行、企业对于顾客的关注以及市场营销部门对于整个组织的战略重要性。美国学者 King 把市场导向定义为"一种管理哲学，目的是增加企业利润，调动、利用和控制企业全部努力以帮助顾客解决困难"。[1] 黑斯（Hise）指出采用市场营销观念，具有市场导向的企业会关注顾客、市场调研和产品开发；企业中的营销部门在组织结构、地位以及战略方面都具有重要性。[2] Lawton 和 Parasuraman 指出市场导向包括四个特征：关注顾客；协同市场营销；市场营销部门对整个公司战略的影响；市场营销职能的专业性。[3]

二是市场导向定义的发展期。20 世纪 90 年代后，伴随着人们对市场营销理论研究的深入，对市场导向的研究也逐步加深，从行为、组织文化营销哲学角度给出了市场导向的操作化定义，推进了市场导向定义的发展。Kohli 和 Jaworski 通过文献回顾与深度访谈，将市场导向概念分为三个维度：顾客目前及未来需求的市场情报的产生；市场情报在组织中的传播；组织对市场情报的活动及反应。[4] 由于这一定义集中于具体的市场营销活动，更富有操作性，因此受到了广泛关注和引用，成为目前较权威的市场导向定义之一。Narver 和 Slater 认为，以市场为导向的公司具有三个行为构成——顾客导向、竞争者导向、各职能间协调；两个决策标准——关注长期和关注利润，也即为使组织长期绩效最大，企业必须建立并维持与顾客间长期互利的关系。[5]

---

[1] King, R. L., "The Marketing Concept," in Schartz, ed., *Science in Marketing* (New York: John Wiley & sons, 1965): 70-97.

[2] Hise, R. T., "Have Manufacturing Firms Adopted the Marketing Concept?" *Journal of Marketing*, 1965, 29 (3): 9-12.

[3] Lawton, L. and A. Parasuraman, "The Impact of the Marketing Concept on New Product Planning," *Journal of Marketing*, 1980, 44 (Winter): 19-25.

[4] Kohli, A. K., Jaworski, B. J., "Market Orientation: The Construct, Research Propositions, and Managerial Implications," *Journal of Marketing*, 1990, 54 (2): 1-18.

[5] Narver, J., Slater, S., "The Effects of A Market Orientation on Business Profitability," *Journal of Marketing*, 1990, 54: 20-35.

伴随着营销研究视野的扩大，企业不仅要研究外部顾客、内部顾客，还要研究竞争对手、供应商、经销商等多个利益相关者的行为。市场导向因为整合了顾客导向和竞争导向，并克服了二者的不足而成为研究的热点。Kohli 和 Jaworski（1990）、Narver 和 Slater（1990）以及 Pitt、Caruana 和 Berthon（1996）等西方学者认为，实现竞争优势和为顾客创造价值的首要前提是培育市场导向。[①] 美国学者乔治·S. 达伊认为，市场导向形成市场驱动型组织，"它宣扬一种了解、吸引和保留有价值顾客的卓越能力"。[②]

面对现代激烈的市场竞争，单纯以顾客为导向可能会造成企业短视，难以成功监测到关键的市场信号。美国的哈默（Hamel）教授和普拉哈拉德（Prahalad）教授断言顾客不能预见产品和服务的突破。[③] 同样，以竞争对手为导向可能导致企业忽视顾客价值，难以充分满足顾客需求，为此众多学者专注于市场导向与顾客之间关系的研究，王灿昊和段宇锋通过实证研究分析了市场导向与顾客知识和组织创新之间的关系。[④] 因此，企业应从顾客角度出发，关注竞争对手，构建起市场导向的理论研究和实践模式。

由此，我们选取顾客导向和竞争导向两个维度来分析战略营销的指导理念。我们发现，在市场营销发展的这 100 年里，营销导向就是向两个方向衍化：一个方向是从自我导向型理念向顾客导向型理念的衍化；另一个方向是从自我导向型理念向竞争导向型理念的衍化。而市场导向理念则是综合这两个方向的合力形成的理念（见图 3-1）。

	顾客导向	
	顾客导向型理念	市场导向型理念
	自我导向型理念	竞争导向型理念
		竞争导向

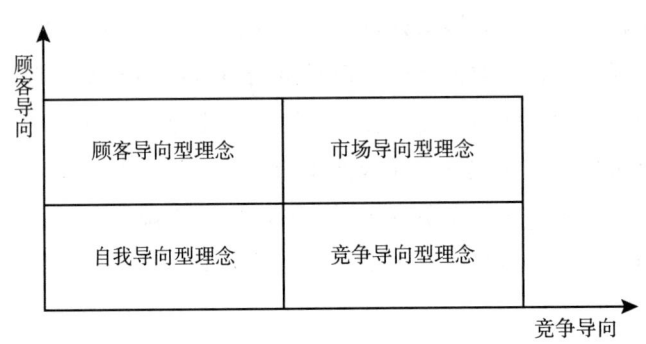

图 3-1　市场导向理念

---

① 转引自张婧《西方市场导向理论和实证研究综述》，《外国经济与管理》2003 年第 12 期。
② 〔美〕乔治·S. 达伊：《市场驱动型组织》，白长虹等译，机械工业出版社，2003，第 6 页。
③ Hamel, G. and Prahalad, C. K., *Competing for the Future*（Boston: Havard Business School Press, 1994）.
④ 王灿昊、段宇锋：《市场导向、顾客知识获取、战略柔性与组织双元性创新》，《软科学》2019 年第 1 期。

现代营销管理拥有外部导向的文化，在营销中充分考虑顾客价值和竞争对手的关系，并通过相应的组织配置使得整个组织始终可以预测和回应不断变化的顾客需求及市场条件，并做出战略反应。市场导向理念在顾客导向和竞争导向基础上，通过满足顾客需求，实现顾客价值和提高营销竞争力，从而达到提升企业竞争优势的目标，因此，市场导向理念对现代营销范式的形成具有重要意义。

在早期的市场导向研究中，主要偏重于研究企业如何了解市场、制定营销战略和营销策略来满足市场，这就是科特勒的"STP+4P"理论。但是，一些学者认为，当前有关市场导向的研究太偏重于讨论如何维持市场现状，而没有去探讨如何主动形成和改变市场；大多数实证研究都聚焦在市场驱动导向上，即关注如何通过对信息的收集、传播和反应来满足市场的现有需求，而没有关注市场的潜在需求和未来需求。由此，我们认为，对市场导向的研究不应仅专注于传统的市场驱动的内涵，还应研究企业如何驱动市场的问题，从而形成两种市场导向型战略：市场驱动战略和市场导向战略。

综上所述，伴随着研究的深入，市场导向理念涉及营销职能、顾客、竞争对手、组织文化、营销哲学及行为等多方面的要素。由此，我们认为，市场导向的理念由于更能够促使组织创造并提供卓越价值，进而构建优势的组织文化，它可以协调顾客导向、竞争导向和跨部门合作，从而对现代企业战略营销具有重要意义。

第2节 营销管理范式的历史与创新

一 交易营销理论范式

发轫于20世纪初的市场营销学在100多年的历史里已经深刻地影响到人们生活的各个方面，营销学理论也吸纳了相关学科的成果显示出勃勃生气。从美国爱德华·琼斯于1902年在密执安大学开设第一门市场营销课程"美国分销管理行业"开始，市场营销到今天已经发展成一门跨学科的综合性学科体系，营销理论发生了巨大的变化。"关系营销""网络营销""绿色营销""战略营销"等一系列新兴的概念丰富着营销理论体系，拨开营销理论丛林，我们从交易营销的理论范式开始分析。

按照美国科学史学家T.S.库恩在《科学革命的结构》中关于范式的理解，所谓范式就是指"为科学共同体提供典型的问题和解答的被普遍认可的科学成就"，范式包括"定律、理论、应用和工具操作"，范式是"在一定时期内为任何一个成熟的科学共同体所接受的方法、问题范围和解决标准的来源"等。范式概念的引入为我们研究营销理论的发展轨迹提供了极大的便利。①

具有现代科学意义的营销理论范式产生于20世纪50年代中期。霍华德于1957年发表的《营销管理：分析和决策》一书提出了"营销管理"一词，并指出营销管理的实质是公司创造性地适应其变化着的环境。随后，麦卡锡于1960年在《基础营销管理》中提出了至今还在推崇的4P's策略。七年后，菲利普·科特勒在他的著作《营销管理：分析、计划和控制》中将4P's策略进行理论归纳，这便形成了管理营销理论范式。按照科特勒的解释，营销的核心就是交换，交易是交换活动的基本单元。以管理为主要特征的营销范式被称为交易营销。

交易营销理论的形成基于古典营销理论的研究。在20世纪初，处于萌芽阶段的市场营销学实质上是传统经济学对市场交换问题研究的延伸，是对企业外部分销和市场新问题的研究。因此营销被看作一系列的社会和经济过程。营销的职能包括分担风险、运输、融资、销售、备货、分等和再装运等。营销的内容集中在企业如何实现商品所有权和实体的转移上，销售被视为营销的核心功能。营销研究以古典经济学作为范式的分析基础，企业营销的主要目的是降低成本、获取利润的最大化。20世纪50年代后，营销研究从古典营销过渡到交易营销阶段。以古典经济学作为范式的学科基础显然不能满足营销发展的要求，虽然科特勒认为，"经济学提供了在使用稀缺资源中寻找最佳结果的基本工具和概念"，交易营销还注重追求利润最大化，但是，传统上运用经济学范式研究营销，局限在效用、资源、分配、生产等方面，这种研究是不全面的。营销研究必须是研究企业的活动，围绕着企业与消费者交换关系来进行。运用管理学研究范式，营销理论对于企业经营活动的指导作用开始突出，也更加具有实际意义。因此，以管理取向构建营销体系就成为重要内容，营销研究注重营销管理过程的分析、计划、实施、控制与执行。要成为一门学科，其研究的范式必然有一个经得住推敲的理论框架，于是交易营销理论范式便构造了一个风光多年的研究框架——以4P's为核心内容的营销组合理论。直至今日，其依然是营销教科书的基本框架。从科特勒的《营销管理：分析、计划和控制》不断改进的版本来看，重视顾客导向成为交易营销的一大理论特色，交易营销理论范式不断吸纳了新的思想、方法，不断完善着自己的理论体系。②

但是，从20世纪90年代起，交易营销范式逐渐受到来自欧洲马林、古麦森、格罗鲁斯、贝克等学者的批评，交易营销理论范式呈现空前的危机，主要表现在几个方面。第一，交易营销理论范式的重点是短期和纯交易性的，主要关心的是生产和仅仅代表了商业交换的一部分的流转较快的消费品的销售，对大量存在的一般商

---

① 〔美〕T. S. 库恩：《科学革命的结构》，李宝恒、纪树立译，上海科学技术出版社，1980。
② 张婧：《西方市场导向理论和实证研究综述》，《外国经济与管理》2003年第12期。

品的营销往往无能为力。第二,从 20 世纪 60 年代以来,虽然交易营销理论不断完善,但总体说来没有创新,对当代市场的新现象没有反映,4P's 策略依然是交易营销理论的基本分析框架。第三,交易营销理论将满足消费者需求作为企业主要的价值导向,忽视了越来越激烈的市场竞争,无法解释市场竞争行为。第四,交易营销理论范式的 4P's 策略把营销定义为一种职能活动,使营销观念的应用受到了很大的限制。

如上危机表现着实受到交易营销领袖们的关注,《营销管理》到现在已经出版了 16 版,在每一个新版本里都有对新思维、新方法的介绍,但从整体上看,这种工作更多的是修补而不是重构,直到关系营销理论范式的出现。

二 关系营销理论范式

熊彼特曾说,"任何特定事件的人和科学状况都隐含它过去的历史背景,如果不把这个隐含的历史明摆出来,就不能圆满地表述科学的状况"。对于关系营销理论出现的背景的认识显然关系到对理论本身的理解。随着现代经济逐步的发展,依赖于工业化时代的交易营销思维渐渐失去对新出现问题的解释力。消费者的个性化、工业品技术上的复杂性、新经济的不断发展,为克服交换障碍导致的交易成本增加、单次交易无法与消费者沟通并建立长期的客户关系,竞争的残酷促使人们突破产品交易的局限,重新审视营销交换过程,并在此基础上建立适应新的竞争形势需要的顾客关系,关系营销理论范式应运而生。关系营销重视企业与顾客的接触过程,认为顾客各种类型的购买决策和购买行为是在关系的形态中达成的。一个企业要建立市场驱动型组织就必须建立、维持和加强与顾客之间的关系,这是开展市场导向营销活动的前提。基于这样的思维模式,在 20 世纪 80 年代末,关系营销理论受到学术界的广泛重视。

最早提出关系营销概念的是美国学者柏瑞(Berry),他认为:"关系营销就是保持顾客。"[1] 其后不断有相关的营销学者提出对关系营销的论述。杰克逊(Jackson)提出关系营销就是锁住消费顾客,用两种纽带将顾客锁住,一种是结构纽带,另一种是社会纽带。[2] 在 20 世纪 90 年代,对关系营销的认识逐步清晰,"关系营销是为了满足企业和相关利益者的目标而进行的识别、建立、维持、促进同消费者的关系,并在必要时终止关系的过程,这只有通过交换和承诺才能实现"。

对关系营销理论范式的研究成为 90 年代以后学术争论的焦点。北欧学派的格罗鲁斯和古麦森对关系营销理论范式的建立起到了关键作用。1994 年,《管理决策》

---

[1] Berry, L. L., "Relationship Marketing," *Emerging Perspectives on Services Marketing*, 1983, 66 (3): 33-47.
[2] Jackson, B., B., *Winning and Keeping Industrial Customers: The Dynamics of Customer Relationships* (Lexington, MA: Lexington Books: 1985).

第 2 期发表了格罗鲁斯的经典文章《从营销组合到关系营销——指向营销的范式转变》。这篇文章集中回顾、介绍了关系营销许多十分关键的概念和主张，并指出传统营销管理中的营销组合（即 4P 结构）在工业品市场和服务市场的"无所作为"，他使用了"营销战略序列"描述了一个新的范式的产生。古麦森对关系营销的主要贡献是他以瑞典文发表于 1995 年的《关系营销：从 4P 到 30R》，系统介绍了他取代 4P 营销组合结构的 30R（30 种关系）的变量结构，明确地提出了关系营销范式地位的牢固性。一种新的理论范式似乎在众多学者的论述中逐渐被构建起来，菲利普·科特勒教授肯定了由一般营销向关系营销的转变是当今营销学变革的重要趋势，并认为关系营销理论范式是对现代营销学从理论到方法的有益补充。

在过去二十多年里，人们一直为关系营销范式寻找"普遍理论"，通常认为，关系营销理论范式是把营销活动看作一个企业与消费者、供应商、分销商、竞争者、政府机构及其他公众发生互动作用的过程。在关系营销范式里，注重强调以下几个方面。其一，注重与目标市场利益相关者进行双向沟通，只有广泛的信息交流和信息共享，才可能使企业赢得各个利益相关者的支持与合作；其二，关系营销强调与利益相关者合作，只有通过合作才能实现协同，获得交易利益的最大化；其三，关系营销的核心是在市场营销中与各关系方建立长期稳定的相互依存的营销关系，以寻求彼此协调发展，因此，关系营销旨在通过合作增加关系各方的利益，而不是通过损害其中一方或多方的利益来增加其他各方的利益；其四，关系营销不只是要实现物质利益的互惠，还必须让参与各方能从关系中获得情感的需求满足；其五，关系营销通过建立专门的客户关系管理系统来掌控顾客、分销商、供应商及营销系统中其他参与者的态度，由此了解关系的动态变化，及时采取措施消除关系中的不稳定因素和不利于关系各方利益共同增长的因素。这些构成了关系营销的本质特征。

伴随着越来越多的人对关系营销的认同，对关系营销提出质疑的人也随之增多，按照库恩的理论框架，一个新的概念要代表营销理论范式必须具备两个条件：第一，一个新的理论必须涵盖该领域所有的问题；第二，必须提供新的理论分析方法和工具。关系营销是建构在交易营销理论的基础上，利用了原先存在的架构和解决办法，虽然在顾客满意、信任、顾客忠诚、顾客保留、客户关系管理等众多领域有所深入，但没有创造新的架构和解决办法，显然难以符合合格的库恩理论范式的条件，在更多的学者眼里，关系营销范式只是交易营销范式的发展和延伸。

三 战略营销管理范式

市场营销实践的发展不断质疑着传统营销范式的存在，也在不断地催生着新的营销理论范式。战略营销管理范式（Strategic Marketing Management，SMM）应运而生。

关于战略营销管理研究的渊源可以追溯到20世纪30年代前后，利维尔特·利益（Leverett S. Lyon）和冯·纽曼（Von Neuman）从企业与环境的关系出发，讨论了营销活动所具有的战略性质，明确了营销活动同市场环境的动态适应性。从此营销活动被作为具有"战略"性质的行动提了出来。[1] 1983年萨伯汉西·C.琼发表了他的著名论文《战略营销进化》，认为战略营销是从战略计划发展而来的，并解释和归纳了战略营销管理与市场营销管理理论的显著区别。1989年沃尔任·丁·肯甘在其著作《全球营销管理》（Global of Marketing Management）中认为战略营销的提出是市场营销管理史上的一次革命，首先表现为战略营销把原来市场营销管理的着眼点从顾客或产品转移到企业外部环境上来，即使对顾客了解得再全面也是不够的，一个企业要取得成功，必须把顾客或产品放到一个更广阔的环境中去理解，这个环境包括竞争者、政策与管理、广泛的社会、经济和政治等外部力量。在中国对战略营销管理的研究主要集中在对战略营销概念的解读和理论框架的构建上，而且众说纷纭。潘成云认为："如同市场营销观念是传统市场营销管理理论的核心内容一样，战略营销观念是战略营销管理理论的核心内容，战略营销管理理论体系的其他内容均是以此为基础、指导和引申。战略营销观念的本质是'形象导向'，'战略营销观念'与'形象导向'是统一的，是一个问题的不同表述方式。"[2] 杨望成认为，SMM是营销思想发展的一个新阶段，它认识到以消费者导向的营销观念忽视竞争的缺陷，故特别强调消费者与竞争者之间的平衡。SMM因为其"战略"特征已经成为营销管理的主流范式，并得到了越来越广泛的应用。[3]

无论是交易营销范式还是关系营销范式，都是建立在以顾客为中心的研究基础之上。现代营销学经历了从生产营销转向大众营销、从大众营销转向分众营销的两次革命，实现了企业研究的视野从内（生产）转向外（顾客）的根本改变，企业营销研究也构成了以顾客为导向的研究范式。在市场营销百年的发展史上，以顾客为中心的营销管理、市场定位、市场细分、消费者行为理论、品牌理论、顾客满意、服务营销、整合营销传播直至关系营销理论发挥着巨大的作用，同样也遭受着严厉的批评。"过分依赖顾客研究，并不能保证找到产品创新的方向，尤其难以预先发现重大创新的机会。对于满足顾客的需求来讲，产品才是顾客价值的主要载体。这种载体的重大创新机会往往来自科学技术上的重大突破。"[4] 提出这种批评的学者认为传统的营销理论范式忽视了企业外部的另外一个重要的影响因素——竞争对手，而这恰恰是解决企业重大难题的关键所在，以竞争行为作为营销研究的重点将会使企业获得竞争优势。

---

[1] 转引自李蕾、李东红编著《营销战略》（第4版），首都经济贸易大学出版社，2014年。
[2] 潘成云：《战略营销管理理论：一个分析框架》，《当代财经》2006年第9期。
[3] 吴华明、林峰：《基于企业社会责任的战略营销分析》，《中国流通经济》2012年第1期。
[4] 杨望成：《战略性营销管理（SMM）范式崛起的历史考察》，《佛山科学技术学院学报》（社会科学版）2005年第4期。

以竞争为导向的SMM范式得以诞生,这是企业战略理论与市场营销理论的完美结合。从目前我们得到的文献来看,战略营销主要是从以下几个方面来研究的。一是战略营销的价值视角,爱尔兰学者弗兰克·布拉德利认为,"根本问题是理解客户对价值的视角并根据这个视角确定优越的价值定位以确保通过组织内部上下的共识,价值被提供并传递给选定市场的客户群"[1]。因此,他认为,战略营销就是确定并选择客户价值—传播价值—向客户交付价值的过程。二是战略营销的资源和能力视角,即主张企业的资源和能力是企业战略营销的基础。三是战略营销的竞争力视角,即主张以竞争为导向获取营销竞争力。我们通过研究认为,战略营销是基于竞争与顾客研究视角,以提升企业营销竞争力为目标的营销管理过程。相对于传统的营销理论范式,战略营销管理范式适应了当代竞争激烈的营销环境,是一次重要的范式创新,对于企业应对复杂的竞争环境具有积极意义。我们做一个比较,如表3-1所示。

表3-1 战略营销范式与交易营销范式、关系营销范式的比较

范式指标	研究导向	研究目标	研究内容	核心概念	营销工具	研究对象	研究视角	研究时期
交易营销理论范式	顾客	单一交易	以顾客为核心的目标市场和营销组合战略	需求、目标顾客、交易、市场细分、市场定位、营销组合、4P's策略	以顾客差异化为基础的4P's分析方法	消费者	静态	短期
关系营销理论范式	顾客	关系	以保留顾客为中心的顾客关系管理	关系营销、顾客满意、顾客保留、顾客忠诚、信任、承诺、4C策略	产品或服务、沟通、定价、分销、整合工具	顾客关系	动态	长期
战略营销管理范式	顾客、竞争	获得营销竞争力	以获得营销竞争力为核心的营销资源、营销能力、营销竞争情报、营销执行力的组合战略	营销竞争力、顾客、市场定位、营销资源、营销能力、营销竞争情报、营销执行力	以引导顾客、创造新的需求为基础的营销竞争力分析工具	企业内、外所有可能涉及的人员,如供货商、竞争者、公众、职员、顾客等	动态	长期

资料来源:作者根据文献整理。

从表3-1中我们可以看出,作为一个全新的理论研究范式,战略营销管理范式具有如下创新的地方。

---

[1] 〔爱尔兰〕弗兰克·布拉德利:《战略营销》,文瑜译,华夏出版社,2005,第16页。

第一,战略营销管理基于竞争导向和顾客导向,并实现了超越。面对激烈的现代市场竞争,单纯以顾客为导向可能会造成企业短视,难以成功监测到关键的市场信号。美国的哈默教授和普拉哈拉德教授断言顾客不能预见产品和服务的突破。[①]战略营销管理范式突破了传统交易营销和关系营销以顾客为导向的研究范式,使企业将目光投向更为广阔的市场,从顾客角度出发,关注竞争对手,构建起市场驱动的理论研究和实践模式。

第二,战略营销管理范式以获得营销竞争力为目标,克服了单一交易的弊端,在维系顾客关系的基础上,提升了企业营销竞争力。

第三,战略营销管理范式的研究内容围绕企业获得营销竞争力而展开,对于一个企业来说,如何在维系顾客的基础上培育自己的营销资源、营销能力、营销执行力、营销竞争情报的竞争力是研究的重要内容,企业的营销战略才能由此建立。

第四,作为一种新的范式,其基于营销竞争力、顾客、市场定位、营销资源、营销能力、营销竞争情报、营销执行力等核心概念,突破了传统的以顾客差异化为基础的 4P's 分析方法,是以引导顾客、创造新的需求为基础的营销竞争力分析工具,以企业内、外所有可能涉及的人员(如供货商、竞争者、公众、职员、顾客等)为研究对象,关注企业的长远发展,开拓了一个全新的研究视野。

由此我们可以看出,SMM 范式以竞争为导向,并涵盖了顾客行为的研究,将对未来中国企业的营销战略的制定、长远发展具有重要的意义。

第3节 战略营销组合

在全球化背景下,以市场为导向的企业战略营销的最终目的是追求卓越的市场能力,包括获取有价值的顾客和竞争优势,这正是营销竞争力的内涵。显然,一种因素不能解决战略营销的所有问题,必须通过战略营销组合来完成这项艰巨的工作,由此,战略营销组合是战略营销管理的基础框架。

一 战略营销组合

麦卡锡在《基础营销学》中给出了这样的定义:"市场营销组合是企业为了满足目标顾客群的需要而加以组合的可控制的变数。也就是说企业根据市场机会,选择一个目标市场,并试图为目标市场提供一个有吸引力的市场营销组合。"菲利普·科特勒在《营销管理》第 12 版中认为营销组合的定义是:"它是公司用来从目

[①] Hamel, G. and Prahalad, C. K., *Competing for the Future* (Boston: Havard Business School Press, 1994).

标市场寻求其营销目标的一整套营销工具。"由此,基础营销学从 4P 策略到 4C 策略再到 4R 策略,给出了自己的营销组合策略。

影响战略营销的因素有很多,例如营销资源、营销能力、情报、品牌、员工、顾客、竞争对手、供应商等,但是有哪些因素对战略营销过程产生决定性的影响?一种因素能否单独起作用?显然,战略营销组合可以回答这个问题。根据经典的营销组合定义,战略营销组合是企业为了获取营销竞争优势,提供优于竞争对手的顾客价值而加以组合的可控制变量。战略营销就是在战略营销竞争情报的支持下,不断培育企业的战略营销资源、战略营销能力与战略营销执行力的管理过程,因此,战略营销组合包含四个基本要素:战略营销资源(Strategic Marketing Resources)、战略营销情报(Strategic Marketing Intelligence)、战略营销能力(Strategic Marketing Capability)、战略营销执行(Strategic Marketing Execution)。

在上述要素中,我们将每个要素的关键词的英文第一个字母进行组合,即资源(Resources)——R,情报(Intelligence)——I,能力(Capability)——C,执行(Execution)——E,从而形成了战略营销组合,即 RICE 组合。其逻辑关系如图 3-2 所示。

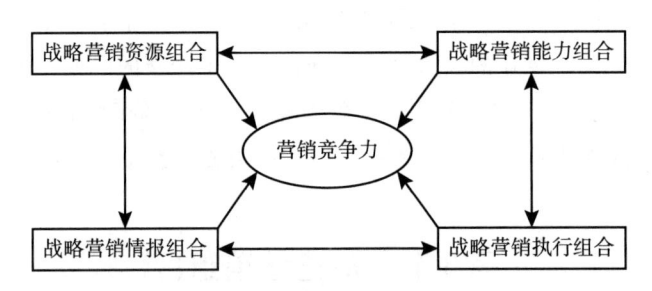

图 3-2 战略营销组合逻辑关系

二 战略营销组合构成

(一) 战略营销资源组合

战略营销资源就是指企业为了获得营销优势和竞争力,在战略营销管理过程中所培育的一系列资金、人力、组织制度、相关的营销能力以及知识、信息等要素的组合。这些资源是企业为了提升竞争能力和竞争优势、取得营销绩效而用来创造并实施营销战略和策略的基础。战略营销资源是营销竞争力的最基础的层次。战略营销资源包括两方面的因素:外部营销资源和内部营销资源。

(二) 战略营销情报组合

战略营销情报是企业获取营销竞争力的前提。一个企业在战略营销实践中,战略决策制定者需要对企业内部营销资源、营销能力进行分析,并了解市场中竞争对手、顾客/客户、供应商、新进入者、替代者和营销合作联盟伙伴等方面的监控情报,也就是说必须与企业的营销竞争情报部门进行合作、研讨才能做出正确的战略决策。其主要研究内容有两个方面。其一,企业营销战略决策和行动方面的情报需求。其二,对主要市场参与者的描述和动态监控,指竞争对手、顾客/客户、供应商、新进入者、替代者和营销合作联盟伙伴等方面的监控情报需求。企业在营销战略的定位和营销战略执行中,应注重战略营销竞争情报系统的构建,提升营销竞争情报水平。具体在营销实践中,应考虑以下因素:营销竞争情报流程、营销竞争情报组织、情报技术、决策支持、企业文化。

(三) 战略营销能力组合

企业战略营销能力是营销竞争力的支撑力量。所谓战略营销能力是指企业通过营销程式用于动员、协调和开发营销资源与营销才能以获取市场竞争优势的核心能力。战略营销能力是企业长期营销策划和营销战略、策略指导下营销过程中经验的积累。战略营销能力包括营销战略规划能力和市场运营能力。

(四) 战略营销执行组合

战略营销执行是实现营销竞争力的保证。菲利普·科特勒认为,营销执行是将营销计划转化为行动和任务的部署过程,并保证这种任务的完成,以实现营销计划所制定的目标。在战略营销过程中,营销执行具有重要的战略意义。为了有效地贯彻执行,企业的三个"层次"——功能、规划、政策——都必须运用一套技能(四种)。这四种技能就是分配、监控、组织和相互配合,并在企业中形成执行文化。[①] 拉里·博西迪和拉姆·查兰认为,执行是一门学问,它是战略的一个内在组成部分,执行是企业领导者的主要工作;执行应当是一个组织文化中的核心元素。[②] 战略营销执行力是一整套行为和技术体系,它能够使公司形成独特的营销竞争优势。一个企业也许拥有独特的异质性的营销资源和营销能力,但是如果没有很好的营销执行力同样会在市场中败北。企业的战略营销执行主要包括:营销团队组织和营销人员流程执行、营销战略流程执行、营销运营流程执行。伴随着市场竞争的发展,执行力越来越成为决定企业成功的关键因素,也构成了企业竞争力的重要一环,只有不断地坚持执行和跟进每一项营销计划,企业才能获得更高的营销运营效率,企业的营销竞争力才能不断增强。

---

① 〔美〕菲利普·科特勒:《营销管理:分析、计划和控制》,梅汝和等译校,上海人民出版社和西蒙与舒斯特国际出版公司,1996,第925~927页。
② 〔美〕拉里·博西迪、〔美〕拉姆·查兰:《执行:如何完成任务的学问》,刘祥亚等译,机械工业出版社,2003,第18页。

三 战略营销组合特点

在全球化背景下的竞争市场，企业要能够保持持续的竞争优势、获取营销竞争力就必须依赖于战略营销的开展，战略营销组合依托战略营销资源组合、战略营销能力组合和战略营销执行组合，在战略营销竞争情报组合的支持下，企业才能获取关键的顾客资源，取得优于竞争对手的优势。

第一，战略营销组合包括战略营销资源、战略营销能力、战略营销情报和战略营销执行四个要素，是企业基于自身资源和能力形成的可控制因素，相互之间紧密联系，共同推动营销战略的制定和实施。在运用这些可控制因素时，讲求整体的配合性，追求整体最佳。

第二，战略营销组合具有层次性。为了目标顾客的价值和实现营销竞争力的需要，战略营销组合的每个元素都包含多个组合，从而形成了多层次组合的特点。战略营销资源组合（R）包括外部战略营销资源和内部战略营销资源；战略营销情报组合（I）包含顾客情报资源、竞争对手情报资源以及外部相关利益者情报资源；战略营销能力组合（C）包括市场感知能力、市场定位能力、市场运营能力；战略营销执行组合（E）包括战略营销执行组织、流程、文化以及战略营销审计等内容。

第三，战略营销组合具有动态性。战略营销是多种营销手段的集合，在营销实践中，企业根据不同营销情境运用多种战略营销手段，以获得营销竞争力。

目前在中国，许多企业的营销竞争还局限于营销策略、营销手段的竞争，只有在战略的高度上，企业才能在市场驱动下，不断培育战略营销组合，利用现代的战略营销情报，提升营销竞争力，取得关键的营销胜利。

一项成功的营销战略实施的关键在于战略营销组合的适配性，企业必须科学选择目标市场，在有效的市场定位基础上，整合战略营销资源，与企业战略营销能力保持一致，才能获得营销竞争优势。战略营销组合的适配性取决于：营销组合是否能够满足目标市场独特的顾客需求；战略营销组合是否与企业的战略营销资源、战略营销能力以及财务地位相匹配；战略营销组合对市场变化的灵敏度；等等。

本章小结

本章重点分析了营销导向变迁的过程，通过营销实践的分析可以看出营销导向来源于企业对营销理念的深刻理解，从营销理论来分析可以看出范式的变化，包括营销理念、营销分析框架的变化。战略营销范式是从战略视角分析营销框架，指导营销战略的制定。战略营销组合是战略营销情报、战略营销资源、战略营销能力、战略营销执行的组合，要善于从企业战略和营销视角分析问题。

案例训练1：菜鸟网络

菜鸟网络科技有限公司（菜鸟网络）成立于2013年5月28日，由阿里巴巴集团、银泰集团联合复星集团等共同组建。自成立以来，菜鸟网络以数据为核心，扎根在物流产业，把物流产业的运营、场景、设施和互联网技术进行深度融合，坚持数智创新、开拓增量、普惠服务和开放共赢。通过社会化协同，逐渐打通了覆盖跨境、快递、仓配、农村、末端配送的全网物流链，主要提供大数据联通、数据赋能、数据基础产品等。在社区服务、全球物流、智慧供应链等领域建立了新赛道，为消费者和商家提供普惠优质服务，搭建了领先的全球化物流网络。

物流业是一个能产生大量数据的行业，在货物流转、车辆追踪等过程中都会产生海量的数据。菜鸟模式的核心是技术和数据输出，以及基于消费者体验的服务质量控制。在菜鸟网络的平台上，订单、包裹、交通甚至天气数据都能集聚和共享，快递物流企业、电商企业、消费者可以及时了解物流状况，在选择快递服务商、安排运力、优化路线、应急调配等方面高效协同，改变了以往包裹单点发全国、物流企业各自为战的局面，充分利用了快递物流资源。菜鸟网络的核心赢利来自大数据服务，即利用大数据分析企业的历史数据、活动规划、季节因素、购买因素等综合指标，系统计算销售规划，对企业的生产计划及供应链管理提供数据支撑，进而指导企业备货管理。此外，还有自营菜鸟驿站代收、代寄所收的服务费，以及加盟菜鸟驿站商户所支付的加盟费和租金等其他赢利来源。

菜鸟通过遍布中国城乡的菜鸟驿站（包括社区、校园、乡村）与线上数字化产品菜鸟App，以及菜鸟裹裹，为消费者提供便捷的寄递、代收、查询等物流服务。截至2021年末，菜鸟驿站已覆盖200多个城市、3000所高校和4万多个乡村。菜鸟作为产业互联网公司，在加强自身物流产业化运营的同时，注重向产业链上游延伸服务，深入制造业、商贸业和农业源头，通过开设产地仓、工厂直送消费者、数字化合单等方式，帮助实体经济降库存、提周转、控成本，助力工业品出厂、农产品出村、国货出海。2021年初，菜鸟开始以湖南耒阳为试点，加速推动快递进村。半年时间，耒阳快递进村覆盖率从不到1%增加到70%。当地还形成了百人规模的女子快递队。作为菜鸟乡村服务站站长，她们穿梭在田间村头，每天处理上万件快递，一天的行程加起来有两千千米，将城里的家电、服饰、海鲜等商品带进村民的生活。专门服务于农村的菜鸟乡村已经在1000多个县开展乡村物流服务，其中包括90个国家乡村振兴重点帮扶县。在上述1000多个县域，菜鸟已经建成4万多个乡村服务站，推动快递进村，繁荣乡村消费。菜鸟驿站已经成为社区居民生活的一部分。

近年来，菜鸟网络通过构建菜鸟联盟、建立智能分单系统、深入供应链优化领域、利用大数据、创新物流智能化技术、校园最后一公里的创新、推出菜鸟裹裹App等，逐步构建了大物流生态圈。

资料来源：菜鸟网络官网；《菜鸟社会责任报告（2021—2022）》。

案例思考：1. 菜鸟网络坚持的战略营销导向是什么？

2. 试评价菜鸟网络战略营销导向对企业发展的影响。

案例训练 2：小米手机

小米成立于 2010 年，位于北京市海淀区，是一家以智能手机、智能硬件和 IoT 平台为核心的消费电子及智能制造公司。小米以"投资+孵化"的方式培养了一批生态链企业，其产品涉及智能、家居等 15 个领域 2700 多种细分产品。通过独特的"生态链模式"，小米投资、带动了更多志同道合的创业者，同时建成了连接超过 1.3 亿台智能设备的 IoT 平台。小米的使命是，始终坚持做"感动人心、价格厚道"的好产品，让全球每个人都能享受科技带来的美好生活。

2007 年，随着第一部 iPhone 手机的发布、Android 系统的开放以及 HTC、三星等企业的迅速崛起，标志着传统互联网向移动互联网、功能手机向智能手机的转型。2010 年，中国智能手机市场呈现苹果手机的高性能、高价格与山寨手机的低性能、低价格同时并存的生态现象。从程序员到上市公司的 CEO，再到 IT 界天使投资人的雷军见此现象，决定以手机为切入点，创建一家以安卓系统为底层、手机硬件为核心、软硬件一体的移动互联网公司。2010 年 4 月 6 日，雷军同 7 位联合创始人正式成立小米，目标群体定位于手机极客发烧友，第一款产品是开放式操作系统——MIUI（Mi User Interface，小米用户界面）。MIUI 根据中国人的操作习惯优化安卓原生系统，作为手机智能部件，具有打电话、发短信、通信录和桌面 4 个基本功能，并积累了数十万的用户基础。基于 MIUI 用户基础，2011 年 7 月，小米发布了第一款智能手机——MI1。其物理部件包括橡胶外壳、3 个按钮和电池；智能部件包括双核处理器、触摸屏、传感器、MIUI 系统；连接部件包括初级的蓝牙无线（受限于连接部件的性能和传输速度，仅能实现基本通信功能）。随后，又推出了 MI2 和 MI3，还基于手机开发了米聊 App 和电商平台。2014 年，小米手机销量位居全国第一，销售收入从 2011 年的 5.5 亿元扩大到 743 亿元。小米手机作为核心业务和硬件入口，成为企业规模边界的原点。此阶段，小米智能产品及其生成的服务，提供满足单个用户需求的单个解决方案。由此，企业在 MIUI、手机、米聊 App 和电商四大主营业务的基础上，形成了小米在智能手机领域的独特优势，并确立了以互联网模式制造手机的企业身份。

2014 年之后，针对手机市场红利的消逝以及物联网时代的到来，小米开始进一步丰富产品种类和内涵。首先，开发新产品，丰富产品种类。2014 年 1 月，小米成立生态链部门，通过"投资+孵化"生态链企业的模式向手机周边、智能硬件和生活耗材产品延伸。小米将高效率的小米模式复制到其他产品领域中，开发了近百种产品，扩大了企业产品范围，为物联网布局奠定了基础。其次，开发 IoT 模块，丰富产品内涵。小米认为万物互联是大势所趋，"连接和智能"成为小米发展硬件的逻辑。一方面，研发连接模块，实现产品连接；另一方面，研发智能模块，产生和收集数据，优化产品功能。基于手机周边产品，小米进一步向智能硬件延伸，实现物物联动。例如，加湿器和空调配合，保持环境温度和湿度的适宜。

为了迎接 AIoT 时代，小米开始探索新的物联网入口。2017 年 7 月，小米发布首款人工智能战略级产品——小米 AI 音箱，作为智能设备虚拟控制中心。接着，小米决定 AI 赋能 IoT 平台全面开放，并推出了 Wi-Fi 等连接模组，第三方产品可以嵌入连接模组接入小米 IoT 平台，与其他产品互联互动。2018 年，小米宣布"手机+AIoT"双引擎战略，与百度共同探索 AIoT。小米利用 AI 实现数据利用和挖掘，百度利用 IoT 实现场景化落地。在 AIoT 布局后，小米决定突破智能家居领域，寻找新的增长点，并实现人与智能环境的连接。2018 年 12 月，小米和全季酒店合作推出智慧酒店，采用全套小米 AIoT 设备，通过小爱同学控制场景联动。小米还推出"产业互联解决方案"，覆盖物业、地产和企业 IoT 领域。2021 年，小米宣布下一个十年的核心战略：全面升级为"手机×AIoT"战略，强调乘法效应，从局部产品连接升级为全场景互联互通。

在战略营销资源组合上，小米的组织结构以扁平化为主，组织结构简单，第一级是核心团队，第二级是部门领导，第三级是员工。这种扁平化的组织结构使整个组织工作效率提高，减少不必要的内耗。在战略营销竞争情报组合上，近些年中国技术发展实现了质的飞跃，现在 4G 时代网络发展迅速并趋于饱和，在其基础上中国电子产业提出 5G 理念，研发 5G 技术，引领世界科技潮流。5G 时代的到来，将掀起智能手机发展浪潮，这对整体的智能手机行业来说是个挑战，对于小米手机来说更是机遇，抓住 5G 潮流，研发 5G 手机。在战略营销能力组合上，小米公司巧妙的"饥饿营销+期货价格"模式、高超的整合营销与事件营销能力，共同将小米公司的营销艺术推向巅峰。在战略营销执行组合上，小米公司将目标顾客精准定位为爱玩手机、关注手机操控体验、对手机互联网功能有需求但购买力有限的消费者，为他们量身定制了同时具有"低价格""高性能""好品牌"三种特质的小米手机。小米诞生于移动互联网时代，把握住了互联网时代的发展契机，通过运用恰当的战略组合营销策略，依靠高性价比等优势，迅速占据了一部分市场份额。

资料来源：小米官网；曹鑫、欧阳桃花、黄江明《智能互联产品重塑企业边界研究：小米案例》，《管理世界》2022 年第 4 期；徐佳瑞《浅析小米手机品牌营销策略》，《商场现代化》2022 年第 3 期；巴永青《营销，引领"小米"成功》，《商场现代化》2013 年第 Z2 期；陈园园《游戏化对在线品牌社区用户参与的激励机理——基于小米的案例研究》，《管理案例研究与评论》2021 年第 3 期。

案例思考：试从小米手机营销实践分析其是如何运用战略营销组合的？

战略营销实训

实训项目 1：企业进行战略营销的目的是获得营销竞争力，根本在于如何满足顾客的需求。但有人认为企业不仅能够满足顾客需求，还可以创造以前并不存在的需求。请辨析。

正方：战略营销仅仅能满足顾客需求

反方：战略营销不仅能满足顾客需求，还可以创造顾客需求

实训项目 2：菲利普·科特勒提出了全方位营销的概念，即认为全方位营销是企业在对营销活动的广度和相互依赖性有清楚认识的情况下，对营销项目、过程和活动的开发、设计与执行，包括关系营销、整合营销、内部营销和绩效营销，试结合案例和营销事实分析全方位营销对战略营销导向有什么影响？

第4章 战略营销环境

本章要点

战略营销管理者要时刻注意正在变化的环境。他们既需要观察正在变化的环境,也需要依靠市场情报系统和市场调研系统更加密切地把握环境变化的趋势。基于市场导向的战略营销要时刻面对众多变化的环境,深入分析是战略营销的一项重要任务。本章重点分析战略营销环境对营销战略制定的重要意义、战略营销环境的发展趋势,要求学生掌握战略营销环境的分析方法,为营销战略的制定提供判断前提。

关键术语

战略营销 Strategic Marketing

宏观环境 Macro Environment

微观环境 Micro Environment

五种竞争力模型 Five Competitiveness Models

SWOT 矩阵 SWOT Matrix

行业生命周期 Industry Life Cycle

学习目标

核心知识:战略营销环境的定义,战略营销环境的分类

　　　　　战略营销环境分析方法

核心能力:学会并掌握战略营销环境分析方法

课程思政目标:查阅资料分析中国经济环境数据,描述党的十八大以来中国经济发展取得的成就

> **引导案例**
>
> **最佳战略营销实践：入乡随俗的肯德基**
>
> 肯德基（Kentucky Fried Chicken，KFC），是美国跨国连锁餐厅之一，也是世界第二大速食及最大炸鸡连锁企业，1952 年由山德士（Colonel Harland Sanders）创建，主要出售炸鸡、汉堡、薯条、盖饭、蛋挞、汽水等高热量快餐食品。1987 年第一家肯德基餐厅在北京前门开业，如今中国肯德基已在 1000 多个城市和乡镇开设了 8100 多家连锁餐厅，遍及中国大陆的所有省、自治区和直辖市。然而，肯德基并不总是一帆风顺的，肯德基在中国香港就经历过一次折戟沉沙。
>
> 1973 年 6 月，第一家肯德基分店在香港美孚新村开业，其他分店此后亦接连开业，到 1974 年，数目已达到 11 家。在这些肯德基家乡鸡店中，除了炸鸡，还供应其他杂类食品。为了让肯德基家乡鸡在香港推出后一炮打响，公司首先进行了声势浩大的宣传攻势。电视广告迅速引起了消费者的注意。电视和报刊、印刷品的主题，都采用了家乡鸡世界性的宣传口号——"好味到舔手指"。在家乡鸡进入香港之前，香港人很少品尝过所谓的美式快餐。刚开始，声势浩大的宣传攻势，加上独特的烹调方法和配方，使得香港的顾客们都乐于一尝。然而，好景不长，1974 年 9 月，肯德基公司突然宣布多家分店停业，只剩 4 家坚持营业。到 1975 年 2 月，首批进入香港的肯德基全军覆没，全部关门停业。为什么在别的地方成功营业而在香港地区遭遇失败？业内人士认为导致肯德基全盘停业的原因是鸡的味道和宣传服务上出了问题，即用鱼肉饲养的鸡肉破坏了中国鸡特有的口味；家乡鸡采用了"好味到舔手指"的广告词，这在观念上也很难被香港居民接受，因为在他们看来"舔手指"是一种十分不雅的举动，另外，家乡鸡价格太贵也抑制了顾客的需求以及家乡鸡不设座位的做法不符合消费者的习惯。1985 年，肯德基吸取了第一次开店的教训，带着对香港市场的全新理解再次进入，首先，对家乡鸡店进行了市场细分，将 16~39 岁的年轻白领作为目标市场群体。在品种上，以鸡为主，有鸡件、鸡组合装、薯条、沙拉、玉米、甜品和饮品等，并采取严格的烹调方式，保证产品的新鲜度。在广告上，家乡鸡把原先的广告口号"好味到舔手指"改为"甘香鲜美好口味"。在地铁车站和报纸、杂志上都能看到新的广告词。很明显，新的广告词已带有浓厚的港味，因而很容易为香港人所接受。中国有句古话："入境而问禁，入国而问俗，入门而问讳。"肯德基为此做了大幅改变，逐步恢复到繁荣的营业状态。
>
> 资料来源：姜帅《肯德基跨文化营销对我们的启示》，《才智》2011 年第 5 期；高杰《肯德基二进香港》，《企业改革与管理》2002 年第 4 期；袁明《入乡随俗的肯德基》，《企业改革与管理》2008 年第 5 期。

恩格斯在《自然辩证法》中指出："动物仅仅利用外部自然界，简单地通过自身的存在在自然界中引起变化；而人则通过他所作出的改变来使自然界为自己的目的服务，来支配自然界。"[1] 环境是个体和组织生存的外部条件，对企业经营活动具有重要的影响。战略营销管理者要时刻注意正在变化的环境。他们既需要观察正在变化的环境，也需要依靠市场情报系统和市场调研系统更加密切地把握环境变化的趋势。因为，不管企业的营销活动规划得多么完美，都不可能在真空里实施，还要受到机遇及瞬间变化的影响和干扰。这些干扰因素包括企业外部和内部的影响企业营销战略和策略的各种力量。基于市场导向的战略营销要时刻面对众多变化的环境，深入分析是战略营销的一项重要的任务。

第1节 营销环境的战略意义

一 战略营销环境概述

（一）营销环境

著名管理学家钱德勒在经典著作《战略与结构》中提出："企业只能在一定的客观环境下方能生存和发展，因此，企业的发展要适应环境的变化，企业只有在对环境进行分析的基础上才能制定出相应的战略和目标。"钱德勒的观点成为现代研究战略与环境的经典论述，在现代竞争市场中，营销环境对战略营销的影响更为深入。

在营销管理中，营销环境是"相对于组织的市场营销环境活动而言的，是指影响营销管理效率和效果的所有因素"[2]。每个企业都需要准确分析和识别影响企业的各种因素，以做出准确的现实和趋势判断。百事可乐在不断尝试了多种营销策略后发现"婴儿潮"一代是未来碳酸饮料的主力军，果断推出"新一代"战略从而实现了崛起。拼多多在激烈的电商平台竞争下发现中国二、三线市场是巨大的市场空间，从而准确定位取得了成功。营销环境包括宏观环境、微观环境和企业内部环境三个方面。在现代市场发展中，未被满足的市场需求，社会、经济、政治、技术发展的趋势以及消费者时尚等都成为企业需要考虑的重要环境要素，这是企业不可控的外部因素。

战略营销是在对外部环境分析的基础上，从战略角度对企业营销未来的发展做出的整体规划，包括市场机会分析、确定战略营销目标、制定战略对策、实施行动方案、进行业绩监控等步骤。要提高战略营销规划的制定水平、增强针对性，就必

---

[1] 《马克思恩格斯全集》（第26卷），人民出版社，2014，第768页。
[2] 王永贵编著《市场营销》（第2版），中国人民大学出版社，2022，第25页。

须深入分析营销环境，找出关键影响因素，明确战略营销管理的背景。战略营销环境的提出相对营销环境来说，需要从战略高度来认识战略营销的趋势，准确分析市场的机会，确定未来营销战略，因此研究战略营销环境应重点关注宏观环境的发展大趋势、产业竞争结构与竞争对手的动向、顾客时尚变化等因素，从而为营销战略服务。

（二）战略营销环境的特征

战略营销环境既具有一般营销环境的特征，又具有战略趋势性的独特特征，具体特征如下。

（1）趋势性。李维斯作为一家专门生产牛仔裤的品牌长期以来受到消费者的喜爱，但20世纪80年代后，伴随着"婴儿潮"一代的出生，消费者需要时尚的着装，李维斯看到社会潮流的变动，主动革新，开发更为时尚的产品以适应消费者喜好，既满足了消费者需求，又推动了公司的继续发展。战略营销需要企业在分析环境时一方面关注未被满足的消费需求，另一方面关注消费时尚的变化，从消费时尚的变化趋势找到未来营销战略的发展方向。趋势性，从短期来看是指在未来3~5年市场发展的势头，能够展现未来发展雏形或方向；从长期来看则代表着在未来5~10年的较长时期的发展方向，包括社会发展理念、文化理念、政治趋势、技术发展方向等。战略营销环境的趋势性为营销者找到未来发展苗头，指引企业的营销战略的实施。

（2）差异性。战略营销环境既包括宏观环境，也包括微观环境，表现在国家政治环境、经济环境、文化环境、技术环境以及产业发展环境等方面，相互之间对企业影响各有不同，具有典型的差异性。

（3）动态性。营销环境处于不断变化的过程中，大到宏观环境的迅速变化，小到微观环境的竞争态势，战略营销需要时刻通过战略营销情报收集变化的趋势，以调整营销战略和营销策略，把握和解决环境变化带给企业的机会和威胁。

（4）不可控制性。相对企业内部的营销战略和营销策略来说，战略营销环境处于企业外部，是外加的因素，具有不可控制性。因此，企业一方面需要通过不断地调研、分析以适应营销环境，另一方面可以通过战略营销传播策略影响环境，促使人们消费理念和行为的转变。

二 新时代背景下分析战略营销环境的意义

党的十九大报告指出："经过长期努力，中国特色社会主义进入了新时代，这是我国发展新的历史方位。"在新时代背景下，中国社会主要矛盾已经转化为人民日益增长的美好生活需要和不平衡不充分的发展之间的矛盾。由此，无论是宏观环境还是微观环境都发生了变化,这成为识别主要环境因素的重要前提。

(一) 宏观营销环境的战略价值

对宏观环境的分析包括三个层次:环境扫描、环境分析和对环境的响应。环境扫描就是收集影响战略营销的各项相关因素的过程,也是获取战略营销情报的过程。扫描就是观察,包括对宏观环境的第一手资料的调查和第二手资料的收集整理。环境扫描使企业了解和把握环境的形势和未来的发展趋势。环境分析是对收集到的战略营销情报进行评估和解释的过程。战略营销管理者需要评估情报的准确性,剔除数据中不一致的内容,在情报得以确认的情况下,对这些情报给予足够的重视,通过评估和分析情报,管理者可以辨明与环境变化相关的潜在的威胁和机会。宏观环境是影响战略营销的大背景,在分析了环境后,管理者就要对环境进行响应,这里就有两种态度:一种是,环境是无法控制的,企业的营销战略应去适应环境;另一种是,环境是可以改变的,企业应试图影响和形成它们。

麦当劳是一家美国快餐企业,其在发展过程中注重宏观环境分析,通过对关键环境变量的考察和分析,寻求企业成功的要素,调整企业的营销战略。麦当劳在美国市场上的成功首先离不开对自然人口环境的分析,如麦当劳的分销策略是将店址设在人口集中的地区,开店总数达到 4000 个。麦当劳代表着典型的美国文化:讲求时间价值观念、追求时尚。影响麦当劳成功的经济变量有收入水平和美国居民的可支配收入情况,相对于传统饭店菜肴的价格,麦当劳具有比较价格优势,这些因素使得美国人经常光顾麦当劳成为可能。不同的国家的法律环境也是不一样的,麦当劳在美国充分利用法律上未禁止的条款,扩大自己的市场。麦当劳成功地通过 PEST 框架分析掌控了宏观环境对企业的影响,才获得了战略营销的成功。

新时代带来新的挑战,企业必须把人口因素、经济环境、社会文化环境、自然环境、技术环境以及政治法律环境作为重要的宏观环境因素。如国家人口政策的调整带来的老龄化和新生儿的双重冲击;大数据、人工智能、移动网络等新兴技术的迅速崛起带来的信息与科技的冲击;交通、通信技术的快速发展产生的新兴市场为企业带来全球化的冲击;等等,这些既是机会也是威胁,深刻地影响着企业的战略营销环境。

(二) 微观营销环境的战略价值

企业的战略营销决策都要建立在微观环境分析的基础上,微观环境分析是战略营销所重点关注的。宏观环境是大背景,而企业的战略营销要围绕微观的行业环境和内部营销环境而展开。

瑞士的钟表世界闻名,但是在 20 世纪 70 年代遭遇到来自日本、中国香港、美国的电子表的冲击,市场份额损失大半。在此危急时刻,瑞士的公司重新审视自己的钟表业务，他们发现，如果只是把钟表看作计算时间的机器，他们的钟表为顾客提供的让渡价值的确不能匹敌其竞争对手。然而，如果把钟表视作一件名贵的能提示时间的礼物和象征身份的饰物，那么显然要比只是时间指示器的电子手表具有更高的价值。于是，瑞士钟表企业对其行业环境和内部环境进行分析，找到了他们的战略营销决策的方向。他们通过重新界定业务，把生产设计资源调整到附加值较高的同时也是自己擅长的行业中下游业务上，并鼓励企业创新，一举扭转颓势，收复了大片失去的市场。

新时代激发了人们追求美好生活的愿望和行动，从微观环境来看则表现在消费者需求的变化、消费者购买行为和购买方式的变化、竞争对手的竞争行为模式的改变等方面，企业需要通过战略营销情报来推进消费者和市场调研，并不断观察、分析和预测微观环境的变化，以提升战略营销的精准性。

第2节 战略营销环境变化趋势

一 宏观营销环境的构成与特征

（一）宏观营销环境的构成

从营销管理来看，宏观营销环境包括政治环境、法律环境、经济环境、社会文化环境、技术环境和人口环境等方面。战略营销通过对宏观环境的分析可以发现宏观营销环境的现状和发展趋势，从而更为准确地识别环境带来的市场机会和威胁，制定更为完善的营销战略。

管理理论中一般应用 PEST 方法分析宏观营销环境，即政治（Politics）、经济（Economy）、社会（Society）、技术（Technology）四个方面，由于法律环境（Legal）、人口环境（Demographic）、自然环境（Environmental）等因素对企业战略营销的影响加深，管理学界将 PEST 模型变形为 PEST-LED 模型，全面覆盖宏观营销环境。

（二）宏观营销环境的特征

宏观营销环境由能影响公司操作和绩效的所有行动者和力量组成。当前中国企业面临的宏观营销环境表现出以下变化特征。

(1) 人口环境：进入新时代以来企业面临着世界范围内的人口增长爆炸、老龄化问题等。据国家卫健委统计，"十四五"期间，中国总人口将进入负增长阶段。目前中国的人口形势面临的问题体现在以下几个方面。一是随着长期累积的人口负增长势能进一步释放，总人口增速明显放缓，"十四五"期间将进入负增长阶段。二是生育水平持续走低，近年来总和生育率降到 1.3 以下，低生育率成为影响中国人口均衡发展的最主要的风险。三是老龄化程度加深，预计2035年前后进入人口重度老龄化阶段（60岁以上人口占比超过30%）。四是家庭小型化，2020年平均家庭户规模降至2.62人，较2010年减少了0.48人，养老和抚幼的功能弱化。人口负增长下"少子老龄化"将成为常态。2021年国家卫健委调查显示，育龄妇女生育意愿继续走低，平均打算生育子女数为1.64个。① 变化着的年龄、民族性、教育组合、新家庭类型、人口地理迁移、大量市场分裂成若干细分市场等，都影响中国企业营销战略的制定。

（2）经济环境：中国国民经济平稳增长，居民收入逐步提高，消费者的开支方式发生着变化。2021年，在世纪疫情的大背景下中国经济依然保持中高速增长，国家统计局数据显示，2021年，中国国内生产总值（GDP）为1143670亿元，按不变价格计算，比上年增长8.1%，两年平均增长5.1%。人均国内生产总值超8万元人民币，超世界人均GDP水平，接近高收入国家人均水平下限。人民生活水平进一步提升。2021年，城镇新增就业人数超1200万人。② 在数字经济发展方面，根据中国信息通信研究院发布的《全球数字经济白皮书（2022年）》，2021年，全球47个主要国家数字经济增加值规模达到38.1万亿美元，其中，中国数字经济规模达到7.1万亿美元，位居世界第二。快速发展的中国经济已成为企业制定营销战略的基础。

（3）社会文化环境：稳定的社会文化环境决定营销战略的稳定性。当前中国国内社会安定，政治稳定，经济发展迅速，并与全球一体化接轨，法制建设不断完善，文化繁荣自由。国家统计局发布数据显示，2021年，全年全国居民人均可支配收入35128元，比上年名义增长9.1%，两年平均名义增长6.9%；扣除价格因素实际增长8.1%，两年平均增长5.1%，与经济增长基本同步。③ 随着我国居民消费水平和生活水平的不断提升，人们线上和线下购物活动也在不断增加。人们最关注的四个方向依次是家庭幸福、国家富强、更好的社会环境和国民素质以及更好的经济条件。精神需求已经逐渐渗透进居民生活的各个层面，人们对美好生活的追求日渐多样化。在需求端，新一代消费者向往美好多元的生活，从而孕育了新的场景和需求，在多元社交圈中，消费者认识品牌并与品牌产生互动。在供给端，电商服务快速提升，在企业发展初期，降低了对线下渠道管理能力的要求。

（4）技术环境：技术创新是市场经济的本质。随着市场经济的发展，技术变革的速度加快，移动互联网、大数据、人工智能、云计算、5G网络技术的迅速发展，

---

① 中共国家卫生健康委党组：《谱写新时代人口工作新篇章》，《求实》2022年第15期。
② 《中华人民共和国2021年国民经济和社会发展统计公报》，国家统计局官网，http://www.stats.gov.cn/xxgk/sjfb/zxfb2020/202202/t20220228_1827971.html，最后访问日期：2023年2月14日。
③ 《2021年居民收入和消费支出情况》，国家统计局官网，http://www.stats.gov.cn/xxgk/sjfb/zxfb2020/202201/t20220117_1826442.html，最后访问日期：2023年2月16日。

颠覆了传统产业，促使企业营销实践的革新。尤其是数字技术的快速发展，大数据技术推动社交平台发展，社交平台促进新需求的表达。一方面，大数据技术提升了顾客的体验感和满意度；另一方面，数字技术也冲破原有技术的边界带来安全与隐私泄露的危险。iiMedia Research（艾媒咨询）数据显示，2021年中国42.4%的消费者认为其线下购物问题为广告太多，38.6%的消费者表示线下购物中常遇到标注价格与实际不符的现象。而31.6%的消费者认为线下购物退换货流程比较复杂。此外，29.8%的消费者认为商品包装损坏是其进行线下购物常遇到的问题，27.6%的消费者则表示线下购物问题为商品实际保质期与包装上的保质期不符。技术环境使人们的消费理念和购物方式发生了巨大变化，深刻影响了战略营销环境。

有效的环境分析的前提是对关键影响因素的把握，战略营销重点关注的是能够为企业创造竞争优势和营销竞争力的由竞争对手、顾客、供应商等共同组成的行业环境。这并不是说宏观环境不重要，而是要分析一般环境对行业环境的影响。例如，世界原油市场价格上涨的宏观环境直接影响到汽车产业的竞争格局。生产小排量的汽车厂由此获得了市场机会，为营销战略的制定提供了新的方向。每一个企业与它们的供应商、营销中介机构、顾客、竞争者和公众，都在一股更大的宏观环境力量与趋势中运作。这些力量是"不可控制的"，企业必须监视和对此做出反应。

二 微观营销环境的变化趋势

（一）微观营销环境的构成

微观营销环境是直接影响企业战略营销活动的因素，主要包括供应商、营销中介机构、顾客、竞争对手以及公众等。

（1）供应商是向企业及其竞争对手供应他们为生产特定的产品和劳务所需的各种资源的各类组织或个人。供应商对企业的营销活动会产生巨大的影响，供应商主要是在供应的方式、供应的数量、供应的时间、履约的程度、所供应物资的质量、价格和价格变动的方式等方面影响企业营销计划和营销目标的完成。

（2）营销中介机构是协助企业推广、销售和分配产品给最终顾客的组织和个人。营销中介机构主要包括中间商、实体分配企业、营销服务机构和金融机构。

（3）顾客是指购买或可能购买营销企业的产品和服务的组织和个人。凡是那些已经购买了企业产品的组织或个人，是一个企业的现实顾客；而那些现在还没有购买但可能购买企业产品的组织或个人，为潜在顾客。顾客是营销企业的重要的环境力量。

（4）企业的营销系统与活动，总是受到一群竞争者的包围。营销企业必须时刻了解竞争对手，并设法战胜它们，才能保持顾客对本企业产品的信赖和追求。一个营销企业的竞争者是指在同一个市场生产或提供相同或可替代的产品或服务的其他企业或类似的组织。

（5）公众是指对一个组织完成其目标的能力有着实际或潜在兴趣或影响的各种社会群体。现在，越来越多的营销企业通过设立专门处理公共关系和负责公共宣传的部门，来经常地和有关的社会公众团体保持密切和经常的联系，并筹划相应的公共关系处理和协调的方案，并负责执行。

（二）微观营销环境分析的内容

战略营销对微观营销环境分析的基础首先来自行业研究报告。行业研究介于产业研究与市场研究之间，属于企业战略研究的范畴。一般来说，行业（市场）研究报告研究的核心内容包括以下三个方面：一是研究行业的生存背景、产业政策、产业布局、产业生命周期、该行业在整体宏观产业结构中的地位以及各自的发展演变方向与成长背景；二是研究各个行业市场内的特征、竞争态势、市场进入与退出的难度以及市场的成长性；三是研究各个行业在不同条件下及成长阶段中的竞争策略和市场行为模式，给企业提供一些具有可操作性的建议。

行业研究在企业战略营销中的作用是以行业的眼光去判断企业在市场的机会和威胁，去发现顾客价值，创造企业的竞争优势和营销竞争力。行业研究分为一般性研究和专业性研究、浅表性研究和纵深研究，只有进行纵深研究才能真正发现公司的价值形成和来源构成。要进行行业的纵深研究，必须在深入调查的基础上进行大量的基础研究和实证分析。例如，不同行业间的技术传递和转移过程，是直接关系到不同行业的兴衰和转化的过程，对于这一问题的研究，就是纵深研究的范围。因此，行业研究的意义不在于指导企业如何进行具体的营销操作，而在于为企业提供若干方向性的思路和选择依据，从而避免发生"方向性"的错误。

微观营销环境分析是在行业研究报告基础上形成的。战略营销据此可以做出微观营销环境评估。主要评估内容包括：企业产品创新、技术变革、成本与效率的变化；供应商关系与供应链体系变化；营销中介机构构成与市场化水平；营销公众的影响力与公众的变化；顾客偏好的变化；竞争对手的结构与变化。企业通过基于微观营销环境状况进行分析，据此来确定战略营销的方向。

第3节 战略营销环境的分析方法

一 SWOT矩阵分析法

（一）SWOT矩阵分析法介绍

SWOT矩阵分析法即态势分析法，20世纪80年代初由美国旧金山大学的管理学教授韦里克提出，经常被用于企业战略制定、竞争对手分析等场合，是战略营销管理分析的重要方法。SWOT四个英文字母分别代表：优势（Strength）、劣势（Weakness）、机会（Opportunity）、威胁（Threat）。从整体上看，SWOT可以分为两部分：第一部分为SW，主要用来分析内部条件；第二部分为OT，主要用来分析外部条件。利用这种方法可以从中找出对自己有利的、值得发扬的因素，以及对自己不利的、要避开的东西，发现存在的问题，找出解决办法，并明确以后的发展方向。

1. 外部环境分析——机会与威胁（OT）分析

环境发展趋势分为两大类：一类为环境威胁；另一类为环境机会。环境威胁指的是环境中一种不利的发展趋势所形成的挑战，如果不采取果断的战略行为，这种不利趋势将导致公司的竞争地位受到削弱。环境机会就是对公司行为富有吸引力的领域。在这一领域中，该公司将拥有竞争优势。在战略营销中，环境机会一般包括新兴市场，例如：互联网；兼并、合资、战略联盟；进入细分市场获取更多盈利；新兴的国际市场；竞争对手退出的市场；等等。环境威胁包括：竞争对手进入本地市场；价格战；竞争对手研发出创新性的产品或服务；竞争对手拥有更好的分销渠道；政府对该公司的产品或服务开始征税；等等。

2. 内部条件分析——优势与劣势（SW）分析

识别环境中有吸引力的机会是一回事，拥有在机会中成功所必需的竞争能力是另一回事。每个企业都要定期检查自己的优势与劣势。在战略营销管理中竞争优势可以指消费者眼中一个企业或它的产品有别于其竞争对手的任何优越的东西，它可以是产品线的宽度，产品的大小、质量、可靠性、适用性、风格和形象以及服务的及时性、态度的热情等。竞争优势实际上指的是一个企业比其竞争对手拥有的较强的综合优势，例如：市场营销的资深阅历；一种创新的产品或服务；营业场所；质量工序与品质程序；其他能对产品与服务产生增值效应方面的优势。相反，企业缺乏市场营销经验、产品或服务同质化、产品或服务劣质、声誉不良等都可能导致企业竞争劣势。

（二）SWOT矩阵分析法在战略营销管理中的应用

在战略营销管理运作中，成功运用SWOT矩阵分析法应注意：必须对公司的优势与劣势有客观的认识；必须区分公司的现状与前景；必须考虑全面；必须与竞争对手进行比较，比如优于或是劣于其竞争对手；保持SWOT分析法的简洁化，避免复杂化与过度分析。如沃尔玛在对其进行SWOT分析时认为，沃尔玛的优势是，沃尔玛是著名的零售业品牌，它以物美价廉、货物繁多和一站式购物而闻名；劣势是，虽然沃尔玛拥有领先的IT技术，但是由于它的店铺布满全球，这种跨度会导致对某些方面的控制力不够强。对于外部环境，其目前面临的机会是采取收购、合并或者战略联盟的方式与其他国际零售商合作,专注于欧洲或者大中华区等特定市场;威胁是沃尔玛是所有竞争对手的赶超目标。

二 波特五种竞争力模型

企业战略营销管理很大程度上取决于所处行业的竞争结构。在行业环境中起关键作用的是竞争对手、顾客、供应商。他们对战略营销管理产生重要的影响。在战略营销环境分析中我们以迈克尔·波特的五种基本竞争作用力框架来分析这三者的关系。在企业竞争理论研究方面,迈克尔·波特是最有代表性的一位学者。迈克尔·波特以行业竞争为研究对象,为理解企业行为和指导竞争行动提供了基本方法与结构性的知识框架。五种竞争力模型是波特分析行业内部竞争的最重要的一种方法。他认为:"一个产业内部竞争激烈,这既不是偶然的巧合,也不能归咎于'坏运气'。相反,产业内部的竞争根植于其基础经济结构,并且,远远超越了现有竞争者的行为。一个产业内部的竞争状态取决于五种基本竞争作用力。这些作用力汇集起来决定着该产业的最终利润潜力。"[①] 这五种竞争作用力形成的模型如图 4-1 所示。

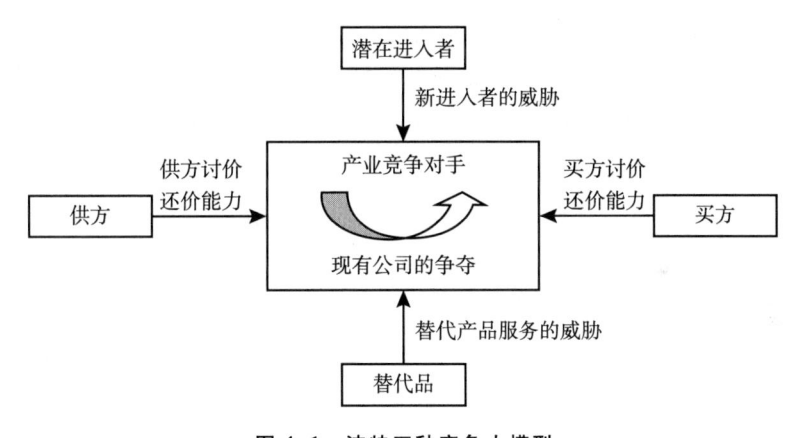

图 4-1 波特五种竞争力模型

在图 4-1 中,迈克尔·波特认为,竞争环境有五种竞争作用力,主要包括:①决定供方力量的因素,如投入的差异、产业的供方和企业的转换成本等;②新进入者的进入壁垒,如规模经济、专卖产品的类别、商标专有性等;③产业竞争对手竞争的决定因素,如产业增长、固定(存储)成本/附加价值、周期性生产过剩等;④决定买方力量的因素,如砍价杠杆、价格敏感性等;⑤决定替代威胁的因素,如替代品的相对价格表现、转换成本等。[②]

---

① 〔美〕迈克尔·波特:《竞争战略》,陈小悦译,华夏出版社,1997,第 2 页。
② 〔美〕迈克尔·波特:《竞争优势》,陈小悦译,华夏出版社,1997,第 6 页。

迈克尔·波特的五种竞争力模型从行业竞争角度分析企业面临的竞争环境，将顾客、供应商、替代品、潜在进入者列为企业的竞争对手。虽然此模型受到了众多批评，但反映了迈克尔·波特将经济学分析思维与商业实践结合的尝试，对于开拓企业的分析思维，提高竞争意识，树立战略营销思维具有重要的意义。

三　行业生命周期理论

（一）行业生命周期理论介绍

自1972年美国哈佛大学教授拉芮·格雷纳（Larry E. Greiner）在《组织成长的演变和变革》一文中首次提出企业生命周期概念以来，来自生物学、心理动力学、经济学与管理科学等领域的学者和企业研究者，对企业生命周期问题进行了广泛的探讨和深入的研究。各种企业生命周期理论的共同点是，把企业看作一个活的生命体，即心智、躯体、精神一应俱全的生物法人，从企业生存发展的角度，深入考察企业从创立、成长到衰亡的全部过程，动态评价企业成长各阶段的特点及对策，探讨企业生命演进过程中呈现的阶段性及成长与老化衰亡的关键因素和深层原因，揭示企业持续成长的规律，寻求企业长寿之道和修炼途径。

产品生产都有一个产生、发展和衰退的过程，即具有自己的生命周期。"产品的生命周期"，一般可划分为形成期、成长期、成熟期和衰退期四个阶段。由于某一行业是以其具有代表性的产品为基础的，因此同理可以把一个行业的生命周期划分为形成期、成长期、成熟期和衰退期四个阶段（见图4-2），这主要是根据该行业在全部行业中所占比重的大小及其增长速度的变化来划分的。

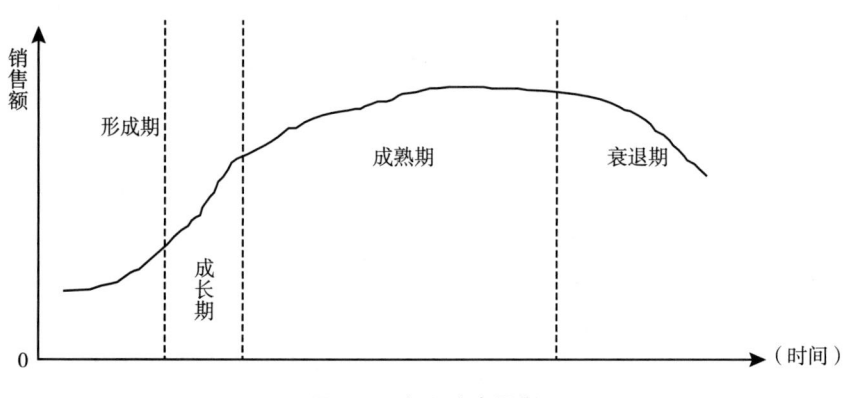

图4-2　行业生命周期

在行业形成期，由于新行业刚刚诞生或初建不久，对其投资的创业公司并不多，处于形成期的行业的创立投资和产品的研究、开发费用较高，而产品市场需求较小（因为大众对其尚不了解），销售收入较低，因此，先期进入的企业在财务上可能不但没有赢利，反而普遍亏损；同时，较高的产品成本和价格与较小的市场需求还使这些企业面临很大的投资风险。在该时期，新兴行业在整个行业中所占的比重还很小。

在行业成长期，拥有一定市场营销和财务力量的企业逐渐主导市场，这些企业往往是较大的企业。新行业的产品经过广泛宣传和消费者的试用，逐渐以其自身的特点赢得了大众的欢迎或偏好，市场需求开始上升，新行业也随之繁荣起来。与市场需求变化相适应，供给方面也相应地出现了一系列的变化。由于市场前景良好，投资于新行业的企业大量增加，产品也逐步从单一、低质、高价向多样、优质和低价的方向发展，因而新行业出现了生产企业和产品相互竞争的局面。

在行业成熟期，在竞争中生存下来的少数大企业垄断了整个行业的市场，每个企业都占有一定比例的市场份额。由于彼此势均力敌，市场份额比例发生变化的程度较小。企业与产品之间的竞争手段逐渐从价格手段转向各种非价格手段，如提高质量、改善性能和加强售后维修服务等。在行业成熟期，行业增长速度降到一个更加适度的水平。在某些情况下，整个行业的增速可能会完全停止，其产出甚至会下降。但是，出于技术创新的原因，某些行业或许实际上会出现新的增速。行业的成熟阶段是一个相对较长的时期。

行业衰退期出现在较长的稳定阶段后。由于新产品和大量替代品的出现，原行业的市场需求开始逐渐减少，产品的销售量也开始下降，某些企业开始向其他更有利可图的行业转移资金。因而原行业出现了企业数目减少、利润下降的萧条景象。至此，整个行业便进入了生命周期的最后阶段。在衰退阶段里，技术的进步向市场上推出了在经济上可替代的新行业，原有行业的企业的数目逐步减少，市场逐渐萎缩，利润率停滞或不断下降。处于衰退期的行业一般被称为"夕阳产业"。

（二）行业生命周期理论的应用

行业的生命周期曲线忽略了具体的产品型号、质量、规格等差异，仅仅从整个行业的角度考虑问题。行业生命周期可以从成熟期划为成熟前期和成熟后期。在成熟前期，几乎所有行业都具有类似S形的生长曲线，而在成熟后期则大致分为两种类型：第一种类型是长期处于成熟期，从而形成稳定型的行业；第二种类型是较快地进入衰退期，从而形成迅速衰退的行业。行业生命周期是一种定性的理论，主要通过市场增长率、需求增长率、产品品种、竞争者数量、进入及退出壁垒、技术变革、用户购买行为等指标来识别行业生命周期所处阶段。

行业生命周期在运用上有一定的局限性，因为生命周期曲线是一条经过抽象化的典型曲线，各行业按照实际销售量绘制出来的曲线远不是这样光滑，因此，有时要确定行业发展处于哪一阶段是困难的，若识别不当，则容易导致战略上的失误。而影响销售量变化的因素很多，且关系复杂，整个经济中的周期性变化与某个行业的演变也不容易区分开来。再者,有些行业的演变是由集中到分散,有的行业的演变是由分散到集中,无法用一个战略模式与之对应,因此,应将行业生命周期分析法与其他方法结合起来使用,以免片面化。行业生命周期的研究对企业战略营销具有重要的意义。企业可以在行业发展的不同时期,根据自己在行业内所处的位置,来调整战略营销的重点,做出符合企业发展的判断。

本章小结

战略营销环境是营销战略的基础,产生于20世纪初,其根本目的是促进产品的销售。伴随着市场竞争的日益激烈,以及顾客需求的变化,市场营销的内涵、边界、目标逐步发生了变化,营销战略成为研究的重要方向,一方面,营销战略在解决企业营销困境和方向上起到巨大作用,另一方面,营销思想的演进逐步使战略营销成为市场营销学研究的核心内容。学习本章,一方面需要学生巩固基础营销理论知识,另一方面需要学生了解和掌握战略营销的理论和现实背景,从而更为深入地理解战略营销理论的内涵。

案例训练1:特斯拉

跨国企业为顺利进入东道国市场,需要通过不断融合当地市场的法律、市场、政治、文化等特殊属性,以改进自身经营策略,从而顺利融入当地的文化环境。特斯拉(Tesla Inc.)就是这样一家依靠本土化战略发展的公司。特斯拉公司是美国一家产销电动车的公司,由马丁·艾伯哈德(Martin Eberhard)工程师于2003年7月1日成立,2004年2月,埃隆·马斯克向特斯拉投资630万美元,出任公司董事长,总部设在美国加州的硅谷地带。特斯拉汽车公司以电气工程师和物理学家尼古拉·特斯拉命名,专门生产纯电动车,生产的几大车型包含Tesla Roadster、Tesla Model S、Tesla Model X。特斯拉汽车公司是世界上第一个采用锂离子电池的电动车公司,其推出的首部电动车为Roadster,此后,特斯拉通过本土化战略将汽车销售至欧洲、大洋洲、日本、新加坡等国家和地区。2018年7月,特斯拉正式在上海签约建设超级工厂。

特斯拉选择在上海建设超级工厂并成立了专门的研发机构,通过有效利用中国上海的区位优势和本土劳动力等因素,设计出更加符合中国市场需求的产品。特斯拉来华建厂不仅把本国的高科技带入中国,也注重和中国技术中心以及高端科技人员通力合作,共同推动技术发展和产品升级。通过技术部门本土化策略,其本质是参与争夺当地人才技术市场,本土化的优秀人才对当地语言及消费习惯都十分了解,能够疏通公司客户以及政府官员沟通交流关系,以此增强民众对这些本土化企业的信任度和好感度,这也为后续持久获得产品升级以及当地市场占有率奠定了基础。在营销层面,特斯拉不断加大本土内容比重,包括引入QQ音乐、爱奇艺、喜马拉雅、哔哩哔哩、百度地图等，通过入驻天猫商城，上架个性化配件等，拓展本土化渠道，其最终的产品能够满足当地消费者的喜好需求。随着中国经济水平的不断提升，越来越多的跨国企业选择来中国直接投资，而这些跨国公司在中国设立投资机构的地位也是越来越高，甚至直接将在中国设立的分公司作为其亚洲区的总部。特斯拉在进入中国之前，详细地了解了当地风俗习惯、生活习惯以及产品心理预期，在此基础上进行产品创新升级，通过亲情营销的方式来减少文化差异的冲突，以此获得消费者的好感和忠诚度，从而实现市场本土化。2020年4月16日，特斯拉官方微信推送出了这样一条消息，宣告了特斯拉天猫旗舰店的正式开启，特斯拉的宣传团队还配了一条俏皮文案："在征服火星之前，先登陆喵星。"这将被视为继建设上海超级工厂、国产 Model 3 与 Model Y 之后，特斯拉在华本土化布局的进一步突破。

随着中国市场的不断开拓以及用户数量的不断增长，截至2022年，特斯拉已经在全国26个城市开设69家体验店和46家服务中心，并且在中国大陆建设有2300多个超级充电桩，目的地充电桩数量超2100个，形成了横跨东西、纵贯南北的密集充电网络。除了上海超级工厂、体验店、服务中心以及充电网络布局积极推进外，特斯拉还通过颠覆性的直营模式，解决许多消费者的购车痛点，以创新理念服务用户，让特斯拉的"本土化"变得更有温度，构建更紧密的用户关系。

资料来源：杨晓明、葛建新《特斯拉的火热与其背后的"黄金圈"法则》，《清华管理评论》2021年第3期；乌力吉图、黄莞、王英立《架构创新：探索特斯拉的竞争优势形成机理》，《科学学研究》2021年第11期；王雪《特斯拉全新商业模式与企业价值——特斯拉股价飞跃式上涨背景下的财务分析》，《商业会计》2021年第9期；张世宇《浅析我国发展新能源汽车产业面临的挑战——以特斯拉在中国上海工厂为例》，《环渤海经济瞭望》2021年第5期；王佳、王真《特斯拉的国际化发展之路及对中国车企的启示》，《国际商务财会》2021年第11期；孙洁、董建军《特斯拉战略布局研究》，《时代汽车》2022年第17期。

案例思考：根据特斯拉对中国市场的分析，应用战略营销环境分析方法分析企业面临的环境。

案例训练2：茅台

贵州茅台酒股份有限公司（以下简称"公司"）成立于1999年11月20日，控股股东为茅台集团，主营茅台酒及茅台系列酒的生产与销售，主导产品贵州茅台酒是我国大曲酱香型白酒的鼻祖和典型代表。2001年8月27日，公司股票在上海证券交易所上市交易。2021年，公司实现营业总收入1094.64亿元，净利润557.21亿元。截至2021年末，公司总资产2551.68亿元，净资产1969.58亿元。2021年，贵州茅台以1093.3亿美元的品牌价值位列"Brand Z 最具价值全球品牌排行榜"第11位，成为全球最具价值的酒类品牌。

随着国内消费的不断升级，中高端白酒产品日益成为酒业的消费热点，由于高端白酒在窖池、工艺、环境、品牌等多方面的进入门槛很高，且市场对其需求不断增大，高端白酒长期处于供不应求的状态，对消费者具有很强的议价能力，而且高端白酒具备一定的收藏价值，这对于那些对价格不敏感的高端酒顾客更具吸引力，一些以中低端酒为主的企业也开始转型升级，增加高端产品的市场占有率。贵州茅台是酱香型白酒的代表，具有独特的风格和品质以及技术的独特性和资源的稀缺性。茅台酒生产及勾兑技术具有较强的特殊性，配合独有的地域、气候等特征，形成模仿者不可逾越的技术壁垒，具有独特的竞争优势，并以一种接地气、亲民化的思维融入生活，造就新优势，在白酒行业的升级换代中起到了风向标作用。

对于高端白酒来说，包装、玻璃瓶以及外包装所占成本较低，销售主要依赖自身的品牌效应，并不依赖于经销商和代理商的能力，所以相对于这方面的销售商来说，茅台有着较高的议价能力。近年来，茅台斥巨资数次更新茅台酒的防伪包装，在净化市场、维护品牌形象上不断做出努力，增设专卖店营销网络，提高营销队伍的思想素质和业务素质，转变营销观念，降低营销成本，提高营销质量，开展"国字号"营销，时时处处为茅台做中国酒界第一品牌的定位。

资料来源：贵州茅台股份有限公司官网；邓玉坤《贵州茅台股票投资价值研究》，湖南科技大学硕士学位论文，2021；彭超楠、刘诗语、胡建珣《数字化转型背景下产品创新对企业绩效的影响分析——基于贵州茅台和片仔癀的案例比较》，《财务管理研究》2022年第6期；洪悦《基于管理会计视角的品牌国际化战略研究——以贵州茅台集团为例》，《财会学习》2018年第9期。

案例思考：查阅资料分析现代新技术发展对营销活动的影响。

战略营销实训

实训项目1：查阅资料，针对中国新能源汽车产业营销环境做一个SWOT分析，并在课堂展示。

实训项目2：查阅资料，针对中国光伏产业营销环境利用波特五种竞争力模型进行分析，并在课堂展示。

第5章 战略营销定位

本章要点

战略营销的关键是发现市场机会并获得机会的过程。企业通过市场细分发现市场机会,并选择目标市场,由此建立产品或服务的市场定位,从而为企业指明创造顾客价值的方向。本章核心是从战略角度理解战略市场细分、战略目标市场选择和战略市场定位,理解企业如何实现差异化并定位其产品和服务在市场上的最大竞争优势。

关键术语

战略市场细分 Strategic Market Segmentation
目标市场 Target Market
战略定位 Strategic Positioning
差异化 Differentiation
知觉图 Perceptual Map
战略营销 Strategic Marketing

学习目标

核心知识:了解并掌握战略市场细分的内涵,列举并讨论细分消费者市场的主要依据

  了解并掌握目标市场战略的选择和方法,解释企业如何识别具有吸引力的细分市场并选择目标市场战略

  了解并掌握战略市场定位的内涵和方法,理解企业如何实现差异化并定位其产品和服务在市场上的最大竞争优势

核心能力:学习和掌握战略市场细分、战略目标市场选择和战略市场定位的基本方法,并运用这些方法制定市场营销策略

课程思政目标:战略营销理论来源于实践,培养学生勇于实践的精神

引导案例

最佳战略营销实践：大宝的亲民路线

北京大宝化妆品有限公司（以下简称"大宝"）成立于1999年，是北京市三露厂进行股份制改造的结果。其主营产品为日用化妆品，以大宝SOD蜜最为出名，逐渐形成护肤、洗发、美容修饰、香水及特殊用途共五大类100多种商品。从诞生至今，大宝相信只有了解肌肤更真实的需要，才能让每个人的肌肤都得到更好的滋润和关爱。从一开始，大宝就牢牢地锁定了自己的目标市场，为了避强，把自己定位在一个竞争对手相对较少、实力相对较弱的细分市场上。首先，大宝正确地识别了其潜在优势，把自己定位于各类年轻的职业工作者，尤其是蓝领消费者。其他化妆产品目前尚未涉及这一群体。大宝依靠亲民的价格、高质量的产品优势满足了消费者的心理需求，也完美地避开了其他化妆品企业的围追堵截。其次，大宝正确地完成了企业核心竞争优势的定位，在大家争相走"高端路线"的时候，大宝选择走"中低端路线"，一直坚持"以质量求生存，创名牌求发展"方针，始终以普通工薪阶层作为销售对象，其主要产品大宝SOD蜜市场零售价不超过10元，日霜和晚霜也不超过20元。价格同市场上的同类化妆品相比占据了很大的优势，大宝很快赢得了顾客。此外大宝还建立了从售前到售后一体化流水线的服务体系，在全国共建立了500多个专柜，各省还设有大宝办事处。通过专柜和办事处，大宝把消费者的感受直接反馈回企业，为大宝的进一步研究开发收集第一手资料。加之，大宝有力的广告和促销宣传充分发挥了其核心的优势竞争。大宝的那句广告语"真情永不变，大宝天天见"早已成为家喻户晓的名言。大宝坚持从肌肤本源出发，让护肤效果真实可见，在宣传中突出朴实、温暖的生活气息，也让消费者感受到大宝时时刻刻对顾客的关心和关怀。

资料来源：北京大宝化妆品有限公司官网；肖立《大宝的营销宝典》，《企业改革与管理》2004年第9期。

习近平总书记提出："今日之中国，不仅是中国之中国，而且是亚洲之中国、世界之中国。"[①] 这是习近平总书记描述的中国与世界的关系，也是中国在世界发展大格局中的战略定位，"世界之中国"不仅从静态意义上指明了中国与世界的地域联系，还从动态意义上勾勒了中国与世界相互影响、相互形塑、相互需要的关系。在我们即将开始的学习中，需要思考如何进行机会分析、如何进行市场细分、如何选择目标市场、如何深入分析企业在全球化大市场中的位置。

---

① 丛书编写组编《世界百年未有之大变局初析》，中国市场出版社和中国计划出版社，2020，第12页。

第1节　战略市场细分

1903年，亨利·福特开始生产世界上第一辆T型车，他立志让每一位美国人都能开上一辆T型车，面对来自顾客对颜色的质疑，福特骄傲地回答，"无论市场需要什么颜色的汽车，我只生产黑色"。在一个供不应求的时代，企业认为大量生产、大量分配、大量促销单一产品才是正确的路径。但是，顾客的需求不能够被忽视，随着经济的发展，生产与消费的矛盾逐步突出，顾客多样化的需求被激发，企业必须深入研究顾客的需求，进行精准营销才能获得市场的胜利。深入细分顾客、寻找目标市场、进行市场定位成为企业战略营销活动的核心工具。

一　战略市场细分的含义

市场细分的过程就是企业寻找市场机会的过程。从战略视角分析，企业需要识别潜在的购买者、新型的购买者以及未满足需要的购买者，并从中寻找未来有利可图的市场，因此就需要企业进行机会识别、机会与企业匹配、机会评估等工作，市场细分是获得机会的重要方法和过程。

市场细分的概念是美国市场学家温德尔·史密斯（Wendell Smith）于20世纪50年代中期提出来的。但是，在遥远的古代人们就有意识地将市场分块来销售商品，商人们面对市场的要求提供多种价格、类型多样的商品。市场细分是将整个市场分成不同的群体或部分的过程。这些群体或部分由具有相同产品需求的个人或企业组成。显然，细分市场的目的是使营销者能依此设计出一种营销组合，从而更准确地满足细分市场上顾客的需求。妙士进行市场分析，将乳品市场分离为餐饮用乳饮料市场，这个市场由对于某种营销组合或者对于为实现营销计划目标而进行的其他活动具有相似反应的人群或组织组成，有利于企业进行营销设计。

冷酸灵是中国最早的国产牙膏品牌之一，品牌投入市场以来瞄准牙齿敏感顾客的细分市场，打造抗牙齿敏感专家形象，成为国产抗牙齿敏感领域的领导品牌。市场细分就是将一个整体市场按照某一标准划分为若干个子市场的过程。在细分市场中消费者具有相同或相似的需求和欲望，营销者通过识别细分市场以确定目标市场。

从战略营销角度看市场细分，需要思考以下问题。

1. 企业应选择大众营销还是市场细分营销？
2. 细分市场受到什么竞争力量的威胁？
3. 细分市场与企业未来营销战略的关系？
4. 企业有效资源是否可以支持市场细分营销？

5. 细分市场是否能够形成潜力战略来支持市场？

由此，战略市场细分是通过市场细分过程形成能够实现营销战略的细分市场的过程。战略市场细分是实现战略营销定位的前提。

二 战略市场细分的作用

市场细分是营销领域具有重要战略意义的核心概念，是企业战略营销分析的核心。在产品同质化的激烈竞争年代，企业着眼于长远战略发展和领先市场的秘籍是针对不同群体的不同需求提供真正差异化的产品和服务，市场细分就是重要的武器。汽车消费正在从传统燃油车向新能源汽车转变，新能源汽车在各大细分市场的比重越来越大。在新能源汽车领域，比亚迪作为行业引领者，对新能源汽车市场细分有着独特的理解。最初的几年中，比亚迪一直在微型汽车领域寻找市场机会，由于车型老化、排量较小，比亚迪汽车的知名度并没有得到很好的提升。真正的转变来自新能源汽车的发展，2009年，国家把新能源汽车产业的发展上升为国家战略，各项政策的支持为新能源汽车产业发展创造了一个积极的政策环境。比亚迪新能源汽车已经积累了一定的品牌资源，以城市的白领、中产家庭和追求时尚个性化的年轻人为目标市场，开展差异化营销。对于城市的白领人士，有较强的社会责任感，追求宁静、清洁和低排放的新能源汽车品牌；城市中产家庭对汽车舒适度要求较高，追求稳重舒适和安全性，但同时对汽车的经济型又不放弃；对于追求时尚、个性化的年轻人，对新能源汽车的外观以及内在的设施的个性化要求较高。为此，比亚迪分别针对不同的消费群体开发了适应市场的新能源汽车品牌，获得了市场的认可，迅速成长为中国新能源汽车第一品牌。

（一）战略市场细分有利于企业实现差异化战略

细分市场不是根据产品品种、产品系列来进行的，而是从消费者的角度进行划分的，是根据市场细分的理论基础（即消费者的需求、动机、购买行为的多元性和差异性）来划分的。战略营销管理从战略角度指导企业的营销运营，以获得营销竞争力，通过市场细分使企业在不同的细分市场上建立和保持营销优势。通用汽车公司针对不同的细分市场分别设计了凯迪拉克、别克等不同价位和不同风格的汽车，并采用了不同的广告主题来对这些产品进行传播，从而在细分市场上建立了优势。

（二）战略市场细分有利于确定战略营销方向

企业进行战略营销首先要选择确定的目标市场才能制定明确的营销战略和策略。进行市场细分后的市场比较具体，比较容易了解消费者的需求，企业可以根据自己的经营理念、方针及生产技术和营销力量，确定自己的服务对象，即目标市场。较小的目标市场，便于企业制定特殊的营销策略。同时，在细分市场上，信息容易被了解和及时反馈,一旦消费者的需求发生变化,企业可迅速改变营销策略,制定相应的对策,以适应市场需求的变化,提高企业的应变能力和竞争力。

(三) 战略市场细分有利于发掘战略营销机会

战略营销决策起始于市场机会的分析与把握。通过市场细分,企业可以对每一个细分市场的购买潜力、满足程度、竞争情况等进行分析对比,探索出有利于本企业的市场机会,使企业及时做出相应的营销战略和营销策略,包括做出投产、销售决策或根据本企业的生产技术条件编制新产品开发计划,进行必要的产品技术储备,掌握产品更新换代的主动权,开拓新市场,以便更好地适应市场的需要。养生堂公司对饮料市场进行细分,发现混合果汁饮料是一个巨大的市场,果断决策,找到了农夫果园的战略营销机会。

(四) 战略市场细分有利于企业利用现有的战略营销资源和能力,获取营销优势

任何一个企业的资源、人力、物力、资金都是有限的,不可能用有限的资源针对所有的市场。因此,通过细分市场,企业选择了适合自己的目标市场,企业可以集中人力、财力、物力及资源,去争取局部市场上的优势,然后再占领自己的目标市场。美国的"Lee"牌牛仔裤把目标市场对准占人口比例较大的那部分"出生高峰期"的消费者群体,从而成功地扩大了该品牌的市场占有率。20 世纪六七十年代,"Lee"牌牛仔裤以 15~24 岁的青年为目标市场。因为这个年龄段的人正是在"出生高峰期"出生的,在整个人口中占有相当大的比例。可是到了 80 年代,昔日"出生高峰期"的一代已经成为中青年。为适应这一目标市场的变化,"Lee"牌牛仔裤将原有的产品略加改变,使其正好适合中青年消费者的体型和偏好。结果,到了 90 年代,该品牌的牛仔裤在中青年市场上的份额上升了 20%,销售量增长了 17%。

三 战略市场细分与消费者画像

三只松鼠股份有限公司(以下简称"三只松鼠")是一家成立于 2012 年,以坚果、干果、茶叶等森林食品的研发、分装及网络自有 B2C 品牌销售的现代化新型企业。2013 年"双十一",三只松鼠一战成名,销售额达到 3562 万元,成为坚果行业全网第一。三只松鼠在成立之初,只做坚果这个类目,三只松鼠的品牌形象和此定位非常切合,拟人化的形象加上第一家做坚果品类的电商企业,让很多的消费者都记住了它。三只松鼠根据消费者人群,准确细分市场,营造生活化的场景,按照目标群体进行不同的生活化宣传,激发人们的购买欲望。对于白领,三只松鼠就是可以放在办公桌上的零食;对于学生,三只松鼠则打造"学生包装"并且在电视剧里植入,成为学生爱吃的零食;每逢春节,其又以春节伴手礼的形象出现,为产品赋予了故事性。三只松鼠战略市场细分的核心是让品牌和消费者更近,与消费者更

好地沟通。其使用微博、旺旺等互联网宣传工具，采用松鼠的口吻进行拟人化沟通，开创了中国电商客服场景化的服务模式，保持了优秀产品品质和服务体验。三只松鼠的例子说明，战略市场细分的关键是通过市场细分获得准确的消费者画像，形成制定营销战略和策略的目标市场。

消费者画像起源于20世纪80年代的用户画像概念，是指从真实的用户行为提炼出来一些特征属性并形成用户模型，从而勾勒出企业用户的态度和行为。用户画像基于差异化营销思维，利用市场细分理论，帮助企业明晰顾客购买产品内核服务的驱动因素，了解顾客的诉求，与其进行有效沟通。在数字经济时代，用户画像借助数据库技术和数字技术，逐步被消费者画像替代。所谓消费者画像"是指在已知事实或数据之上，整理出的每一个消费者/用户/客户的相对完整的档案。……消费者画像被看作关于用户信息的标签化的结果或各种标签的集合，是用户画像的升级"。① 消费者画像根据市场细分的标准来划分，如地理细分、人口统计细分、心理统计细分、环境因素细分等，并结合数字经济时代的消费特征形成，如社交行为、线上线下的全渠道消费特征等。

战略市场细分将从战略视角了解市场细分的有效性，分析消费者市场的变化趋势、竞争对手的战略发展、市场的威胁、机会的变化以及面对营销战略的不确定性企业所做的对策。可口可乐为什么要更换字体？原因是目标消费者更加年轻，对时尚的要求更加苛刻。肯德基为什么开始喊均衡营养？原因是目标消费者对健康的需求更高，越来越在乎更加科学的营养。雀巢为什么开始强调"好生活"，原因是目标消费者要的不仅仅是品质……在数字经济时代，在战略市场细分的基础上，基于大数据技术，形成对消费者全貌的展现，绘制消费者画像，可以帮助企业聚焦于目标消费者，把握消费者特征和需求偏好，有针对性地提供专注、极致、满足消费者核心需求的产品和服务。

对于消费者画像，首先，通过市场细分，调查、了解消费者的行为，通过大数据技术获得消费者"全样本"数据；其次，通过对消费者多层次、多维度的观察形成精细的消费者数据，逐步形成消费者画像；再次，基于现有的消费者数据，利用大数据模型预测消费者未来的变化趋势，动态更新消费者画像；最后，基于消费者画像精准匹配市场需求与产品或服务，通过有效战略渠道投放和战略沟通能力，形成企业营销战略和营销策略。三只松鼠的案例反映了消费者画像对企业营销战略的价值。

四　市场细分的战略意义

在现代市场发展中，主流的营销理论和案例似乎都是针对大企业的，真正面对

---

① 曹虎、王赛、乔林、〔美〕艾拉·考夫曼：《数字时代的营销战略》，机械工业出版社，2017，第132页。

小企业的营销战略和营销策略少之又少，摆在我们面前的困境是小企业的营销活动是否只是大企业营销的一个翻版？小企业真的在营销市场中无所作为了吗？答案是否定的。小企业正在以令人惊讶的速度发展着，它们在一个个专业市场中发挥着重要的作用，这个专业市场就是"利基市场"（Niche Market），正是这数量众多的利基市场——非主流市场构成了今天庞大的多样化的市场。随着市场经济的不断发展，消费者在多元化文化影响下的个性化需求的不断增长、个性化产品市场供给不足是现代市场发展中面临的主要问题。非主流市场虽然没有夺目的亮点，没有众星捧月的焦点，但是适应了现代市场的发展趋势。

市场经济的一个重要特点是竞争，竞争必然导致同质化，即相似的产品特性、相近的市场定位、相同的目标市场。许多企业热衷于成为大众市场的明星，最终产品从众人追捧的畅销品跌落到滞销品的行列，中国市场的家电、电脑、通信产品无一不表现出这样的特点。感受到自身生存压力的企业开始关注那些专注于做利基市场成功的企业，用友专注于做财务软件获得了成功，妙士专注于做餐厅专用奶获得了成功，无数成功的案例说明了利基市场[①]存在的价值。专注于市场细分，定位于专业化的目标市场、实施差异化战略、提升服务质量是利基营销的核心内容。

回顾过去 150 年的营销领域所发生的变化，可以看到一条清晰的变化曲线——从关注大众到关注个体。首先是大众营销的胜利。在这一阶段，人们采用新的技术，可以大量生产产品，福特的流水线模式堪称大众营销的经典，产量是该阶段的主流。其次是细分市场的出现。人们不再满足于使用一模一样的汽车，或者戴一模一样的帽子，不同的人群有不同的产品需求，因此不同的产品也开始针对不同的人群进行设计和营销。此时，广告、媒介、品牌成为主流。但是细分市场仍然是一个群体的市场。新的营销时代很快到来，个性化的营销越来越受到人们的欢迎。在个性化营销时代，信息、媒介、量身定做是三个关键词。如何满足消费者的个性化需求？基于个性化需求的日益细分的市场给无数的中小企业带来无限的驰骋空间。尽管空间被区隔成众多微小的局部，但是利基市场总会通过差异化的营销策略满足变化的消费者需求。

现代企业的竞争就是资源的竞争。培育独特的营销资源和营销能力，创造竞争优势是企业追求的目标。但是，中国企业在面对市场全球化时，满足大市场的营销资源、营销能力与跨国企业相比都要稀缺得多。因此，只有在更加细分的利基市场集中优势资源，在关键性领域里创造比竞争对手更为强大的优势，企业才能获得生存。在强大竞争对手存在的前提下，企业在竞争对手忽视或不屑一顾而消费者却没有被很好满足的狭窄市场上集中配置资源，即实施利基营销，是资源稀缺企业的正确选择。

---

① 杨保军：《基于"长尾理论"的利基市场营销分析》，《市场周刊（理论研究）》2007 年第 10 期。

在全球化竞争的大背景下，面临着稀缺资源竞争压力的企业，为了满足消费者个性化的需求而催生了利基市场。利基市场营销的任务是在适合企业的细分市场中，关注细小的市场，透彻了解市场行情；加强客户服务管理；配置营销资源。要做到这些，专业化是利基市场营销的必然选择。

第 2 节　战略目标市场选择

到 20 世纪 90 年代，肯德基进入英国市场已 30 年，并开设了 300 多家连锁店。为了直接与当地流行的鱼肉薄饼店展开竞争，肯德基最初定位为"外卖"式餐馆，因此店内座位很少，甚至没有座位。由于竞争者——麦当劳的发展及其他美国快餐公司的流行，肯德基将面临寻找其竞争优势的挑战。在英国，肯德基的传统消费者是年轻男性，他们一般在当地酒吧与朋友聚会后，在很晚的时候光顾肯德基。但在当地也有一些具有很浓家庭气氛的餐馆连锁店，这些店具有很强的竞争力。肯德基应该怎么办？肯德基认为需要重新进行定位，它们想把其现有的经营方式转变为家庭聚会形式。很明显，为了适应英国市场，肯德基有必要确定并调查英国市场家庭价值观问题。通过调研，肯德基推出了"家庭宴会"，有效地利用了肯德基原有的实力，吸引住了原有的青年男性购买者，并逐渐扩展到家庭市场。

一　目标市场选择战略

企业在划分好细分市场之后，可以进入既定市场中的一个或多个细分市场。目标市场选择是指估计每个细分市场的吸引力程度，并选择进入一个或多个细分市场。目标市场选择战略主要包括以下三类。

（一）无差异性目标市场战略

美国杜邦公司是一家以科研为基础的全球性企业，提供能提高人类在食物与营养、保健、服装、家居及建筑、电子和交通等领域的生活品质的科学解决之道。杜邦公司从 19 世纪生产炸药到 20 世纪转向为民用化工产品，进入 21 世纪，开始全力向生物科技领域进军。其成功的策略是把整个市场作为一个大目标开展营销，强调消费者的共同需要，忽视其差异性。这种大规模生产、大规模分销的目标市场战略，为企业节约了成本，通过成本领先获得了无差异性目标市场。

（二）差异性目标市场战略

杭州娃哈哈集团有限公司创建于 1987 年，为中国最大、全球第五的食品饮料生产企业。公司始终坚持技术创新，不断提升企业技术实力，通过差异性目标市场战略在瞬息万变的竞争中牢牢把握市场主动权。面对庞大的市场，娃哈哈公司是把整体市场划分为若干细分市场作为其目标市场：以儿童市场为目标推出绿色环保童装；以农村市场和三、四线城市市场为目标，推出"中国人自己的可乐"——非常可乐；面向都市白领女性推出营养快线……娃哈哈公司针对不同目标市场的特点，分别制订出不同的营销计划，按计划生产目标市场所需要的商品，满足不同消费者的需求。

（三）集中性目标市场战略

贝因美是一家婴儿奶粉生产企业。公司以婴幼儿为目标市场，开发适应婴幼儿市场的产品，取得了市场的信任。公司率先在国产婴幼儿奶粉中添加"DHA+AA"营养成分，与普通配方奶粉相比，构成明显的品牌差异化。同时，贝因美在奶粉包装形态上寻求突破，将有封口拉链的立袋作为袋装奶粉的包装，卫生、安全，还能更防潮，并能够吸引顾客眼球。贝因美这种以婴幼儿市场作为目标市场的营销策略体现了集中性目标市场战略。一般说来，规模较小的中小企业多采用集中性目标市场战略。

二 战略目标市场选择标准

显然，瞄准目标市场可以为企业带来丰厚的利润，从战略营销角度来说，目标市场的选择是从战略高度定义细分后的子市场，通过选择确定营销的对象。目标市场就是企业在市场细分之后的若干"子市场"中，运用企业营销活动之"矢"瞄准市场方向之"的"的优选过程。企业考虑进入的目标市场，应符合以下标准或条件。

（一）有一定的规模和发展潜力

娃哈哈是一家生产儿童食品的大型企业，在获得了儿童市场的成功后，公司进入了饮料市场，相继开发了矿泉水、复合果汁等多种饮料，获得了成功，显然这一市场拥有较大的规模和发展潜力。但是，童装市场并不像饮料市场那么好做，众多企业的挤入使娃哈哈陷入了"多数谬误"。企业进入某一市场是期望能够有利可图，如果市场规模狭小或者趋于萎缩状态，企业进入后难以获得发展，此时，应审慎考虑，不宜轻易进入。当然，企业也不宜以市场吸引力作为唯一取舍，特别是应力求避免"多数谬误"，即与竞争企业遵循同一逻辑思维，将规模最大、吸引力最大的市场作为目标市场。大家共同争夺同一个顾客群的结果是，造成过度竞争和社会资源的无端浪费，同时使消费者的一些本应得到满足的需求遭受冷落和忽视。

（二）细分市场结构的吸引力

细分市场可能具备理想的规模和发展特征，然而从盈利的观点来看，它未必有吸引力。一个细分市场要能成为企业的目标市场，必须具备以下三个条件。第一，拥有一定的购买力，有足够的销售量及营业额。第二，有较理想的尚未满足的消费需求，有充分发展的潜在购买力，以作为企业市场营销发展的方向。第三，市场竞争还不激烈，竞争对手未能控制市场，有可能乘势开拓市场并占有一定的市场份额，在市场竞争中取胜。企业在对整体市场进行细分之后，要对各细分市场进行评估，然后根据细分市场的市场潜力、竞争状况、本企业资源条件等多种因素决定把哪一个或哪几个细分市场作为目标市场。

（三）符合企业目标和能力

英国市场营销协会的安德鲁·泰斯勒教授对英国、法国、德国等国家的360家出口大企业的调查，90%的出口产品集中在少数几个目标市场，而盈利却比无目标市场的企业高出30%～40%。选择目标市场应考虑企业的资源条件是否适合在某一细分市场经营，不是每个企业的营销资源和能力都足以满足细分市场需求，某些细分市场虽然有较大吸引力，但不能推动企业实现发展目标，甚至分散企业的精力，使之无法完成其主要目标，只有选择那些企业有条件进入、能充分发挥其资源优势的市场作为目标市场，企业才会立于不败之地。

第3节　战略市场定位

当"七喜"汽水提出自己是"非可乐"饮料时，市场营销界已经被深深地震撼了。其定位思想得到市场一次又一次的验证，发挥出了巨大的威力。我们今天置身于定位的海洋："泰宁诺"止痛药的定位是"非阿司匹林的止痛药"，显示药物成分与以往的止痛药有本质的差异。金龟车在众多漂亮的汽车前突出了其独特的定位，"想想还是小的好"（Think Small）的广告词使金龟车跃居"领导者"的位置，只要谈到小型车，人们首先想到的是金龟车。里斯和特劳特认为："定位起始于一件产品、一种商品、一次服务、一家公司、一个机构，甚至一个人……然而定位并不是你对一件产品本身做什么，而是你在有可能成为顾客的人的心目中确定一个适当的位置。"定位起始于产品，但并不是对产品本身做什么行动。定位是指要针对潜在顾客的心理采取行动，即要将产品在潜在顾客的心目中确定一个适当的位置。因此，战略营销管理利用市场定位实现对顾客的争夺，体现出差异化的特点。

一　战略市场定位的意义

定位思想是战略营销管理的核心理念。人们为应付这个传播过度的社会，学会在头脑中的小"阶梯"上给产品进行打分排级，即顾客会对每一个品类，在头脑中建立一个"阶梯",然后按自己的理解将该品类中的各个品牌放在该阶梯的每一层。根据人们的记忆习惯,第一名往往很容易被记住,但越往后被记住的可能性就越少。可乐类饮料中可口可乐是第一;方便面品牌中康师傅是第一;冰箱的品牌中,海尔冰箱是中国消费者的首选……因此,企业建立品牌的过程,也就是通过营销手段,将自己的品牌置于人脑中"阶梯"第一层的过程。在战略营销管理层面上分析市场定位,具有重要的战略意义。

首先,市场定位通过树立企业及产品的市场特色,构建起企业营销战略。美国著名管理学家迈克尔·波特认为:"战略就是怎样定位。""战略并不是指实施先进的做法,而是要选择什么样的做法可以使你与众不同、独一无二。"舒肤佳进入中国市场时,以"除菌"为轴心概念,诉求"有效除菌护全家",并在广告中通过踢球、挤车、扛煤气等场景告诉大家生活中会感染很多细菌,然后用放大镜下的细菌"吓你一跳"。之后,舒肤佳再通过"内含抗菌成分'迪保肤'"之理性诉求和实验来证明舒肤佳可以让你把手洗"干净"。另外,它还通过"中华医学会验证"增强了品牌信任度。这一定位将产品特色显示出来,达到了营销传播的目的。在现代社会中,许多市场都存在严重的供大于求的现象,众多生产同类产品的厂家争夺有限的顾客,市场竞争异常激烈。为了使自己生产经营的产品获得稳定销路,防止被其他厂家的产品替代,企业必须从各方面树立起一定的市场形象,以期在顾客心目中形成一定的偏爱。格兰仕塑造了价格优势形象、娃哈哈塑造了儿童品牌形象,从而在激烈的市场竞争中处于领先地位。依靠准确的市场定位,这些优势品牌在消费者心目中建立了企业及产品特色,从而促进企业构建起具有竞争力的营销战略。

其次,战略营销资源是企业市场定位的基础。经过目标市场的选择阶段,企业做出了进入某细分市场的决策后,就应着重考虑如何进入已经选定的具体的细分市场,如果其中已有其他竞争对手从事生产同类产品的经营,甚至这些竞争者在这个市场中已占据了"地盘",那么,摆在企业面前的课题就是市场定位问题。因为定位是否恰当关系到企业的产品打入目标市场后能否在市场上站稳脚跟,而如何定位完全取决于战略营销资源的优劣。宝洁公司进入中国内地市场时,国内洗发水市场还处于初级阶段,除了"蜂花"有较高的知名度外,其他几乎都是地方产品。宝洁公司根据其全球市场经验,加上对中国市场的调查了解,针对消费群对洗发水的不同需求,陆续推出一系列洗发水品牌来满足人们的需求。例如:海飞丝的定位是去头皮屑;飘柔的定位是柔顺头发;潘婷的定位是营养头发。众多的定位依赖于宝洁雄厚的技术研发和人力资源背景。因此,企业战略营销资源对企业市场定位具有决定性作用。

再次,企业战略营销情报、战略营销能力以及执行力是准确定位的前提。市场定位是企业相对于竞争对手在市场中形成的独特形象。显然形成什么样的形象取决于企业的战略营销能力。首先是沟通传播能力。里斯和特劳特提出定位论时,宣称找到了一种新的有效的传播沟通方法。作为一种新的沟通方法，定位被视为获得成功的战略，可以广泛运用于一切需要进行传播沟通的场合。定位在实践中已经超出了广告而进入更为广阔的营销活动范围，不仅适用于产品、公司，对于一项服务、一所机构、一个国家、一个人甚至是政治的、宗教的、组织的各方面都至关重要。如何定位取决于卓越的营销能力。尽管定位可能会要求改变产品的品名、价格、包装，但这只是对未来顾客的心理所下的功夫，产品并没有实质性的改变，有的只是为了实现向消费者心理的靠近而做的修饰性变化。定位要占领的是消费者的心理位置，是"攻心之战"。在这场战争中，取胜的关键是要在消费者心目中找到一个恰当的坐标位置。在这样一个定位时代，关键不是对一件产品本身做些什么，而是在消费者心目中做些什么。而如何做取决于企业能不能培育出独特的战略营销能力，在战略营销资源和情报的支持下完成独特的形象塑造。

最后，市场定位决策是企业制定市场营销组合策略的基础。完美的战略依靠具体的营销组合策略来完成。企业的市场营销组合受到企业市场定位的制约。例如，假设某企业决定生产销售优质低价的产品时，那么这样的定位就决定了：产品的质量要高；价格要定得低；广告宣传的内容要突出强调企业产品质优价廉的特点，要让目标顾客相信货真价实，低价也能买到好产品；分销储运效率要高，保证低价出售仍能获利。也就是说，企业的市场定位决定了企业必须设计和发展与之相适应的市场营销组合。

二 差异化理论

著名战略家加里·哈默尔说："观察一下，你会发现三种公司。"第一种是规则制定者，如可口可乐公司。第二种是规则的接受者，如大量的中国企业。第三种则充当了规则挑战者的角色，如华龙方便面的今麦郎。华龙继区域品牌坚实地分割当地大众化市场后，遂以高档面品牌"今麦郎"向康师傅等强势品牌挑战，分割高端市场。今麦郎以"弹面"的强势概念，一举成为产业新类别的领导者。从"弹跳王"张卫健演绎的《亲嘴篇》"弹得好，弹得妙，弹得味道呱呱叫"，到新推出的《就你弹篇》，今麦郎"弹出"前所未有的新天地，受到年轻人的追捧。今麦郎弹面独特的市场定位，成为差异化营销的经典个案。

传统的观念认为，市场定位就是在每一个细分市场上生产不同的产品，实行产品差异化。事实上，市场定位与产品差异化尽管关系密切，但有着本质的区别。市场定位是通过为自己的产品创立鲜明的个性，从而塑造出独特的市场形象来实现的。一项产品是多个因素的综合反映，包括性能、构造、成分、包装、形状、质量等，市场定位就是要强化或放大某些产品因素，从而形成与众不同的独特形象。产品差异化乃是实现市场定位的手段，但并不是市场定位的全部内容。市场定位不仅强调产品差异,而且要通过产品差异建立独特的市场形象,赢得顾客的认同。非常可乐所走过的道路就是树立差异化市场形象来进行市场定位的。

在国际化竞争中,国际品牌可能是"狼",也可能是"纸老虎",关键是看本土企业能不能扬长避短,尽可能地发挥自己的优势,抑制对方的长处。娃哈哈面对"两乐"与康师傅、统一等品牌在饮料市场上的全面进攻,大胆创新,开始尝试推拉结合的市场营销攻略,即在推动传统渠道的基础上,大力开展销售终端的启动工作,通过销售重心下移,利用广大农村消费者品牌意识不强的有利因素,以价格优势抢占农村市场从而获得了成功。在智能手机、移动互联网以及4G技术的发展推动下,我国短视频行业快速发展。2016年,抖音的出现,利用算法向用户精准推荐优质视频内容,推动短视频市场迅速增长。2017年西瓜视频和好看视频上线,短视频行业市场规模增至55.3亿元,增速高达191.05%。截至2021年,我国短视频市场规模为2916.4亿元。近年来,短视频行业已形成抖音与快手的两强对峙竞争格局。抖音以一、二线城市年轻用户为目标群体,快手以三、四线城市用户为目标群体,吸引了市场大部分短视频用户。面对庞大的短视频市场,通过差异化传播策略,深耕垂直领域,以最大限度地扩大用户规模。短视频作为未来最具发展前景的媒体传播形式,市场竞争将会越来越激烈,随着互联网覆盖率的提高,企业的竞争将从用户规模竞争转向内容竞争,只有优质的内容才能吸引更多的短视频用户。[①]

市场定位的生命力在市场中,它不是从生产者角度出发单纯追求产品变异,而是在对市场进行分析和细分化的基础上,寻求建立某种产品特色。市场—差异化—市场定位,这样的路线正是现代战略营销观念的体现。

三 战略市场定位方法

从战略营销角度分析企业市场定位,要关注四个方面:根据企业自身的战略营销资源的蓄积程度来定位;根据企业自身的战略营销能力培育程度来定位;根据竞争对手的产品特色来定位;根据顾客对产品的各种特征的重视程度来定位。定位是针对竞争的,市场定位必须根据竞争的形势随机应变。这也是对企业战略营销能力与资源水平和市场观察能力的考验。市场定位是一项具有创意的工作,但理论界已经有了比较成熟的方法,常用的方法如知觉图。

(一) 知觉图概念

认知是人们的大脑对大量产品信息(如特征、属性)和营销信息(如广告、口碑)进行选择和理解,并进而形成主观判定和感觉的一种过程,并不是所有的顾客都能对某种产品形成一致的认知。比如,两种产品尽管在物理特征上有所差异,但

[①] 本部分资料来自中国网络视听节目服务协会,华经产业研究院整理。

是如果顾客认为这些差异并不重要，那么这两种产品就可被视为相互替代品。相反，尽管有些产品实质上是完全一样的，但是顾客却可能认为它们有所区别，从而对产品形成截然不同的印象。可见，顾客对产品的认知比产品本身更重要。

知觉图也被称为认知图、感觉图谱，是消费者对某种产品、品牌、公司或者其他事物在两个或多个维度上认知的形象描绘。知觉图是基于顾客对某种产品或品牌的认知，将数字信息图形化地展示为视觉信息，以一种图形结构的方式表明了顾客对竞争性品牌的相似性和差异性的感受，而这种相似性和差异性就是顾客针对基本需求在认知过程中所感觉到的产品定位。知觉图在品牌形象研究、市场定位研究等方面有着非常广泛的应用。

一些企业的品牌、产品，都是基于知觉图的原理而开发出来的。企业可利用知觉图来分析和了解产品的差异性与顾客需求的变化关系，并基于产品属性来更好地描述现有产品或品牌在整个市场中所处的地位，同时为新品牌明确定位。由此可见，运用知觉图不但能够为竞争性替代品提供市场结构的分析方法，更为重要的是，它还可以挖掘不同品牌在潜在顾客心目中所占的位置，同时帮助企业战略性地思考产品的市场定位问题。

例如，我们常见的知觉图都是平面的，即在X、Y两个轴上将品牌或者产品属性等以明确的坐标值标定出来，从而进行比较。如图5-1所示，我们将消费者对几个商场的评价在知觉图上标定出来，X轴表示服务质量，两端分别为"差"和"好"，Y轴表示商品的价值，两端分别为"物有所值"和"高价低值"。

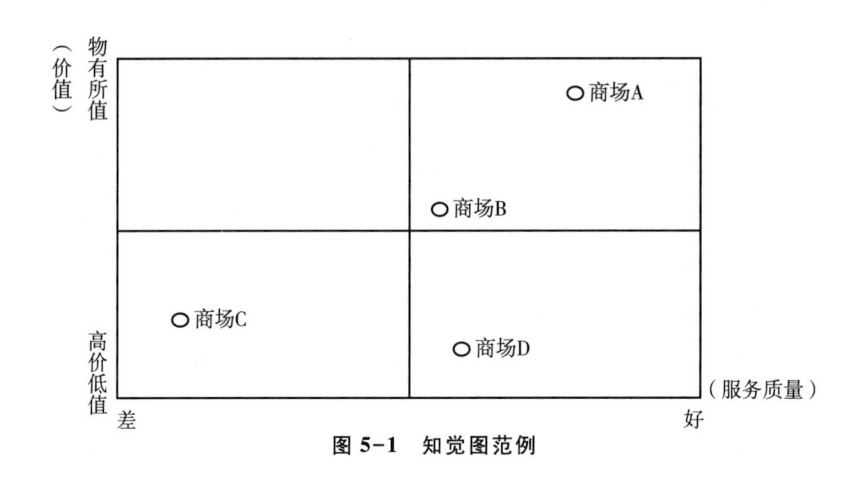

图 5-1 知觉图范例

假设对于商场而言，产品的价值和服务质量是目标消费者最为看重的两大特点，则商场A就处于最佳的位置上，而商场C则处于劣势。[①]

---

① 汤明：《两种常用的知觉图绘制方法比较》，MBA智库文档网，https://doc.mbalib.com/view/dfab1c35cc9b20a55cb06eb389806d70.html，最后访问日期：2022年11月20日。

(二) 知觉图绘制原理

知觉图是一种直观的、简洁的典型分析工具，在诸如汽车、酒类、化妆品和服务行业等各类品牌中得到广泛使用。目前最常用的知觉图是二维知觉图，其工作原理如下。

（1）确定基准变量。这是制作品牌定位知觉图最重要的一项工作。正确地选择变量是品牌知觉图成功应用的基础，一旦变量选错，后面的工作做得再好也将毫无价值。由于知觉图一般是二维的，因此要通过市场调查了解影响消费者购买决策的诸多因素及各自的权重。然后通过统计分析确定重要性较高的，并且能很好地区分出品牌差异的两个变量。例如分析白酒市场可以用"高度—低度"和"勾兑型—酿造型"两个变量。

（2）确定各品牌在知觉图上的位置。常借助统计软件包（如 SPSS）辅助工作，把消费者对各品牌在关键变量上的表现评价量化。对应分析程序，可将消费者对各品牌在评价变量上的数据转化为知觉图，利用多维尺度也能得出类似的图形。

（3）绘制定位知觉图。下面我们以啤酒市场为例，来看一看各品牌的定位知觉图。影响啤酒感觉和认知的变量主要有两个：①味道的浓与淡；②口感的苦与适度（没有明显的苦味）。

图 5-2 是美国芝加哥地区啤酒市场知觉位置。从图 5-2 中可以看出，第四象限是市场空白位置，可以考虑进入。但在决定进入之前，必须研究这个市场有没有、大不大。如果根本不存在或太小，那么，定位图上的空位就没有实际意义。

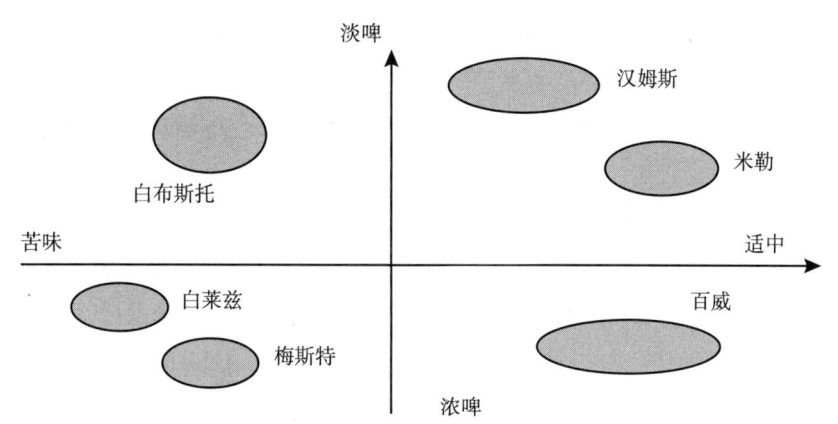

图 5-2 芝加哥地区啤酒市场知觉位置

知觉图直观地显示了消费者对品牌间特殊差异的评价，在明确了自己品牌的位置以及与竞争对手的差异后，就可以确定品牌定位的方向。这时，既要考虑品牌位置的独特性，又要注意各个细分市场竞争的激烈程度。这样就可以找出战略的重点，并在产品定位决策中体现这一点。

(三) 知觉图的应用

知觉图的价值基础在于：知觉就是事实。也就是说，顾客知觉在一定程度上决定了顾客的行为。知觉图的一种主要应用就是帮助经理了解一组竞争产品结构。知觉图的任一点都是若干概念和看法的综合结果，所以知觉图可说明企业应修改产品的哪些属性才能改进产品定位。[①]

知觉图在营销领域中可以应用于新产品决策及机会分析、识别竞争者，进行形象和声望研究、绩效追踪、品牌延伸以及定位研究等。在战略营销管理中，利用知觉图进行定位研究的优点主要表现在以下几个方面。

（1）知觉图可更好地展示不同的顾客需求信息、产品差异程度以及细分市场。在一些较为复杂的市场上，企业通常很难清晰地确定不同的细分市场，并将其与定位有效地结合起来。因此，为了有效地实施市场定位，企业必须了解目标顾客所看重的产品特征以及他们对产品的评价。例如，顾客是如何看待我们品牌的？顾客把哪个品牌看作我们直接的竞争对手？哪些产品属性最符合差异化的特点？实施定位的关键就在于了解目标市场的顾客对产品或品牌的评价以及顾客的选择方式，借助知觉图可更好地展示不同的顾客需求信息、产品差异程度以及细分市场，从而找到定位的基点。

（2）知觉图可以使企业明确竞争地位，使企业获得更强有力的定位。一方面，利用知觉图可以分析和了解产品的差异性与顾客需求的变化关系，并基于产品属性来更好地描述现有产品或品牌在整个市场中所处的地位，同时为新品牌明确定位。另一方面，运用知觉图还可以研究竞争对手的产品和服务的定位，挖掘不同品牌在潜在顾客心中所占的位置。定位战略的第一项任务，就是要确认顾客心中可接受的认知尺度。知觉图形象地展示了各竞争品牌基于顾客认知的相似性或差异性，通过知觉图，我们可以了解顾客在判断品牌时采用了哪些标准，哪些属性能够更好地描述每一个品牌，以及哪些品牌是直接的竞争对手，等等。就某个品牌而言，知觉图可帮助企业检验品牌重新定位的可能性和有效性，并以此发现更有利的市场定位，从而提高该品牌的竞争力。五谷道场利用知觉图分析出方便面市场竞争对手的特点，从而找出"非油炸"的市场空隙。由此，知觉图可以帮助企业战略性地思考产品的市场定位问题。

顾客如何处理营销信息，并在头脑中形成产品定位，这些都基于顾客以往的信念、知识和经验。事实上，不同的顾客对品牌的认知是不同的，即便他们接受相同的信息，也可能会形成不同的认知，并对品牌定位有着完全不同的看法。所以，厂家不应该考虑对整个市场进行品牌定位，而应该针对不同的细分市场结合认知差异进行定位研究，尤其是应该考虑那些具有战略意义的目标细分市场，这对于营销战

---

① 〔美〕加里·L.利连、〔美〕阿温德·朗格斯瓦米：《营销工程与应用》，魏立原、成栋译，中国人民大学出版社，2005，第143页。

略十分重要。在营销工程学中,市场定位的方法有很多,包括知觉图、偏好图、共同空间图等。在战略营销实践中可以根据资料、企业的需要选择使用。

本章小结

战略营销定位的前提是对市场的深入分析。市场细分是按照某一标准对整体市场进行切割,每个被切割的子市场就是一个细分市场,企业战略性的选择在于通过对细分市场的评估选择契合企业战略需要的目标市场。市场定位的战略性在于明确企业未来若干年里在市场的位置并不断传播,因此战略营销定位需要在目标市场战略的基础上通过整合企业营销资源、战略营销能力,明确未来的方向,从而最大限度地保障企业获取市场竞争优势。因此市场定位的战略性一方面在于对企业内部资源和能力的掌控,另一方面演变为企业与顾客联结的桥梁,通过定位创造顾客价值。

案例训练1:万宝路

莫里斯公司的万宝路牌香烟是世界上销售范围最广的品牌香烟,凭借令人熟悉的红白纹饰包装,万宝路也是目前全世界认知度最高的品牌香烟之一。万宝路设计之初是针对女性烟民打造的,为了表示对女烟民的关怀,莫里斯公司把"Marlboro"香烟的烟嘴染成红色,以期广大爱靓女士为这种无微不至的关怀所感动,从而打开销路,其广告口号是"像五月的天气一样温和",用意在于争当女性烟民的"红颜知己"。然而几个星期过去,几个月过去,几年过去了,莫里斯公司期待的销售热潮始终没有出现。在对香烟市场进行深入的分析和深思熟虑之后,广告人李奥·贝纳完全突破了莫里斯公司限定的任务和资源,对万宝路进行了全新的"变性手术":将万宝路香烟定位为男子汉香烟,变淡烟为重口味香烟,增加香味含量。他大胆改造万宝路形象:包装采用当时首创的平开盒盖技术并以象征力量的红色作为外盒的主要色彩,把名称的标准字(MARLBORO)尖角化,使之更富有男性的刚强特征。万宝路香烟广告不再以妇女为主要诉求对象,当时的广告词"Where there is a man, there is a Marlboro"(哪里有男士,哪里就有万宝路)以及后来的"Welcome to Marlboro country"(欢迎进入万宝路国度)都给消费者留下了深刻的印象。广告中一再强调万宝路香烟的男子汉气概,以浑身散发粗犷、豪迈、英雄气概的美国西部牛仔为品牌形象,吸引所有喜爱、欣赏和追求这种气概的消费者。这种洗尽女人脂粉味的广告于1954年问世,它给万宝路带来巨大的财富。仅1954~1955年,万宝路销售量就提高了3倍,一跃成为全美第10大香烟品牌,1968年其市场占有率上升到全美同行第二位。从"万宝路"两种风格的广告戏剧性的效果转变中,我们可以看到广告的魔力,正是广告塑造产品形象,增添了产品的价值。采用"集中"的策略,定位目标市场,使"万宝路"成长为当今世界第一品牌。

资料来源：王宏晴《万宝路营销之"道"——在世界烟草激流中绝处逢生》，《现代商业》2017年第10期；张圣亮《创名牌六步曲》，《企业管理》2000年第7期。

案例思考：1. 万宝路前后市场定位有什么不同？

2. 万宝路的市场定位有什么启示？

案例训练2：王老吉

王老吉凉茶发明于清道光年间，至今已有170多年，被公认为凉茶始祖，有"药茶王"之称。2002年以前，从表面看，红色罐装王老吉（以下简称"红色王老吉"）是一个很不错的品牌，王老吉主要活跃在广东、浙南一带，销量稳定，赢利状况良好，有比较固定的消费群，销售业绩连续几年维持1亿多元，发展到这个规模后，管理层希望能把企业做大，要走向全国。王老吉制定了推广主题"怕上火，喝王老吉"，并且斥巨资购买央视黄金时间段播放广告，在传播上尽量凸显红色王老吉作为饮料的性质。在第一阶段的广告宣传中，红色王老吉都以轻松、欢快、健康的形象出现，强调正面宣传，避免出现对症下药式的负面诉求，从而把红色王老吉和"传统凉茶"区分开来。为更好地唤起消费者的需求，电视广告选用了消费者认为日常生活中最易上火的五个场景，即吃火锅、通宵看球、吃油炸食品、烧烤和夏日阳光浴，画面中人们在开心享受上述活动的同时，纷纷畅饮红色王老吉。结合时尚、动感十足的广告歌反复吟唱"不用害怕什么，尽情享受生活，怕上火，喝王老吉"，促使消费者在吃火锅、烧烤时，自然联想到红色王老吉，从而增加购买行为。同时，为了拓展餐饮业销售渠道，推行"火锅店铺市场"与"合作酒店"的计划，公司选择主要的火锅店、酒楼作为"王老吉诚意合作店"，投入资金与他们共同进行节假日的促销活动。由于给商家提供了实惠的利益，因此红色王老吉迅速进入餐饮渠道，成为主要推荐饮品。在提升销量的同时，餐饮渠道也已成为广告传播的重要场所。2007年12月，红色王老吉的销售额突破50亿元，成为全国罐装饮料市场销售额第一名，被誉为"中国饮料第一罐"。

案例来源：潘希颖、伍青生《老字号"王老吉"如何通过品牌营销实现跨越式发展》，《中国药业》2006年第5期；吴洁《浅析企业品牌发展的成功策略——以王老吉为例》，《中国商贸》2011年第24期。

案例思考：1. 王老吉的战略目标市场有何变化？

2. 王老吉的战略营销定位有何特点？

战略营销实训

实训项目1：查阅资料，针对中国芯片行业，利用直觉图做关于市场定位的分析，并在课堂上展示。

实训项目2：在班级组成学习小组，选取一类行业进行市场细分，说出细分的理由并在班级中展示。

第6章　战略营销情报

本章要点

在战略营销活动中，竞争情报为制定营销战略、选择营销策略提供了重要的决策依据。战略营销情报以提升企业营销竞争力为根本目标，通过构建战略营销竞争情报系统，实现情报组织、流程、技术方法和企业文化的一体化，从而促进营销决策能力的提升和市场绩效的提高。本章通过分析战略营销情报的概念、影响因素，对战略营销情报系统的构成、流程进行深入分析，使学生全面掌握战略营销情报系统，为制定营销战略打下基础。

关键术语

战略营销 Strategic Marketing

战略营销情报 Strategic Marketing Intelligence

战略营销情报体系 Strategic Marketing Information System

竞争对手 Competitor

顾客 Customer

市场 Market

学习目标

核心知识：了解并掌握战略营销情报的基本概念

　　　　　了解并掌握战略营销情报的影响因素

　　　　　了解并掌握战略营销情报系统的构成及分析

核心能力：学习和掌握战略营销情报的分析方法

课程思政目标：了解中国革命战争时期情报的实例，培养学生的情报意识，重视战略营销情报的价值

> **引导案例**
>
> ### 最佳战略营销实践：海尔的情报战略
>
> 海尔集团（以下简称"海尔"）创立于1984年，始终以用户为中心，是全球领先的美好生活和数字化转型解决方案服务商。海尔成立以来非常重视营销情报战略。为了及时监控市场变化，海尔建立了全国信息网，将触角伸到全国2800多个县、9000多个点。海尔还建立了蒙特利尔信息站、洛杉矶信息站等遍布五大洲的信息中心，能够动态及时地获取国际最新的科技信息、市场信息，为海尔监视竞争对手、制定海外市场策略提供了准确有益的情报。海尔发现百度企业竞争情报系统具有流程设计规范合理、信息抓取能力强、系统稳定、安全控制机制严格等诸多优势，于是将目标锁定在百度上。海尔最终选择了百度企业竞争情报系统作为海尔集团竞争情报系统搭建的软件平台，通过百度eCIS收集、整理归类情报，逐步建立一套作为企业神经系统的竞争情报系统，并在此基础上建立了一套完善的信息决策机制。海尔中央研究院通过全球布局的信息中心全面了解全球用户的各类需求，并在第一时间将这些需求转化成研发的课题；通过整合全球资源，不断把最新最好的产品奉献给消费者，满足消费者个性需求。2022年，其全球营业收入达3506亿元，品牌价值达4739.65亿元。
>
> 资料来源：董广辉《竞争情报对企业的影响力——以海尔为例》，《经营管理者》2018年第11期；黄霏嫣《竞争情报对企业生存力的影响——海尔铸成国际品牌运营商个案分析》，《图书馆论坛》2006年第2期。

习近平同志指出："调查研究要深入实际、深入基层、深入群众。要多层次、多方位、多渠道地调查了解情况。"[①] 调查研究就是获取"情报"，充分掌握群众、市场、竞争对手的相关情况为管理决策服务。中国是竞争情报的开创者，被国际上誉为"情报之父"的孙子就是中国春秋时期著名的军事和战略家。"知己知彼，百战不殆"的不朽名句成为军事科学的金科玉律，被千古传颂。现代的竞争情报是市场竞争激化和社会信息化高度发展的产物，是军事情报、竞争理论、管理理论相互交融的结果。随着知识在经济活动中的作用加强，竞争情报日益受到一些公司企业的重视。一流的大型企业都在持续不断地进行竞争情报工作，如摩托罗拉、IBM、爱立信、壳牌等企业都设立了专职的情报部门。

竞争情报不仅是企业的一项工作、一种功能，而且是企业的一大战略，是企业逐鹿市场、抢占商机、以智取胜的基本战略。市场竞争的发展和战略研究激活了竞争情报，促使竞争情报成为企业竞争力提升的基础因素。同样，在市场营销活动中，竞争情报为制定营销战略、选择营销策略提供了重要的决策依据，我们称之为战略

---

① 中共中央宣传部编《习近平总书记系列重要讲话读本》，学习出版社和人民出版社，2014，第182页。

营销情报。战略营销情报以提升企业营销竞争力为根本目标，通过构建营销竞争情报系统，实现情报组织、流程、技术方法和企业文化的一体化，从而促进营销决策能力的提升和市场绩效的提高。

第1节　战略营销情报的起源

一　竞争情报概念

20世纪50年代，美国霍华德·怀斯汀率先建立起分析市场竞争对手及竞争战略的信息研究机构，开展了现代意义上的竞争情报活动。1986年，美国成立了全球第一家竞争情报从业者协会（SCIP），标志着竞争情报研究进入了职业化阶段。

对竞争情报这一概念的认识，见仁见智。国外学者的研究普遍认为竞争情报是一种过程，即情报的采集、加工和分析过程。美国竞争情报从业者协会（SCIP）对竞争情报的定义是：竞争情报是对整体竞争环境从业者和竞争对手的一个全面监测过程，通过合法手段收集和分析商业竞争和技术创新中有关商业行为的优势、劣势和目的的信息。[①] 竞争情报的先驱之一斯丹文·德迪约将其定义为一种过程。瑞士咨询专家道格拉斯·伯恩哈特指出，竞争情报是一种分析过程，将"竞争者、工业和市场的分散的信息"转变成"竞争者能力、意图、业绩和地位的可以据此采取行动的战略知识"。依安·格登则将竞争情报定义为"获取和分析可以公开得到的资料来开发出用于竞争战略所必需的信息"的过程。

当然，国外还有许多学者将竞争情报定义为一种信息。如美国匹茨堡教授约翰·普赖斯科特定义"竞争情报是与外部和（或）内部环境的某些方面有关的精炼过的信息产品"。格林认为竞争情报是"收集来的关于企业在其中运作的环境信息"。哈福德研究生中心管理学教授将竞争情报定义为"与组织外部或内部事件和行动有关的信息"，这些信息将"影响到组织的计划、行动和决策"。菲利普·鲍马认为竞争情报是"为应用于企业竞争战略而收集、解释信号、数据和信息的成果"。科克·泰森认为竞争情报是竞争者、市场内外和产品技术等多方面的信息。苏尼尔·巴芭和阿伦·赖将竞争情报简单地定义为"企业从外部获得的能改进企业绩效的任何信息"。在近几年，国外对竞争情报的研究主要集中在竞争情报需求的研究、竞争情报网络与运行机制的研究、竞争情报分析方法及模型研究等方面。总结以上关于竞争情报的定义，我们认为竞争情报是一个组织感知外部环境变化并做出反应，

---

① 转引自彭靖里等《论国内外竞争情报发展与实践的现状和特点》，《云南科技管理》2004年第4期。

使之更好地适应环境变化、获得竞争优势的信息产品。竞争情报也是关于竞争环境、竞争对手和竞争策略的信息和研究过程。

二 竞争情报的特征

竞争情报的核心内容是对竞争对手信息的收集和分析,是情报与反情报技术。竞争情报主要涉及环境监视、市场预警、技术跟踪、对手分析、策略制定、竞争情报系统建设和商业秘密保护等重要领域。竞争情报是企业参与市场竞争的导航,是商战中"知己知彼,百战不殆"的良策。由此,竞争情报具有如下四方面的特征。

(1) 对抗性。美国竞争情报从业者协会主席约翰·普赖斯科特的说法,竞争情报是关于企业竞争对手的能力、弱点和意图的情报。竞争情报是在市场竞争过程中产生的,没有市场竞争就没有竞争情报,这是竞争情报存在的前提。竞争情报工作往往是在敌对的情况下了解、分析对手,最终目的是战胜对手,尤其在国际竞争白热化的今天,在经济技术领域,利益的冲突决定了竞争情报对抗的性质。

(2) 导向性。竞争情报是根据企业为了在激烈的市场竞争中赢得和保持优势这一特定需求,对竞争对手、竞争环境及企业自身的信息,进行合法的采集、选择、评价、分析和综合,并对其发展趋势做出预测,以形成新颖的、增值的、不为竞争对手所知的、对抗性的信息,从而为企业的战略和战术决策提供依据的智能化活动过程。因此,竞争情报是一种预警工具,能够以最佳的视角看待市场与竞争,及早地提醒管理者将面临的机会与威胁,对企业的竞争战略具有重要的导向性作用。

(3) 系统性。竞争情报的最终目的是力图描绘出一幅能全面反映"变化中的竞争环境的图像",因此,要连续不断地进行竞争情报的搜集、分析,并在信息重组的基础上对其深度加工,最后进行走势预测,协助领导做出决策。

(4) 隐秘性。从竞争情报收集的手段来看,一般情报主要是文献收集,辅之少量的实地收集,而竞争情报收集手段灵活多样,包括文献收集、现场收集,甚至隐蔽收集等。

三 竞争情报与企业战略营销

随着近年来竞争战略重要性的日益显著,竞争情报也越来越受到各国政府、企业界和学术界的普遍重视。竞争情报的现代化将大大提高复杂的竞争环境中的综合判断能力,并成为实现竞争战略决策科学化的有力手段和工具。从战略营销角度分析,竞争情报对企业战略营销管理影响非常大。

首先,竞争情报的环境监视促进企业准确分析环境、制定正确的营销战略。企业战略营销过程包括营销战略制定阶段和营销战略实施阶段。营销战略制定阶段是解决营销战略方案的制定及选择问题；营销战略实施阶段是解决营销战略的具体执行及执行中的控制问题。战略营销过程是一个提出问题、研究问题和解决问题的系统分析过程。在营销战略的制定与实施的过程中，可以利用竞争情报的环境监视作用为企业提供环境分析的依据，既包括竞争对手、顾客、公众等外部环境的发展变化，也包括内部的环境分析（即对自身的竞争优势和劣势进行分析）。竞争情报的环境监视是指以战略决策为导向，不断地寻找和发现外部环境中可能影响组织生存和发展的各种先兆信息，并对那些经分析评价而确认的环境因素进行重点跟踪研究的过程。环境监视的数据可以帮助企业拟定和选择方案。实现目标可以通过各种方案，要多方面地拟定各种不同的方案，并就这些方案的技术先进性、经济合理性、显示可能性等进行评价、论证、比较，从中选择比较理想的战略方案。

其次，竞争情报的预警系统促进营销战略的实施。竞争情报的预警系统是一个包含预警指标体系设计，先兆信息的搜集、监视、评价、预测和通报的完整系统规划目标，即确定在一定时期内参与竞争的主要方向和基本目标。实施营销战略包括确定实施重点、划分实施阶段、落实实施措施、建立相应的组织结构、挑选合适的人员等。同时，要进行控制和检测，即建立实施营销战略的信息反馈和进度统计机制，对营销战略实施情况进行分析、评估，比较营销战略实施的实际结果与制定战略的期望。并且，要对营销战略进行调整与修订，即根据对营销战略实施情况的检测与评估，以及竞争环境的变化，在营销战略基本方向不变的前提下，对其进行局部的调整与修订，使营销战略趋于完善，保持科学性和现实性，真正发挥营销战略对竞争活动的指导作用。这些都要依赖企业建立竞争情报预警系统提供的数据。

显然，竞争情报是战略营销过程中的重要一环，同时也是整个营销战略制定和实施过程中各阶段的基础。竞争情报是战略营销程序中的主要内容，但也与其他程序密切相关。因此，要提升企业战略营销水平，企业需要建立专门的战略营销情报系统。

第2节 战略营销情报价值与影响因素

中国在市场营销的理论和实践领域，起步比较晚，企业的精力主要集中在市场营销策略选择、营销推广策略等方面，有关战略营销情报的研究是比较少，基本上是以科特勒的营销信息系统理论为基础的，但是，我们认为，在中国市场竞争日趋激烈的今天，战略营销情报具有不可替代的意义。

一　什么是战略营销情报

战略营销情报是专门的竞争情报，是为企业战略营销管理提供环境监视、预警服务的信息系统和研究过程。同竞争情报一样，战略营销情报的核心内容也是对竞争对手信息的收集和分析，是情报与反情报技术。战略营销情报主要涉及环境监视、市场预警、技术跟踪、对手分析、策略制定、竞争情报系统建设和商业秘密保护等重要领域。战略营销情报是为解决企业参与市场竞争的需求而产生的，是理论界与专业人士迎接环境挑战推动的结果。战略营销情报的研究目的在于通过建立、完善与发展其理论、方法、技术和应用体系，促使战略营销情报理论与方法的研究走向系统化与科学化，推动战略营销情报的实践应用迈向全方位与深层次，使战略营销情报真正成为一个具有特色的研究领域，在日益激烈的竞争社会中发挥其作用。

二　战略营销情报价值

从战略营销情报的功能角度来分析其价值主要有以下几个方面。

（一）充当企业战略营销管理的预警系统

战略营销情报的最重要的功能就是使企业避免受到突然袭击，在市场上没有什么比对竞争对手的行动和市场危险事前一无所知更危险的了。联合国工业发展组织的一份文件中指出："对一个企业来说，外部环境中的任何变化，包括技术、经济、政治等因素，都可能对企业的利益乃至生存产生重大影响。如果通过'阅读'早期预警信号，发现并预知这些可能的变化，就可预先采取一定的措施，避开威胁，寻求新的发展机遇。这种能力在当今社会中正变得越来越至关重要了。"随着中国市场经济的深入发展，企业已身不由己地被卷入国内乃至国际市场竞争的大潮。要想在如此激烈的竞争环境中求生存、求发展，必须具有强烈的市场竞争意识，要善于观察竞争态势，而其中很重要的一点就是善于搜集、分析、利用战略营销情报。

战略营销情报起到的首先是对宏观环境的预警作用。20世纪80年代初，中国政府曾下文禁止超标购买进口轿车和小型旅行车，日本某汽车制造商得知这一重要情报后，很快面向中国生产了一种客货两用小面包车，这种车实际还是小型旅行车，只不过将最后两排车座变成了可拆型，使车尾可放货物，因而名为客货两用车，从而不在被禁之列。企业通过了解宏观营销环境的变化，包括所在国家或市场、进入国家地区的政治各个方面的变化，以及可能产生的影响，最常见的就是以反倾销条款等来确定和调整企业营销战略。

监控竞争对手，并预测竞争者的早期行动，是预警的重要内容。企业战略营销情报工作，就是从事相同内容的科学研究、产品制造、产品销售等项工作的企业之间在信息领域的竞争。毫无疑问，在市场竞争中，对本企业构成最大威胁的就是同行业的竞争者，竞争者之间互为竞争对手。企业要想保持和发挥优势，站在本行业的前列，就要不断地去研究和战胜竞争对手。确定竞争对手的过程是一项看似简单却非常复杂细致的工作，需要大量的原始情报的积累，对情报资料进行研究和对比，并依据对比的结果，弄清竞争对手的能力、弱点和意图，制定出本企业的竞争策略。百事可乐通过了解竞争对手，分析外部环境寻找机遇，发现年青一代正在崛起：他们有着与父辈不同的价值观念、生活方式；他们寻求新鲜的、刺激的事物，不满于现状；他们乐观进取、充满朝气。由此形成百事新一代的营销传播理念，奠定企业快速发展的基础。

确定竞争对手的过程，实际上就是在本企业和竞争对手之间进行的一次详尽的调查、分析、研究过程。通过对竞争对手的监控，准确预测竞争者的行动，发现新的和潜在的竞争对手，这是战略营销情报的核心功能，对企业推出产品的类型、性能，以及推出的时机、定价的策略都有很大影响。

(二) 充当企业的营销战略决策支持系统

"知己知彼，百战不殆"是战略营销情报效果的经典概括，将数据、信息、知识转化为有利于决策的情报是战略营销情报成果的核心。无论是效果还是成果，都是战略营销情报作用发挥的体现。

企业营销管理人员在做出营销战略决策或制定营销方案时，要求情报人员提供是否应该进入某个市场的情报，或是否应开发新技术等方面的情报。如在移动通信快速发展初期，美国贝尔建了很多微波站，与此同时，斯普林特公司也在距此不远的地方建了微波站，在掌握这一情报后，贝尔的情报人员建议租赁斯普林特公司的微波站来提供移动电话服务，结果节省了大量人力、物力和资金。

战略营销情报为企业制定创造未来竞争环境的营销战略规划提供情报支持。有效的战略营销情报可以：明确竞争对手的角色；预测企业未来在市场的定位；识别与评估竞争环境的变化以备进行战略性的投资决策；寻求企业面对关键竞争者时保持竞争优势的计划与行为；在营销联盟和战略并购过程中，有效的战略营销情报将促使企业掌握主动权。

(三) 充当企业的学习工具

战略营销情报可以提供竞争环境方面的情报，对主要竞争对手的动向进行监控和评估，还能帮助企业不断接触新思想和先进的管理方法。竞争对手是企业最好的老师，可以为企业提供经验教训，认识到自己的差距，在战略营销管理中提供参照的标准。

在战略营销实践中，通过战略营销情报系统的运用和分析，企业可以获得竞争对手的资料，以时刻对竞争对手的意图和未知的市场发展保持清醒，在营销环节上，运用情报可以分析：竞争对手正在进行的形象推广和广告战略的意图何在；它们如何给产品定价；它们如何设计新产品推介；它们现有产品的市场状况怎样；它们如何使顾客满意；它们企图在哪些环节增加价值；它们的潜在联盟与合作伙伴是谁；等等。

首先，战略营销情报可以使公司更加开放地看待自己的业务活动。很多公司（特别是大的公司）已经形成了一套思维定势，他们的思维很陈旧，导致很多日常经营业务的模式陈旧和过时，战略营销情报可以使其接受新的观点和概念，使其更加外向地思考，从而潜移默化地改变整个公司的运作。其次，有助于实施新的管理工具。很多企业在实施新的管理工具的时候会遇到"内部信息的瓶颈"，他们得不到企业内部的信息，因为他们不知道到哪里去找，或者找到了，但有的已经过时了，还有就是找到了之后该怎么去利用，他们还没有经验。在利用战略营销情报的情况下，这些问题得以很好地解决。最后，战略营销情报可以促使企业向其他企业（包括竞争对手）学习。在战略营销管理过程中，企业需要知道领先者在什么地方领先于自己，知道其他企业包括竞争对手领先的秘诀，这样企业才能不断进步。战略营销情报的基准分析可以帮助企业实现这一点。

应当看到，世界上那些具有较强的经济实力的大公司已经在战略营销情报中处于优势地位，它们利用一切公开的、隐蔽的、合理的、合法的手段在收集战略营销情报，利用战略营销情报遏制对手的发展。因此，在企业战略营销情报这种"背靠背"的竞争中，掌握大量具有战略价值的战略营销情报的一方，将始终处于竞争的优势地位。对于一个企业来说，如何越来越多地收集对手的战略营销情报，越来越少地暴露自己的机密，是在发展中不可忽视的问题。

三 战略营销情报影响因素

激烈的市场竞争中，战略营销情报活动可以促进营销竞争力的提升，可以转化为创造营销竞争优势的行动。因此，在营销战略的定位和营销战略执行中应注重战略营销情报系统的构建，推进战略营销情报水平的提升。具体在营销实践中应考虑以下因素。

（一）战略营销情报流程

战略营销情报流程是重要的影响因素，流程对于企业能否做好战略营销情报工作，能否有一个整体的营销战略构想和营销行动方案都起着重要的决定作用。一个成功的战略营销情报流程应包含：明确情报用户和决策者的需求；确定关键情报课题；确定战略营销情报的规划及动向；进行信息储存和加工；正确地搜集和报告；分析和生产；发布情报；等等。

（二）战略营销情报组织

情报的获取、加工、传播的一系列流程都需要一个正式的战略营销情报小组来负责，这样才可能通盘考虑企业的长期情报与近期情报的关系以及战略和战术情报的关系。所以明智的选择就是建立起一个能够负责任的组织内部的战略营销情报的所有者——战略营销情报小组。竞争情报是关于企业整体的情报系统，既有企业的整体竞争情报任务也有各业务部门的竞争情报的任务，战略营销情报应该是业务部门的工作，但是，企业营销是涉及一个企业整体的价值增值活动，所以，战略营销情报也是为企业整体服务的。这样，组织因素对战略营销情报的影响包含两个方面：一是企业整体的通盘考虑；二是营销部门内部的情报组织。这两个方面能否协调好决定了战略营销情报的质量高低。

（三）情报技术

沃尔玛超市的"啤酒与尿布"的事例表明，合适的情报技术可以更有效地打动顾客。在互联网时代，营销情报部门需要系统的数据库技术、互联网技术等情报技术以提升情报的可靠性与针对性，包括商业统计分析、财务分析技术、销售分析等传统的商业分析技术以及商业智能工具、数据挖掘工具、大数据工具、企业数据管理平台等现代情报技术，这些技术能否被掌握和应用决定了企业情报的质量。

（四）决策支持

战略营销情报是为决策者的战略与战术决策提供支持，但是长期以来，人们依赖于传统的分析方法，使情报得出的数据信息不能成为企业决策的依据，从而使情报归于失败。一个有效的战略营销情报决策支持系统的建立应该抛弃脑海中固有的假设，选择关键情报课题，利用丰富的情报知识对外部环境的机会威胁进行分析，并对营销、销售工作提供支持。

战略营销情报在支持营销上具有多方面的效果。主要体现在决策支持、市场监测、识别市场机会、市场计划开发、市场计划投入、调查市场传闻、新产品开发、预测竞争者的行为、识别联盟伙伴、预测技术变化、投资优先排序、鉴别潜在竞争者、了解竞争者成本、推广和广告的变化、预测分销渠道的变化、预测供应商的变化。其中，对影响自己的业务的新技术、新产品和新的流程的了解是重要的内容。

（五）企业文化

企业文化对战略营销情报的影响主要来自这样的疑问："为什么有的公司的决策者总能得到一些很重要的情报，而另一些公司的决策者得到的仅仅是数据汇总？""为什么在有的公司领导层对竞争情报非常重视，而另一些公司却不同？""为什么在有的公司情报人员非常努力，并使他们的工作卓有成效，而另一些公司的情报人员只能得过且过？"这与公司的企业文化有密切的关系。在一个不重视企业文化的公司里，情报部门与领导层难以沟通，使组织内的信息难以顺畅地流动，并且限制了竞争情报的使用价值。企业文化对战略营销情报的价值在于，建立了一种促进信息流通的渠道和机制，并且实现了有效的沟通，情报的价值也就此显现。

第3节　战略营销情报系统与运行

一　战略营销情报系统

战略营销情报系统是为营销管理人员提供正在发生的数据，为企业营销管理者提供企业在当前市场中的营销关键发展趋势，跟踪正在出现的不连续性变化，把握市场结构的进化，以及分析现有和潜在竞争对手的能力和动向而出现的，目的是协助企业保持和发展营销竞争优势。因此，一个完善的战略营销情报系统应包含如下几个方面（见图6-1）。

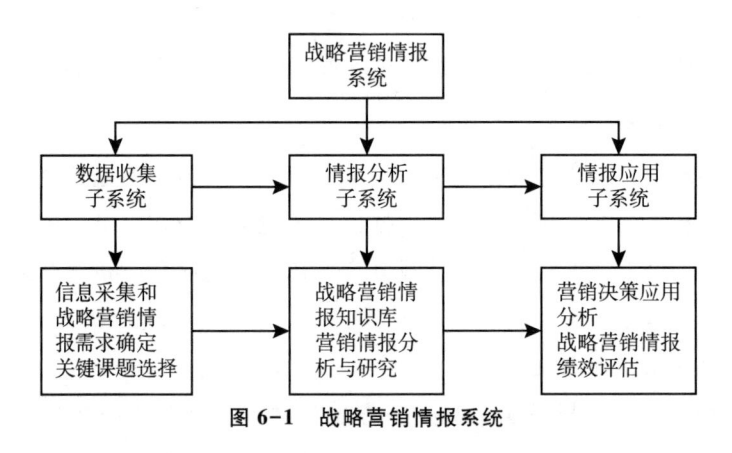

图 6-1　战略营销情报系统

（一）营销竞争数据收集子系统

该子系统包括信息采集和战略营销情报需求确定与关键课题选择。关键课题选择对情报组织部门具有重要意义：它使情报工作的高效计划和指导成为可能；它将管理融入情报课题的选择中；它有效地保证了用户对生产出来的情报的兴趣。战略营销情报的课题需求包括以下三个方面：一是营销战略决策和行动需求，包括营销战略计划和战略开发等方面的情报；二是早期预警课题，包括竞争动机、新的营销策略及外部营销环境的变化；三是主要市场参与者的描述和动态监控。企业就要根据具体的任务来确定关键战略营销情报课题。选择关键情报课题主要有两种模式。一是响应模式。响应模式就是指情报部门要对所有的情报用户的需求进行预测。但是，用户对情报的需求有主次之分，这就需要情报部门对情报需求进行取舍。有两个标准可以参考：第一个标准是，情报组织部门只接受真正的情报需求，对于一些来自其他部门专业的信息资料需求，就交给专业部门去做，如技术研究及专业技术趋向就交给研发部门来做；第二个标准是，一般的基本信息需求应交给负责专门处理信息资料的信息部门去做，如果涉及研究可行性信息并研究如何具体采取营销行动的情报需求则应视为关键信息情报。二是主动模式。主动模式是要求情报机构的经理主动出击，采访公司的营销主管和营销战略、策略决策者，以帮助他们识别和确定情报需求。目的在于提高情报的效率、精炼用户的情报需求。

（二）战略营销情报分析子系统

该子系统实际上是战略营销情报信息加工的阶段，包括营销情报分析与研究和战略营销情报知识库。营销情报分析与研究功能主要是指对数据进行评价、将数据转化成情报、确定数据分析类型、形成情报分析报告以及实现情报数据传递等。建立战略营销情报知识库对企业和营销部门来说，具有无可比拟的优势：可以帮助企业准确找到目标消费者群，建立与消费者的紧密关系；可以帮助企业判定消费者和目标消费者的消费标准并准确定位；帮助企业在最合适的时机以最合适的产品满足顾客需求，可以降低成本，提高效率；帮助营销决策者结合最新情报和结果制定出新策略，使消费者成为企业的忠诚顾客；为开发营销新项目并增加收益提供情报，并使消费者和客户重复购买成为可能；有助于企业选择合适的营销媒体，向消费者传播有效信息。企业战略营销情报知识库主要由以下三个部分组成。

（1）框架设定部分。在这里，用户可以获取有关战略营销情报模块工作方式的知识。目的是让用户在使用该系统前对其有一个清晰的了解。此部分包括两个内容：战略营销情报知识库界面和战略营销情报定义。在战略营销情报知识库界面部分，用户可以看到知识库的使用方法、相关链接等内容，相当于知识库的目录或门径。在战略营销情报定义方面，展示给用户的是关于竞争对手、主要对手、区域对手、潜在竞争对手、客户、供应商、替代者、公司等的界定，以及关于营销战略、营销策略、战略营销情报等术语的概念等内容。

（2）研究部分。在战略营销情报知识库研究部分中，储存着大量关键性战略营销情报课题，以及基础性的情报信息，这些是情报分析师长期研究成果的积累，涉及营销竞争所需要的各方面的情报研究成果和未来分析报告，对企业营销竞争起到重要的决策支持作用。其主要包括：战略营销情报新闻快报；竞争对手文档；客户管理文档；供应商文档；代理商及渠道网络文档；企业内部资料；等等。

（3）情报管理部分。在这个部分中主要展示的是关于情报组织部门、营销情报信息数据的巩固、更新与维护、使用的技术（如 SWOT 分析、前景规划技术、营销游戏、定标比超分析等）、战略营销情报管理原则、职业道德准则等问题。

（三）战略营销情报应用子系统

该子系统包括营销决策应用分析和战略营销情报绩效评估两个部分。营销决策应用是建立在战略营销情报基础上的战略规划与策略选择。营销决策基于产品开发、市场价格信息、分销渠道以及促销方面的情报需求，识别和评估竞争对手的产品及新开发的产品特点，并评估竞争对手对企业开发新产品的反应并做出应对方案；识别和评估市场中相关产品及替代产品的价格信息并做出应对策略；识别和评估分销商及渠道网络并做出适当的分销策略；针对企业经营理念、公关对象、促销原则、目标做出适当的促销策略。

战略营销情报通过绩效评估可以形成企业营销战略和营销策略；实现对企业管理及企业目标市场的竞争态势实时动态控制与分析；考核营销情报人员的观察和分析能力，提高情报质量；对营销战略情报和战术情报的运行进行监控；借助绩效评估强化企业员工和情报人员的职业准则、岗位道德的企业文化氛围。在既定的营销战略框架下，设计情报绩效评估体系，首先在于评价指标设计，一般包括这几个方面的内容：一是有效情报的数量，即在预定时间内完成的战略营销情报数量；二是数据质量，即战略营销情报被采用的可能以及对营销战略、战术的指导效果，通常通过销售和营销业绩来反馈；三是改进和创造，改进和完善本职工作流程或工作内容的效果，积极采用新思想、新方法；四是教育和指导，对企业员工包括企业领导层竞争情报意识的教育、培训与指导的效果测定。在设计中，应注意指标要简单、明确并要找到评估内容的平衡点，定性分析和定量分析指标要平衡等问题。

二 战略营销情报系统的应用

战略营销情报系统的运行始终要以企业营销战略的制定与执行为依据。营销战略不仅受环境力量和资源可得性影响，而且受战略决策者价值观和期望的影响。作为企业的关键管理资源要素，战略决策者影响着企业的长期发展方向，并直接决定和影响着营销战略的选择或制定。战略决策制定者需要对企业内部营销资源、营销能力进行分析，并了解市场中竞争对手、顾客/客户、供应商、新进入者、替代者和营销合作联盟伙伴等方面的监控情报，也就是说必须与企业的战略营销情报部门进行合作和研讨才能做出正确的战略决策与决策执行。我们以一个案例来说明这个问题。在20世纪80年代末期，由于IBM公司对市场竞争趋势的判断出现重大失误，其在全球电脑市场上的销售排名于1994年下降到第三，公司发展和生存面临严峻的挑战。1993年1月，IBM董事会决定辞退公司总裁，曾任职于麦肯锡管理咨询公司的原美国RJR食品烟草公司总裁路易斯·郭士纳（Louis Gerstner）临危受命，担任IBM新的董事长兼首席执行官。郭士纳一上台就发现公司的竞争地位已受到实质性侵害，决定对公司的最高决策层和管理层进行改组，以完善具备战略性的领导体制，成立了IBM中、长期战略决策组织，即政策委员会和事业运营委员会，并认识到建立一个公司层面统一和正式的竞争情报体制的重要性，提出要"立即加强对竞争对手的研究","建立一个协调统一的竞争情报运行机制","将可操作的竞争情报运用于公司战略、市场计划及销售策略中"。在郭士纳的大力支持下，IBM 公司启动了一个建设和完善竞争情报体系的计划，并建立了一个遍及全公司的竞争情报专家管理其全部运作的核心站点。IBM 公司的决策层希望通过该计划，能够及时准确地判断企业的竞争对手拉拢 IBM 公司客户的企图。

为了应对这些竞争对手，公司组织实施了"竞争者导航行动"竞争情报项目，重点针对 IBM 在市场中的 12 个竞争对手，派出若干名高级经理作为监视每个竞争对手的常驻"专家"，责任是确保 IBM 公司掌握其竞争者的情报和经营策略，并在市场上采取相应的行动，在此基础上建立公司的竞争情报体系。该竞争情报体系包括完善的管理信息网络和监视竞争对手的常驻"专家"和与之协同工作的 IBM 公司的竞争情报人员，以及生产、开发、经营和销售等职能部门的代表，由这些人员构成一个个专门的竞争情报工作小组，负责管理整个计划中相关方面的竞争情报工作。分布在整个公司的各个竞争情报工作组每天对竞争对手进行分析，通过基于 Lotus 公司 Nores 软件的系统为工作组提供在线讨论数据库，能够使 IBM 公司在全球各地的经理们和分析师通过网络进入竞争情报数据库，并做出新的竞争分析。竞争情报小组还使用 IBM 公司的全球互联网技术获取外界信息，利用 IBM 公司的内部互联网技术更新企业内部的信息。随着这一体系的不断完善，竞争情报开始融入 IBM 公司的企业文化，在经营过程中发挥越来越重要的作用。

竞争情报工作重点的调整及新的竞争情报体系的建立，使 IBM 公司各部门的竞争情报力量能够有效地集中对付主要的竞争对手和主要威胁，并提供各种办法提高各竞争情报小组的协作水平，优化了原有的情报资源，增强了公司适应市场变化和对抗竞争的能力，最大限度地满足了全球市场上客户们的需求，公司销售收入持续增长。竞争情报在 IBM 公司经营改善中的作用也逐步显现出来。据调查，1998～2000 年，竞争情报对整个公司业绩增长的贡献率分别为 6%、8% 和 9%。以后 IBM 公司在信息技术行业中又重新获得了领先地位，到 2001 年公司利润总额达 80.93 亿美元，股东权益为 194.33 亿元，IBM 高速增长的商业利润再次受到公众的关注。[①]

三 战略营销情报系统的运行

（一）建立战略营销情报部门

战略营销情报部门是战略营销情报系统的组织保证，通常有两种架构：一是专门的情报部门，负责确定战略营销情报的需求和关键情报课题的选择、搜集、储存加工以及分析，生产情报产品或服务，通常组织内有情报分析师等专业人员，这对

---

① 转引自彭靖里等《中美企业开展竞争情报活动的案例比较研究》，《情报杂志》2002 年第 4 期。

大型企业比较适用；二是临时性的情报小组，通常将情报任务分解到具体的部门中，有需要就共同组成临时性部门，这适用于中小企业。营销情报部门的任务主要包括营销战略决策和营销战术实施、早期市场预警、关键企业营销案例——成功经验和失败经验分析三个方面。情报组织应是一个能够相互配合、行动保持高度一致和连续性的团队。这就要求企业在管理层的支持方面、情报人员的资源配置方面、人际情报网络的构建等方面予以考虑，使战略营销情报组织成为一个高效的团队，发挥更强有力的作用。

（二）构建战略营销情报系统的运行机制

从销售部门和营销部门得出的战略营销情报直接针对产品、竞争对手和顾客，在营销活动中直接应用于营销战略、营销战术和营销执行。企业处理战略问题的高层管理者需求同战术实施层的情报需求有着本质的区别，比如，高层管理者需要了解不断演进的行业发展动力和该行业的利润潜力，而营销部门需要的是实际营销策略的实施和执行情况。因此，在实际运行中，战略营销情报如何协调战略、策略与执行的情报需求，这就是一个运行机制的问题，具体内容如下。

1. 制订有效的工作计划

在决策制定和资源分配前，营销战略和战术层面的战略营销情报经过权衡、评价和整合进入决策制定过程，各种计划过程的结果被各级组织用于进一步协调情报的搜集和分析。因此，在推动战略营销情报的运行时，制订有效的工作计划、进行恰当的工作设计和配置是保证系统运行成功的关键。

2. 强化部门的沟通与对话

在竞争情报人员、销售、营销以及高层管理之间的对话形式的互动是系统有效运行的关键。通过持续的对话产生的互动是关系导向型的，这种形式的互动增加了竞争情报团队和营销部门之间的信任，因为它们彼此能够更好地了解对方的目标、角色和限制。

3. 建立人际情报网络

在企业内外建立人际情报网络被许多公司看作企业文化的一部分。这样的人际网络，是战略开发过程的一部分，并被看作公司的一个优势。战略营销情报部门给销售和营销部门以及整个公司提供了一整套协调战略情报和战术情报的方式，这对于战略营销情报的获取、分析和研究，以及对整个战略营销情报系统的建立都具有重要意义。

4. 关注营销战略竞争情报和营销战术情报的区别

从战略营销情报角度看，作为营销战略的情报主要涉及竞争对手战略目标、战略控制、市场渗透以及客户开发、营销资源配置等方面的情报，而营销战术情报则是从操作层面来界定情报内容的，如竞争对手的当前行动、营销策略、产品定位、价格策略、促销方式等方面的情报，企业应通过建立有效的指标和运行机制来协调二者之间的关系。

（三）建立战略营销情报知识库

营销情报知识库是情报部门经过长期不懈的努力建立起来的决策支持数据库，能够为情报部门、情报用户提供他们想了解的基本知识和分析报告，对企业营销行动决策有很大的帮助。比如，如果一个企业营销部门面临竞争对手降价挑战，企业可以从竞争对手模块中获取对方成本、竞争意图等相关信息，判断竞争对手的战略、战术意图，了解竞争对手在历次降价中所采用的方式、所达到的目标及存在的问题，然后在对策模块中找出对策，进而从容应对挑战。

日本三菱商社的战略营销情报知识库为企业制定营销战略决策起了重要的作用。日本是最早进行竞争情报研究和应用的国家之一。二战后日本经济的迅速崛起并发展成为资本主义世界的第二大经济强国，得益于日本政府及日本企业对信息产业的极大重视与支持。日本三菱商社拥有世界一流的情报收集和传递系统，每年在情报搜集上的花费达到 6000 万美元，其情报人员以"旅游者""摄影家""投资商"等身份遍布全球，他们对各自周围的一切，甚至一张报纸、一本杂志、一幅广告都要研究个透，并能在 5 分钟内将世界各地的相关情报传至公司总部，素以高速度、高效率著称。在 20 世纪 80 年代，三菱商社的情报专家曾根据从欧美各国汇集的综合情报做出预测，正遭受西方国家严厉制裁的伊朗将在近期内获得全面解禁。据此，三菱商社加大了对伊朗环境 CI 的分析研究并做出了重大举措：就在以美国为首的西方国家宣布取消对伊朗实行经济制裁和贸易禁运之前的一个月，由三菱商社总裁率领的代表团秘密飞往伊朗，立即与伊朗商业、工程、运输、机械等部门进行贸易或投资合作协商，并以"防止美国人阻挠"为由，要求谈判秘密进行。饱受多年制裁和禁运之苦的伊朗人欣喜若狂，在谈判中全面合作，并提供了各种优惠条件，仅一个星期，双方就签署了数十亿美元项目的协议。这正是三菱商社开展环境 CI、先声抢占伊朗市场，使世界商界为之震动的典型范例。

知识库的应用还需要一套竞争情报分析的方法体系。如 SWTO 分析、波士顿矩阵法（BCG Matrix）、解析法结构模型（ISM）、层次分析法（AHP）、定标比超（Benchmarking）分析法等，上述方法对于丰富战略营销情报方法论、分析战略营销情报起到了重要作用。

（四）建立情报驱动的企业文化

建立一种由情报驱动的企业文化有四个方面需要企业去做。第一，培养企业员工的情报意识。情报不是间谍活动，而是一种正常的经营活动，是贯穿于每个员工工作生活实践中的基本意识，经过长期培养可以使企业获得重要的人际情报网络，扩大情报来源的渠道。第二，加强情报知识培训。不是每个人天生就是情报家，大量的情报专家的产生依赖于培训，员工的情报意识、管理层对情报的重视都依赖于情报的培训。第三，促进管理层的支持。企业文化的形成有赖于企业管理层长期不懈的努力和推动，情报文化的形成同样如此，管理层的支持包括合适的情报组织定位、优秀的情报人员配置、财务支持，还包括企业管理层对情报意识的增强、对情报活动的鼓励。第四，培养员工注重情报职业道德建设。在收集战略营销情报活动时，应注意了解地域文化、相关法规，避免不道德行为，这样才是保证情报驱动的企业文化健康发展的关键。

战略营销情报系统的运作与执行是系统发挥作用的保证，认真研究每一运作环节，并注意相关的问题，才能够确保系统的正常运行，促进营销战略和营销战术运营能力的提高，从而最终提升企业的营销竞争力。

（五）关注企业营销战略的定位

战略营销情报是营销战略制定和执行的一个重要组成部分。因此，战略营销情报系统的运行首先应关注战略营销情报的定位（见图6-2）。那么如何定位，才能最大限度地将战略营销情报做好呢？我们认为有两个层次：第一个层次是分析"如何做得更好"；第二个层次是帮助更高级的营销管理团队"做得与众不同"。所谓分析"如何做得更好"就是要关注当前的竞争环境和自身的战略竞争态势，并且建议营销战略决策者改变现状。这个职能包括建立竞争对手档案、顾客或客户档案、供应商档案、潜在进入者分析、替代品分析、公司内部分析（财务状况、销售状况等），并应用SWOT方法进行全面的研究。所谓帮助更高级的营销管理团队"做得与众不同"，就是要开发新客户、新供应商和新市场，发现竞争对手无法满足的顾客或客户需求。其职能包括在已经获得的资料（第一层次资料）上运用战略营销情报工具来分析研究，并提出解决方案、传播新的方式等。

战略营销情报对企业营销战略定位的作用主要表现在以下两个方面。首先，企业营销战略决策和行动方面的情报为营销战略的制定奠定基础。一个企业制定营销战略，必须扬长避短，结合自身的条件、营销资源、营销能力，从而形成企业的营销竞争优势。营销战略决策和营销战略行动依赖营销资源的支援和企业营销能力的配合。因此，充分掌握企业内部营销资源和营销能力方面的情报对企业制定营销战略、形成营销竞争优势具有重要作用。其次，主要市场参与者的竞争情报，包括竞争对手、顾客或客户、供应商、新进入者、替代者和营销合作联盟伙伴等方面的监控情报需求为营销战略定位指明方向。营销战略的对象市场参与者（如竞争对手、顾客等市场参与者）的现状和变化直接关系到营销战略的行动方向，分析相关市场信息情报数据，将对掌握目标市场状况、竞争对手、顾客资源情报、目标消费者的心理情况和变化（如消费者的购买动机、行为、风俗习惯、收入水平、购买能力和

第6章 战略营销情报

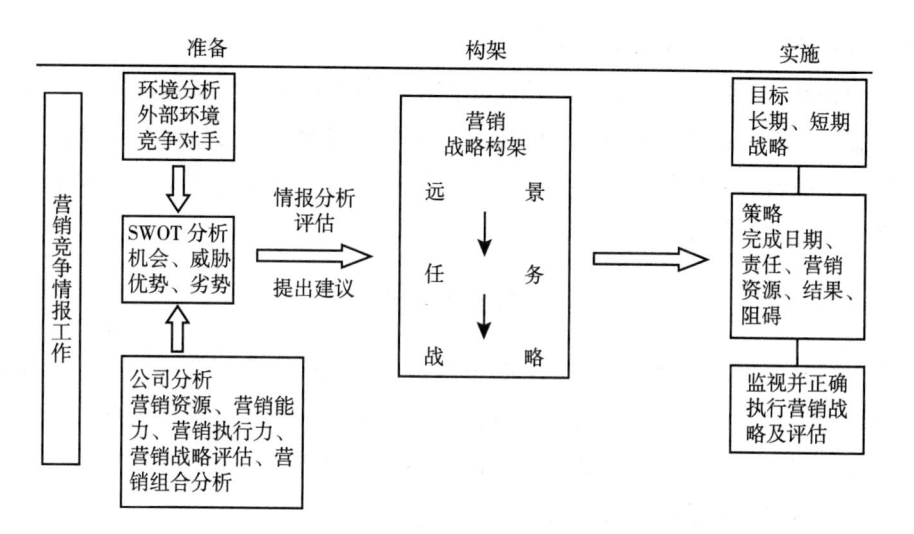

图 6-2 战略营销情报的战略定位

购买时间等）都具有重要意义。战略定位与战略营销情报是互为因果的关系，战略营销情报为战略定位提供了依据，战略定位为战略营销情报指明了方向，因此，在战略营销情报系统的运作中，注重战略定位的重点和方向非常关键。

（六）关注企业营销战略执行

营销战略执行包括营销策略和营销行动。营销战略执行是在营销战略指导下的具体实施，营销策略以营销战略为基础形成各种营销组合，营销行动是在营销战略的指导下判别竞争对手和市场状况并做出明确的战术安排。战略营销情报对营销战略执行的重要影响是调查和识别竞争对手的市场反应并为营销执行提供行动建议。具体来说有以下影响。

第一，调查竞争对手营销行动信号为企业营销执行收集资料。竞争对手在开展营销行动时都会表现出一些市场反应，如提前宣告、在既成事实之后宣告行动或结果、竞争者对自身行动的讨论和解释等。作为营销情报部门，应及时跟踪、调查这些行动信号，为企业营销执行收集资料。

第二，对竞争对手的行动信号进行情报分析，为营销战略执行提供行动依据。竞争对手发布一项重大营销行动，这可能是一种威胁，也可能是一种试探；事后宣告具有告知其他企业注意这些信息以改变它们行为的作用，战略营销情报的具体分析可以得出这些竞争者的意图和竞争实力的重要信号，以确定未来的营销行动；竞争者的策略变化可使营销情报部门分析出竞争者实际采取的价格和广告方式以及采用的具体产品特性等，通过对现有策略与历史策略的比较，做出相应的营销应变策略准备；竞争品牌推出后，战略营销情报部门应确定这种竞争品牌与竞争对手的营销战略之间的关系，竞争对手是否给予持久支持，以及价格定位等方面的确定信息，以确定本企业是否应有相应的营销行动。

一个企业的营销组织设置、营销人员搭配、营销团队建立，以及在营销执行中成员的态度、能力都决定营销执行的效果与水平。因此，运行战略营销情报系统时应充分分析战略营销执行组织、执行团队、执行能力等方面的因素，力求战略营销情报系统提供的资料完整、准确。

本章小结

竞争情报是战略营销程序中的主要内容，并与其他程序密切相关。要提升企业战略营销水平，企业要建立专门的战略营销情报系统。学习本章要重点掌握竞争情报、战略营销情报、战略营销情报体系的内容，了解战略营销情报的价值、影响因素，并掌握战略营销情报系统的构成和应用。

案例训练1：摩托罗拉

摩托罗拉公司创建于1928年，最初生产汽车收音机，1965年进入彩色电视机市场，并于1967年开发推出美国第一台全晶体管彩色电视机，很快成为美国著名的电视机制造商。到了20世纪70年代，摩托罗拉公司在与索尼、松下等日本企业竞争时，由于忽略市场竞争环境的变化和新的竞争对手的崛起，未能跟上发展趋势以准确把握顾客消费心理，惨遭市场淘汰，退出电视机市场。进入80年代，摩托罗拉公司开始认识到竞争情报研究与系统建设在企业经营发展中的重要作用，将精力从单纯指责日本企业、寻求政府保护方面转移到通过研究竞争情报，来深层次了解日本企业是如何获得全球领先地位的。首先，摩托罗拉公司成立了竞争情报部门，设立企业信息主管，加强以竞争情报为核心的信息管理，重新审视自己产品的质量和生产程序，全面了解竞争对手的实力，将自己的运作模式与日本公司进行比较，将生产出超过日本标准的产品确定为公司新的战略目标，对公司产品的研制、生产、销售及售后服务质量进行了严格的检测。同时摩托罗拉公司还集中力量重点跟踪诺基亚、爱立信和西门子等新的竞争对手的发展动向，加强对新产品研制、开发和营销环节等的信息集成管理。摩托罗拉公司在竞争情报投入上居全美第二，这保障了公司能够及时准确地了解到全球竞争环境的变化和竞争对手的实力，果断地重新确定新的发展重点，通过多年的不懈努力，成为世界顶级的移动通信产品生产商。

资料来源：张潇伊、慎家彬《竞争情报与情报分析经典案例研究》，载《第三届世纪之星创新教育论坛论文集》，2016；陈维军《摩托罗拉的竞争情报策略》，《中国信息导报》2002年第8期；彭靖里、马敏象、杨斯迈、段万春《摩托罗拉公司开展竞争情报活动的案例研究》，《图书情报工作》2002年第3期。

案例思考：1. 摩托罗拉公司的战略营销情报有何特点，企业如何做好战略营销情报工作？

2. 摩托罗拉公司的战略营销情报工作对国内企业有何启示？

案例训练 2：百度

百度在线网络技术（北京）有限公司（以下简称"百度"）是中国大型互联网公司，其开发了全球最大的中文搜索引擎。早在 2002 年，百度与中国竞争情报研究会共同举办了主题为"竞争无处不在，情报尽在掌握"的全国巡讲。其间，百度正式发布了业界首个企业竞争情报系统。此系统基于科学的情报管理理念，采用先进的 IT 技术，集情报计划、情报采集、情报管理和情报服务于一体，可极大地帮助企业对整体竞争环境和竞争对手进行全面监测，同时收集和分析商业竞争中企业的商业行为的优势、劣势及潜在的机会，帮助企业建立强大的情报中心。众所周知，"商场如战场"，在信息经济时代下的商业竞争中对竞争对手、行业趋势、国家政策等情报的全面、及时的掌握决定着企业的兴旺和成功。百度是中国互联网领先的软件技术提供商和平台运营商。在中国所有具备搜索功能的网站中，由百度提供搜索引擎技术支持的超过 80%。百度的企业级信息检索解决方案在业界拥有重要地位，正服务于各个领域，包括电信企业、金融企业、传媒领域、教育领域等。百度推出的"企业竞争情报系统"是百度又一次依靠自身的核心技术，经过详细市场调查，研发出的拥有自主知识产权的可扩展的企业级网络应用软件，填补了企业信息化重要环节的空白，引发了企业建立竞争情报系统的一轮热潮，从而有力地推动了企业信息化进程，有效地帮助企业增强了核心竞争力。

资料来源：百度官网；焦慧敏、唐惠燕、任延安《国内外竞争情报研究与应用综述》，《农业图书情报学刊》2009 年第 3 期；《百度企业竞争情报系统解决方案》，《软件工程师》2003 年第 11 期。

案例思考：1. 相比于传统的企业情报系统，百度的竞争情报系统有何特点？
2. 百度的企业竞争情报系统如何为其服务？

战略营销实训

实训项目：随着市场的不断发展，战略营销情报越来越被企业重视，有些企业认为研究企业竞争对手、顾客或者其他相关利益者的情报只需要观察或以定性的研究方法就可以准确描述，有些企业认为需要精确的定量方法才能更准确地刻画，才能更加合理和科学，查阅资料，谈谈你的看法。

第7章 战略营销资源

本章要点

战略营销资源是企业拥有或者控制的能够在营销战略实施过程中发挥作用、实现营销竞争力的提升的一类资源。本章主要通过对战略营销资源的介绍，深入分析战略营销资源的内容，并对培育战略营销资源的路径进行了分析。

关键术语

企业资源 Enterprise Resources

战略营销资源 Strategic Marketing Resources

战略营销管理资源 Strategic Marketing Management Resources

战略营销 Strategic Marketing

学习目标

核心知识：了解并掌握战略营销资源的概念和内涵

了解并掌握战略营销资源的构成

了解并掌握战略营销资源培育的路径

核心能力：识别战略营销资源，能够从战略营销资源角度分析企业营销竞争力的来源

引导案例　　　　**最佳战略营销实践：冷酸灵牙膏的战略营销**

冷酸灵牙膏（以下简称"冷酸灵"）是重庆登康口腔护理用品股份有限公司（以下简称"重庆登康"）的专业口腔护理用品。重庆登康是中国西部较大的、以牙膏为主的口腔护理用品生产基地，是中国口腔清洁护理用品工业协会理事长单位。冷酸灵是中国最早的国产牙膏品牌之一，是中国抗牙齿敏感领域的领导品牌及中国

国产牙膏第一品牌。自 1986 年投放市场以来，以解决牙齿敏感、增强牙齿对冷热酸甜的耐受力等多种功效著称，该产品特含双效抗敏感因子的国家专利抗敏配方，成分中的"舒缓因子"可作用于神经末梢，针对敏感神经起到缓解疼痛的目的。其"冷热酸甜，想吃就吃"的广告语可谓家喻户晓，倡导的"缓解牙齿敏感、畅享生活乐趣"的价值承诺，深得消费者认同。重庆登康以"汇聚英才、创造精品"为企业发展观，管理精益求精。重庆登康秉承"变革创新、诚信实干、至善关爱、大同和谐"的企业价值观，立足市场变化，整合全球资源，着力打造中国乃至亚洲最专业的口腔护理公司。

资料来源：李巍、周娜、丁超《营销创新视野下营销动态能力的效用机制——基于"冷酸灵"的案例研究》，《管理案例研究与评论》2017 年第 2 期。

20 世纪 60 年代以来，西方学者对企业战略管理的研究越来越集中于企业的竞争力的探索，著名的企业管理史学者在经典著作《战略与结构》中基于通用汽车与杜邦公司的战略发展路径提出，战略是为实现企业长期目标需要整合资源和采取的行动。资源基础理论和企业能力理论提供了重要的理论基础，"资源只有在有价值时才有可能成为竞争优势或持续竞争优势的来源"[①]。探究基于资源和能力来获取和保持持久的竞争优势的观点成为研究的重点。战略营销管理立足于营销视角来探讨企业如何获得营销竞争力，是企业获取战略营销优势的基础。

第 1 节 战略营销资源的概念与性质

马克思在《资本论》中说："劳动和土地，是财富两个原始的形成要素。"恩格斯的定义是："其实，劳动和自然界在一起它才是一切财富的源泉，自然界为劳动提供材料，劳动把材料转变为财富。"[②] 其既指出了自然资源的客观存在，又把人的因素（包括劳动力和技术）视为财富的另一不可或缺的来源。资源的来源及组成，不仅包括自然资源，还包括人类劳动的社会、经济、技术等因素，也包括人力、人才、智力（信息、知识）等资源。资源广泛地存在于自然界和人类社会中，是一种自然存在物或能够给人类带来财富的财富，如土地资源、矿产资源、森林资源、海洋资源、石油资源、人力资源、信息资源等一切可被人类开发和利用的客观存在。知识经济的逐渐发展推动了资源的研究，从企业角度来研究资源的定义和构成是管理学重点思考的问题。资源基础论、企业能力理论给出了自己的解释。

[①] 〔美〕杰伊·B. 巴尼、〔新西兰〕德文·N. 克拉克：《资源基础理论——创建并保持竞争优势》，张书军、苏晓华译，格致出版社、上海三联书店和上海人民出版社，2011，第 64 页。
[②] 《马克思恩格斯选集》（第 4 卷），人民出版社，1995，第 373 页。

一　企业资源

资源基础论认为，每个组织都是独特的资源和能力的结合体，这一结合体形成了企业竞争战略的基础。因此企业战略管理的主要内容就是如何最大限度地培育和发展企业独特的战略资源以及优化这种战略资源的独特能力，即核心能力。由此，资源基础理论研究使用了三个重要概念：资源、持久竞争优势、企业竞争力。

在资源基础理论中，企业资源的内容是十分广泛的。它包括所有的资产、能力、组织过程、企业的性质、信息、知识等。它们的共同特征是：由企业控制；用于帮助企业制定和实施具体的战略；提高企业的绩效。其主要包括三个方面：物质资本资源、人力资本资源和组织资本资源。企业的厂房设备、技术、地理区位以及原材料的供给状况等被称为物质资本资源；企业的培训、经验、知识、关系和员工的能力等被称为人力资本资源；对于组织资本资源，则包括企业内部正式的机构，以及正式和非正式的计划、控制和协调系统，还包括企业内部及企业间的团队之间的非正式的关系，等等。物质资本、人力资本和组织资本构成了企业的资源基础，但并不是所有的物质资本、人力资本和组织资本都是资源基础理论中所指的企业资源，只有那些有助于制定和实施企业战略，达到提高企业绩效目的的资源才能被称为企业资源，而这正是资源基础分析方法的主要方式：识别企业资源，探讨具备何种性质的企业资源才是企业产生持久竞争优势的源泉。

资源基础理论认为，企业实施一项创造价值的战略，该战略同期未被任何现有或潜在对手实施。持久竞争优势要求企业的战略不仅在同期内不能被竞争对手实施，而且要求不能被其他企业复制或模仿。百事可乐在追赶可口可乐的过程中，实施了"百事新一代"的战略，这是企业在对市场竞争态势、企业自身优势和劣势以及顾客价值分析的基础上制定的，在一个相当长的时间里为百事可乐带来了竞争优势，缩短了与行业领导者的差距。也就是说，企业竞争优势的持久并不在于时间，而在于被现有和潜在竞争对手模仿的可能性。

企业竞争力概念涉及许多因素，要明确其定义很困难，因此，资源基础理论认为，企业竞争力具有隐含性、专门性和复杂性，包括技术竞争力、机制竞争力、经济竞争力、政治竞争力、制造竞争力等，它们分别从各个方面反映了竞争力的内涵。以后的学者认为，企业竞争力就是企业的实力，资源和能力构成了长期战略管理的基础，企业竞争力由融入了经营运作战略、外部资源以及信息技术的企业资源和能力构成。那么什么是核心竞争力呢？一般是指在一定环境中支撑企业持久生存与发展，供企业长期依赖并开发的核心技能的集合，是企业持久竞争优势的源泉。核心竞争力是由关键资源和核心能力中那些最为关键的、最能使企业获取和保持竞争优势的因素共同组成的。

二 战略营销资源的概念

资源基础理论为我们研究企业提供了全新的视角。尤其是在研究企业营销战略以及营销竞争力的问题上开辟了新的研究思路。营销竞争力是企业竞争力的重要组成部分，营销资源是实现营销竞争力的基础。如果说资源是能够产生价值的各种自然和人文要素，那么，战略营销资源则是对资源使用方向做的一个限定，是企业拥有或者控制的能够在营销战略实施过程中发挥作用，实现营销竞争力提升的一类资源。营销活动的最终目的是提升企业的营销竞争力，使企业具备持久的竞争优势，这些都依靠营销战略。处于市场领先地位的企业一般被认为掌握了比较多的资源。可口可乐是饮料行业的领导者，其拥有的有形资产（如仓库、装瓶设备、计算机操作系统等）、无形资产（品牌、商誉）以及组织资源（如全球化分销管理、零售货架的空间分配、营销管理决策速度）等使之成为超越竞争对手的有力武器，在长期的竞争中保持优势。构成企业的战略营销资源有很多，但并不是所有的战略营销资源都能成为企业营销竞争力的基础，使企业获得持久竞争优势。作为企业战略营销资源与普通的企业资源的区别主要表现在以下几个方面。

（一）战略营销资源的价值性

如果资源能够使企业在其所处的环境中利用机会或抵御威胁，则这种资源对企业来说就是有价值的。在市场营销过程中，战略营销资源的价值主要体现在两个方面。其一，当企业面临营销机会时，企业能够迅速组织内部的能力资源抓住市场机会，使企业在竞争中获胜。比如，当市场中竞争对手突然降价，一个具备独特资源的企业，首先是控制好企业的成本，然后回击竞争对手，从而确保原有的竞争地位或获得新的优势地位。其二，当企业面临市场威胁的时候，能迅速调整好战略营销资源，做出有效的抵御和回应。实际上，一般能够做到这一点的企业很少，最主要的是缺乏有效的内部营销管理制度资源，这使企业在面临威胁的时候忙乱不堪，错过了最佳处理威胁的时机。从这个角度来说，能够促进企业抓住营销机会、抵御营销威胁的资源就是关键战略营销资源，是构成营销竞争力的基础。

（二）战略营销资源的稀缺性

在经济学研究中，资源的稀缺是获得租金的重要前提。萨缪尔森在他的《经济学》一书中认为："经济稀缺性指的是经济生活中这一基本事实：人力资源和非人力资源的数量都是有限的；使用这些资源，最好的技术知识所能生产出来的每一种物品也都有个有限的最大数量，如生产可能性边界所示。截至目前，在地球的任何地方，物品的供给都不是如此充裕，人民的欲望都不是如此具有限度，以致一般家庭所能得到每种东西都比它所享有的要多。"① 这也就是说，战略营销资源是企业经过长期的经营累积获得的，稀缺性成为企业获得资源的前提和条件。对于这种稀缺性的资源，每个企业只能通过竞争获取。判断一个企业的资源是不是关键的战略营销资源，还要看这个资源获得的难易程度以及在目前市场中的稀缺程度。一个长期立足于培养年轻球员的俱乐部，只要建立了一种良好的培养机制，就不乏年轻的天才球员出现，而这些天才球员在培养和发现他们的时候，往往成本很低，但是一旦培养成为球星的时候，其身价与日倍增，其他俱乐部要想获得，就必须拿出天价来购买。这就像一个企业，起初培育顾客资源的时候，依靠的是耐心和毅力，所付出的成本比较低，但是一旦将其培养成为忠诚顾客的时候，其他企业要花出数倍的成本（如巨额的广告投入等）才能将这一批顾客收入旗下，这也是战略营销资源培育的一个模式。我们不能说竞争对手就一定不能获得企业的战略营销资源，其可能通过市场交易的手段高价获得，但是这相对于企业初期的低价格获得有了本质的区别。由此，我们认为，对于处于激烈竞争市场中的企业来说，营销资源可以表现为各个方面，如营销组织制度资源、营销人力资源、财务资源、企业产品品牌资源等。

（三）战略营销资源具有多样性

企业的战略营销资源来自各个方面，由企业进行统一的配置和运用。一般来说，战略营销资源有来自企业内部的，如营销人力资源、制度资源、品牌资源等，也有来自外部的，如供应商、经销商的渠道资源、各种关系资源等，这些不同的资源在企业的统一配置下，形成企业的营销竞争力，实现竞争优势的提高。战略营销资源被用来描述为实现企业营销竞争力提升的各种要素，有无形的资源（如企业的商标品牌、知识产权等），也有有形的资源（如企业的产品、营销人力资源等）。这种多样化的战略营销资源形态构成了企业资源的组合。

（四）战略营销资源具有动态变化性

战略营销资源不是一成不变的，而是根据企业营销的运营而发生变化。比如，对于企业品牌来说，它是企业的一个重要的战略营销资源，许多的营销战略、策略都是围绕着品牌知名度、美誉度的提升而展开的，但是如果企业在营销运作中没有处理好某些事件（如中毒、被消费者起诉等），那么这个品牌就退出了企业战略营销资源组合，也就是说企业丧失了这种资源。因此，战略营销资源在种类、数量、质量方面都会随着时间的推移而发生变化，这是一个重要的认识。

三 战略营销资源的性质

不是每一种资源都能够促进企业形成持久的竞争优势，只有那些经过长期的积

---

① 〔美〕萨缪尔森：《经济学》，高鸿业译，商务印书馆，1979，第34页。

累、具有异质性和不可流动性的营销资源才能成为企业真正想要拥有的战略营销资源。战略营销理论认为，资源只有具有相对于竞争对手的差异性，并且是不完全流动的，才可能使不同的企业之间长期存在差异，那些长期占有各种资源的企业更容易获得持久的超额利润。也就是说，一个企业只要具有独特的资源就可以获得更大的经营绩效，企业要获得持久的竞争优势，就必须对那些独特、稀缺的资源进行识别、占有和配置。因此，相对于一般的营销资源，企业战略营销资源的特殊性质也可以归纳为以下三个方面。

（一）战略营销资源的不可仿制性

在市场营销活动中，模仿成为许多企业的惯用策略，但是一旦形成某一企业的战略营销资源的时候，模仿就不能使竞争对手获得应有的市场绩效，这是因为，战略营销资源的形成与企业的文化、企业的经营理念以及营销运作方式密不可分，竞争对手仿制的只是一种形式，战略营销资源的内涵是无法被模仿的。也就是说，那些易于被竞争对手仿制的营销资源就不能成为企业的关键战略营销资源。战略营销资源是企业长期形成的具有独特性的企业资源，而且通常是唯一的，如客户资源，客户一旦成为企业的战略营销资源，就成为企业的忠诚客户，竞争对手也很难与企业共用同一忠诚顾客群。不能被竞争对手替代的资源就是企业的关键战略营销资源。

（二）战略营销资源的异质性

所谓异质性是相对于同质性来说的，原意是指不同的特质或独特的品质。从资源这个角度讲，资源的异质性是指相对于其他企业的资源具有不同的特质或品质。传统的主流理论——新古典经济学认为，企业是一组投入的结合体，资源是自由流动的，并且在投入与产出之间存在相对确切的技术关系。同时认为，资源是同质的，任何企业都可以同等地得到生产技术和各种资源。资源基础理论认为企业的超额回报来自那些不可被其他企业模仿的企业资源，它们的共同特征是：企业资源是具有异质性的，难以被其他企业模仿。战略营销资源的异质性主要表现为：产品、品牌资源的异质性，即产品的功能、设计的独特性和品牌市场表现的独特性；营销人力资源的异质性，每个企业都有一批具有独特能力的营销人才，有效的人才激励和独特的营销创意都会创造出具有差异的营销绩效；营销组织资源的异质性，表现为企业营销组织的独特设计、营销制度的差异以及营销文化的差异；等等。这些都会使企业创造出与众不同的市场效果。戴尔公司能够在电脑市场中胜出，得益于其创造出独特的营销方式——直复营销，相对于其他企业采用的传统的批发零售渠道的销售方式而言，具有成本更低、更加接近消费者个性化设计的特点，这种异质性战略营销资源使其获得了巨大的市场营销绩效。

（三）战略营销资源的不完全流动性

企业要在竞争市场中获得竞争优势，首先要拥有相对固定的、不完全流动的资源，这样才能够促使企业通过这些资源的配置和运用，制定和执行企业战略，最终获得市场的胜利。如果资源是同质的、完全流动的，企业就可以通过市场交易来获得，那么最终的结果就是企业之间没有差异性，这是不符合实际情况的。因此我们说，资源具有不完全流动性的特征。

对于战略营销资源来说，不完全流动性是指企业通过专有性的知识、制度使战略营销资源只在企业内有用，而不能越出企业成为其他企业的资源，如企业独特的营销制度、营销组织、企业文化、品牌资源、营销关系资源等。战略营销资源的不完全流动性还说明，一个企业的战略营销资源对于其他企业来讲是难以模仿的并且学习成本很高。许多企业目前热衷于学习优秀企业的先进经验，总认为通过学习就可以获得别的企业的战略营销资源，但事实上效果并不好，一个很重要的原因是，战略营销资源是由一个企业经过长期发现、积累获得的，并且经过企业文化、管理哲学、程序的熏陶，具有异质性企业文化的企业是很难被模仿的，要经过大量的学习，要付出很大的代价，因此，这种战略营销资源是不完全流动的，成为企业的关键战略营销资源。

第2节 战略营销基础资源

市场竞争的基础在于企业的营销资源的储备情况。一个企业的营销资源包括内部资源和外部资源。其中内部资源在竞争中成为企业获得营销竞争力的关键。

资源基础理论的核心是三种资源，包括有形资产、无形资产和组织资产。这三种基本资源的有效组合为企业战略营销奠定了有效的基础。有形资产一般反映在资产负债表上。在战略营销过程中，有形的战略营销资源包括企业营销人力资源、财务资源、物质资源、产品等。无形资产通常包括品牌、技术、商誉、商标、企业形象等，虽然看不见摸不着，但对企业战略营销优势的形成具有举足轻重的作用。组织资产一般不会反映在财务报表上，但对企业的战略营销有重要的影响。从一定意义上说，组织资产更像是一种技巧，如营销管理系统、管理技能、组织结构的构建等。在营销过程中，这种组织资产能够将企业的有形资产和无形资产整合在一起，在市场中发挥出自己的威力。苏宁电器利用企业的营销配送系统，创造了比竞争对手更强的优势。企业内部基础性的战略营销资源如图7-1所示。

战略营销基础资源通常是指在企业内部的，能够对战略营销管理起支持作用的营销资源，通常是战略营销管理的运作平台，包括战略营销管理资源、战略营销制度资源、战略营销人力资源、战略营销决策资源（见图7-2）。

第 7 章 战略营销资源

有形资产	无形资产	组织资产
长虹集团的员工 维珍航空公司的航班 可口可乐公司的可乐配方 红塔集团的香烟 万科集团的土地储备 上海大众汽车的现金储备	海尔集团的品牌 华为公司的技术 联想集团的管理团队 李宁公司的商誉 中国银行的企业形象 娃哈哈集团的组织文化	苏宁的配送系统 康佳集团的产品开发 蒙牛集团的营销管理系统 宝洁公司的品牌管理体系 百度公司的营销组织 可口可乐公司的广告宣传

图 7-1 企业内部基础性的战略营销资源示例

战略营销 管理资源	战略营销 制度资源	战略营销 人力资源	战略营销 决策资源
企业营销文化 资源 企业营销组织 设计 企业营销管理 体系	营销调查管理制度 营销业务管理制度 销售绩效考核制度 分销管理制度 产品品类管理模式 客户管理制度 营销人员管理制度	营销人力资源 战略营销管理 团队	内部会计系统 营销情报系统 营销调研系统 营销分析系统

图 7-2 战略营销基础资源构成

一 战略营销管理资源

战略营销资源培育的基础就是营销管理。菲利普·科特勒认为营销管理是一个过程，营销管理过程就是分析市场机会、研究和选择目标市场、制定营销战略、设计部署营销战术以及实施和控制营销计划。现代的营销竞争考验的就是营销管理。联想的代理商营销管理模式与海尔的经销商营销管理模式促成了他们的成功，但许多模仿他们的企业没有成功。所以，基于营销管理的企业战略营销资源应包括长期形成的企业营销文化资源、完善的适合企业自身发展的营销组织设计、适应战略营销运营节奏的营销管理体系。

（一）企业营销文化资源

自 20 世纪 80 年代企业文化传入中国以来，一直成为理论和实践的热点。但是，学者对企业文化的含义莫衷一是。美国学者威廉·大内认为，一个企业的文化由其传统和风气构成，包括该企业的价值观，如进取性、守势和灵活性等，即确定企业活动及行动模式的价值观。对于营销管理来说，营销管理制度、战略以及策略无不基于一定的企业文化。

企业文化包括两方面的内容：企业内部文化和企业外部文化。企业内部文化是指企业全体员工所体现出来的，并对员工行为有影响的经营哲学、企业精神和企业形象；企业外部文化是指营销人员及其相关人员体现出来的并受其影响的营销哲学、营销理念和营销形象，即营销文化。

营销文化构成了企业营销管理的平台。安利是一家以营销文化著名的公司。首先，在安利企业内部，有着能激发人梦想的良好的样板效应。榜样的力量是无穷的，能够促使新进人员奋发向上。其次，安利有完善的营销体制。安利的销售提成制度像一架非常精密的机器，而且具备稳定、公开、透明三个要素。每个销售代表到了月底心里都很明白自己可以获得多少销售提成。最后，企业里盛行营销文化。每个进入安利的人，都会发现自己掉进了营销的海洋。可以毫不夸张地说，一个在个性上并非主动的人，在这样的文化熏陶下，也会变得主动而且具有营销攻击力。

管理哲学是从企业的管理实践中抽象出来的，关于管理活动本质和基本规律的学说，是企业管理思想、活动的经验总结和理论升华，是对管理活动的哲学层面的思考。一个企业在营销实践中，必然会根据长期的经验、市场的形势、人员构成形成一定模式的经营思想、经营宗旨和营销管理思想，这些集中构成了企业的营销管理哲学的内涵。营销管理哲学对企业营销实践起指导作用。营销活动中的战略思想、营销战术的制定与执行都是在营销管理哲学的基础上开展的。营销理念是以营销管理哲学和企业精神为核心，凝聚企业员工归属感、积极性和创造性的人本管理理论。同时，它又是以企业营销规章制度和物质现象为载体的一种经济文化。营销理念把管理者的营销管理哲学逐步渗透到全体员工中，从而引导全体员工主动去实现企业目标，促进企业的发展。

企业管理体制是在管理哲学和企业文化基础上建立起来的一整套管理理念、管理模式、管理制度、程序和管理方法论体系，每个企业的发展过程都是基于制度的建立与创新的过程。营销管理体制是从企业营销实际出发，根据本企业规模、特点、行业类型、技术特性以及为营销沟通需要而建立的，具有可行性、适用性、科学性、合理性、完整性的特点。营销管理体制是企业积累资源、运用资源、发挥管理能力的保障，是企业的价值保障和提升的基础，是企业创新和管理决策规范化、科学化的有力保证，也同样是企业战略营销资源发挥作用的最强有力的保障。

（二）企业营销组织设计

企业营销是多部门配合的过程，要求各个部门通过协作以提高工作效率和营销绩效，这就必须通过营销组织设计来促进协作和联系。营销组织设计就是通过设计营销任务结构和权力关系来协调组织成员的努力，包括营销职能设计、营销组织形式设计、管理幅度与管理层次设计、职权设计、营销管理规范设计等。其核心是营销组织形式设计。一个企业设计什么样的营销组织形式对企业来说具有重要的影响，营销组织形式设计直接关系到营销人力资源的配置与培育、营销管理制度资源的建立与适应，因此根据企业的实际情况来设计营销组织形式具有重要意义。

(三) 企业营销管理体系

在现代的竞争环境中,市场的残酷使许多企业已经认识到营销的重要性,他们也在模仿成功企业所走过的道路,大量地做广告、大量地招聘营销人员乃至搞全员营销、拿出大量的资金来建立营销渠道,甚至不惜降价以争夺市场份额。但是当企业花费大笔的资金准备迎接越来越大的挑战时,他们的管理更确切地说是他们的营销管理出现了问题,诸如产品货款回笼不及时,业务代表工作消极,营销员团队意识差、不服从命令,地区业务代表携经销商以自重,经销商市场混乱,对营销方案的执行不力,下级营销经理私自坐支货款(有的甚至携款私逃),营销代表辞职到竞争对手那里任职使原来的市场出现管理真空,新旧营销人员的矛盾难以处理等问题使营销经理头疼不已。巨人集团在他们的企业准备获得更快发展速度时由于营销管理的问题,企业轰然倒塌,这已成为企业经营者的前车之鉴。戴尔公司的客户服务系统、沃尔玛的采购及进货物流服务管理、可口可乐的全球市场协调管理等为这些卓越企业创造了营销竞争力。

企业营销管理体系应包括以下几个方面。一是产品、品牌管理系统——管产品,主要包括建立品牌模式、品牌计划等。二是营销业务管理系统——管人,主要包括企业营销机构的设立、销售计划的管理、销售区域的设计、销售人员的管理、售后服务等。三是财务管理系统——管资金,主要包括营销费用和收入管理等。四是客户管理系统——管市场建设与秩序,包括营销网络设立、客户评价、合同管理、销售计划及记录、分销管理、经销商支援、预警管理和售后服务管理等。

二 战略营销制度资源

按照目前对企业管理制度的理解,战略营销制度资源主要包括各项营销管理制度。营销管理制度是企业组织管理制度的重要组成部分,是企业为管理营销人员、经销商及渠道网络、客户等而建立的一整套营销管理理念、营销管理程序、营销管理方法、激励与约束机制的制度体系。营销管理制度主要包括以下几个方面。

一是营销调查管理制度,包括市场信息分析步骤、信息调查制度、各种调查表格设计、营销分析与预测管理制度等方面。二是营销业务管理制度,包括销售计划、促销计划、广告计划、销售促进计划管理制度、价格管理制度、销售业务管理制度、货款回收管理办法、售后服务管理制度等。三是综合的销售绩效考核制度,包括销售软硬指标评估、销售心态评估、竞争形势对比评估等内容,全面评价销售人员的绩效和发展潜力。四是完善的分销管理制度,重点强化销售人员对经销商的系统管理,包括区域管理、目标管理、网络管理、终端管理、价格管理、费用管理和内部管理等内容,提升经销商的经营水准。五是产品品类管理模式,细化对产品的管理,提高每类产品的盈利水平，维护每个品类和品牌的良性发展，并提升产品的综合竞争力。六是客户管理制度，包括客户投诉管理制度、客户服务管理办法、客户档案管理制度等，目的是加强客户管理，留住忠诚顾客。七是营销人员管理制度，包括营销人员激励制度，薪酬制度、奖惩制度、营销人员考核规定等，目的是通过激励营销人员执行企业营销政策，提高营销业绩。

三　战略营销人力资源

经济学中的"帕累托收入分配定律"认为，在收入分配问题中，大部分财富流向小部分人一边，某一部分人口占总人口的比例，与这一部分人所拥有的财富的份额，具有比较确定的不平衡的数量关系，这种不平衡模式会重复出现，具有可预测性。这也就是"80/20效率法则"。将"帕累托收入分配定律"所包含的理念和规律运用于企业的人力资本管理活动之中，我们可以得出这样的结论：人力资源是企业所有资源中最为重要的资源；营销人力资源是战略营销资源中最为重要的资源；在营销人力资源中关键的人力资源是决定营销竞争力的核心因素。

营销人力资源的存在形式和作用方式不同于物质资源。人力资源以人为载体，使用权主体只能间接控制，无法直接支配。运用权主体具有永久的唯一性。人力资源的使用效率，完全由载体个人劳动努力的供给决定。营销人力资源是最重要的营销要素，不仅因为营销活动的发展对人力资源要素需求的比例不断扩大，而且其他战略营销资源的使用也完全取决于人力资源。营销人力资源可以通过管理方式的改变而提高使用价值和价值。在一种"游戏规则"下默默无闻的"平庸之辈"，在另一种规则下却有可能成为闻名遐迩的栋梁之材。"游戏规则"就是制度，即规定或影响主体行为的正式和非正式规则。营销组织制度资源可以提高组织中人力资源的效率。一个企业的营销效率和未来发展，往往决定于少数关键性的营销人才。发现和运用关键少数营销人才将对营销竞争力的获得起重要作用。

（一）重视战略营销人才培养

发现"关键少数"的营销人才十分重要，但更重要的是把"关键少数"整合起来，从中选择核心成员，建立决策、管理、创新工作团队。建立团队，就是要把每个人的能力、经验、态度和价值交织在一起，创造出一个内容丰富的结构。团队结构具有紧密、完整、协调特征，通常可以产生大大优于离散个体或松散群体之和的效率或力量。因而，在日趋激烈和国际化的竞争环境中，营销团队正逐步成为企业竞争的主流工作方式。

在竞争激烈的销售领域，虽然我们强调关键少数营销人力资源对企业营销竞争力的作用，但是，这并不是说，强调个人英雄主义，例如某人完成部门总销售额的

80%左右等的事例,这个时候销售主管经常会把这个人树立为榜样,激励大家学习。从营销团队的角度来看,这种做法是错误的,因为一个人的销售量突出,尽管和他的个人努力有关,但也与很多客观因素有关,例如销售区域、个人外部关系等。

(二)培养合格的营销团队

有了合格的营销经理,才能组建起一支合格的营销团队,而组建一支合格的团队,必须让每一个营销经理的潜能得到充分的发挥,提高团队的凝聚力与战斗力。有了合格的营销团队就成为企业开拓市场、占领市场的利剑,企业的目标及经营才有了基石。一般来说,一个营销团队的建立主要包括:确定团队目标;制定团队战略;设计团队的结构;确定团队规模;拟订具有吸引力的报酬计划;招聘和挑选团队成员;对他们进行训练和指导;评估团队成员;等等。每个企业的情况是不一样的,但是,要打造一支合格的营销团队,以下这几个方面是都要注意的。

(1) 设定营销团队管理的目标。营销部门人力资源管理的目的就是提高效率,让员工、团队高效有序地工作,增加效益。因此,营销团队的目标就是提高团队的凝聚力、战斗力,促进企业营销效率的提升。

(2) 要有一个充分信任的平台。当团队中每一个成员都彼此理解和尊重他人观点的时候,会产生强有力的黏合剂,会建立良好的理解平台,团队中的每一个成员都会彼此尊重,这会增强和激发团队的创造力。

(3) 建立有效的沟通。管理者要通过沟通了解每一个员工,从而知道如何才能激励或推动他们;员工通过沟通可以消除与管理者的误解;有效的沟通,使得团队凝聚力不断增强,员工的认同感不断增加,团队中的成员形成默契,能迅速准确地了解彼此的想法,了解管理者的计划和要求,保证实施渠道的畅通无阻;有效的沟通,能集思广益,彼此分享信息与智慧,激发出潜在的力量,创造性解决问题。

(4) 营造良好的团队氛围。团队的氛围是内部共同协助创造出来的,有什么样的氛围就会有什么样的团队。作为营销经理,要营造一个在企业内共同向上、互相激励、创造业绩、为提高企业营销竞争力而奋斗的团队氛围。

(5) 加强营销团队的培训。培训是提高营销人力资源的重要手段,随着市场竞争的加剧,越来越多的企业逐步认识到加强企业培训对提高营销人力资源的水平、获得营销竞争力的重要性,于是纷纷进行自我培训、延聘培训公司或将员工送出去培训,这是提高团队成员素质的重要途径。

(6) 建立营销人力资源评价体系。营销人力资源的价值也要依靠建立好的评价体系来认识。获得评价的信息资料主要是来源于销售报告,还包括个人观察所得、顾客的信件及抱怨、消费者调查以及同其他营销人员的交谈。正式的评估主要包括三个方面:营销人员之间的业绩比较和排名;现在和过去销售额的比较;对营销人员品质的评价；等等。在实际的操作中，还会设计一些评价表格和模型来进行评估。这也是激励和约束营销人员的重要办法。

四 战略营销决策资源

企业具备了基础战略营销资源还不足以获得营销竞争力，还需要一些能够支持营销决策的资源来制定营销战略和营销策略。这些能够支持营销决策的资源就是营销信息，营销决策者如果不对顾客、竞争者、经销商以及企业本身的销售和成本数据进行认真的观察和研究，获得可靠的信息资料，就不能实行对营销的分析、计划、执行和控制。科特勒将营销信息系统定义为："是由人、机器和程序组成的连接器和互有影响的机构，它收集、挑选、分析、评估与分配适当的、及时的、准确的信息，以用于营销决策者对他们的营销计划工作的改进、执行和控制。"[1] 营销信息系统可归纳为四个子系统：内部会计系统、营销情报系统、营销调研系统与营销分析系统。

（一）内部会计系统

营销决策者使用的最基本的信息系统是内部会计系统，这是一个处理订单、销售额、存货水平、应收账款、应付账款等资料的系统，通过分析这种信息，企业可以发现重要的市场机会和问题。内部会计系统主要是为营销管理人员提供结果数据，是反映企业营销成果信息的基础战略营销资源。

（二）营销情报系统

营销情报系统主要是为营销管理人员提供正在发生的信息。在竞争激烈的市场中，营销情报主要是面向市场、顾客和竞争对手开展的，因此我们称之为营销情报系统。

（三）营销调研系统

营销调研是系统地设计、收集、分析和提出数据资料以及提出跟公司所面临的特定的营销状况有关的调查研究结果。[2] 营销调研的主要内容是：市场特性的确认、市场潜量的衡量、市场份额的分析、销售分析、企业趋势研究、竞争产品研究、短期预测、新产品研发潜力、长期预测、价格研究等。在目前，营销调研主要包括五个步骤：确定问题和研究目标、发展信息来源、收集信息、分析信息、提出结论。现在我们要讨论的问题是，如何搞好调研工作以提高营销信息资源的质量。一般来

---

[1] 〔美〕菲利普·科特勒：《营销管理：分析、计划与控制》，梅汝和等译校，上海人民出版社和西蒙与舒斯特国际出版公司，1996，第239页。
[2] 〔美〕菲利普·科特勒：《营销管理：分析、计划与控制》，梅汝和等译校，上海人民出版社和西蒙与舒斯特国际出版公司，1996，第245页。

说,良好的营销调研必须具备五个特征:第一,要使用科学方法,仔细观察、建立假设,进行预测和试验;第二,营销调研要有创造性,善于发现新方法,以解决问题;第三,尝试使用多种方法以提高信息的可信度;第四,应尽可能地使调研模式的设计清晰明了,应对信息类型起指导作用;第五,应权衡信息的价值和成本,以尽可能地为企业提供性能价格比优良的信息。

(四)营销分析系统

营销分析系统由分析市场营销数据和问题的先进技术组成。其包括两个部分:统计库和模型库。统计库是用统计方法从数据中提取有意义信息的一个集合。随着统计技术的应用,多元回归分析、相关分析、因子分析等统计方法都将在统计库中得到应用。模型库是一个能够帮助营销人员做出比较好的市场营销决策的许多模型的集合。而模型的本身就是设计出来用以表述一组真实的系统或过程的变量以及它们之间的相互关系。这些模型包括产品设计模型、定价模型、地址选择模型、媒体组合模型等。通过统计库和模型库分析出来的营销信息就成为进行营销评价和决策的依据。

第3节 战略渠道资源

一 营销渠道与战略渠道资源

营销渠道是重要的传递营销价值的通道,是为了客户价值而进行的机构安排和物流安排,在战略营销的视野里,营销渠道已经不仅仅是一个营销策略问题,而且是企业重要的战略营销外部资源。战略渠道资源是一个体系,是销售网络、服务网络、商情网络、宣传网络、客户网络的有机构成。营销网络的优劣也是企业营销能力高低的重要评价指标。对一个企业来说,营销网络就像遍布人体全身的血管,靠有力的销售完成资金循环,滋养着企业的成长,其中任何部分的病变,都有可能损伤企业的肌体甚至导致生命的枯萎。战略渠道资源的战略价值包括以下几个方面。

(一)战略渠道资源是传递顾客价值的通道

营销渠道是企业与消费者的连接通道,消费者购买产品和服务的过程中直接接触的是各种经销商,生产企业一般不直接与消费者接触,为消费者提供产品和服务的重担落在了营销渠道网络的身上。营销渠道网络成为生产企业和顾客沟通的桥梁,快捷、温情的服务也逐步由营销网络来完成,由此传递了顾客体验。菲利普·科特勒认为:"零售业中新的竞争不再是独立的企业实体之间的争夺,而是集中规划渠道工作的综合性体系(公司式的、管理式的和契约式的)之间为了达到最佳成本和顾客反应所进行的争夺。"① 对营销渠道资源的争夺使企业逐步获得营销资源，并不断满足顾客需要。战略渠道资源可以提供顾客获取产品和服务的信息、更好的购物体验、购物便利性、企业形象，从而成为传递顾客价值的通道。

（二）战略渠道资源是获取外部竞争优势的资源基础

营销渠道网络首先是一个"渠道"，一个实现资金流和物流不断对流从而使企业不断获得生存和发展动力的"渠道"。企业通过自设的或代理商的销售网络，将产品层层传递，最后在网络终端完成销售，形成往返的资金流和物流，企业也因之不断获得利润和生命力。传统的营销渠道只是完成销售功能，而在现代的营销网络中则被赋予了营销推广的职能。由于现代的营销网络直接连接着消费者，消费者的需求、偏好、经济状况、对本企业产品的态度、对竞争对手产品的态度、对产品的需求趋势都能够从营销网络中反映出来，因此，现代的营销网络便成为企业进行营销调查、信息采集的重要信息来源。

企业在实现一种产品销售的基础上，能不断适应企业发展、新产品拓展的需要，迅速有效地提高企业其他品类产品的销售力，使其快速攻入市场并提高市场占有率，形成营销渠道网络的兼容性。企业在注意网络兼容性的同时也要注意自身产品的形象定位，尽量削弱对这种定位的负面影响，并达到不同产品之间在同一网络互相映衬的效果，以节约企业的资源。营销渠道网络由于整合了传统营销渠道，加强了渠道合作，有了网络管理和控制，渠道之间的冲突和竞争减少了，渠道成员之间的关系也由竞争转向合作。由此我们说，现代的营销渠道的网络化是传统营销渠道的革命，具有重要的战略营销价值。

（三）战略渠道资源整合了线上与线下营销资源

传统的营销渠道是基于企业和消费者之间的全部的经销商和中间商的组合。伴随着市场的发展，渠道逐步由单一渠道向多渠道演进，逐步有多个中间商主体进入营销渠道，促进了产品的增加和盈利能力的提升。随着互联网技术和数字经济的发展，基于电子商务和网络营销的线上渠道成为重要的零售模式，由此形成了线上与线下渠道融合的全渠道营销模式，线上与线下的全渠道资源整合可通过优势互补、供应链共享、精准营销等手段，提高市场渗透性，增强用户黏性。全渠道营销模式改变了商业模式以及企业与消费者之间的关系，成为企业新的战略渠道资源，为企业面临不同的挑战、产品增加和盈利能力提升提供了资源基础。随着现代数字技术的迅速发展，整合线上线下渠道资源形成战略渠道资源，是战略营销的重要发展趋势。

---

① 〔美〕菲利普·科特勒：《营销管理：分析、计划与控制》，梅汝和等译校，上海人民出版社和西蒙与舒斯特国际出版公司，1996，第695页。

二 战略渠道资源管理

在从生产者向消费者转移的过程中,营销渠道承担了许多功能,从而使市场竞争围绕着营销渠道的争夺而展开。传统的渠道管理强调借助批发商、零售商、分销商、物流商等中间商向消费者销售产品或服务。伴随着互联网的普及,借助数字技术,分销渠道的内涵不断得到丰富,线上销售和线下销售配合,形成了全渠道营销模式,有效促进产品和服务销售。无论是传统分销渠道还是现代全渠道运营,通过整合渠道要素构建具有个性化、专有的渠道网络是推进战略营销的资源基础。专有的战略营销渠道资源使企业向目标市场源源不断地输送产品,取得稳定的销售收入并有效控制销售费用。

(一) 确立战略渠道资源建设目标

营销网络在竞争中所起的作用是有目共睹的。它与其他的营销策略一起构成企业完善的营销体系,所以在实践中建设营销网络要有系统性,紧密地和其他营销策略联系起来。具体来说,确定营销网络建设的目标应考虑顾客特性、产品特性、中间商特性、竞争特性、公司特性、环境特性等方面的因素。随着营销渠道精细化程度的提高,市场渗透率、销售渠道的销货比率组合、经销店的销售周转率、销售渠道的投资报酬率等都成为渠道管理的目标。

(二) 选择营销网络成员

一个企业营销网络的成员包括三个方面:企业自己的营销队伍和营销机构、专业代理商、经销商。确定渠道成员是非常重要的。许多企业可能因为选择对了渠道成员,从而获得飞速发展。那么具体如何选择营销网络成员呢?按照菲利普·科特勒的观点,决定对主要的渠道方案进行评估所依据的标准是三个:经济性、可控制性和适应性。由此选择营销网络成员对应包括以下三个方面。

1. 决定是否需要自建营销网络

从经济性上看,需要询问:企业自设营销机构所消耗的营销成本是多少?企业选择经销商和代理商所消耗的成本是多少?自建营销网络对企业未来营销战略有什么帮助?从可控制性来说,需要询问:自建营销网络是否畅通?市场推广的力度是否更大?市场终端管理与控制的力度是否更好?从适应性来说,需要询问:自建营销网络是否适应当地市场?企业是否需要借助第三方来熟悉市场?

2. 选择经销商

从经济性上看,需要询问:企业选择经销商所消耗的成本是多少?经销商网络对企业未来的营销战略有什么帮助?从可控制性来说,需要询问:经销商网络是否畅通?市场推广的力度是否更大?市场终端管理与控制的力度是否更好?从适应性来说，需要询问：经销商网络是否适应当地市场？企业是否能够适应经销商的营销管理方式？

3. 选择代理商

从经济性上看，需要询问：企业选择代理商所消耗的成本是多少？代理商网络对企业未来的营销战略有什么帮助？从可控制性来说，需要询问：代理商网络是否畅通？市场推广的力度是否更大？市场终端管理与控制的力度是否更好？从适应性来说，需要询问：代理商网络是否适应当地市场？企业是否能够适应代理商的营销管理方式？

（三）经销商政策管理

企业制定经销商政策时，往往因为对经销商激励和约束不够，导致经销商对终端铺货不积极、相互窜货、彼此之间压价竞争等问题出现，使企业营销网络混乱，难以控制渠道成员。从渠道管理实践来说，一般经销商政策主要包括：分销权及专营权政策；返利政策；年终奖励政策；促销政策；客户服务政策；客户辅导培训政策；等等。

（四）战略渠道资源终端的管理

美国的波士顿顾问公司认为，在整个供应系统上，零售点是最重要的一环，因为它与供应各环节都有关系；用户、推销员、分销商及宣传推广单位都与零售点相接。在咄咄逼人的竞争对手面前，有效地影响及控制零售终端上的活动对公司建立竞争优势极为重要。在战略营销工作中，确定网络终端的覆盖面、布置网络终端、促进市场生动化是网络终端管理的重要内容。

（五）营销网络的评价和改进

营销网络建设的好坏直接关系到企业营销能力的强弱，评价营销网络也对企业改进网络具有重要的意义。评价营销网络主要包括以下几个方面。

1. 企业内部是否建立了有效的销售管理组织？
2. 企业是否有健全的客户管理制度？
3. 企业是否建立了客户铺货管理制度？
4. 企业是否拥有良好的客情关系？
5. 企业是否采取了持续有效的促销活动？

未来的时代是竞争的时代，也是企业在营销网络上竞争的时代，关注营销网络的发展、关注营销网络创新动态，企业就拥有了在未来竞争中的制胜利器。[1]

---

[1] 杨保军：《全渠道模式下特色农产品服务供应链模式优化案例研究》，《北方民族大学学报》2022年第5期。

第4节　战略顾客资源

一　顾客资源与战略顾客资源

（一）关系资源

随着现代管理理论的发展，企业创新能力、社会网络嵌入、创业理论、品牌理论被引入企业成长理论，众多学者分别利用案例研究、实证研究方法探索企业成长过程、新企业衍化过程规律，提出了许多富有洞见的研究成果，丰富了企业成长理论。基于互补性活动、资源依赖、企业协作的社会网络理论的提出改变了管理学者专注于组织活动边界、企业内部组织安排、企业内部资源与能力的研究方向。国内外学者通过实证等多种研究方法论证了网络对企业成长及绩效的影响。格兰诺维特（Granovetter）认为弱关系在资源和信息获取方面更能发挥成本优势。[1] 结构洞理论清晰地说明了占据结构洞的中间节点可以通过掌握两端节点的信息获取资源优势，以此获取收益，强弱关系理论、结构洞理论构成社会网络研究的理论基础。网络嵌入理论作为社会网络理论的核心概念反映了行动者在网络中的地位，以及该行动者与网络其他主体的关系。格兰诺维特将嵌入型分为结构嵌入型和关系嵌入型。中心性、网络密度和网络范围构成了关系的结构特征，信任、关系密切程度构成了主体之间的关系特征。由此，关系资源成为揭示企业成长和战略成功的关键资源。

在网络嵌入理论的基础上，资源基础观（Resources-Based View，RBV）进一步对关系资源进行了深入探索，企业资源理论认为，企业是一系列能够被自由支配的有形或者无形的特殊资源集合体，这些资源差异决定了企业的竞争优势和经营绩效。企业在运营过程中不仅需要内部的资源和能力作为特殊资源形成竞争优势，而且需要来自外部的资源。企业利用与顾客、战略合作者、科研机构以及政府等建立的关系网络，能够以较低的成本获得各种信息（顾客需求、竞争者信息、政策等）、知识或经验（生产、营销、技术等）以获取竞争优势。在战略营销过程中，忠诚顾客是企业最为重要的关系资源，是可以为企业带来竞争优势的资源。

（二）顾客资源

随着顾客在战略营销中的作用越来越大，传统的以技术、产品、成本为核心的竞争，已转变为以顾客为核心的战略营销活动。企业逐步认识到，作为企业重要关

---

[1] Granovetter, M., "Economic Action and Social Structure: The Problem of Embeddedness," *American Journal of Sociology*, 1985, 91 (3): 481-510.

系资源的顾客资源具有重要的战略价值。顾客资源是企业在竞争市场中通过拥有或影响能够为企业带来长期营销利益的忠诚顾客而形成的外部营销资源。

顾客资源对企业的价值不仅直接表现在其购买产品的总额，还在于其为企业提供的强大的信息与知识价值。关系营销强调企业不是只追求单次交易所产生的顾客价值，而是要通过建立、维持和发展与顾客的长期关系来获得最大的顾客终身价值（Customer Lifetime Value，CLV）。顾客资源，特别是忠诚顾客资源，富有战略价值，它不仅能为企业创造超过同业平均利润水平的超值利润，为企业打造长期性的竞争优势，同时，这种价值性又往往难被他人察觉与评估。同时，企业拥有较大的顾客资源本身代表着一种品牌形象，意味着其集中化的程度较高。一方面，企业具有顾客资源规模优势，从而会对进入者和替代者产生壁垒，会使供应方可选择的下游企业减少；另一方面，购买企业的顾客资源价值越大，其大批量购买对供应方的诱惑和影响力越大，因此，在谈判中，顾客资源多的企业具有更强的谈判实力。微软公司的操作系统最早是为个人计算机开发的，从而使其拥有了大量的顾客资源，这些顾客资源的价值也造就了微软公司的软件领导者地位。

（三）战略顾客资源的内涵

顾客能够成为企业重要的营销资源首先就代表其具有的战略性。菲利普·科特勒教授对市场的描述是"市场等于人口、购买力和购买欲望之和"，顾客被描述为一个具有购买力和购买欲望的群体。伴随着市场营销的不断发展，顾客已经不仅仅是广泛分布在企业边界之外的随机群体，而且逐步演变为企业外部重要的关系资源。一旦顾客与企业建立起长期的联系，对企业形成强烈的认同感和归属感，竞争对手只能学习和模仿该企业吸引顾客的某种策略。一旦顾客忠诚形成，竞争对手需要花费数倍于该企业对忠诚顾客的维系成本来抢夺市场。而使用了微软公司的操作系统的顾客要转向其他操作系统，其学习成本会很高，这种不可替代性和不可模仿性使其他竞争对手难以获得足够的顾客，只能在竞争中处于弱势地位。优质的顾客资源具有对企业的强依附性，这种依附性构成了顾客资源的移动壁垒。竞争对手仅仅依靠低价策略往往不会导致企业这一部分顾客资源的大幅度减少，还需要从产品、服务、价格、促销组合等各方面支付大量的转移成本。如果顾客资源具备了这样的特征，其就成为战略顾客资源。

二 战略顾客资源特征

（一）战略顾客资源是重要的关系资源

关系营销概念是美国营销学者 Berry 在 1983 年提出来的，认为关系营销就是提供多种服务组合，吸引、维持以及增强顾客关系。根据 Berry 的观点，关系营销是对市场营销的扩展,因为原来市场营销关注的对新顾客的吸引,仅仅是营销过程的第一步,而巩固关系,把一般客户转化为忠诚的客户,像对待主顾一样地为客户提供服务,都应该属于市场营销的范畴。在 Berry 提出关系营销概念之后,Jackson 从产业营销的角度定义了关系营销,认为关系营销是关于吸引、发展并保留与客户的关系的营销导向。[①] Berry 和 Jackson 都是从特定产业的角度定义关系营销的,他们把企业的关系方都限定在购买该企业产品的顾客上。关系营销是作为交易营销的对立面提出的,提出的原因是单靠交易营销建立的品牌忠诚度不稳定,回头客太少;现实营销中有些企业的生意不断,有些企业则是一次性交易。究其根源是企业与顾客的关系不同。为了扩大回头客的比例,提出关系营销。进入 21 世纪,关系营销理念得到迅速发展,并被广泛应用到营销实践中。关系营销实质是在买卖关系的基础上建立非交易关系,以保证交易关系能持续不断地确立和发生。关系营销的关键是顾客的满意,企业与顾客、分销商、经销商、供应方等建立、保持并加强关系,通过互利交换及共同履行诺言,使各方企业与相关的上下游企业和购买者之间创造更亲密的工作关系和相互依赖的伙伴关系,建立和发展双方的连续性效益,提高品牌忠诚度、巩固市场的地位和知名度。

在战略营销实践中,占据优势的市场地位取决于企业与消费者、供应商、分销商、竞争者、政府机构及其他公众发生的关系,这些建立在契约和信任基础上的关系成为企业关系资源。企业通过长期的关系营销稳定企业与相关利益群体的合作关系,减少交易成本,从而形成了良好的客户关系、经销商关系、供应商关系等关系资源。战略顾客资源是企业通过积累形成的较为稳定的外部顾客关系,是最为重要的、具有战略价值的关系资源。每个顾客都成为企业价值链的一环,以市场为导向的战略营销管理逐渐形成以顾客关系资源为核心的体系,将供应商、顾客、竞争对手、分销商等关系资源通过关系营销联系起来,在这个营销体系内创造价值。

(二) 战略顾客资源具有共享性

顾客资源是一种共享资源,即产品的成本水平与分摊资源费用的产品数量无关的资源。分享这类资源的产品数量越多,分摊到单位产品中的成本就越低,顾客资源的共享性节省了企业大量的营销费用。一个企业拥有的顾客资源还可能与另一个企业共享,这主要是因为这一部分顾客资源的其他需求可能构成那家企业的目标市场。这使得企业在向顾客提供产品或服务获取利润的同时,可通过联合销售、提供市场准入、转卖等方式与其他市场合作获取直接或间接的收益。如超级市场中"可口可乐"与"乐之"薯片的捆绑销售,实际上是后者花钱向前者购买了其顾客资源的共享权。

---

① Jackson, B., B., *Winning and Keeping Industrial Customers: The Dynamics of Customer Relationships* (Lexington, MA: Lexington Books: 1985).

(三) 战略顾客资源具有稀缺性和可持续性

一方面，在既定的市场中，顾客资源具有稀缺性，即顾客对某一类产品的需要总是有上限的，因此在这一类产品的市场竞争中，某一顾客资源的配置被给定后，就排除了同时用于其他方面的可能。这也就是前面提到的在严格的同一市场中顾客资源的不可替代性。另一方面，由于顾客需要的层次性和多样性，顾客资源又是一种可以不断开发、永续经营的资源，表现在可以同时配置于不同的市场，可以重复使用，且不影响其效用。格兰仕公司通过低价竞争获得了大量的微波炉顾客资源，该公司利用这些顾客资源开发出空调产品也创造了不错的市场业绩。

三　战略顾客资源的管理价值

顾客资源是重要的营销资源，但并不是每个企业都能够获得，只有那些能够创造出顾客价值并将顾客变为忠诚顾客的企业才能够拥有，并使之成为战略顾客资源。

(一) 创造优于竞争对手的顾客价值

所谓顾客价值指的是顾客感知价值，是顾客利得与顾客利失之间的权衡。顾客利失包括顾客在购买时所付出的所有成本，如购买价格、获取成本以及由于安装、订单处理、维修等方面表现不佳的风险。顾客利得则包括了物态因素、服务因素以及与产品使用相关的技术支持、购买价格等感知质量要素出色的顾客价值，是保证顾客满意和建立顾客忠诚的基础，是企业经营的根本保障，提升顾客价值可以通过增加顾客利得或减少顾客利失来实现。在以竞争为导向的未来竞争中，提供优异的顾客价值是企业获得竞争优势的根源，企业只有在分析竞争对手资讯的基础上提供超越竞争对手的顾客价值，才能获取市场营销核心。

(二) 培育企业忠诚顾客

市场竞争就是顾客竞争，争取和保持顾客是企业生存和发展的使命。企业既要不断争取新顾客，开辟新市场，提高市场占有率，又要努力保持现有顾客，稳定市场占有率。要形成稳定的顾客资源，就必须培育忠诚顾客群体。在现代以竞争为导向的市场营销战略中，忠诚顾客不仅能够为企业创造超过同业平均利润水平的超额利润，还能够为企业打造长期的竞争优势，忠诚顾客所具备的高价值性使其成为企业真正的核心战略资产。

忠诚顾客产生的利润增值包括自身购买的基本利润、重复购买的增长利润、运营成本降低的利润、推荐他人购买的推荐利润以及溢价利润，随着与忠诚顾客关系时间的延续，忠诚顾客产生的利润呈递增趋势。顾客终身价值的意义在于表达忠诚顾客对企业生存和发展的至关重要性和长远影响，以刺激企业决策层和员工对忠诚顾客的高度重视，努力维系自己的忠诚顾客，提高忠诚顾客的维系度。由此，战略顾客资源管理的目标就是培育忠诚顾客。

网易云音乐的营销运营体现了战略顾客资源管理的内涵。自 2013 年发布至今，网易云音乐的用户规模已超过 3 亿人，用户自主创建的优秀歌单超过 4.1 亿个，入驻中外明星超 2000 人，入驻音乐人超 4 万人。在网易云安全技术营造的纯粹评论环境下，基于大数据的算法为运营提供较为精准的导向，而通过运营手段连接更多用户和歌曲，算法又能根据反馈数据进化，变得更懂用户，从而形成良性循环，保证用户的活跃度和黏性。"90 后"是中国快速成长的网络音乐消费人群，网易云音乐通过对"90 后"的成长经历、情感体验、真实故事建立起初始内容，与目标市场的潜在情感诉求发生了碰撞。在设计产品的时候，网易云音乐就坚信"高手在民间"的道理，并通过算法推荐和运营去引导优质内容的产生、发酵、爆发、沉淀。基于大数据的个性化推荐，是目前网易云音乐的业务重点，已经被应用到了各个内容端口，每个用户看到的首页都是完全私人定制的，依据是用户的听歌历史、收藏、评论等，这强化了消费者的自由表达空间。在网易云音乐场景化地听歌，已经深入用户内心。作为相似主题歌曲的集合，超 4.1 亿个歌单给用户听歌提供了很大的便利。网易云音乐通过发掘好歌单，引导用户制作好歌单，维护歌单社群，促使用户创建更多好歌单，通过社交网络由"90 后"群体完成了品牌所属群体的画像，凭借用户画像的完善、推荐算法的迭代和运营经验的总结，网易云音乐对乐迷社群的爱好、需求和习惯有了深刻的理解。基于这种理解，运营人员能够邀请到合适的音乐人入驻，把他们的作品、演出以人性化的方式推荐给潜在用户，并结合歌单和评论运营，把名气不彰的艺人打造成明星，把明星影响力放得更大，而平台本身的日活跃人数和黏性也得到了保证，从而就实现了多方共赢。[①] 基于社群管理和顾客资源管理，网易云音乐留住了忠诚顾客，创造了优于竞争对手的顾客价值。

四 战略顾客资源的管理

在竞争市场中，创造优于竞争对手的顾客价值是留住顾客的根本，而培育忠诚顾客是企业获取长远、持续竞争优势的核心所在。战略顾客资源管理应从以下几个方面着手。

（一）树立以提升顾客价值为中心的战略营销观念

在以市场为导向的战略营销管理中，顾客导向是重要的组成部分，也就是要在竞争市场中树立以提升顾客价值为中心的战略营销理念，提升营销竞争力以获得顾

---

① 华泽峰、谭啸威：《消费者的品牌识别和品牌价值共创——以网易云音乐为案例》，《营销界》2019 年第 20 期；《App 运营案例回顾：用户突破 3 亿的网易云音乐运营法则是什么?》，《爱盈利》2017 年 4 月 15 日。

客的认同。因此,企业战略营销管理的重点就是要创造高于竞争对手的顾客价值,这就要考虑以下几个方面。

(1) 了解顾客的感受,充分掌握顾客的心理图像、对产品的看法、对企业的认知态度,要使一笔交易成功还要综合考虑顾客所付出的货币成本和非货币成本,通过比较总的顾客价值,才能够实现顾客让渡价值。

(2) 顾客价值是建立在顾客关系的基础上,考察顾客价值应在核心价值的基础上关心顾客获得商品的附加价值。

(3) 顾客价值是顾客利得与利失的权衡结果,只有增加感知利得或减少感知利失才能够提升顾客价值。

(4) 顾客价值是可感知价值,只有当顾客可感知的利益大于可感知的成本时,企业才能够实现顾客价值。

为顾客创造价值是一个企业采取的以市场为导向的原则的表现。把顾客所需摆在第一位,是企业经营成功的先决条件。许多企业的成功就是因为抓住了顾客价值增值规律,从而实现了市场领先。

(二) 提高顾客忠诚度,建立战略顾客资源

忠诚顾客是企业战略顾客资源的核心,每个企业都需要重视顾客流失问题,通过有效的战略营销措施留住顾客。

(1) 理念先行。明确建立顾客忠诚的重要性,树立"顾客至上"的意识。一个企业拥有了忠诚顾客,可以获得许多好处:提高长期营销绩效;保证顾客重复购买;缩短购买周期;节省营销费用;增强营销竞争力。因此,要全面认识顾客忠诚的重要性,以顾客为中心加强顾客关系管理。

(2) 组织保障。分清部门职责,建立起广泛联系顾客的营销组织。一个企业的发展时间越长,组织机构就越庞大,对顾客反应的灵敏度就越低。因此,时刻树立忠诚顾客的理念,建立以服务顾客为宗旨的营销组织具有重要意义。以员工的理解和支持为基础,营造"顾客至上"的环境。员工是为顾客服务的主体,让员工了解顾客的期望、提高员工对顾客忠诚的理解程度、得到员工的支持是企业首先要做的工作,也是员工培训的重要内容。

(3) 与顾客密切互动。忠诚顾客不是自动送上门的,是企业通过积极的营销工作争取过来的,包括不断改进产品质量、不断满足顾客的需求、不断提高服务质量、不断提升管理水平和服务理念等,加强企业与顾客的互动。为企业员工提供信息和激励员工与顾客互动,并保持密切联系,倾听顾客的意见,了解顾客的反馈等措施都是不断获得忠诚顾客的保证。

(4) 建立顾客忠诚计划。顾客忠诚计划就是通过一系列措施激励顾客并保持顾客的措施,主要包括两方面。第一,与顾客建立伙伴关系。伙伴关系是建立顾客忠诚的终极形式，是企业与顾客建立的长期良好合作关系的升级。俱乐部会员制等方式旨在吸引忠诚顾客，与其建立起伙伴关系。不断获得顾客的信息，为顾客提供高品质的服务，也是企业获得长远的战略性资源的保证。第二，妥善处理顾客抱怨，提高顾客满意度。在营销管理工作中有一句话是这样说的："只有那些关心你的企业的顾客才会有抱怨，才会提意见。"正确对待并妥善处理顾客的抱怨将会使顾客满意度不断提高，变普通顾客为企业的忠诚顾客。

（三）加强顾客关系管理，提高顾客资源的质量

顾客资源是企业的重要的营销资源，企业通过顾客关系的管理建立和维系长期的顾客资源联系。菲利普·科特勒认为，顾客关系管理是通过认真管理个人顾客和所有顾客接触点的详细信息来达到顾客忠诚度最大化的过程。[①] 进行顾客关系管理就能充分利用顾客资源，通过顾客交流、建立顾客档案和与顾客合作等，可以从中获得大量针对性强、内容具体、有价值的市场信息，包括相关产品特性和性能、销售渠道、需求变动、潜在用户等，可以将其作为企业各种营销决策的重要依据。从企业的长远利益出发，企业应保持并发展与顾客的长期关系。双方越是相互了解和信任，交易越是容易实现，并可节约交易成本和时间，由过去逐次逐项的谈判交易发展成为例行的程序化交易。为赢得顾客的高度满意，建立与顾客的长期良好关系，企业在顾客关系管理中应开展以下多方面的工作。

（1）管理顾客口碑。传统市场中的顾客口碑依赖不连续的信息传递，顾客并不总是获得来自其他消费者对产品或服务的评价。但在网络信息时代，顾客的推荐、在线评论、正常的使用评价或者负面评论形成的顾客口碑显示具有越来越大的影响。因此企业对顾客口碑的管理包括：建立专门收集和回复顾客评价的岗位；建立收集和反馈顾客口碑的流程；建立顾客口碑管理的激励和惩罚机制。

（2）落实企业对顾客的承诺。承诺的目的在于明确企业提供什么样的产品和服务。在购买任何产品和服务时，顾客总会面临各种各样的风险，包括经济利益、产品功能和质量以及社会和心理方面的风险等，因此要求企业做出某种承诺，以尽可能降低顾客的购物风险，获得最好的购买效果。企业对顾客承诺的宗旨是使顾客满意。

（3）加强企业与顾客的信息交流。它是一种双向的信息交流，其主要功能是实现双方的互相联系、互相影响。从实质上说，顾客管理过程就是与顾客交流信息的过程，实现有效的信息交流是建立和保持企业与顾客良好关系的途径。在传统的营销时代，顾客只能被动地接收营销信息，但在网络时代，顾客可以选择是否参与企

---

① 〔美〕菲利普·科特勒、〔美〕凯文·莱恩·凯勒、〔美〕亚历山大·切尔内夫：《营销管理》（第16版），陆雄文、蒋青云、赵伟韬、徐倩、许梦然译，中信出版集团，2022，第557页。

业的营销活动，这种行为被称为"顾客赋权"。顾客参与企业营销活动在传统的营销活动中被视为当然，但事实并非如此。顾客参与企业营销活动需要企业建立与顾客共同的价值理念，提供参与互动的便利条件，网络经济时代极大地便利了企业与顾客的信息交流，需要企业更为重视并积极推进。

（4）以良好的关系留住顾客。为建立与保持顾客的长期稳定关系，首先，需要良好的基础，即取得顾客的信任；其次，要区别不同类型的顾客关系及其特征，并经常进行顾客关系情况分析，评价关系的质量，采取有效措施；最后，可以通过建立顾客组织等途径，保持企业与顾客的长期友好关系。

（5）做好顾客反馈管理。顾客反馈对于衡量企业承诺目标实现的程度、及时发现在为顾客服务过程中的问题等方面具有重要作用。研究表明，虽然大约25%的顾客对他们的购买行为感到不满意，但只有5%的顾客会投诉。另外95%的人要么觉得投诉不值得，要么不知道该向谁或如何投诉。他们只是停止购买。[①] 投诉是顾客反馈的主要途径，如何正确处理顾客的意见和投诉，对于消除顾客不满、维护顾客利益、赢得顾客信任都是十分重要的。

本章小结

战略营销资源是对资源使用方向做的一个限定，是企业拥有或者控制的能够在营销战略实施过程中发挥作用、实现营销竞争力提升的一类资源。战略营销资源具有不可仿制性、异质性、不完全流动性，由基础战略营销资源、战略营销管理资源构成。战略营销管理资源的内部培育是通过对企业原有的资源发现、组合、积累、升级和创新，获得新的具有营销竞争力的资源。学习本章，一方面需要学生巩固战略营销资源理论，另一方面，需要学生了解和掌握如何在战略管理中应用战略营销资源。

案例训练 1：戴尔

戴尔公司（以下简称"戴尔"）是全球领先的 IT 产品及服务提供商，其产品涉及笔记本电脑、服务器、网络产品、存储器、移动产品、软件等多个领域，业务包括帮助客户建立信息技术及互联网基础架构。从 20 世纪 90 年代初开始为亚太地区的商业、政府、大型机构和个人提供服务。

作为计算机产业的领军者，戴尔在电脑生产和销售方面拥有大量的资源、技术和经验。首先，戴尔采用直销渠道，由企业直接向客户提供服务，将定制的产品直接销售给客户，使客户获得最佳的价格性能比，并提供全国范围的保修服务。其次，戴尔根据订单要求进行设计和组装计算机，并通过虚拟一体化把供应商、生产商和

[①] 〔美〕菲利普·科特勒、〔美〕凯文·莱恩·凯勒、〔美〕亚历山大·切尔内夫：《营销管理》（第16版），陆雄文、蒋青云、赵伟韬、徐倩、许梦然译，中信出版集团，2022，第561页。

最终用户联系起来。戴尔凭借这种根据订单进行生产并直销的营销模式，使得传统渠道中常见的代理商和零售商的高额价差消失，大大降低了库存成本，同时使消费者获得这种服务变得简单，增加了客户价值。直销模式也使得戴尔能够提供最有价值的技术解决方案：系统配置强大而丰富，使公司能够以富于竞争力的价格推出最新的相关技术。

资料来源：何瑛、胡月《戴尔公司基于轻资产盈利模式的价值创造与管理分析》，《财务与会计》2016年第6期；廖润东《戴尔与神舟在中国市场营销战略的分析》，《宁波职业技术学院学报》2012年第4期。

案例思考：戴尔的营销资源是如何积累的？

案例训练2：农夫山泉

农夫山泉股份有限公司（以下简称"农夫山泉"）成立于1996年，中国饮料20强之一，是在中国市场上同时具备规模性、成长性和盈利能力的饮料龙头企业。以2019年零售额计，农夫山泉在茶饮料、功能饮料及果汁饮料的市场份额均居中国市场前三位。多年来，农夫山泉坚持"天然、健康"的品牌理念，从不使用城市自来水生产瓶装饮用水，也从不在饮用水中添加任何人工矿物质。为了保障持续大量的优质天然水供应，农夫山泉独具战略眼光，前瞻性地在中国布局了十大稀缺的优质天然水源，奠定了为消费者提供长期天然健康服务的基础和能力，形成长期稳定的竞争优势。

面对瞬息万变的市场环境，农夫山泉建立了完善的全国性销售渠道，依托大数据系统持续提升分销效率。截至2019年，农夫山泉通过销售人员的手机终端系统管理全国4000余名经销商、1万余名一线销售及销售管理人员，并通过大数据分析系统管理经销商库存，严控产品终端货龄，提升运营效率。

资料来源：农夫山泉公司官网；张映辉《恒大冰泉与农夫山泉营销策略分析》，《才智》2015年第31期。

案例思考：1. 农夫山泉的战略营销基础资源的特点是什么？
2. 战略营销资源如何培育？

战略营销实训

实训项目1：顾客是企业营销的对象，也是企业重要的营销资源，请查阅资料，列一个企业访谈提纲，到身边的商店、餐馆等进行调研，调研忠诚顾客为企业带来了什么收益、企业如何留住忠诚顾客，写成调研报告并在班级中展示。

实训项目2：有人认为顾客是企业的合作伙伴，有人认为顾客是企业的竞争对手，还有人认为顾客是企业的战略营销资源，查阅资料，谈谈你的观点。

第8章　战略产品资源

本章要点

产品资源是企业营销战略运作的基础，也是企业营销创新的基础。战略产品资源是指企业为满足顾客的需求，形成独特的顾客资源而创造的顾客价值的有形产品或服务营销资源。本章的要点在于理解战略产品资源与营销资源的关系及作用和战略品类资源的概念及其应用。

关键术语

战略营销 Strategic Marketing

战略产品资源 Strategic Product Resources

战略品类资源 Strategic Category Resources

战略产品资源创新 Strategic Product Resources Innovation

学习目标

核心知识：了解并掌握战略产品资源的内涵

　　　　　　了解并掌握战略品类资源的概念与内涵

　　　　　　掌握战略品类资源分析框架，并应用战略品类资源理论分析企业营销资源

核心能力：学习和掌握应用战略产品资源的分析能力

课程思政目标：战略营销理论来源于实践，培养学生勇于实践的精神

引导案例　　　　**最佳战略营销实践：大窑汽水的战略营销**

2006年在内蒙古呼和浩特的大窑村成立了一家内蒙古大窑饮品有限责任公司（以下简称"公司"），主打大窑汽水。在成立之初，公司推出大窑嘉宾和大窑橙诺

两款主力产品，布局中小餐馆，注重经销渠道的扩张。"大汽水，喝大窑"，大窑汽水给自己的定位是"大"，瓶身类似啤酒瓶，市场零售价在5~10元，大玻璃瓶汽水开创了新的品类标杆，对于大的定义，大窑汽水则自称为内蒙古人的豪爽。大窑汽水一直在走国民路线，2021年初，大窑汽水高价请演员吴京代言，强化了品牌定位和"国民汽水"的地位，开创了中国汽水大时代。国家统计局数据显示，2021年全年中国饮料类累计零售额达到了2808亿元，大窑饮品以黑马者的姿态，稳坐国产汽水头把交椅。随着行业竞争的加剧，未来国民汽水想要出圈、获客只会越来越难，大窑饮品深谙市场发展规律，遵循发展趋势，在品牌、产品、营销方面进行全面突围，实现了多元蝶变升级，迈入了大汽水新时代。

资料来源：大窑汽水官网。

习近平总书记指出："事实证明，我国不是需求不足，或没有需求，而是需求变了，供给的产品却没有变，质量、服务跟不上。"[1] "我国农业发展形势很好，但一些供给没有很好适应需求变化，牛奶就难以满足消费者对质量、信誉保障的要求，大豆生产缺口很大而玉米增产则超过了需求增长，农产品库存也过大了。"[2] 2016年中央农村工作会议指出："要适应市场需求，优化产品结构，把提高农产品质量放在更加突出位置。"产品问题不仅是一个营销问题，更是国家战略问题。从产品角度挖掘企业独特资源，建立与消费者沟通的品牌发展战略成为许多企业的选择。只有构建起基于产品和品牌的战略营销资源，企业才能在竞争中获得营销竞争力。耐克、戴尔、海尔、长虹等这些人们耳熟能详的品牌不断推动着企业在竞争市场上攻城略地。因此，构建基于产品、品类与品牌的战略营销资源是企业重要的营销目标。

第1节 战略产品资源的特点、开发与创新

一 战略产品资源的概念与特点

（一）什么是战略产品资源

1877年，一位银行职员外出旅行，他带着使用湿板的照相器材，装满了一马车，他为此很生气，开始积极研究把湿板变为干板，之后他制造出了小型照相机，与胶卷一起出售，同时开始提供冲洗显像服务。这位使照相机风行世界的发明家，就是美国柯达公司的创始人乔治·伊士曼。从柯达创立至今，100多年过去了。在

---

[1] 《习近平谈治国理政》（第二卷），外文出版社，2017，第253页。
[2] 《习近平谈治国理政》（第二卷），外文出版社，2017，第253页。

照相技术上，这家公司一直走在前面，即使就第二次世界大战之后的摄影历史来看，柯达在彩色、黑白胶卷方面，都遥遥领先。从人类首次成功登上月球的阿波罗计划开始，有关美国开发太空的记录，没有柯达产品是无法完成的。

从创立那一天起，柯达便坚持"创造好产品"这一方针。为了适应开发创新的需要，1985 年，柯达把组织形态改为营业线结构，以适应国际市场各种不同的需求，以及全球各地互异的生产方式。柯达的每一条营业线，都是一个独立的组织，负责某项产品的研究开发、生产、行销等业务。另外，营业线也必须为自己的决策以及成败负责。营业线的建立，使该公司向质量管理国际化迈进一大步，而营业线的实质意义是赋予各个营业线经理决策权，以快速反应市场变化。对营业线而言，是把符合市场需求的产品，自研究开发到推出的时间减半。如底片冲洗部改良一个产品，既要提高这个产品的服务品质，又要使照相馆冲洗底片的时间减半。如果是在旧有的组织下，至少需要 7 年才能完成。然而在营业线组织结构下，只花了两年的时间，便把改良后的产品推出上市。

一个伟大品牌的核心是伟大的产品。一般来说，市场领袖往往会提供良好的产品和优质的服务。产品是一种能够被提供来满足市场欲望或需要的东西，包括有形物品、服务、体验、实践、地点、财产、组织、信息或想法等。① 在这里产品既是有形产品，也包括服务等无形产品，基于产品组合，企业可以将产品作为重要的营销资源推向市场，形成各种复杂的营销战略和营销创新基础。因此，战略产品资源是指企业为满足顾客的需求，形成独特的顾客资源而创造的顾客价值的有形产品或服务营销资源。

（二）战略产品资源的特点

战略产品资源是战略营销的基础，是获取营销优势的前提，具有以下三个特点。

1. 战略产品资源是企业营销战略运作的基础

"贵烟"品牌挖掘产品战略性资源——"云贵高原，上等烟叶"，以"北纬 27 度原生态烟草产业带"的品牌传播策略迅速拓展了市场空间。在战略营销管理中，战略产品资源的有形产品和无形服务为企业制定营销战略提供原动力，市场细分、目标市场选择、战略市场定位都依赖于战略产品资源，企业通过不断更新的产品概念、优于竞争对手的产品形式、富有变化的产品系列和产品组合提供了企业营销战略运作用之不尽的资源，以获取营销竞争力。

2. 战略产品资源的目的是获得顾客价值

战略产品资源是为了适应顾客需求，在企业内部形成的基础产品整体资源。小

---

① 〔美〕菲利普·科特勒、〔美〕凯文·莱恩·凯勒：《营销管理》（第 15 版），何佳讯等译，格致出版社和上海人民出版社，2016，第 342 页。

米的成功在于企业通过战略性开发满足未来年轻消费者需求的产品，从而获取了独特的顾客资源，为其提供了顾客价值。顾客价值是战略产品资源最终要实现的价值，是企业新产品研发的"源泉"和"出路"，为新产品研发指明方向并提供市场保障。战略营销管理一直在寻找企业营销创新的来源，它们有时候是价格方面的，有时候是分销渠道方面的，也有时候可能是促销方面的，但是，产品资源始终是获取顾客价值的基础。

3. 产品生命周期指引战略营销的发展方向

每一个产品从投入市场到退出市场都要经历一段曲折的市场生命，我们通常称之为产品生命周期。产品生命周期为企业思考新产品的成长和发展提供了一种具有远见的思维。产品生命周期受到技术、竞争和需求的推动，在各个阶段所表现出的特点具有显著的差异，一个企业要取得营销竞争力就要根据各个阶段的特点来制定营销战略。在战略营销管理中，产品生命周期指引战略营销的发展方向（见表8-1）。

表 8-1　产品生命周期与战略营销方向

指标	导入期	成长期	成熟期	衰退期
销售量	小	剧增	最大	减小
销售速度	缓慢	快速	减慢	负增长
成本	高	一般	低	回升
价格	高	回落	稳定	回升
利润	亏损	增加	最大	减少
顾客	创新者	早期使用者	中间多数	落伍者
竞争	很少	增多	稳中有降	减少
营销目标	建立知名度，鼓励试用	最大限度地占有市场	保护市场，争取最大利润	压缩开支，榨取最后价值
战略营销方向	产品宣传和功能介绍	建立信誉和品牌偏好	开发产品新用途，建立品牌忠诚	收割或退出

二　战略产品资源开发

（一）构建产品技术创新基础

产品资源的战略营销理念决定企业未来战略营销的方向。战略产品资源是企业改变营销结构、调整营销战略的重要营销资源基础。战略产品资源关系到重新界定企业的营销战略，重新改善企业竞争环境，重新构建企业营销系统，重新维护企业的利益结构，是战略营销体系的基础。战略产品资源取决于企业产品技术创新能力。技术创新和产品创新既有密切关系，又有所区别。技术的创新可能带来但未必带来产品的创新，产品的创新可能需要但未必需要技术的创新。产品创新侧重于商业和设计行为，具有成果的特征，因而具有更外在的表现；技术创新具有过程的特征，往往表现得更加内在。但是，作为重要的战略营销基础，首先，企业应加强技术创新的研究，形成雄厚的技术基础；其次，应根据市场的发展设计产品，形成可以支撑未来市场发展的产品资源基础。

（二）寻找顾客接触点，确认产品开发的方向

企业，特别是产品设计人员一定明白，他们设计的产品是给顾客使用的，而不是在完成一件艺术品，更不是单纯地为了"美感"和技术效率的需要。要通过问题分析、缺口分析、细分市场分析、相关品牌归类等方法分析顾客的需求，以顾客为关注点，来分析、满足顾客的现实需求、潜在需求和未来需求，从而在此基础上开发新产品。

如果顾客对产品的设计不满意，或者无法进行维修及备用件供应等，那么企业的设计、生产等所有努力都将化为泡影。设计错误或者不合理，但原材料供应、工艺流程都已经定型，同时产品也已在顾客心中产生恶劣的影响，这些给企业造成的损失将是惨重的。美国麦道飞机公司为了和波音747竞争而匆忙设计出DC—10宽体客机，由于在设计中的失误，而且公司对一些航空公司的建议置若罔闻，结果造成两起严重的空难事件，致使公司在以后与波音和欧洲空中客车公司竞争中处于下风，不但损失了巨额利润，还丢失了在商用飞机市场中排名第二的位置。所以，关注顾客的需求，尽可能地提供顾客在购买、维修时的方便，这样才能提高产品在顾客心目中的价值，推动市场营销的成功。

（三）整合企业的营销资源，寻找新产品开发的突破方向

对于战略产品资源的开发，一是从产品本身挖掘开发的价值，所谓挖掘产品功能，就是通过功能分析、用途分析、品质扩展、系统分析、独特性能分析、等级设计、弱点分析等方法，来分析企业现有产品存在的问题，挖掘产品新的功能、新的用途。在现成的产品的基础上挖掘新的产品功能，无疑是一条风险较小的能迅速获得市场认同的途径。这是典型的开发改进型新产品，既可以在技术上得心应手，又可以利用原有的产品商标来推广新产品。二是通过营销创新获取产品在市场中的新价值。如通过改进广告、宣传、短期削价、推销、在某些地区增设商业网点，借助多渠道将同一产品送达市场等措施，在现有市场上扩大现有产品的销售，我们称之为市场渗透。另外，企业通过在新地区或国外增设新商业网点或利用新分销渠道、加强广告促销等措施，将现有产品推广、销售到新市场，我们称之为市场开发。三是建立新产品的战略营销管理统摄系统，作为对新产品从研发到市场营销的统筹。新产品从创意、开发、生产到市场的商业运作，乃至新产品的成本管理都占用企业

相当多的营销资源。建立这样一个新产品战略营销管理统摄系统可以使新产品的开发和执行在组织上得到保证。战略营销管理统摄系统在一些企业被称为"新产品管理委员会",主要由公司总经理、市场总监、营销总监、技术总监、制造总监、品质管理总监、部分产品经理及外部专家组成。其主要作用是确立鲜明的产品战略计划、指导新产品营销计划的制订和实施。

三 战略产品资源创新

创新是营销的本质,作为战略营销管理基础资源的产品资源只有在营销过程中进行创新才能获取持续的营销竞争力。一般来说,对产品整体的任何一个部分的优化都属于产品创新。产品创新主要体现在以下几个方面。

(一) 核心产品品种创新

在今天市场上消费者个性化需求日趋迫切,他们对市场中的产品有着各自不同的评价和使用感受,这样对企业产品的要求也就越来越高,企业只有通过提高产品质量和扩大产品种类才能够满足消费者特定的需求。产品品种的创新是依托市场而进行的,杭州牙膏厂根据消费者对牙膏的不同需求,生产经营品种齐全的牙膏,例如:该厂根据许多消费者所追求的洁齿功能,生产出具有良好洁齿效果的"洁齿灵"牙膏和"西湖"牙膏;根据一些消费者所追求的消炎、止血功能,研制出"黄芩"牙膏;根据部分消费者偏爱牙膏有较好味道这一需求,生产出具有香蕉、菠萝味的"白浪"牙膏;根据一些结婚青年的偏好,生产出香型高雅、包装金红、配对成双的高级"龙凤"牙膏;根据儿童的生理特点,生产出具有适合儿童使用的"小白兔"牙膏。适应了不同消费者需求的产品使企业效益和社会形象都得到了较大的提高。

(二) 产品包装创新

对大多数产品来说,产品包装具有美化产品、满足消费者心理上的需要、便于消费者辨认和购买等独特的功能,西方市场专家把包装称为"无声的推销员"。产品包装创新主要应体现以下几个原则:灵活运用各种技巧进行包装创新,如双重用途包装、配套包装、等级包装、附赠品包装等;包装应体现社会和消费者的需要;包装要和产品实体相协调。

(三) 产品线和产品组合创新

产品线创新的主要途径有产品线延伸、产品线现代化、产品线特色化。产品组合创新主要途径有:扩大产品组合、缩减产品组合等。在产品线和产品组合方面成功的例子是美国的吉列公司。被誉为"剃须刀王国"的美国吉列公司在长期的经营实践中,认识到只靠单一产品存在很大的经营风险,因而该公司重视产品组合创新,不断增加产品线数量，扩大企业的经营范围，在继续积极研究剃须刀技术、开发新产品、维持公司固有的市场占有率的同时，大量投资化妆品和其他产品，先后推出了口红、泡沫剃须膏、除臭剂等多条产品线，公司实力不断增强，并在海外建立了 32 个分公司。该公司在激烈的市场竞争中不断扩大产品组合，实行多种经营，使"剃须刀王国"屹立不倒。这是产品线和产品组合创新所获得的成功。

（四）产品设计创新

产品能够成为企业获得营销竞争力的资源的关键在于产品设计。设计是产品的灵魂，随着竞争的强化，设计将能提供一种最强有力的方法以使公司的产品、服务和定位差异化。据国外权威人士测算，工业产品外观设计上花费 1 美元就能够带来 1500 美元的收益，而且能够为企业带来良好的社会效益。海尔公司之所以在中国家电大战中脱颖而出，成为中国家电业的龙头企业，一个重要的原因是公司坚持不懈的产品设计，使企业不停留在市场价格战的基础上，而是为市场提供了各种各样的款式新颖、功能齐全、质量优良、设计超群的产品。菲利普·科特勒认为，设计是从顾客要求出发，能影响一个产品外观和性能的全部特征的组合。产品设计首先应站在消费者的立场上，提出旧产品改良或新产品开发的构想，是战略营销的要旨。

《水平营销》一书中提出了水平营销的概念，认为水平营销是一个工作过程，当它被应用于现有的产品或服务时，能够产生涵盖目前未涵盖的需求、用途、情景或目标式的创新性的新产品或新服务。它是一个为创造性的类别或市场提供了很大可能性的过程。① 水平营销的思维可以被应用于战略产品资源的创新，是营销创造性思维的反映，其核心是基于消费者需求，通过横向的置换思维，寻找产品与需求的联结点。

第 2 节　战略品类资源

菲利普·科特勒认为，产品是能够提供给市场以满足需要和欲望的任何东西，可以是一个具体的商品，也可以是服务、体验、事件、人物、地点、财产、组织、信息或者是观念。在战略营销管理的内涵中，产品是企业战略营销最为重要的基础资源。但是，我们深入战略营销过程来看产品资源的作用，我们发现，在以差异化作为营销基本策略的时候，从产品资源角度获取差异性存在一定的局限性。菲利普·科特勒认为产品差异化主要表现为形式、特色、性能质量、一致性质量、耐用性、可靠性、可维修性、风格等。在营销运作中我们难以解释雅客 V9、宁夏红枸杞

---

① 〔美〕菲利普·科特勒、〔美〕费尔南多·德·巴斯：《水平营销》，陈燕茹译，中信出版社，2005，第 81 页。

果酒、蒙牛草原奶属于产品差异化的哪一种。于是,我们的目光就瞄向了一个新的战略营销概念——品类资源。

一 品类的理论基础

品类在较早时期被称为产品的分类。营销人员划分品类的目的是找出与产品类型相对应的营销组合策略。特劳特在《精灵的智慧》一书中说:"您所需要的是第一或者第二的品牌,或者是一个全新的子品牌。我来解释一下,营销的基本问题是开创一个你能够率先进入某个领域的产品种类,这就是领先原理。"唐十三等在《品类》一书中认为,消费者心智中对多种事物、多种商品或多个品牌背后某种资源的集中认同形成品类。[①] 在现实中,每个消费者心中都有一个系统的品牌知识"数据库",即"心智数据库"(Mental Data Base)。该数据库是按照产品品类分组,以品牌信息为内容,根据消费者心智中的品牌位次进行排列,而组成的一个有机的、开放的完整系统,即品类及其所对应的子系统构成了"心智数据库"的基本构架。品类作为一种市场营销的策略,属于产品策略的范畴,建立品类就是有意识地创造开发出一种新的、具有鲜明个性的产品类别。

品类是满足消费者特定需求的基于消费者心智的产品资源的集合。在战略营销中,战略品类资源是指使企业以战略的高度分析市场的需求和企业自身的营销资源储备,从而开发的有助于企业提升战略营销竞争力的、具有个性的产品资源类别。这种产品类别正好满足或唤起了消费者的需求。单纯从企业角度来对产品进行分类已经不能适应市场发展的需要。品类已经成为制造产品差异化的重要手段。星巴克代表了"高端咖啡店"品类而成为著名的品牌;红牛代表"能量饮料"品类而获得市场;雅克V9构建了"维生素糖果"品类;宁夏红构建了"枸杞果酒"品类;农夫山泉构建了"天然水"品类从而在市场上异军突起。在这里,品类就是用概念在原有的产品类别中或在它的旁边开辟一个新的领域(当然,在产品中要有与概念相符的特性作为新品类的标志和概念传播的支撑),然后命名这个领域,把你开辟的新领域作为一个新品类来经营,把自己的产品作为这个新品类的第一个产品来经营,最先在自己开辟的市场中独占独享。

二 战略品类资源的意义

(一)品类是战略营销的基础

每个企业都会提供产品和服务。但在市场中都需要将这些产品和服务划分到一定的产品类别中。因此,在企业营销活动中,企业首先要建立品类。品类资源是满足顾客需求、获取营销竞争力的基础营销资源。建立品类能够帮助消费者清晰地认识自身的需求,

---

① 唐十三、谭大千、郝启东:《品类》,企业管理出版社,2007。

并能使企业在关键的市场空隙中找到自己的战略位置。宁夏红创造了"枸杞果酒"的品类,满足了消费者追求健康的需求,从而在关键的市场竞争中找到了自己的战略位置。

(二) 独特的品类资源可以使企业的战略营销优势更为突出

蒙牛"草原奶"品类的建立占据了消费者的心智,形成了一种具有差异化的品类资源,通过企业的战略营销推广,在消费者头脑中建立了独特的产品概念。企业的营销传播活动使消费者不自觉地将产品归结到企业理想的品类当中去。独特的品类资源可以使企业避免激烈竞争、降低推广费用、获得战略营销优势。

(三) 品类个性突出了企业战略营销资源的独特性,促进了企业品牌个性的培育

成功的品类都有其鲜明的个性特点。品类个性的确定基于人们对品类的整体认知,具体包括产品满足消费需要的价值、产品的物理形式以及产品生命周期所处的阶段。[①] 鲜明的品类个性突出了战略营销资源独特性、异质性的特点,使企业在品牌个性的建立上形成了品牌形象差异化的基础。

拥有具有鲜明个性的品类资源远比单个的产品资源更能使企业建立起战略营销竞争力,因此,从产品资源向品类资源的转变将会使企业获得更为充分的战略营销资源。

三 战略品类资源的消费者认知与信息加工

(一) 消费者认知与信息加工理论溯源

认知概念是现代认知心理学的核心概念,一般解释为认识或知识过程,即和情感、动机、意志等相对的理智或认知过程,它包括感知、表象、记忆、思维等,而思维是其核心。当代认知心理学把人看作一个积极的、具有主观能动性的知识获得者和信息加工者。人的认知活动,是对信息的加工处理过程,以及对客观事物变化和特征的反映,也是对客观事物之间相互作用和相互联系的表征。狭义的认知心理学认为,人的系统和计算机类似,人对知识的获得也是对各种信息的输入、转换、存储的过程。人的认识的各种具体形式就是整个信息加工的不同阶段(见图 8-1)。

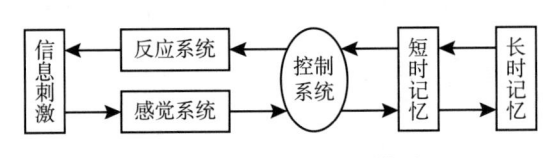

图 8-1 人类信息加工模型

资料来源:王甦、汪圣安:《认知心理学》,北京大学出版社,1992。

[①] 周志民:《品类个性的形成与作用机理》,《深圳大学学报》(人文社会科学版)2006 年第 2 期。

从图 8-1 中我们看到，信息经过感觉系统被短暂地保存在原始的感觉形式中。它经过控制系统，进入短时记忆和长时记忆（即处于信息存储）中。保存在长时记忆中的信息，被提取到短时记忆中，并且通过对问题的解决、决策过程，完成当前的工作任务。

对消费者认知与信息加工的研究是认知心理学在市场营销领域的应用。对消费者进行研究的目的是分析消费者在选择、购买和使用商品、服务时的行为方式，以便更好地满足其需求和欲望。通常，人们把消费者认知看作一个信息加工过程。认为消费者从接受商品信息开始，直至最终做出购买行为始终与对信息的加工和处理（消费者接收、编码、储存、提取和使用商品信息的过程）直接相关，它包括注意、知觉、表象、记忆、思维和语言等。在整个过程中，商品信息在消费者机体内流动，从注意、知觉开始，通过存储、提取直至最后决定、购买和使用。在这一过程中，消费者在长时记忆中存储的信息和新接收的信息整合，进而形成对该商品的态度，对消费者做出购买决定起着重要的作用。[①]

（二）品类资源的消费者认知与信息加工过程

在战略营销过程中，品类是企业以战略的高度分析市场的需求和企业自身的营销资源储备而开发的有助于企业提升战略营销竞争力的、具有个性的产品类别。品类成为企业具有战略价值的营销资源。从认知心理学角度来看，品类资源是满足消费者特定需求的基于消费者心智的产品资源的集合，也就是说，品类是依赖于消费者认知和信息加工而形成的营销资源。品类资源信息的消费者认知与信息加工过程如图 8-2 所示。

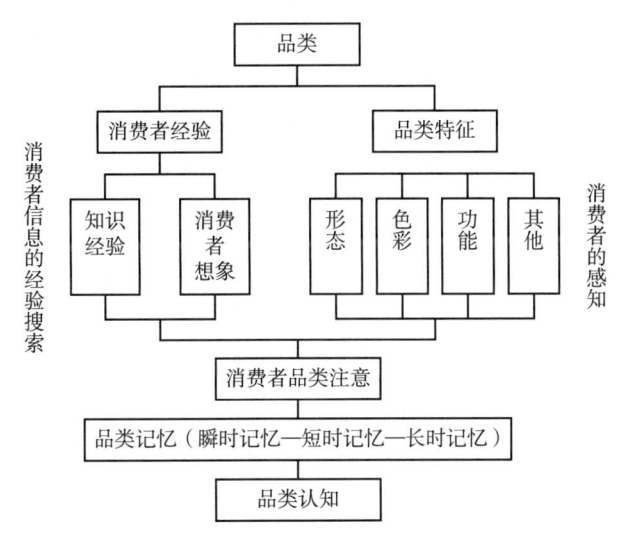

图 8-2 品类资源信息的消费者认知与信息加工过程

---

① 任宝崇：《商业心理学》，光明日报出版社，1989，第 121~122、173~174 页。

1. 品类资源信息的知觉过程

感觉是人类认识新世界的门户。消费者对企业发出的品类资源信息首先经历感觉的信息加工过程，通过感觉器官接收到品类资源独特的信息，如新品类概念、新品类色彩、传播方式、销售方式等，通过特殊的神经通路到达大脑的特定区域，形成品类资源信息的表征。

每个消费者都受到来自文化、社会、个人和心理因素的影响。基于消费者的知识、经验、个性、生活方式的影响，消费者对来自感觉的品类资源信息的表征有自己的解释，这就是品类知觉。在中国消费者的心中，来自内蒙古大草原的牛奶应该是最新鲜、无污染、有营养的牛奶，蒙牛乳业恰当地利用了消费者的认知，推出了"草原奶"的品类概念，获得消费者的认同。消费者知觉经历觉察、辨别和确认等过程，通过将已有的知识经验和获得的品类信息进行比较，在大脑中确定品类资源信息是什么，并把它纳入某个一定的范畴。在消费者知觉过程中，对客观事物的觉察、辨别和确认的阈限值是不一样的，因此，在品类知觉过程中，消费者就会对企业品类资源信息有不同的理解，这是市场分化的结果。这就需要企业在做品类概念时，首先要进行市场细分和目标市场选择，这样才能有效地传播品类概念。

2. 品类资源信息的注意过程

注意是人的心理活动对一定对象的指向与集中。20世纪60年代以来，对注意的认知理论研究主要有布劳德本特（D. E. Broadbent）的注意的过滤器模型、格雷（J. A. Gray）和魏德伯恩（A. A. I. Wedderburn）的注意的衰减器模型、多伊奇（Deutsch）和诺曼（Norman）的注意的反映选择模型。这三个理论涉及了注意选择作用的实质，以及人脑对刺激信息的选择究竟发生在信息处理加工的哪个阶段。

注意最基本的功能是对刺激信息进行选择和分类。首先，消费者对品类资源信息的注意实际上是选择性注意，也即消费者根据自己的经验和知识，对蜂拥而来的刺激信息是有选择性的。这就意味着品类资源信息必须努力注意消费者的意见。一项调查表明，人们一般注意这些刺激物：与当前需要有关的刺激物；他们期待的刺激物；跟一般刺激物相比有较大反差的刺激物。[①] 所以，在品类资源信息的传播过程中，要注重研究消费者的心智，找到消费者的注意点，这样才能获得品类传播的成功。

其次，消费者感知和注意到品类资源信息后，根据主观经验对其予以认定，并在大脑中进行分类，赋予其一定的意义，它是消费行为发生过程中关键的决定因素。消费者通过对某一新品类商品的消费或广告信息的接收，通常会形成对新品类商品的总体性认识，进而影响其对某种从未接触过但与他自身已有的对某类商品总体性

---

① 〔美〕菲利普·科特勒、〔美〕凯文·莱恩·凯勒：《营销管理》（第12版），梅清豪译，世纪出版集团和上海人民出版社，2006，第204页。

认识相一致的商品的认知。在获得有关品类资源的信息并将这些信息予以分类以后，消费者通常会在此基础上进行推断性思维，产生一些附加的额外认识。在实际生活中消费者常常通过"这种商品像什么"这一带有隐喻和推理色彩的方式去认知新品类商品。因此，通过精心设计的品类传播方式，运用隐喻和推理的原理传递品类资源信息，使消费者尽可能地理解他们所传递的品类资源信息，是营销者们的共同要求。

3. 品类资源信息的记忆过程

对记忆的研究始于1879年，艾宾浩斯开创了心理学对记忆的研究。所有接收到外界的信息、知识以及内在经验的个人都会产生记忆。记忆是过去经验在人脑中的反映，是人脑经过选择性注意后，信息加工过程的重要环节。认知心理学把记忆过程分为三个连续的阶段：信息编码（或称为习得）、信息存储（或称为保存）以及信息提取。品类资源信息形成消费者的记忆同样要经历这三个阶段。

品类资源信息编码是消费者对品类资源信息进行某种方式的转换与编码的过程，反映了消费者对品类资源信息的反复感知、思考、体验和操作的过程。显然，一个新的品类资源信息如果建立起与消费者已有的知识结构与经验体系的联系，就容易被消费者知觉或准确地摄取，形成信息编码。心理学上对这一阶段形成的记忆称为瞬时记忆。

品类资源信息存储是指消费者把信息编码阶段已加工处理过的信息以一定的方式保存在记忆系统中的过程。消费者形成的瞬时记忆存储都比较短暂，营销者总是希望消费者将品类资源信息保存较长时间。信息存储的质量能够反映营销者前期对品类资源信息传播的效果。认知心理学上将信息存储状况称为知识表征。品类知识表征可以是品类图像（如新品类商品图）、品类概念（如纯生啤酒）或者品类命题（如创维电视宣传的"不闪的才是健康的"这一命题）。

品类资源信息提取是指消费者在特定情境下从记忆系统中查找出已存储的信息，将其重现出来，并应用在特定地方与情境之中的过程。对品类资源信息的有效回忆是检验品类资源信息传播效果的关键。信息提取是长时记忆，随着认知心理学研究的深入，对品类资源信息的提取可以是外显的，也可以是内隐记忆，这将随着研究的深入对品类知识的传播具有重要的影响。

从品类资源信息感觉开始，消费者对品类资源信息加工经历了知觉、注意、记忆过程，为提高消费者的认知水平，企业应设计独特的品类资源，并开展品类资源信息的传播。面对品类资源信息的刺激，消费者经过自上而下和自下而上两种方向的信息加工过程，从而形成统一的知觉过程，消费者知觉过程对品类概念的形成具有重要的意义。消费者选择性注意促进品类资源信息的分类，从而促使新品类资源获得消费者的认同。经过消费者控制系统的信息传递，消费者大脑中会形成瞬时记忆、短时记忆和长时记忆,一个新品类资源被消费者记忆,并顺利实现市场销售,这是品类营销的成功。

四 战略品类资源的知识建构与知识表征

(一) 知识建构与知识表征的含义

人类的知识是通过建构获得的。① 知识建构是刺激信息在人脑中的存储与组织的过程。"知识建构"一词的最初使用主要集中于商业研究,其含义是知识创建。在教育领域,它则倾向于作为学习的同义词被使用,这使得知识建构与学习之间的区别变得比较模糊。学习是一种内部的、难以观察的过程,但能导致个体信念、态度或技能的改变,知识建构则会促成公共知识的创建或修正。

通常来说,知识建构中"建构"的含义意味着一个建构过程,其核心是如何促进学习者成为知识的建构者。王晰巍等认为,知识建构是使知识更易于理解和吸收的工作理念、工作过程和工作方法,核心要素包括知识组织、知识标引、知识导航和知识检索。② 对于人类的知识建构包括词汇的(lexical)和概念的(conceptual)两个部分,两者之间具有紧密的联系。③

人的大脑通过对词汇、语义概念的反应和学习形成了知识建构的过程。知识在人脑中的存储形式和呈现方式被称为知识表征。认知心理学对知识表征的阐述分为两类:第一类是信息加工的观点,认为知识的组织与呈现形式是符号的,所以知识表征包括概念、命题、脚本、图式、表象、产生的规则等;另一类是联结主义的观点,认为知识是以大脑中有组织的类似神经元的实体的联结方式予以存储、组织和呈现的。无论是哪一种观点,知识表征都具有两个共同特征:其一,人脑中的知识是以符号表征的;其二,知识表征存在于人的整个心理表征系统之中。④

(二) 品类知识建构过程分析

品类的知识同样是消费者通过建构获得的。一个企业创造出新的品类,依赖于消费者的认知和信息加工。消费者对新品类的概念、传播口号或品类命题的认识是通过品类知觉过程、品类注意过程、品类记忆过程形成的。消费者的认知过程就是品类知识建构的过程。具体来说,品类知识建构过程包括两个方面:品类词汇建构和品类概念建构。

1. 品类词汇建构

人能够辨识与读出语音、文字和词汇,说明人的大脑中有一部排列有序的"心

---

① 梁宁建:《当代认知心理学》,上海教育出版社,2003,第189页。
② 王晰巍、靖继鹏、赵晋:《知识构建对知识管理的优化研究》,《情报科学》2007年第7期。
③ 梁宁建:《当代认知心理学》,上海教育出版社,2003,第185页。
④ 梁宁建:《当代认知心理学》,上海教育出版社,2003,第189页。

理词典",外界刺激信息接触到这个心理词典的时候,马上能找到一个对应的"地址",人们可以知道这是什么。认知心理学把外在事物的刺激信息进入心理词典的过程称为词汇触接（Lexical Access）。对于品类知识来说,在消费者大脑中属于外界的刺激信息,会表现为一个个词汇,如"维生素糖果""枸杞果酒""草原奶""纯生啤酒"等。这些新词汇符号,通过两种途径触及消费者的心理词典。一是直接词汇触接,即无须通过媒介,直接触及消费者心理词典中的该品类词汇,从而产生词义信息。如蒙牛的"草原奶"概念,对于消费者来说,"草原"概念在其心理词典中是现成的,消费者可以有多种联想,与其产品相结合进行新品类词汇传播,消费者马上能反映出词义信息。二是间接词汇触接,也即品类词汇必须被转换成新的形式,依赖于媒介,才能触及消费者心理词典中该品类词汇的词义信息。如可口可乐是一种饮料的新品类,在其传播时必须被转化成消费者可以接受的形式并不断对其进行传播,消费者才能知道可乐是一种新的品类。

2. 品类概念建构

品类词汇须在消费者的认知系统中被建构起来,通过企业不断传播,品类词汇在消费者的认知系统中被建构起来。但是,单纯的词汇建构还不能有效达到品类资源信息传播的目的,还需要在消费者的心智中唤起与其具有语义联系的词汇,并促进其触接,我们称之为品类的语义启动。在营销实践中,"枸杞果酒"这个新品类词汇被传播后,消费者会与大脑中存储的知识或词汇建立联系,如已经具有的枸杞、果酒概念,这样就会促使消费者对这个新词汇的识别与觉察能力有所提高。显然,尝试仅进行一次新品类概念的传播很难引起消费者对新品类概念的注意,只有经过多次、反复不断地刺激、传播,才能使消费者形成新的品类概念。认知神经科学表明,只有刺激信息具有显著特征,语义启动效应才能较为明显。也就是说,只有企业开创的品类概念被赋予较为显著的特征时,才能有效地促进品类的语义启动,品类概念才能在消费者认知系统中建构起来。

（三）品类知识表征模型分析

认知心理学通过构建认知模型来说明个体内部的知识表征。知识表征模型主要有符号—网络模型、层次语义网络模型、原型模型和激活—扩散模型。我们以符号—网络模型、层次语义网络模型来说明品类知识表征。

1. 品类知识表征的符号—网络模型分析

符号操作系统范式和联结主义范式是当代认知心理学的两大范式。符号操作系统范式将人看作一个信息处理系统对信息进行加工处理;而联结主义范式则是基于神经学和数学,认为人类认知活动的本质在于神经元之间的联结强度,在于它们之间不断发生的动态变化以及对信息进行的是并行分布式的加工处理,也就是人类认知活动或智能是从大量单一处理单元的相互作用中产生的,这些简单的单元联结在一起组成神经网络来处理信息。符号—网络模型就是基于符号操作系统范式，利用数学和计算机程序的方式模拟和探讨人类知识的组成方式或人类知识呈现方式的。用符号—网络模型来表达品类的知识表征，可以这样分析：在图8-3中，词汇"枸杞果酒"在符号上能表征"是一种果酒"和"有枸杞"成分的基本特征，可见在词汇"枸杞果酒"的符号上具有关于枸杞果酒品类的概念或知识。建立起这样的概念，就能够反映出品类关系和品类的本质特征，就能够在消费者的头脑中建立起品类的概念。在图8-3中，果酒概念与枸杞果酒概念是由节点和连线建立起来的，箭头的方向代表了概念的归属，不能进行反向描述。

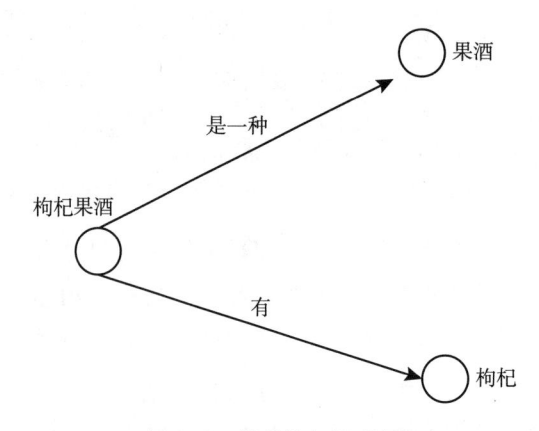

图 8-3 品类的知识表征

符号—网络模型中节点和连线的基本假设是，人脑中知识的存储、组织或呈现都是在符号网络节点之间进行的。消费者对品类的概念同样是沿着这样的节点和连线方向进行检索，一直到消费者心智中熟悉的概念才停止检索，提取知识。如维生素糖果就是按照维生素糖果—糖果—糖的顺序检索的，根据符号—网络模型的表述，企业构建品类知识时，必须要有这样的检索顺序，并促使消费者找到熟悉的概念，这样才有利于品类的传播，消费者难以检索到熟悉的概念，就需要花费大量的营销资源去建立这样的概念，这对企业来说是有风险的。

2. 品类的层次语义网络模型

层次语义网络模型是符号—网络模型的特例之一。该模型认为，语义知识可以表征为一种由相互联结的概念组成的网络。

认知心理学认为，人脑中的概念是相互联系的，概念是对客观事物本质的反映，每个概念都具有一定的本质属性和特征，其中有些特征与其他概念属性和特征有联系。因此，品类的层次语义网络模型表达这样的含义：新品类概念都具有从属于上一品类概念的特征，这决定了品类知识表征的层次性；每个品类概念都具有一个或多个特征。这些概念通过节点和连线构成复杂的层次语义网络。

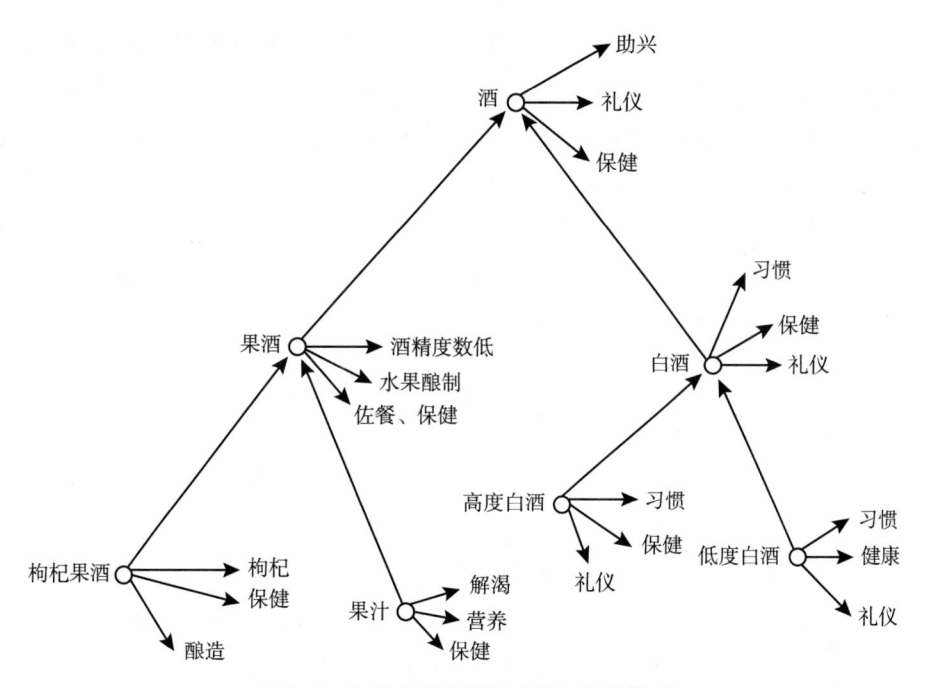

图 8-4 枸杞果酒品类层次语义网络模型

从品类的层次语义网络模型中可以看到，品类概念之间是相互连通的。一个新的品类概念通过节点和连线总会找到最终的品类原型。如"枸杞果酒"最终会检索到"酒"这个品类原型（见图 8-4）。同时，果酒和白酒是同一层级的概念，它们通过一定的逻辑关系建立起联系。认知心理学认为，在层次语义网络模型中，知识的组织，是按照经济性原则进行安排的，也是说人们不会将保健功能与高度白酒储存在一个节点上。

品类的层次语义网络模型通过逻辑关系建立起品类概念网络，为新品类概念找到了认知的根源，厘清了消费者认知新品类概念的途径，为建立新品类提供重要的思路。

五　战略品类资源案例研究[①]

宁夏香山酒业（集团）有限公司（以下简称"香山集团"）是国家农业产业化重点龙头企业，是宁夏回族自治区重点扶持的优势骨干企业之一。香山集团在激

[①] 资料来源：李志刚、逄增伦、李兴旺《"宁夏红"——技术突破型快速成长》，《企业研究》2008 年第 3 期；荀晓赟《"宁夏红"枸杞酒品牌创建解码》，《企业研究》2007 年第 2 期；牛国元等《"宁夏红"产业困局的解决之道》，《决策》2007 年第 2 期；邓宇《西北特色资源企业快速成长后战略定位再造的关键路径研究——以"宁夏红"为例》，《时代经贸》2006 年第 S3 期；安予苏《宁夏红的市场营销策略》，《企业活力》2005 年第 7 期；杨旭东《"宁夏红"持续竞争优势对策论》，《宁夏党校学报》2004 年第 1 期。

烈的市场竞争中，潜心研究市场，秉承西夏文化、塞上文化、黄河文化、枸杞文化，并以此为背景，挖掘文化做品牌，立足创新求发展，实施多品牌市场运作战略；坚持用科技打造品牌，以质量开拓市场，靠信用树立形象，不断整合多种资源，以科学创新的管理思想、独特卓越的文化品位，打造香山品牌，走出了一条健康稳定的发展之路，发展成为极具潜力的科技型集团化公司，形成了以"宁夏红"为主导品牌、以枸杞产业为主营业务，集白酒、葡萄酒、饮料、面粉加工、包装印刷为一体的多元化经营格局。年销售收入亿元以上，利税4000多万元，并以每年3位数的增长速度快速发展。

（一）挖掘产品的核心价值

世界的枸杞在中国，中国的枸杞在宁夏。中宁作为"宁夏红"的原料种植基地，这里光照充足，有效积温高，昼夜温差大，发源于六盘山与黄河交汇处的山洪冲积土壤，矿物质含量极为丰富，腐殖质多，熟化度高，灌溉便利，水质独特，正是这一独特的地理环境和小区域气候为枸杞生长提供了最优越的自然环境，从而使中宁县成为中国枸杞的发源地，成为中国枸杞之乡。就世界范围内来看，中宁枸杞产区的特殊地位可以与法国波尔多葡萄产区的地位相媲美。中宁枸杞早已闻名遐迩、独竟风流。但特产只是一种地域资源，真正发挥其特色优势，还必须通过产业链的锻造，孵化出一种提升这种特产资源高附加值的产业助推器，使资源优势变为经济效益优势。

西北地处偏远，经济相对落后，但有着丰富的特色资源，长期以来由于战略观念的落后，出现了"手捧金饭碗要饭吃"的局面。枸杞是宁夏的特色资源，它的种植历史、生长特性都体现了宁夏的地方特色，以其独特的药用和食用价值享誉中外。但受地方传统思想以及一些客观因素的影响，枸杞这一资源优势并没有被充分开发利用，只是简单地停留在以卖原料为主的原始加工状态，没有成熟的、高附加值的专业深加工产品，更没有突出品牌。宁夏枸杞本身所具有的价值是无限的。利用有限的资源创造无限的价值，形成产业链条，打造品牌效应，这是香山集团发展枸杞产业的品牌战略出发点。

香山集团是当地的一家以白酒为主业的企业，但处在只有600万人口的宁夏，很难把一个白酒企业做大。香山集团董事长张金山说："白酒市场在国内是一个夕阳产业，竞争激烈。整个市场已经被大品牌、强势品牌分割了，我们显然没有更多的竞争优势，也没有市场的规模，只有一些西部酒的概念，这不是我们竞争的主要优势。所以我们这样一个企业，既要从企业实际出发，又要按照市场发展的方向规律，研究企业下一步发展的路子，用白酒'走出去'显然难度很大，没有优势。"

香山集团琢磨着如何把白酒与枸杞结合，在利用自身优势的基础上把枸杞的价值"发扬光大"。但是白酒和枸杞的组合仅仅停留在几百年流传下来的"泡"的组合上，无法在产品层面进行推广。张金山说："企业的发展要么是习惯性思考，要么就是进行创意,这种创意就叫作逆向性思维,这种思维更多的就是创新。我们研究企业的定位,研究企业的发展战略,进行差异化的思考:企业的优势有多少,企业的劣势是什么,然后来做我们的产品创新。"

顺着这样的思路,香山集团开始了其不同凡响的产品创新之旅。要做到这一点必须利用宁夏枸杞的资源优势,借助消费者的心智资源打造产品的差异化形象。由于地域的差异,产品资源禀赋存在巨大差异,再加上长期以来历史文化的熏陶,就会在消费者心目中留下独特的心智资源,如蒙牛草原奶概念、法国波尔多葡萄酒概念、山西醋饮产品概念,企业根本不用宣传,消费者自然就心领神会。

枸杞是宁夏的特色产业,更是宁夏的标志性产品,有着明显的地域资源优势,美誉度极高,享誉海内外,具有中国化、国际化的市场前景。文化是品牌创建、品牌经营的精神动力。把文化与品牌结合,有利于增强特色产品资源的文化品位。人类对宁夏枸杞的药用历史可追溯到2000多年前的《诗经·小雅》:"陟彼北山,言采其杞。"《神农本草经》记述:"久服枸杞子轻身不老。"《本草纲目》将枸杞列为本经上品:"滋补肝肾,益精明目。"《宁夏中卫县志》记载:"全国入药枸杞皆宁产也。"由此可见历代药书对枸杞评价甚高。宁夏枸杞富含多糖、蛋白质和氨基酸等20多种人体必需的元素。"宁夏红"正是凭借着消费者的心智认同,挖掘了产品资源的核心价值,取得了初步的成功。

(二) 创造独特的品类资源

对于资源产业而言,绝大多数企业依托的都是同质性资源,当地任何企业都可以同等地得到,这就客观上隐含着此类企业竞争趋同的可能,而竞争趋同和互相模仿会引发整个产业的迅速衰落。寻求建立真正独特竞争优势的企业,绝对不能只对资源简单开发运用,而是要转变观念,开辟新的资源加工方向,即使是那些习以为常的加工环节,都不能放松对技术突破的探索。因此,宁夏红并没有复制其他企业的品牌建设道路,而是以地方优势、资源优势的战略高度为起点,进行产品品类的创新。

宁夏红联手国内权威的科研机构,利用现代科技对枸杞加以萃取精炼,率先利用枸杞鲜果低温发酵技术,打破了千百年来人们以枸杞浸泡酒的传统制造方式,使枸杞有效成分的吸收率由10%提升至90%,有效地提升了产品的科技含量。宁夏红枸杞果酒经过精选、清洗、低温发酵精酿等数十道工序,创新了枸杞产业。宁夏红枸杞果酒独树一帜,打破了白酒、啤酒、葡萄酒三分天下的中国酒行业的传统格局,开创了健康果酒的新时代,一个全新的酒类——枸杞果酒诞生了。

通过多方面研究中国酒行业的发展趋势,宁夏红得出了一个结论,随着人们消费心理的变化,随着消费者"健康"饮酒需求的增加,啤酒、葡萄酒产业迅速崛起,快节奏的生活使得"饮酒健康,健康饮酒"的饮酒理念越来越受到欢迎。在这样的市场背景下,宁夏红枸杞果酒正引导着消费需求的变化。"宁夏红"将产品定位为"健康果酒",从而避开了"健康保健酒"的定位。"果酒"具有纯天然、绿色的认知,人们对其的认识是温和健身,香山集团决定推出自己独创的"枸杞果酒"产品,起名"宁夏红"。宁夏红定位于追求身体健康的中年人群,主打保健牌,并用"宁夏枸杞、鲜果酿造、工艺独特"等卖点来吸引消费者。过去产业对酒的分类是白酒、啤酒和果酒等几大类,但宁夏红提出了"健康果酒"的概念,从而开辟了一个全新的领域。2001年,宁夏红正式上市。这样的产品定位,使其一举打入了中高档酒类的餐饮市场和礼品市场。同时,宁夏红在枸杞文化的基础上,大胆创新,从外包装到终端促销,都以文化的品牌传播为战略,在目标消费群体中形成一种文化。人们提起宁夏红,首先想到的是枸杞,而枸杞是天然的,是健康的。宁夏红满足了消费者的文化诉求,成为健康的代表,在人们心中烙下了温情文化的印记,从而大大提升了宁夏红品牌的市场竞争力。2005年8月,在由中国酒类财富论坛组委会组织的首届"中国最具影响力的20个酒类品牌"推评活动中,宁夏红"以其个性化的影响力"在4万多家酒类品牌中脱颖而出,与"五粮液"等名酒一道成功入围。董事长张金山引用评审团的话说:"在果酒这一领域,宁夏红是开拓品牌并做到了第一,它以特色产业、特色资源打造了特色品牌,并为中国果酒指出了发展方向。"

产品层面无疑是有吸引力的。但枸杞果酒是一个全新的品类,消费者对此一无所知,所以打入市场、引导消费者的任务也就落到了厂家的头上。宁夏红在推广的过程中把枸杞的颜色想象、中国的"红"文化和宁夏的地域特色结合起来,大打"红"品牌。宁夏红采用特别的扁瓶,选择传统装束的女孩做形象代言人,以"健康果酒"为核心概念,欲以此在消费者心目中建立枸杞果酒的品类标准。宁夏红还聘请了叶茂中策划机构对产品进行了全面的包装,并开始在中央电视台和各地方电视台大量投放广告,加之地方经销商的终端活动配合,很快在全国形成了一阵"红色风暴"。"每天喝一点,健康多一点"的广告语也深入人心。2003年宁夏红在全国的销量达到3亿元,宁夏红取得了初步的成功。宁夏红甚至加大了对市场的投入,以期培育更大的消费群体。

为了把宁夏红培育成国内外的知名品牌,香山集团实施了全方位、立体化的品牌塑造战略,提高产品知名度,拓展市场领域,开辟了消费空间。宁夏红在原有的全国28个省份200多个中心城市建立营销网络的基础上,又逐步开拓,形成了以各省份办事处为管理中心的省、市、县三级营销体系,使县级市场得到了全面开发,启动了产品的市场终端消费。近几年,宁夏红将营销战略定位在国内、国际市场的高度,建立了营销新渠道、新网络,将健康送进千家万户,使宁夏红赢得了更广阔的市场和品牌知名度。

在战略营销管理中,企业要开发新产品,提升营销竞争力,创造优于竞争对手的顾客价值首先就要从产品本身来挖掘。尤其在营销战略讲求"归核化"的今天,聚焦独特资源，立足原料优势，回归价值本位，"从原料中来，到原料中去"，创造新的产品品类，在资源高度上走入消费者心中。宁夏红的战略营销体现了基于产品和品类的战略营销资源培育和应用的主旨。

本章小结

战略产品资源是企业为获取顾客价值的产品和服务的集合。战略产品资源不仅仅停留在现有资源上，还需要进行创新。品类是满足消费者特定需求的基于消费者心智的产品资源的集合。在战略营销中，战略品类资源是企业以战略的高度分析市场的需求和企业自身的营销资源储备而开发的有助于企业提升战略营销竞争力的、具有个性的产品类别。这种产品类别正好满足或唤起了消费者的需求。学习本章，可以在了解和掌握战略产品资源的理论和现实背景的基础上，更为深入地理解战略营销理论的内涵。

案例训练1：强生公司

强生公司（以下简称"强生"）成立于1886年，是全球最具综合性、业务分布范围广的医疗健康企业之一，业务涉及医疗器材、制药和消费品三大领域。总部位于美国新泽西州新布仑兹维克市，在全球60个国家（地区）拥有260多家运营公司，全球员工超过13万人，2020年全球营收达826亿美元，全球研发投入达122亿美元。强生坚信健康是活力人生、繁荣社区和不断进步的基础。正因如此，130多年来，公司始终致力于推进健康事业，让人们在每个年龄段和每个人生阶段都保持健康。

强生的产品线涵盖了婴儿护理、医疗用品、家庭保健产品、皮肤护理用品、隐形眼镜和妇女卫生用品等系列产品。其著名的"邦迪"牌创可贴更是许多人居家外出的必备品。1950年，强生主要生产医疗产品以及家庭用品（绷带、缝线还有牙科用品等）。20世纪50年代后期，公司高管提出，要想让公司持续增长，需要向制药业拓展。于是，并购成为公司的最佳选择。强生瞄准了在当时同为家族企业的麦克尼尔公司。该公司从家族药店起步并逐渐成为具有一定影响力的制药公司，专注的领域是镇静剂、肌肉麻醉剂等。1959年，强生收购了麦克尼尔公司。事实证明，自从不含阿司匹林的泰诺成为非处方药以来，麦克尼尔公司为强生创造了巨大的收益。此次并购使得强生成功迈入制药领域。而收购与自己价值体系类似的公司也成为强生收购的法宝之一。

资料来源：强生公司官网；刘姝威、李艺若《从强生，我们学到什么？》，《企业管理》2013年第7期。

案例思考：强生的产品如何支持其战略营销？

案例训练2：云南白药

云南白药创制于1902年，集品牌、产品和公司名称于一身，是业内公认的中华老字号中最具有创新力的代表。品牌价值300多亿元，排全国药企前四、中药第一，2021年7月入选全球制药品牌价值25强、被评为中国最强的医药品牌。

云南白药集团在发展当中，把客户的需求作为经营和发展的中心，不仅满足了不同消费者的需求，同时也扩展了医院市场，开发生产出多品类、综合结构性白药产品，充分体现了白药在开发新一代产品时注重提高患者临床用药的快捷便利性，并补充多种内服和外用结合的制剂，构成隶属云南白药集团股份有限公司的立体综合白药产品体系。云南白药产品线主要分为药品、健康品、中药资源和医药物流四大板块，各个板块相对独立，同时又相互支撑。目前其已开发出药品及医疗器械系列、原生药材及养生系列、茶品系列以及大健康产品系列四个主要产品系列，形成了较完善的产品线。在药品产品线上，除生产名誉中外的云南白药外，云南白药集团还从散剂药剂中研制开发了多种胶囊剂、酊剂、膏剂、气雾剂、胶布等，使云南白药的胶囊内服和散剂外用更有效、便利、快捷，更好地适应了当代消费者的用药需求。

云南白药创可贴、云南白药牙膏的相继问世，不仅表明了云南白药复兴"老字号"的战略选择，更为国内制药企业探寻产品创新的有效途径提供了崭新思路：中药与材料科学的结合。这种创造性思维的实质在于：将"云南白药"保密配方视为"添加剂"与其他高度发展的产品结合，让"云南白药"神奇疗效在充分竞争的产品市场中开辟出新的市场空间。

资料来源：云南白药官网；李超、巴淳《云南白药市场营销策略分析》，《企业改革与管理》2021年第10期。

案例思考：从云南白药的案例中分析其如何利用战略产品资源获取营销竞争力？

战略营销实训

战略营销实训1：营销辩论

对于消费者来说，往往是从外观、感受以及其他设计因素方面对产品进行感知，这也是他们判断产品具有差异性的地方，但战略营销决策者认为，产品不仅体现在现实方面，未来产品研发的方向才是真正体现产品差异化的重要方面。请根据实际来辩论：

正方：产品真正的差异体现为未来产品研发的方向和创新

反方：产品差异就是产品外观和功能的差异

战略营销实训2：课堂讨论

战略营销认为，战略品类资源是指企业从战略的高度分析市场的需求和企业自身的营销资源储备而开发的有助于企业提升战略营销竞争力的、具有个性的产品资源类别。这种产品类别正好满足或唤起了消费者的需求。请根据战略品类资源的知识建构与知识表征理论分析现实市场中的战略品类资源。

第9章　战略品牌资源

本章要点

战略品牌资源是指企业为获取营销竞争力而赋予产品和服务差异性标志的战略营销资源。这个差异性标志可以是一个名称、术语、标志、设计或者组合，企业通过品牌创造产品或服务的差异，帮助消费者获取品牌知识进行购买决策，战略品牌资源使企业获得了更多营销价值。战略品牌资源是企业获取核心竞争力的源泉，提高顾客的满意度和忠诚度，提高顾客价值，提高企业对于渠道成员的控制力和讨价还价的能力。战略品牌资产是战略品牌资源的重要形式。随着品牌在企业战略活动中的衍化，深入分析品牌进化对理解战略品牌资源具有重要意义。

关键术语

战略 Strategy
市场营销 Marketing
营销管理 Marketing Management
需求 Needs
市场 Market
战略营销 Strategic Marketing

学习目标

核心知识：了解并掌握品牌理论的基本含义
　　　　　了解并掌握战略品牌资源的概念与内涵
　　　　　了解并掌握战略品牌资产的含义及分析框架
　　　　　了解并掌握品牌进化对战略营销资源的重要意义
核心能力：能够运用战略品牌资源理论分析企业品牌战略，具有制定品牌营销
　　　　　战略的能力

课程思政目标：按照中国传统文化理解中国品牌资源的内涵

> **引导案例**
>
> ### 最佳战略营销实践：全聚德：老字号的品牌之路
>
> 全聚德是一家成立于 1864 年（清朝同治三年）的中式餐饮老字号，2007 年成为首家 A 股上市的餐饮老字号企业。全聚德集团在国内几十个城市已有百余家门店，在日本、加拿大、澳大利亚、法国等拥有多家特许门店。进入 21 世纪，随着移动互联网时代的到来，年青一代消费群体的媒介接触习惯发生了很大变化，全聚德集团也适时跟进，开创了"互联网+餐饮"的品牌传播和销售渠道。在 PC 端，"全聚德"的官网平台建设不断完善，消费者可通过平台预约桌位、点餐和订外卖。在移动端，"全聚德"通过微信公众号和微博等新媒体平台的运营与维护，拓展营销渠道、推广品牌理念和维护客户关系。"全聚德"也入驻了美团等流量较大的外卖平台，不但贴近年青一代的消费习惯，也能借助平台的力量促进品牌传播。此外，全聚德集团将餐饮品牌延伸到食品领域，实行"餐饮+食品"双轮驱动策略，研发上市了真空烤鸭、鸭类休闲食品、月饼、汤圆、糕点等众多全聚德品牌的包装食品，在商超及机场车站等客流密集区域售卖，拓展了"全聚德"品牌经营领域。全聚德集团坚持"品牌+资本"发展道路，"强强联合"，开展资本经营创新，提升品牌的运营空间、运营实力和市场覆盖能力。由"全聚德"与华天饮食集团、北京国源有限公司共同控股的"聚德华天"，成为京城拥有老字号品牌最多、涵盖菜系最丰富的餐饮集团。
>
> 资料来源：全聚德集团官网；张景云、周野《"全聚德"品牌创新经营及其对餐饮老字号的启示》，《对外经贸实务》2017 年第 4 期。

党的二十大报告提出："要建设现代化产业体系，坚持把发展经济的着力点放在实体经济上，推进新型工业化，加快建设制造强国、质量强国、航天强国、交通强国、网络强国、数字中国。"2014 年 5 月 10 日，习近平总书记在河南考察时强调："推动中国制造向中国创造转变、中国速度向中国质量转变、中国产品向中国品牌转变。"一个企业单纯依靠基础性的战略营销资源的产品和品类资源是不行的。在竞争激烈的市场中，产品和新的品类资源可以使企业立足于市场，找到一条成功的道路，但并不一定保证成功。今天市场中流传着"一流企业卖品牌，二流企业卖技术，三流企业卖产品"的说法，道出了其中的奥秘。进入 21 世纪的企业，面对着需求个性化的消费者，打造具有个性化的品牌、积累战略品牌资源是培育企业战略营销资源的重要目标。

第1节　战略品牌资源的概念与性质

在众多产品存在的市场中,品牌是区别竞争对手品牌的重要方法,也是引起消费者注意、促进企业销售的最直接的手段。品牌是企业重要的战略营销资源。菲利普·科特勒认为:"一个成功品牌的核心是一个伟大产品或者服务,并有创新的设计和出色的营销支持。"[①] 海尔从创立到如今成为世界名牌,始终以稳定的高水平的产品质量、周到的售后服务和个性化的设计使客户成为企业忠实用户,而品牌不断维系着这种忠诚感。海尔的这种与用户的互动关系、P&G 的品质管理、斯沃琪手表的长期差异化营销策略、戴尔实施的定制化营销、麦当劳的特许经营是品牌在市场中成功的关键。所以品牌是有序经营的,企业通过制订、执行品牌计划,不断地细分市场和开发市场,制定营销策略和战略,从而达到树立名牌形象的目的。

一　品牌是什么?

品牌的概念起源于欧洲,"Brand"是标记、铭刻的意思。伴随着欧洲文艺复兴,品牌得到了迅速的发展,尤其是进入 20 世纪以来,品牌在营销市场中发挥巨大作用。一些著名品牌也相继诞生。奔驰、喜力、可口可乐、吉列等名牌成为市场地位的标志。

美国营销协会认为,品牌是一种名称、术语、标记、符号或设计,或是它们的组合运用,其目的是借以辨认某个销售者或某群销售者的产品或服务,并使之同竞争对手的产品或服务区别开来。[②] 凯文·莱恩·凯勒在《战略品牌管理》中认为,品牌源于消费者反映的差异。他说:"首先,品牌就是产品,但它是加上其他各种特性的产品,是其以某种方式区别于其他用来满足同样需求的产品。这种差异也许是理性的、可见的(与品牌业绩有关),或更加具有象征性、更加情感化,更不可见(与所表现的品牌有关)。"[③] 品牌从本质上说是向消费者传达的一种信息,包含着属性、利益、价值、文化、个性、使用者等六层意思。品牌对企业和消费者来说都具有非常重要的作用。品牌对消费者来说可以使消费者识别产品来源、了解品牌的质量、减少购买风险、降低搜寻成本、优化购买选择等。对制造商而言,品牌可

---

① 〔美〕菲利普·科特勒、〔美〕凯文·莱恩·凯勒:《营销管理》(第 12 版),梅清豪译,世纪出版集团和上海人民出版社,2006,第 303 页。
② 〔美〕菲利普·科特勒、〔美〕凯文·莱恩·凯勒:《营销管理》(第 12 版),梅清豪译,世纪出版集团和上海人民出版社,2006,第 304 页。
③ 〔美〕凯文·莱恩·凯勒:《战略品牌管理》(第 2 版),李乃和等译,中国人民大学出版社,2006,第 6 页。

以区别于竞争对手、树立竞争优势、增加产品附加价值、受到法律保护、导入新产品等。

二 品牌研究的内容

对品牌内涵的理解也是伴随着经济的不断发展,企业对市场、产品的认知水平以及消费者的认知水平的提升而逐步得到深化的。品牌的发展阶段可以分为四个阶段:品牌是标记和象征;品牌是法律和形象;品牌是认知和企业;品牌是资产和关系。① 这些阶段概括了品牌研究的历程。

(1) 品牌定位。自从里斯和特劳特提出定位理论以后,品牌定位成为研究品牌理论的首要环节。菲利普·科特勒认为,品牌定位就是设计公司的产品、服务以及形象,从而在目标客户的印象中占有独特的位置。目前对品牌定位的研究主要侧重于品牌定位策略与品牌的再定位。

(2) 品牌设计。品牌设计包括品牌名称设计、品牌标识设计两方面。

(3) 品牌个性的研究。品牌个性是指产品或品牌特性的传播以及在此基础上消费者对这些特性的感知。关于如何认识和塑造品牌个性是其主要的研究内容。

(4) 品牌形象。从20世纪50年代以来品牌形象就散见于一些学者的著作中,纽曼认为品牌形象可能包括功能的、经济的、社会的、心理的等方面。其后心理学、战略管理理论都对品牌形象进行了研究,在今天我们认为品牌形象是消费者对传播过程中所接收到的所有关于品牌的信息进行个人选择与加工之后存留于头脑中的关于该品牌的印象和联想的总和。对品牌形象的研究集中在品牌形象的构成与塑造方面。

(5) 品牌传播。品牌传播是品牌研究的重要内容,目前的关键是如何实现整合营销传播,提升品牌的传播效率。

(6) 品牌文化。彼得·德鲁克认为,管理是一种文化现象,世界上不存在不带文化的管理。品牌中同样含有文化,包括品牌利益认知、情感属性、文化传统、品牌个性等内在因素和名称、口号、品牌传播方式等外在因素。品牌文化如何构成,怎样培育品牌文化是研究的主要内容。

(7) 品牌系统管理。品牌的发展重在管理,主要涉及品牌系统管理策略、品牌延伸以及品牌系统管理组织。品牌系统管理的策略目前主要有:单一品牌策略、多品牌策略、主副品牌策略、联合品牌策略等。品牌延伸是具有战略意义的品牌管理行为。如何进行品牌延伸以及品牌延伸的效用分析是目前研究的重点。

(8) 品牌资产。20世纪80年代以来,品牌资产成为重要的营销概念。大卫·阿克(David A. Acker)等学者对品牌资产进行了深入研究。目前对品牌资产的研究

---

① 卫海英:《品牌资产生成路径》,经济科学出版社,2006,第16~18页。

包括对品牌的知名度、美誉度和忠诚度以及品牌认知与品牌联想等元素的研究以及品牌资产的建立、评估、保护等方面。在现代营销管理中，品牌资产是企业的战略性资源。品牌资产研究是品牌研究的热点和重点。

三 战略品牌资源的含义

在基础营销学中，人们对品牌的认知有一个逐渐深入的过程。菲利普·科特勒在《营销管理：分析、计划和控制》中仅仅将品牌决策作为企业产品决策的一个组成部分，他认为："产品品牌化可以增加产品的价值，所以它是产品战略的一个实质问题。"[1] 而在 2016 年出版的第 15 版中，品牌问题所占篇幅达到两章之多，从品牌定位到创建品牌资产，品牌在营销战略中已经举足轻重。该书中认为："或许专业营销人员最独特的技巧就是他们创造、维持、提升和保护品牌的能力。"[2] 在这里品牌已经上升为营销战略问题。从战略营销管理角度看待品牌的价值和作用具有更为重要的意义。

在战略营销中，只有资源具有相对于竞争对手的差异性，并且是不完全流动的，才能使得不同的企业之间可能会长期存在差异，从而获取竞争优势。品牌是企业占有的资源中最能体现差异化的战略营销资源。企业在长期的战略营销过程中，产品、品类的设计因为竞争对手模仿而逐步丧失其差异性，但是品牌得益于企业的营销支持和培育而在消费者心目中形成独占性的资源，将对企业获取持久的超额利润和营销竞争力具有重要作用。

在常规的市场发展中，价格战、包装战、渠道战、促销战常常使企业疲于奔命，这就是通常所说的红海战略，企业难于超越竞争，只好应对竞争，常常在红海战略中与竞争对手两败俱伤。一个拥有强势品牌的企业，首先可以获得顾客强烈的品牌认知，并获取延伸品牌、推广新产品的优势，从而带领企业走出红海，获得差异化的竞争优势；其次，品牌资源拥有的差异化优势可以帮助企业构筑竞争壁垒，阻止新竞争者的进入，企业可以在一片蓝海中提高产品创新能力和服务质量，促进顾客价值的提高。由此，战略品牌资源是指企业为获取营销竞争力而赋予产品和服务差异性标志的战略营销资源。这个差异性标志可以是一个名称、术语、标志、设计或者组合，企业通过品牌创造产品或服务的差异，帮助消费者获取品牌知识进行购买决策，战略品牌资源使企业获得了更多营销价值。

---

[1] 〔美〕菲利普·科特勒：《营销管理：分析、计划和控制》，梅汝和等译校，上海人民出版社和西蒙与舒斯特国际出版公司，1996，第 607 页。
[2] 〔美〕菲利普·科特勒、〔美〕凯文·莱恩·凯勒：《营销管理》（第 15 版），何佳讯等译，格致出版社和上海人民出版社，2016，第 279 页。

四　战略品牌资源的营销价值

（一）战略品牌资源是企业获取核心竞争力的源泉

从核心竞争力角度来看，品牌是企业核心竞争力的源泉。核心竞争力是一种基础和源泉，蕴藏于企业的内部，是一种无形的综合力量，是企业资金、技术、人力资源、产品、企业形象、宏观政策、营销等诸多力量的集合，具有很强的独特性、综合性，是企业在竞争力中所具有的独特的相对优势。[①] 品牌资源对企业核心竞争力的影响最大。英特尔近几年开展了一项经典的广告计划，任何一家电脑生产商只要在其广告上加入英特尔公司认可的"Inter inside"图像或标识，英特尔就会为其支付40%的广告费，英特尔在该计划上每年的花费高达2.5亿美元，但正是这笔高昂的费用使英特尔不仅在最终用户中建立了强大的品牌形象，还透过英特尔的品牌效果限制了电脑生产商在最终用户中的影响，使英特尔CPU成为顾客的关注对象，而不是计算机的品牌。品牌的竞争力是英特尔在市场竞争中形成优势的关键。

（二）战略品牌资源可以提高顾客的满意度和忠诚度以及顾客的价值

顾客满意是现代营销理论研究的重点内容，通常是指顾客所获得商品和服务的绩效与付出的成本之间的比较。顾客满意对企业非常重要，有这样一组调查数据：96%的不满意顾客不会向经营者抱怨自己受到的不公正待遇；90%的不满意顾客不会再次光顾你的商店；每个不满意顾客都会将他们受到的不公正待遇至少向9个人抱怨；13%的不满意顾客会向20个以上的人宣传你的商品或服务质量是如何糟。顾客满意理论考虑问题的起点是顾客，是要建立为顾客服务、使顾客感到满意的系统，即要站在顾客的立场上考虑和解决问题，要把顾客的需要和满意放到一切考虑因素之首。顾客满意可以提高顾客的忠诚度，提高顾客的价值。显然在现代营销竞争中，拥有强势品牌的企业可以不断提高顾客的满意度，并逐步提高顾客的忠诚度，提高顾客的价值。

（三）战略品牌资源可以提高企业对渠道成员的控制力和讨价还价的能力

一个企业对渠道成员的管理能力依靠自身的品牌强势程度，显然在拥有强势品牌资源时，企业可以管理和控制中间商，使其能够按照企业的渠道政策执行。但若企业缺乏对中间商的控制力，那么即使找到了较大的渠道成员，企业也会因难以控制的问题而产生渠道矛盾。

[①] 李光斗：《品牌竞争力》，中国人民大学出版社，2004，第21页。

第 2 节 品牌资产

品牌资产这一概念于 20 世纪 80 年代由广告公司最早使用。一般从两个方面分析品牌资产：一方面是基于企业视角的定义，主要是从给企业带来实际收益、竞争优势、市场扩张能力等方面来定义品牌资产；另一方面是基于消费者视角的定义，主要是从消费者角度来定义品牌资产，如 Aaker 认为品牌资产指"与品牌、名称和标识等相关的一系列资产或负债，可以增加或减少通过产品或服务给企业或顾客带来的价值"。[1] Keller 认为品牌资产本质上是："顾客头脑中已有的品牌知识，导致顾客对品牌营销活动的差别化反应"。[2] 菲利普·科特勒和凯文·莱恩·凯勒也是从顾客角度来分析品牌资产的。他们认为，品牌资产是附加在产品和服务上的价值。这种价值可能反映消费者如何思考、感受某一品牌并做出购买行为，以及该品牌对公司的价值、市场份额和盈利能力的影响。品牌资产是与公司的心理价值和财产价值有关的重要的无形资产。[3] 目前学术界主要做综合两种研究视角的工作，中国学者卢泰宏、符国群、范秀成等在近年来都对品牌资产有各自独创性的研究。

一 品牌资产结构分析

从战略营销的角度，我们认为，品牌资产是品牌资源价值量化的体现。伴随着战略营销管理的深入，品牌资源将给企业带来超越品牌的附加利益，增强企业的营销竞争力和市场风险抵抗能力。品牌资产概念提供了对品牌资源量化的尺度，将会随着品牌的不断使用而使价值逐渐增加。

在对品牌资产结构的研究中，Aaker[4] 等国外学者都提出各自不同的品牌资产结构模型。Aaker 在综合前人的基础上，提炼出品牌资产的"五星"概念模型，即认为品牌资产是由"品牌知名度、品牌形象、品牌的感知质量、品牌忠诚度和其他品牌专有资产"5 部分组成。之后，Aaker 提出了品牌资产十要素模型，他采用四组态度维度（品牌忠诚度、感知质量、品牌认知、品牌识别）共 8 个变量，外加一个市

---

[1] Aaker, D. A., *Managing Brand Equity: Capitalizing on the Value of Brand Name* (New York: Free Press, 1991).

[2] Keller, K. L., "Conceptualizing, Measuring, and Managing Customer-Based Brand Equity," *Journal of Marketing*, 1993, 57: 1-22.

[3] 〔美〕菲利普·科特勒、〔美〕凯文·莱恩·凯勒：《营销管理》（第 12 版），梅清豪译，世纪出版集团和上海人民出版社，2006，第 307 页。

[4] Aaker, D. A., *Managing Brand Equity: Capitalizing on the Value of Brand Name* (New York: Free Press, 1991).

场反应维度的 2 个变量（市场占有率、价格等），共 10 个变量来测量品牌资产。[1] Aaker 的这个品牌资产结构模型在学术界有较大的影响。

卢泰宏等[2]、何志毅和赵占波[3]、邵伟等[4]学者以品牌资产的形成过程为主线，提出基于顾客的品牌资产模型。基于市场导向的战略营销研究品牌资产结构的维度应包含以下两个方面。

1. 基于顾客忠诚的品牌资产结构维度

在以市场为导向的战略营销实践中，提高顾客满意、实现顾客价值是重要方向，品牌忠诚是现代企业最宝贵、最可靠、最稳定的资产。有广泛的顾客心理认同作为依托的品牌忠诚，是品牌资产价值的核心。顾客忠诚与品牌资产具有显著的关联。[5] 基于顾客的品牌资产对企业的战略营销价值的提升、市场份额的提高具有重要影响。消费者对企业品牌资产的认识是从消费者对品牌的反应开始的，包括：对品牌的名称、标志的认知；对品牌形象的了解和联想；购买品牌形成偏好直到成为忠诚顾客。因此，一般品牌资产形成包含三个阶段：第一阶段，品牌初期传播使消费者积聚品牌知识；第二阶段，消费者通过对这些品牌知识的联想，认识到品牌能给自身带来的效用；第三阶段，基于品牌能给自身带来的效用的认识和认可，消费者愿意做出差异化的行为（比如愿意溢价购买、偏爱购买），从而成为忠诚顾客。从以上分析来看，基于顾客忠诚的品牌资产结构维度包含以下三个方面。

（1）品牌认知，指消费者能认出或能想起某类产品中某一品牌的能力。这是品牌形象在消费者心中构筑的初始阶段，可以具体表现为品牌意识、品牌识别、品牌记忆三个阶段，它们是渐进深入的关系。目前有一项研究表明，品牌认知包括差异性、相关性、尊重度、认知度四个基础元素，在品牌资产评估中有重要价值。

（2）品牌联想，指消费者透过品牌消费会产生的所有联想。品牌联想的价值可以使消费者对品牌的定位形成差异化的认知，创造正面的态度及情感，激发和提供消费者购买的理由，品牌联想也可以成为品牌延伸的依据。

（3）品牌忠诚，指消费者的一种行为过程和一种心理（决策、评估）过程，即消费者在购买决策中多次表现出来的对某个品牌的偏向性而非随意性的行为反应。

---

[1] Aaker, D. A., "Measuring Brand Equity across Products and Markets," *California Management Review*, 1996, 38: 102-120.

[2] 卢泰宏、黄胜兵、罗纪宁：《论品牌资产的定义》，《中山大学学报》（社会科学版）2000 年第 4 期。

[3] 何志毅、赵占波：《品牌资产评估的公共因子分析》，《财经科学》2005 年第 1 期。

[4] 邵伟等：《慈善捐赠、研发投入、高管团队断裂带与品牌资产——来自创业板上市公司的经验证据》，《管理评论》2022 年第 8 期。

[5] 杨桂菊、侯丽敏、柏桦、李斌：《老字号品牌知名度、形象与支持：资产还是包袱？——基于品牌资产的顾客忠诚度研究》，《经济与管理研究》2015 年第 5 期。

品牌联想主要包括功能利益联想、情感利益联想和体验利益联想三个方面。因此,品牌联想是创设品牌心理优势的关键,也是品牌能够影响消费者的内在机制。积极、肯定、独特的品牌联想能为品牌的竞争创设心理优势。品牌忠诚通常用品牌忠诚度来表示,提高顾客的品牌忠诚度的驱动因素主要有顾客价值、顾客满意度、转换成本和客户关系管理。

2. 基于竞争的品牌资产结构维度

经济全球化促进了现代市场竞争,大量企业在营销实践中必须充分考虑竞争对手的动向来制定有针对性的营销战略和策略。研究表明,获得差异化优势是赢得竞争的重要条件,那么,如何获得差异化优势?显然只在产品、技术等基本层次上做文章难以创造出与竞争对手的差别。品牌是创造差异化优势的重要利器。如果你的企业的产品比其他企业的同类产品卖得好、卖得快、卖得贵、卖得久,就说明你的品牌具备了差异化的优势。从品牌资产的角度来看,企业应在战略营销实践中以区别于竞争对手的品牌资产生成方式(如周密的品牌策划、准确多样的品牌定位、全方位的品牌宣传、主动的品牌营销、系统的品牌管理等)创造出具有竞争力的品牌资产。从以上分析来看,基于竞争的品牌资产结构维度指向一个重要的概念——品牌竞争力,指企业的品牌拥有区别或领先于其他竞争对手的独特能力,可引起消费者的品牌联想并促使其产生购买行为。品牌竞争力不是一种单一的能力而是一种集合的能力,它是产品、企业以及外部环境等创造出的不同能力的集成组合。品牌竞争力是企业营销竞争力的重要组成部分,通常认为,品牌竞争力的评价是从消费者的市场份额、品牌成长指数、消费者对品牌的忠诚度以及偏好度等方面来研究的。

根据 Aaker 四组态度维度品牌资产结构模型,我们提出战略营销视角下的品牌资产结构模型(见图9-1)。

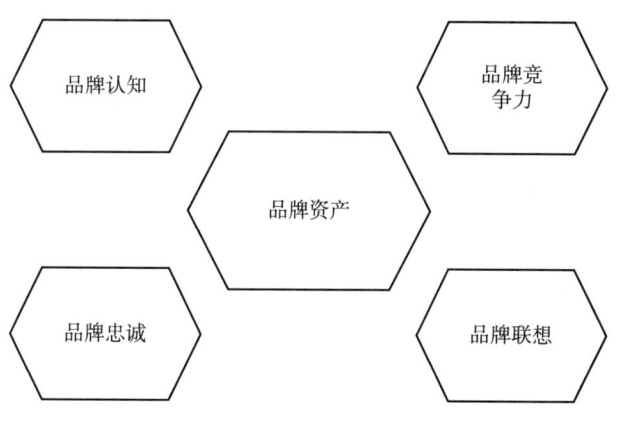

图 9-1 战略营销品牌资产结构模型

二 品牌资产培育

根据战略营销品牌资产结构模型，我们认为，在战略营销实践中，培育品牌资产、提高品牌资源的价值具有重要意义。根据前面的论述，战略营销品牌资产的培育应从以下两方面做起。一方面，基于顾客忠诚角度来提高品牌资产的价值，包括企业通过品牌命名、品牌定位、品牌推广与沟通、品牌形象的树立、品牌价值与文化的传播、品牌延伸与扩展等多方面的努力促使顾客形成品牌意识和显著的品牌取向，购买品牌直至形成品牌依赖。另一方面，基于竞争角度来提高品牌资产的价值，包括企业在市场中采取一系列营销竞争手段从而获取市场份额、推动品牌成长、提高消费者对品牌的忠诚度以及偏好度等，具体表现在以下几个方面。

（一）提高品牌认知，提升品牌知名度、美誉度

品牌资产的生成首先来自消费者对企业产品和服务的认知和理解。随着企业对品牌名称和品牌标识的设计，品牌得以诞生，在以后的营销活动中，企业在品牌定位的基础上不断进行品牌的推广和传播，消费者对品牌特征、功能也不断地了解，增加了对品牌的认知能力，并感知到了企业的品牌优势。一般用品牌知名度和美誉度反映消费者对品牌的认知程度。

提升品牌知名度关键在于建立品牌意识、加强品牌记忆。在营销实践中通常采取的手段包括广告传播、公共关系、口碑营销等，显然，独特的创意、有效的广告策略、强势的公关措施以及有效的消费者口碑推动等差异化传播都是建立消费者品牌意识、增强品牌记忆的措施。提升品牌美誉度关键在于保证品牌产品的质量、提高企业的服务水平、提升企业的信誉等方面。企业在长期的营销过程中只有通过自身产品、服务水平的提高，实现顾客的满意，品牌的美誉度才能被建立起来。

（二）识别和确立品牌定位，建立品牌联想

品牌定位在消费者心中占据一定的位置。战略营销的目标是通过品牌定位，创建品牌的领先地位，并使消费者信服。品牌定位是确立品牌核心价值、进行品牌联想的前提。品牌联想可以通过将品牌与消费者心中另一些节点或信息联系来传递弦外之音。在消费者心中，品牌与一定的相关产品往往是联系在一起的，任何一种与品牌有关的事情都能被称为品牌联想，促使消费者产生品牌联想的因素有很多，包括品牌的名称，产品的品质、价格、包装以及各种相关的营销策略，品牌形象等。在战略营销实践中，首先，应选择品牌联想的关键因素，以促进正联想反馈，如设计品牌名称、品牌标识，利用品牌原产地资源等；其次，应选择品牌联想的传播工具，如各种广告策略、促销方式、形象代言等。总之，基于品牌定位的品牌联想，可以有效提高品牌资产的价值。

(三) 提升品牌忠诚度

在今天的竞争市场中,要让消费者始终如一地依赖一个品牌确实是比较困难的事情,但是从战略营销角度来说,品牌忠诚度是品牌资产价值的重要标志。品牌忠诚度既是一种态度又是一种行为,与品牌的知名度、美誉度、品牌联想以及消费者自身的消费经历有关。有正联想的品牌可以发展成为品牌忠诚。因为,建立和强化品牌联想、维护并提升品牌忠诚度具有重要的意义。提升品牌忠诚度的方式有很多,如增加顾客获取产品和服务的总价值、完善服务体系、加强顾客关系管理等。企业通过向顾客提供额外利益、超越顾客期望值、促使顾客满意来获取顾客忠诚。

(四) 提高品牌竞争力

品牌竞争力是一种独特的能力,是企业获取营销竞争力的核心。从顾客角度来说,品牌竞争力就表现在顾客忠诚方面。在竞争市场中,随着顾客所享有的品牌选择范围进一步扩大,以及价格战等综合因素的影响,在品质相差无几的情况下,顾客经常会抛弃某个品牌而转向另一个品牌。有的品牌花费大笔资金进行短期促销活动,但是这种促销活动往往会吸引更多"占便宜"的顾客,而不能使忠诚顾客增加。一个具有品牌竞争力的企业突出的表现就是促使顾客在较长时期保持对企业品牌的忠诚。提高品牌竞争力的方式主要有两个方面:一方面,提高品牌的市场表现力,如品牌核心价值认同度、核心价值一致性、市场占有率、销售额、销售利润、利润率、品牌创新度、品牌延伸性、品牌成长指数等;另一方面,提高品牌的综合管理能力,如品牌定位能力、品牌整合传播能力、品牌运作能力等。具有竞争力的品牌有助于降低顾客的购买风险,增强购买信心;使顾客获得超出产品功能的社会和心理利益,从而影响顾客的选择和偏好。

第3节 战略品牌进化[①]

一 品牌进化概念的提出

在企业发展过程中,品牌也在做类似于生态学意义的进化。菲利普·科特勒从产品生命周期角度认为品牌也会像产品一样,会经历一个从出生、成长、成熟到最后衰退并消失的过程。品牌的每一个生命周期中,技术创新都起着关键作用。[②] 西

[①] 参见杨保军《回族老字号品牌进化研究》,经济管理出版社,2016,第16~18页。
[②] Philip Kotler, "Competitive Strategies for New Product Marketing over the Life Cycle," *Management Science*, 1965, 12 (4): B-104-B-119.

蒙（Hermann Simon）通过对 7 个不同市场的 35 个品牌进行实证研究，提出品牌生命周期模型，确认了品牌演变的过程。① Moore 和 Doyle 通过普拉达案例分析了奢侈品牌进化的阶段，从追求与众不同到建立发展平台、进行品牌收购，在 2000 年以后公司品牌进入缩减与整合时期。② 这四个关键改革时期反映了品牌进化的阶段，对品牌进化的分析具有重要的启示作用。Rindell 和 Strandvik 认为，大部分市场最后会处于品牌进化状态，因为市场面向全球开放，这股力量会使消费者产生改变。③ 迈克尔·尤因（Michael T. Ewing）等认为，品牌灭亡是不可避免的，不一定是由管理无能造成的，这种死亡是一种自然现象。④ 尤因等学者基于文献和品牌衰老模型论证了品牌的演变，为我们分析品牌进化提供了重要的理论基础。孙育平、陈楠、胡纲、唐文龙、吴志刚等学者分别从品牌基因传承与进化、品牌识别设计衍化、消费者忠诚度向品牌崇拜进化角度来研究。⑤ 周骏宇认为，品牌是一种特殊的生命体，一样存在进化的过程。⑥ 品牌在演进的过程中，一方面传承着上一代品牌的基因，使品牌保持特色和连续性，另一方面也不断接纳来自竞争对手的品牌基因，对自身品牌进行改造，使品牌逐步趋于时尚，更加适应市场的需要，这种现象被称为品牌进化，是品牌与其生态环境相互作用的动态演变过程。所有品牌都需要定期重塑，以使其符合当前的市场需要，这就是品牌进化。从知识角度来看品牌进化，多元的品牌知识推动着品牌的进化，最终使品牌在市场上表达出差异化的特征。

二　品牌进化的内涵分析

现代市场竞争的复杂性和变动性决定了企业不能以静态思维进行品牌管理。理论界和企业界针对品牌老化、品牌不适应市场等现象纷纷提出各种理论，如品牌重塑、品牌激活、品牌创新等理论。分析文献可知，品牌是有生命周期的，品牌是不断成长衍化的，只有以动态视角来分析品牌成长创新才能对品牌进行有效管理。品牌进化是基于品牌生态理论衍生的分析品牌成长规律的新概念，可以有效阐释品牌

---

① Hermann Simon, "Dynamics of Price Elasticity and Brand Life Cycles: An Empirical Study," *Journal of Marketing Research*, 1979, 4.

② Moore, C. M., Doyle, S. A., "The Evolution of a Luxury Brand: The Case of Prada," *International Journal of Retail & Distribution Management*, 2010, 38 (11/12): 915-927.

③ Rindell, A., Strandvik, T., "Corporate Brand Evolution: Corporate Brand Images Evolving in Consumers' Everyday Life," *European Business Review*, 2010, 22 (3): 276-286.

④ Michael T. Ewing, Colin P. Jevons, Elias L. Khalil, "Brand Death: A Developmental Model of Senescence," *Journal of Business Research*, 2009, 62: 439-452.

⑤ 孙育平：《自主品牌的基因传承与进化》，《企业经济》2008 年第 1 期；陈楠：《进化演变中的国外品牌识别设计》，《装饰》2003 年第 5 期；胡纲：《消费者忠诚度向品牌崇拜进化》，《中国品牌与防伪》2006 年第 7 期；唐文龙：《换标：品牌进化运动》，《企业管理》2007 年第 4 期；吴志刚：《中国洗发水市场演进及品牌策略》，《中国化妆品》2001 年第 1 期。

⑥ 周骏宇：《品牌的进化》，《企业管理》2006 年第 11 期。

随时间而成长衍化的过程。

综合现有的品牌进化理论研究的文献，品牌进化是指品牌在成长过程中与其生态环境相互作用的动态演变过程。理解这一概念包括四个方面。第一，品牌进化是品牌在竞争过程中成长创新的过程。竞争是品牌成长的本质特征。在竞争大背景下，品牌并不是一成不变的，而是不断创新以适应顾客需求的变化，在这一过程中，品牌形象、品牌内涵也伴随着创新实现了品牌成长进化。第二，品牌进化实质是品牌与品牌生态环境之间互相适应、共生共长的过程。处于不同生态位的品牌在获取成长空间时都要与品牌生态环境相互作用，形成相互适应、共生共长的生态环境。品牌在相互作用的过程中不断进化，适应并改造着品牌生态环境。第三，品牌进化是品牌基因成长衍化的过程。每一个品牌都有自己的品牌基因，包括产品基因和文化基因两个方面。伴随品牌的市场竞争，品牌基因也在不断成长衍化，产品技术、功能以及品牌文化的创新推动了品牌基因的成长衍化，从而促进品牌进化。第四，品牌进化路径的差异决定了企业品牌绩效水平。每一个品牌进化的路径都是不同的，基于不同外部因素的影响，形成多种品牌进化的路径，决定品牌绩效水平的差异。

品牌进化作为一个新概念尚不为人所熟悉，但品牌进化问题本身已经为国内外众多企业所实践，学术界也不断以其他相关概念来探讨这个问题，如品牌老化与激活理论、品牌重塑理论、品牌生命周期理论等。许多企业、银行、教育、公共机构都在不断实践着品牌进化理论，与品牌进化相关的理论也在逐步被国外学术界关注，但是与鲜活的商业实践相比，学术界的研究相对比较滞后，许多还停留在概念辨析、性质、作用、案例研究阶段，深入的理论探讨还较少；品牌进化的相关概念还比较模糊；对品牌进化指标和评价体系设计的研究比较缺乏；研究方法的应用还比较单一，缺乏深入的实证研究，为进一步研究提供了方向。

三 品牌进化的研究内容

（一）品牌进化的影响因素

目前理论界对影响品牌进化因素的研究主要集中在顾客品牌知识和吸收能力两个方面。顾客品牌知识是品牌进化重要的外部知识源。品牌知识是在知识管理边界向外拓展过程中建构起来的外部知识源，包括品牌意识和品牌形象。品牌知识的研究拓宽了人们的研究视野，将其引向了新的研究方向。凯文·莱恩·凯勒修正了他对品牌知识的认识，他认为品牌知识是建立品牌战略管理体系的起点，应将品牌知识作为"品牌合成"（Brand Synthesis）的研究途径。[1]品牌知识是基于

---

[1] Keller, K. L., "Conceptualizing, Measuring and Managing Customer-Based Brand Equity," *Journal of Marketing*, 1993, 57 (1): 1–28.

顾客对品牌的产品知识和品牌形象知识的认知，是在企业边界之外的与企业管理活动高度相关的外部性知识。顾客品牌知识的建构必定是在需求情景或购买情景基础上建立起来的，在特定的情景下顾客通过沟通与交流活动实现了对品牌的认知、联想的"知识合成"。换句话说，顾客品牌知识是一种顾客置身其境而体验与领悟的主动的知识建构过程，企业利用自身的知识管理系统吸纳顾客品牌知识、推动品牌进化。

品牌进化效率的高低取决于企业的吸收能力的强弱，吸收能力的强弱决定企业绩效的高低。吸收能力理论起源于熊彼特的经济理论，后被科恩（Cohen）和莱文斯尔（Levinthal）于1990年提出，得到了众多学者的广泛回应，成为20世纪90年代以来最重要的理论之一。[①] 吸收能力是识别外部信息新的价值，它被应用于商业目的，是企业创新能力的关键。吸收能力理论较好地解释了企业的知识学习、知识转移以及企业创新绩效，在近年来被广泛应用于研究组织学习、人力资源管理、战略管理、营销管理等领域。吸收能力是企业在实践中识别、消化和利用外部新知识的能力，对品牌进化、企业发展具有重要影响。此后，吸收能力成为学者研究的热点。左拉（Zahra）和乔治（George）提出了吸收能力是一种动态能力的观点，并将吸收能力划分为两个关键维度：潜在吸收能力和实际吸收能力。[②] 其中潜在吸收能力包含知识的获取能力和消化能力两个维度：知识的获取能力是企业利用先验知识来辨识和获取外部知识的能力；消化能力是指企业内部成员对外部知识的理解和解释的能力。实际吸收能力则包含知识的转换和应用能力两个维度：转换能力是企业利用自己的沟通渠道和知识传送渠道将外部知识转化为已有知识的能力；应用能力是企业将外部知识应用于经营过程中产生商业价值的能力。这种四维度的划分方法对吸收能力维度的研究具有深刻影响，成为分析吸收能力的重要指标。从知识视角看，品牌进化实质是知识的创新与进化，品牌进化的过程实际上是企业对外部知识吸收的过程。

（二）品牌基因理论研究

基因理论在现代生物学发展中对解释生物遗传和变异、生物进化具有重要意义。借用基因的概念，可以将品牌视为一个生命体，具有和生物一样的基因。品牌基因理论的研究是品牌生态学发展的重要内容。相对于企业基因、产品基因和文化基因的研究，国内外对品牌基因的研究文献不多，戴维·阿克、菲利普·科特勒等学者

[①] Cohen, W. M., & Levinthal, D. A., "Absorptive Capacity: A New Perspective on Learning and Innovation,". *Administrative Science Quarterly*, 1990, 35: 128-152.

[②] Zahra, S. A., and George, G., "International Entrepreneurship: The Current Status of the Field and Future Research Agenda," in Hitt, M. A., Ireland, R. D., and Camp, S. M., Eds., *Strategic Entrepreneurship: Creating a New Mindset* (Blackwell Publisher, Oxford, 2002): 255-288.

分别从各自的角度对品牌个性进行了研究，薛可、余明阳、陈飞荣等学者分别从品牌的产品基因、文化基因角度进行了分析。品牌基因是附着在产品上的、在品牌经营中具有显著的文化表征的、具有遗传特征的知识体系，携带包含产品基因和文化基因的多种遗传信息，是决定品牌进化的基本依据。管理咨询界比较关注品牌基因概念，解勇、赵保富等学者对此都有较多贡献。将基因理论引入管理领域是近年来学术界一项重要的贡献。从产品基因、文化基因的研究到品牌基因的研究，品牌个性、品牌差异等一些重要的概念可以得到合理的解释。就目前的文献来看，学者们对品牌基因内涵的分析、品牌基因构成的研究还不够深入，但随着人们对品牌理论的深入认识，品牌基因的研究会对品牌进化理论形成重要理论支撑。

第 4 节　战略品牌资源管理

品牌营销资源是企业战略营销管理的关键资源，培育品牌资源非常重要。我们认为，在战略营销管理中，战略品牌资源管理主要围绕以下四条主线。

一　明确品牌定位，培育品牌资源的个性

一般来讲，先有区域品牌才有世界品牌，只有在区域内，品牌的知名度、美誉度和忠诚度获得消费者的认同，产品才能走向世界。海尔是中国著名企业，其在青岛很受欢迎，人们争相以使用海尔产品为荣，实际上这就造就了一个成功的区域品牌，从而使海尔走向全国，走向世界。产品除了区域的划分以外，还有消费者的划分，只有这样才能在一定范围内造就一个成功的品牌，所以说，品牌是有一定范围的。劳力士手表的使用对象和市场范围都是针对社会上层人士，其市场宣传和品牌定位都是在这个阶层，从而取得了成功。

第一，品牌定位在战略营销管理中可以促使企业在竞争中脱颖而出，有助于企业整合营销资源、打造强势品牌。"娃哈哈"是中国儿童食品里的名牌。娃哈哈公司当初在选择产品和市场时，面对食品业的激烈竞争，大家都在一个低水平上重复，针对的都是同样的目标市场，做着相似的产品。娃哈哈公司不甘于平庸，经过细致的市场调查，发现儿童保健品是个市场空当，于是果断进入并策划了一个适应儿童市场的品牌"娃哈哈"，以娃哈哈口服液征服了市场，成为中国市场的名牌。

第二，品牌定位可以为顾客提供差别化的利益。品牌定位的目的就是要在目标顾客心中形成独特的品牌印象。独特性创造出差异化，也创造出差别化的利益，为顾客提供不同的体验。在战略营销过程中，品牌定位为营销资源培育找到了方向，并在具体的资源利用中发挥品牌资源独特的作用。

第三，企业通过品牌定位培育品牌资源的个性。品牌是连接产品与消费者的桥梁，假如企业的产品是针对所有的消费者，品牌宣传和推广是针对所有的人，那么，对消费者来说，其对品牌的认知率就不会有很大的提高，因为，在这个充满个性化的时代，一个没有个性的品牌是得不到消费者的青睐的。品牌个性作为品牌资源的核心价值，对提升战略营销竞争力具有重要作用。在战略营销管理中品牌个性主要来源于以下几个方面：产品资源自身的特点、品牌使用者、品牌历史、品牌文化、品牌形象等。所以，企业要对产品、价格、分销渠道、消费者进行深入细致的调查，通过品牌定位培育品牌资源的个性。

第四，通过品牌重新定位培育品牌个性。品牌重新定位最为经典的案例是万宝路。万宝路的名字 MARLBORO，其实是 Man Always Remember Lovely Because Of Romantic Only 的缩写，意为"男人总是忘不了女人的爱"。万宝路最初的广告口号是"像五月的天气一样温和"，用意在于争当女性烟民的"红颜知己"。为了表示对女性烟民的关怀，莫里斯公司把万宝路香烟的烟嘴染成红色，以期广大女士为这种无微不至的关怀所感动，从而打开销路，虽然万宝路的这种形象定位突出了自己的品牌个性，也提出了对某一类消费者的特殊偏爱，但同时也为其未来的发展设置了障碍，导致消费范围难以扩大，所以几年过去了，莫里斯公司所期望的销售热潮还是没有到来。莫里斯公司开始考虑重塑形象，公司派专人请利奥-伯内特广告公司为万宝路做广告策划，以期提升万宝路的名气，打开销路。"让我们忘掉那种充满脂粉气的女子香烟，重新创造一种富有男子汉气概的举世闻名的万宝路香烟。"利奥-伯内特广告公司对一筹莫展的求援者说。一个崭新而大胆的改造万宝路香烟形象的计划产生了，其包装采用当时首创的平开式盒盖技术并将名称的标准字体尖角化，使之更富有男性的刚强并以红色作为外盒的主要色彩。广告的重大变化是："万宝路的广告不再以妇女为主要对象，而是硬铮铮的男子汉。"在广告中强调万宝路的男子汉气概，吸引了所有爱好和追求这种气概的顾客。莫里斯公司开始用马车夫、潜水员、农夫等作为具有男子汉气概的广告主角，但这个理想中的男子汉最后集中到美国牛仔这个形象上：一个目光深沉、皮肤粗糙、浑身散发着粗犷、豪气的英雄男子汉，在广告中，他把袖管高高卷起，露出多毛的手臂，手指总是夹着一支冒烟的万宝路香烟。这种洗尽女人脂粉的广告于 1954 年问世，它给万宝路带来了巨大的财富。仅 1954~1955 年，万宝路销售量就增加了 3 倍，一跃成为全美第十大香烟品牌，1968 年，其市场占有率上升到第二位。莫里斯公司投入千百亿美元的广告费，终于在人们心目中树立起"哪里有男子汉，哪里就有万宝路"的名牌形象，粗犷豪放、自由自在、纵横驰骋、浑身是劲、四海为家、无拘无束的牛仔代表了在美国开拓事业中不屈不挠的男子汉精神，而这也正是万宝路的形象。在一个细分市场中品牌与消费者的联系是经常的，这就创造了品牌与消费者双向沟通的机会，万宝路充分考虑到消费者的情感、愿望,以准确的品牌宣传直入人心,塑造了万宝路的品牌个性。

二 优选品牌化战略与品牌架构

品牌化是创建和培育品牌的起点。品牌化的根本就是创造差别使自己与众不同,如一瓶啤酒可以叫"西夏啤酒",一袋瓜子可以叫"恰恰瓜子",就是给产品或服务设计名字的过程。

一个企业在战略营销过程中进行品牌化可能来自诸多的挑战。首先,来自精明的消费者。消费者对企业的营销运作越来越熟悉,这就使企业必须对传统的品牌传播方式加以改变,以建立起消费者对品牌的信任度。其次,传播渠道的复杂性使企业在培育品牌资源时遭遇到媒体分散、传播预算增多的尴尬。最后,竞争加剧使企业创造品牌资源差异性的难度增大。每个企业都希望能在品牌化战略中获得差异化的品牌资源增值,结果是在市场中形成了一大群毫无差别的品牌符号,品牌资源的内在价值在竞争中被消耗掉了。因此,优化品牌化战略具有重要意义。

在战略营销管理中,优化品牌化战略主要包括以下三个方面。首先,是创造品牌资源的精神结构,也即品牌文化的培育。一般来说,品牌文化不仅包括外在的表层因素,如产品、名称、标识、包装、色彩等,还包括内在要素,如蕴藏在品牌中的独特的利益认知、感情属性、文化传统、个性形象等。精神结构的创造是一个长期的过程,需要深入挖掘企业内涵,从品牌的历史、产品特色、品牌个性角度进行品牌传播,帮助消费者获得相关产品或服务的知识并通过这种方式验证他们的决策,同时在这个过程中为公司提供价值。

其次,优化品牌资源培育的营销战略。战略就是对未来的规划,品牌资源的培育依赖企业的整体营销战略。可口可乐公司在向全世界营销产品的时候,奉行三个环环相扣的营销策略:一是产品无处不在,无论何地,当你想喝可口可乐时,你都可以买得到;二是当你想喝饮料时,你首先想到要喝的饮料是可口可乐品牌的饮料;三是当你支付价钱的时候,你觉得是物有所值的。这三个策略即 3P 策略,3P 是三个英文单词的首字母,即无处不在(Pervasiveness)、心中首选(Preference)、物有所值(Price to Value)。无论是在中国,还是在世界的其他地方,可口可乐的 3P 策略始终都指导着其品牌的建设、宣传和推广。当然,不同的地方在市场策略、广告策略、定价策略、销售网络的安排,以及送货服务、顾客服务的安排等方面各有侧重,但其基本的营销战略是一致的。

最后,优化品牌架构。品牌架构的首要问题是对品牌系统中各品牌的角色和地位的判断:哪些品牌是主品牌,哪些品牌是副品牌,哪些又是附属品牌,不同的角色品牌应该如何处理,优化品牌架构就是要有一个有效的、清晰的品牌架构,能清楚地为消费者提供他们真正想要的东西，能凝聚各个品牌和其传播活动，充分发挥品牌资产的效力。

三　规划品牌生命周期的传播

品牌识别系统是品牌资源的来源和载体，包括品牌的名称系统和品牌标识系统。虽然这些是外在的、表层的要素，但是与品牌的核心价值密不可分。品牌的核心价值包括以下几个方面。一是文化精神形态的核心价值。迪斯尼乐园品牌的核心价值是"为人们带来快乐"，从开始时的卡通画到卡通影片再到迪斯尼乐园都没有离开"为人们带来快乐"这一品牌核心，虽然迪斯尼的产品在不断地推陈出新，但迪斯尼乐园经营的不是某类具体的产品，而是"为人们带来快乐"的品牌灵魂。二是市场识别的核心品牌价值，包括品牌名称、标识等外在要素，反映了品牌内在的核心价值，促使消费者产生品牌联想。三是保障企业可持续竞争力的品牌核心价值。"鹤舞白沙，我心飞翔"让湖南白沙集团建立了崭新的企业形象，扩大了产品范围，"进步"是企业与消费者进行长期互动的核心力量，在企业战略营销中，"进步"的核心价值保障了企业的可持续发展。四是维系顾客的核心价值。一个企业产品的变化、创新离不开品牌核心价值理念，这是品牌的根，是联系顾客与企业的纽带和桥梁。

因此，在战略营销过程中，要寻找核心价值，规划以核心价值为中心的品牌标识系统，并以此统领企业的品牌传播。但是在市场竞争中，品牌不是一个静态的概念，而是根据产品的生命周期来确定品牌所承载的内涵。所以品牌的发展是动态的，其传播策略也同样是动态变化的。这样才能根据市场的变化来选择合适的品牌内涵。根据品牌在市场中的阶段，我们将其划分为品牌初创期、品牌成长期和品牌成熟期，各个阶段的传播创意也略有不同。

1. 品牌初创期的传播

每个品牌都从这个阶段开始，所以品牌如何建设、发展都在品牌所有者的计划之中。有战略眼光的人能将创意置于整个市场环境之中，依靠细致的市场调查来进行市场细分，找到准确的出击点，寻求不同于竞争对手的立足点。一般来说，在品牌初创期，传播中的创意取向应从产品优势入手，挑选市场空当，不惜精力，细致地挑选相应的媒体来做介绍性的工作，以获得消费者的认同，并区别于其他的竞争对手。品牌传播的要点是：准确的市场定位、快速提升品牌的知名度、快速提升品牌的认知度。

2. 品牌成长期的传播

品牌的成长也是分阶段的，要根据品牌发展的实际状况，有计划、有步骤地推进品牌的知名度、美誉度和忠诚度的提升，逐步从整体上进行把握，使品牌联想完整、明晰，平衡区域市场之间的认识差距，谋求重复购买消费者，加强与消费者的当面沟通和直接利益沟通，灵活应用传播策略，催动品牌更快更好的发展。

3. 品牌成熟期的传播

处于品牌成熟期的品牌在市场中已形成一定的知名度，已拥有一定的忠诚客户，相对初创期来说，实力比较雄厚。这时的品牌已形成一定的风格，各方面已得到部分消费者的认同，因此，在品牌成熟期，品牌企划的目标是不断巩固品牌的知名度、美誉度和忠诚度，在不同区域内认识整合创意策略，提升品质认识，在品牌联想完整性上下功夫，当然创新也是这个阶段需要思考的重要问题。海尔品牌已走过高速成长期进入成熟期，其品牌形象逐渐在市场上被树立起来。这时的海尔品牌企划方法是值得我们借鉴的。首先，不断通过市场细分、产品开发增加产品的吸引力，培养消费者对海尔的忠诚度，在用户服务方面，不仅及时解决他们的问题和担忧，而且提供额外服务，定期调查用户的满意度，甚至用高价收购用户的意见，以便及时改进工作。维持老顾客也是一个重要的工作。其次，进行品牌延伸，提高品牌资产水平。最后，开拓新市场。近年来，海尔为谋求更大的发展，采取的基本战略是："先难后易"创名牌、"高屋建瓴"扩名牌。具体来说就是，先出口到发达国家和地区闯出知名度和声誉，再以高屋建瓴之势，进入发展中国家和地区。

在品牌成熟期的市场竞争更加激烈，品牌面临着价格竞争的压力和产品创新的压力，所以企划的创新思维更加重要。因为，随着竞争环境的改变，再加上行业新进入者会冷静地选择进入的时机和手段，往往会在产品技术和新产品开发上寻求突破来获得在该行业崛起的机会。此时的竞争对手往往比以往更加强大，本身更有优势，他们对消费者的反应更灵敏，因为他们是后来者，所以他们不会轻视任何一个竞争对手。如可口可乐在20世纪80年代为与百事可乐竞争，改变了原来的产品配方，结果造成成千上万的消费者的示威和抗议，因为可口可乐已成为美国文化的一种象征，成为消费者的一种习惯。如果改变了原来的产品配方，那么原来品牌内涵所赋予的产品形象都加以改变，这是许多消费者不愿意接受的。所以老品牌如何善用自己的优势，把握市场需求、创新产品技术是关键，而品牌企划在这一时期的创新思维也更为重要。

四 进行科学品牌延伸

当一个品牌在市场中处于成熟期时，其产品已呈现饱和状态，销售增长率不高，市场竞争更加激烈，市场份额也保持着相对的稳定性。在这个阶段，如果产品不在技术上、在营销策略上以及在品牌资源利用思路上创新，那么企业就非常有可能受到竞争对手的攻击，从而失去市场份额。可口可乐在20世纪80年代与百事可乐竞争时，占有比较高的市场份额，但是企业内采取比较保守的营销策略，结果百事可乐应用"百事新一代"策略，极大地威胁了可口可乐的市场占有率。理论和实践表明，品牌延伸是提高品牌资源价值的重要途径。

品牌延伸（Brand Extension）也称品牌扩张，它是指在已有相当知名度与市场影响力的品牌基础上，将原有品牌运用到新产品或服务的一种品牌营销战略，从而减少新产品进入市场的风险。在战略营销管理中，品牌延伸可以提高品牌战略营销资源价值，因此，要从品牌资源的核心价值尤其是品牌成功的核心要素入手来分析。我们认为，品牌延伸应包含两个核心要素，即品牌强势度与产品相关性，品牌延伸决定了品牌的核心价值。

品牌强势度与消费者对品牌质量、品牌的独特性与个性特色的感知，以及品牌在消费者群体中知名的程度有关。消费者品牌质量感知特别是体验到原品牌的质量越高，他们对延伸产品的接受程度也越高，反之则越低。品牌的独特性与个性特色越明显，消费者对延伸的产品接受程度越低，这是品牌延伸的一个悖论。品牌知名度包括品牌识别和品牌记忆。品牌识别是指人们在认识了一个品牌之后，一看到或一听到它，就能区别它与别的品牌的不同，它主要表现为标识、标语、名字、包装、吉祥物、颜色等视觉特征。品牌记忆是指提到某个品牌时，人们对于它的记忆程度如何。如果消费者是事先制订了计划来进行购买的，其记忆程度就会起着很大的作用。品牌知名度与品牌延伸具有重要的正相关性。通常来说，知名度越高，消费者对品牌的识别和记忆程度越高，企业越容易在相关延伸产品上树立起品牌形象。

产品相关性是指延伸产品与原品牌之间的"相似性或关联性"，即消费者头脑中原品牌知识与新产品认同的关联程度。美国著名品牌理论专家Aaker和keller的研究认为，品牌延伸成功的关键是使消费者形成并体验到延伸品牌与原品牌之间相似的程度。具体讲要注意以下三个问题：一是互补性，即两种产品在多大程度上为互补产品；二是替代性，即两种产品在多大程度上可以互相替代；三是转移性，即消费者如何认知延伸品牌和原品牌的联系，也即对品牌转移的信任程度。在战略营销管理中，品牌延伸可以提高品牌资源的价值，获取品牌资产的积累；品牌延伸可以有效降低新产品进入市场的风险和成本。

本章小结

在众多产品存在的市场中，品牌是区别竞争对手品牌的重要方法，也是引起消费者注意、促进企业销售的最直接的手段。品牌是企业重要的战略营销资源。本章重点分析战略品牌资源的内涵、品牌资产、品牌进化，并提出管理战略品牌资源的思路。战略品牌资源是指企业为获取营销竞争力而赋予产品和服务差异性标志的战略营销资源。品牌资产是品牌资源价值量化的体现。伴随着战略营销管理的深入，品牌资源将给企业带来超越品牌的附加利益，增强企业的营销竞争力和市场风险抵抗能力。品牌资产概念提供了量化品牌资源的尺度，并随着品牌的不断使用，其价值会逐渐增加。品牌进化是基于品牌生态理论衍生的分析品牌成长规律的新概念，可以有效阐释品牌随时间成长衍化的过程。战略品牌资源管理主要围绕以下四条主线：明确品牌定位，培育品牌资源的个性；优选品牌化战略与品牌架构；规划品牌生命周期的传播；进行科学品牌延伸。

案例训练1：格力电器

珠海格力电器股份有限公司（以下简称"格力"）成立于1991年，1996年11月在深交所挂牌上市。公司成立初期，主要依靠组装生产家用空调，现已发展成为多元化、科技型的全球工业制造集团，产业覆盖家用消费品和工业装备两大领域，产品远销180多个国家和地区。据日经社统计发布，2020年，格力家用空调全球市场占有率达20.1%，已连续16年稳定保持全球第一；在国内市场，格力中央空调连续10年市场占有率全国第一。

从创办以来，格力一直致力于空调的研发，他们始终如一地将空调研发作为企业的核心科技，以至于让自己的对手难以望其项背。在中国，以空调起家的企业不在少数，诸如春兰、夏普、上菱等有几十家，但始终如一地把空调作为企业核心的唯有格力。

如今的空调市场竞争越来越激烈，空调界的利益不断被进入该市场的竞争者瓜分，诸如海尔、长虹、西门子这样的大型企业。然而，为什么格力在如此激烈的市场竞争中能够保持稳健的发展步伐，并成为中国最大的空调销售企业？这完全得益于其品牌化战略，格力已经将自己的品牌深入人心。"好空调，格力造"，这就是格力在消费者心中的品牌形象。格力就意味着"领先"，意味着"专业"。格力是目前全球最大的集研发、生产、销售、格力标志服务于一体的专业化空调企业，也是中国空调行业唯一的"世界名牌"产品。相对于格力，海尔、春兰等企业同样制造空调，然而，他们都呈现自身的多元化发展，没有将自己的绝大部分精力投入空调的研发中。从心理学的角度来说，消费者更趋向于对品牌的认可，格力成功地运用了自身的品牌营销战略。

资料来源：格力官网；任宇《格力空调品牌营销策略分析》，《中国商贸》2013年第6期。

案例思考：格力在战略品牌管理中有什么特点，有何启示？

案例训练2：娃哈哈

娃哈哈是一个依靠战略领先而创造优势的企业——1987年销售儿童营养液，1991年大力推销果奶，1996年进军纯净水，1998年敢于与可口可乐、百事可乐竞争而推出非常可乐，2001年推出茶饮料……对于推出的每一个产品，娃哈哈都不是第一位将其引入市场的品牌。娃哈哈在早起销售营养液的时候，全国范围内就已有 38 家同类企业在做营养液的销售，与此同时，调研人员的结论是市场饱和、退出竞争。但是，宗庆后决定从营养液入手，进行差异化竞争，结果在销售市场上一炮打响。娃哈哈虽然在涉入饮用水、茶饮料、可乐等领域的时间上远比不上同类企业，但是在宗庆后的管理下，销售的相关产品一骑绝尘。目前，除了非常可乐屈居"两乐"之下，茶饮料还在追赶统一、康师傅外，娃哈哈其他的主要产品始终保持着行业第一的市场占有率。多年以来，娃哈哈在产品布局和产业布局上始终围绕市场需求，加快实现各项产品的产销，在扩大规模的同时不断降低成本，达到一定的规模之后，从而形成一定的市场准入壁垒。

资料来源：娃哈哈官网。

案例思考：娃哈哈如何积累战略品牌资源，其品牌进化有何特点？

战略营销实训

实训项目 1：对品牌特色的保持和品牌是否需要随着市场变化而不断变化是众多学者争论的问题，请查阅资料辨析：

正方：品牌进化是战略营销的必然趋势

反方：保持品牌的特色不需要品牌进化

战略营销实训 2：海康威视成立于 2001 年，是一家专注技术创新的科技公司。公司致力于使物联感知、人工智能、大数据技术服务于千行百业，引领智能物联新未来，核心优势是业内领先的研发型制造商，面向全球提供全面的监控产品解决方案。海康威视建设以"市场为导向"和"研发为核心"的双核驱动组织架构，强化市场体系对客户服务、战略方向和资源规划的决策支撑能力。公司通过营销管理、研发管理、供应链管理等系统的高效运作，确保以客户满意度为导向的公司整体战略实施。公司非常重视品牌资源的建设，为适应公司国际化进程，海康威视对品牌标志进行升级。新标志在保持原有视觉特征的基础上修改而成，中英文 logo 色彩统一，形体更优美、更规范化、更国际化，整体形象更为统一。公司为全球 150 多个国家和地区的客户提供产品和服务。

请查阅资料，撰写海康威视的营销评论，并在班级分享其品牌管理的成功经验。

第10章 战略营销能力

本章要点

战略营销能力是建立在企业能力理论的基础上,是企业通过战略营销流程用于动员、协调和开发战略营销资源以获取市场竞争优势的核心能力。在理解战略营销能力概念的基础上,分析战略营销能力结构,其由三个层级构成:处于基础的第一层级的是市场感知能力;处于第二层级的是市场定位能力;处于第三层级的是市场运营能力。在战略营销实践过程中要善于识别并培育战略营销能力。

关键术语

营销能力 Market Capability

战略营销 Strategic Marketing

战略营销能力 Strategic Marketing Capability

战略营销能力结构 Strategic Marketing Capability Structure

学习目标

核心知识:了解并掌握战略营销能力的内涵和特点

　　　　　了解并掌握战略营销能力的结构

　　　　　了解并掌握识别和培育战略营销能力的路径

核心能力:学习和掌握战略营销能力分析方法

课程思政目标:战略营销理论来源于实践,培养学生勇于实践的精神

引导案例　　　　　**最佳战略营销实践:七匹狼的营销转型**

"七匹狼"原为福建晋江七匹狼制衣公司创立的一个服装品牌,成立于1990年,1995年由晋江七匹狼制衣公司、龙岩卷烟厂、晋江烟草公司三家联手延伸为香

烟品牌。中华全国商业信息中心统计数据显示，七匹狼夹克衫2020年度同类产品市场综合占有率第一，取得这样傲人的成绩，与七匹狼品牌持续升级转型的定位战略密不可分。

从"七匹狼"夹克衫到"七匹狼"香烟，七匹狼品牌聚焦于"狼"的形象。公司致力于打造自然的野性力量以及一往无前的品牌形象，体现在广告语"与狼共舞，尽显英雄本色"中。凭借鲜明的品牌形象和营销传播，其销售实现了快速增长。伴随着电子商务的不断发展，新型的营销模式逐步冲击了企业的销售，七匹狼连续几年销售下滑。传统男装品牌需要不断寻找新方向来打破消费者的刻板印象，以抢占年轻市场，七匹狼为此做了很多准备。2014年，七匹狼的销售点减少至2821家，其通过整合产品服务、加强培训来提升线下门店的销售能力。在各大电商平台都开设了自己的旗舰店时，其还针对不同的电商平台，分别开设了不同的渠道。其继续强化商品分析体系，通过抓取分析终端消费数据，精准获取终端消费需求，提高开发精准度，以线上的经营结合线下的专卖店，打造全新的销售模式以改变销售业绩下滑的情况。2020年，七匹狼再次升级电商营销策略，用视频、直播、线上官网小程序等方式扩大引流渠道，增强引流力度，大力打造品牌的私域流量。七匹狼在门店投入了智能货架，用AI+大数据分析的方法，高效率地促进门店转化，提升门店的客户转化率和服务质量。

为了迎合年轻人的需求，2013年，七匹狼推出了全新的品牌WOLF TOTEM狼图腾，与国外知名设计师联合促使品牌年轻化。七匹狼通过强化品牌DNA以及对民族文化元素、流行元素等的合理运用，提升公司产品的时尚感和辨识度。为把握"平价消费"这一市场大趋势，七匹狼开拓了"EFC优厂速购"的"平价"系列，形成覆盖中端和平价的全价格带产品。公司在数字化转型上与时俱进，构建数字化运营体系和数字化营销矩阵，实现了全渠道数字化营销布局，引领品牌创新之路。在瞬息万变的服饰零售业，意识觉醒的消费者未来将更愿意为能与自身产生情感共鸣的品牌埋单，像七匹狼一样拥有明确价值观的品牌将处于更有利的市场环境中。

资料来源：七匹狼公司官网；冯丙奇、张珂源《三十年七匹狼：站在河西看河东》，《国际品牌观察》2021年第4期；宋红梅、林佳琪《七匹狼的品牌危机》，《国际品牌观察》2021年第4期；庄跃峰《"七匹狼"香烟的品牌营销策略研究》，《价值工程》2014年第24期。

党的二十大报告提出："我们以巨大的政治勇气全面深化改革，……许多领域实现历史性变革、系统性重塑、整体性重构，……中国特色社会主义制度更加成熟更加定型，国家治理体系和治理能力现代化水平明显提高。"[①] 习近平同志指出："坚持和完善中国特色社会主义制度、推进国家治理体系和治理能力现代化，是关

---

① 《中国共产党第二十次全国代表大会文件汇编》，人民出版社，2022，第8页。

系党和国家事业兴旺发达、国家长治久安、人民幸福安康的重大问题。"① 国家治理体系和治理能力是关系到党和国家治理的重大问题。对于企业来说，能力问题不仅仅是企业的具体措施问题，更是关系到企业长远发展战略的重要问题。

第1节 企业能力理论

一 企业能力理论的发展基础

长期以来，企业能力理论试图把经济学理论和战略管理理论结合起来，着重研究企业竞争优势的来源及如何保持企业长期的竞争优势，因此，企业能力理论也成为企业战略管理理论和市场营销研究的最新内容。战略营销能力的概念起源于企业能力理论。深入分析企业能力理论的分析假设、内涵、演进的逻辑及发展阶段，对分析战略营销能力的内涵具有重要意义。企业能力理论的基础可以追溯到亚当·斯密和阿尔弗雷德·马歇尔等的理论。企业内部劳动分工理论是其核心理论基础，它认为，劳动分工可以产生效率。在彭罗斯、理查德森等学者研究成果的基础上企业能力理论出现并不断走向成熟，其对现实的解释力不断得到提升。按照出现时间的先后顺序，企业能力理论包含以下三个发展阶段。

（一）资源基础论

以 Wernerfelt[②] 和 Barney[③] 为代表的资源基础论奠定了企业能力理论的基础。资源基础论的基本信条是：成功的业绩依靠获得具有产生租金潜在价值的资源。[④] 只有公司资源的独一无二性才是企业长期持续成功的源泉，更准确地说，为了成为企业持续竞争优势的源泉，资源必须具有价值性、稀缺性和不可仿制性。

（二）核心能力理论

核心能力理论认为决定企业优势的是企业各种资源、技术和技能的有机组合，不是单纯的企业资源，物质资源能够发挥作用的程度完全取决于使用它的人。企业核心能力主要关乎各种技术和对应组织之间的协调和配合。从技术角度来看，核心能力是对企业组织的多种技术和功能的调整和整合；从组织角度看，核心能力强调企业组织的整体协调。这种独特的、具有价值的能力可以为企业获取长期竞争优势。

---

① 《十九大以来重要文献选编》（中），中央文献出版社，2021，第299页。
② Birger Wernerfelt, "A Resource-Based View of the Firm," *Strategic Management Journal*, 1984, 5: 171-180.
③ Jay B. Barney, "Organizational Culture: Can It Be a Source of Sustained Competitive Advantage?" *Academy of Management Review*, 1986, 11 (3): 656-665.
④ 〔丹麦〕尼古莱·J. 福斯、〔丹麦〕克里斯第安·克努森编《企业万能：面向企业能力理论》，李东红译，东北财经大学出版社，1998，第200页。

(三) 动态能力理论

在日益变化的动态竞争环境中，企业如何适应这种变化并保持自己的优势？Teece 等在战略框架中引入了企业动态能力的概念，并构建了相应的分析框架。动态能力这一提法很好地体现了动态环境下组织能力的含义。按照 Teece 等的观点，"动态"一词是指为了与动态变化的外部环境保持一致，企业延续或重构自身胜任力的能力；"能力"一词则强调了战略管理在正确处理、整合和重构企业内部与外部组织知识、资源和技能以适应环境变化方面的关键作用。[①] 企业动态能力建立在流程基础上。在变化的市场环境里，与外界紧密联系的企业能力随之变化，因此动态能力具有复杂性和难以复制性。企业人力资源管理、创新知识和营销能力促进动态能力的形成。通过复杂的组织设计，企业适应了外部环境变化，而有效的人力资源管理则是持续提高动态能力的基础；面临外部竞争环境，创新知识可以快速响应机会，重构企业内外资源，通过有效的营销能力适应外部环境变化。企业动态能力理论的基本思想是：动态能力是企业在竞争市场中获取竞争优势、具备竞争力的根本动力。

二 企业能力理论与战略营销

(一) 企业能力是企业的战略问题

企业能力理论认为，一个企业对于某一资源的战略运用主要取决于其他企业的独特资源以及从外部获得的资源综合、协调和配置的方式，即企业用相同的资源创造价值能力的差异，表明在战略要素市场某一资源的交换价值与资源的使用价值有区别，资源的使用价值取决于某一特定企业运用资源创造价值的能力。一个企业在竞争市场中，是一个开放的系统，需要来自外界环境的各种资源的投入，更重要的是，需要企业对企业资源的运用能力。由此，从战略角度来识别企业能力、培育和提升企业能力是提升资源价值、获得竞争优势的重要环节。

(二) 企业能力是营销问题

总结企业能力理论的各个流派，其主要观点包括以下几个方面：能力是企业拥有的关键技能和隐性知识，是企业拥有的一种智力资本，它是企业决策和创新的源泉；能力是分析企业的恰当切入点；能力决定了企业的规模和边界，也决定了企业多元化战略和跨国经营战略的广度和深度；现代市场竞争是基于能力的竞争；企业战略的核心不在于产品、市场结构，而在于行动反应能力；战略的目标是识别和开

[①] Teece, D. J., Pisano, G. and Shuen, A., "Dynamic Capabilities and Strategic Management," *Strategic Management Journal*, 1997, 18: 509-533.

发竞争对手难以模仿的核心能力，在顾客眼中，这种能力是将一个企业与其竞争对手区别开来的标志。显然这些定义和内容对我们正确理解企业能力、企业营销能力、企业战略营销能力的内涵非常重要。

（三）企业能力理论奠定了战略营销能力的基础

企业能力理论是一种强调以企业生产能力、经营能力和过程中的特有能力为出发点，来制定和实施企业竞争战略的理论思想。该理论回答了许多企业在竞争中的问题，即企业是什么？企业的竞争优势如何获得？企业如何保持持续的竞争优势？企业如何在市场中保持比竞争对手多的竞争力？这一系列问题的落脚点都归于企业是否拥有特殊能力。那么在企业营销中是否存在特殊能力？具备特殊的营销能力是否有利于企业的长期战略？营销能力也是企业的特殊资源，因为可能各个企业都要进行一般性市场营销研究，但是只有开发出其他企业难于仿制的充分而特殊的营销流程，营销研究才能成为其优势的源泉，这种特殊的营销流程就是该企业区别于一般性企业的资源。营销能力表现在与竞争对手的差别上，通过竞争能力来衡量。

企业能力的形成通常依赖于企业所拥有的诸多能力的整合。如企业的营销能力（如营销策略、广告、客户服务技巧，独特的营销流程等）、基础管理能力（如管理信息系统或内部培训、规章制度等）、技术能力等方面。企业的研究、工程设计、生产以及市场营销等不同的部门中均体现了企业能力，而企业的这种能力往往体现了知识的积累。对于竞争对手而言，其既无法被完全模仿，也无法实现完全交易。所以，企业能力不仅体现在技术和生产方面，还表现在营销活动过程中，这就表现为营销能力。企业的营销能力是独特的营销程式，使其他的企业难于模仿。事实上，企业的营销能力的获得整合了多方面的资源，是知识和技能的积累。所以营销能力是企业的核心能力的重要组成部分。

第2节 战略营销能力的内涵与价值分析

伴随着理论界对企业能力理论的研究，对企业能力构成要素的研究也逐步蔓延开来，对企业营销能力的研究就是其中的重要方向。

一 营销能力的概念内涵分析

对于营销能力的研究开始于西方，主要受到企业资源基础理论和企业知识基础理论的影响，Anttila 等学者在 1987 年就开始对营销能力理论进行研究，主要从企业所形成、拥有的资源出发，对营销能力的构成进行了积极的探索。Day 等学者认为，企业是知识的社群，知识构成了企业的战略资源，知识资源的异质性造成了企业绩效的差异。营销知识管理是在营销管理过程中产生、传播及存储知识的过程。[①] 当企业营销人员不断应用营销知识和技能来服务于营销决策和活动时,其营销能力通过学习过程就形成了。营销能力直接影响企业的产品或服务创新能否得到市场的认可。[②] 国内对营销能力的研究主要集中于对营销能力概念的界说与营销能力的构成两个方面。从概念角度来分析,一般认为,营销能力是企业在市场营销活动中所表现的基本技能和专业水平,是市场经济条件下企业生存和竞争的基本要素。营销能力是指企业认识、开拓市场,综合运用营销策略,满足消费者需要和欲望,扩大市场竞争力的综合能力。营销创新能力则是企业的研究与开发能力、生产组织与管理能力、市场营销与推广能力等多方面竞争实力的综合反映。由此,营销能力既反映了企业内部组织自我调节、自我发展的能力,又反映了企业对外部经营环境变化的适应能力。伴随着互联网和电子商务等新技术的不断发展,营销能力不仅包括传统的营销能力,也包括在线营销能力。在线营销能力是指企业通过互联网接触、吸引和转化潜在顾客的知识、技巧和能力,具体包括在线信息的呈现能力、在线沟通能力和在线销售能力。[③] 从构成角度来分析,国内学者各自有不同的看法,但基本上从 4P 角度来定义营销能力,如产品创新能力、分销能力、销售管理能力、促销能力、顾客管理能力等方面。

那么什么是营销能力?总结以上分析,我们认为,在现代竞争环境下,营销能力是企业能力理论在营销领域的延伸,是指企业通过营销流程用于动员、协调和开发营销资源与营销才能以获取市场竞争优势的核心能力。营销能力是企业长期的经验积累。

二 战略营销能力的特点

在一个动态的竞争环境中,每个企业都会不断积累一定的资源、知识和能力以应对竞争,这些均依赖于企业发展的历史、企业文化、创业者及其管理者经验及偏好,从而在市场中各具特色,形成企业营销的差异化特征。在战略营销实践中,企业异质性的特点决定了企业必然通过积累、培育和开发战略营销资源和战略营销能力以突出差异性,获得营销竞争力和持续的竞争优势。

那么,什么是战略营销能力呢?我们认为,战略营销能力是指企业通过将战略营销流程用于动员、协调和开发战略营销资源,从而获取市场竞争优势的核心能力。战略营销能力的判断通常包括以下几个方面。它是不是竞争差异化的有效来源?它

[①] Day, G. S., "The Capabilities of Market-Driven Organizations," *Journal of Marketing*, 1994, 58 (4): 37-52.

[②] 崔登峰、王楠楠:《营销能力与创新投入:基于客户集中度的视角分析》,《企业经济》2022 年第 1 期。

[③] 吴剑琳:《在线营销能力对社会企业绩效的影响机制研究》,《大连理工大学学报》(社会科学版) 2022 年第 6 期。

是否使企业具有独特的竞争性质而难于被竞争对手模仿？它是否存在顾客可感知的价值？例如具有差异化的定价能力、促销手段的新颖性等。它是否覆盖了多个部门和产品？它是否提供了潜在的进入市场的多种办法？这是我们判断企业营销竞争能力的一般标准。根据这些标准，我们可以总结出战略营销能力的以下特点。

（1）创新性。创新不仅表现在技术开发方面，还表现在战略营销中。一个企业在市场中给顾客的感觉是产品式样陈旧、营销手段低下，这样的企业在竞争市场中就不具备战略营销能力，创新能为企业提供独树一帜的能力，这是区别于竞争对手的重要砝码。

（2）层次性。战略营销能力在竞争市场中的表现是多层次的。第一层是企业开发和培育核心能力的竞争。这一层次的竞争发生在技术、人才、结盟伙伴和知识产权的市场方面。有些企业在单项的战略营销能力的获得上逐渐取得优势，如产品开发、独特的定价策略、具有长远眼光的营销战略，或者是在促销策略上的独特手段等。第二层是整合核心能力的竞争。获得单项的战略营销能力还不完全具备冲击市场的能力，需要企业在市场营销的过程中，不断地整合，包括聘用关键人才、争取独家许可、整合企业的营销策略，在各种营销策略的应用中寻求与内部环境和外界环境的沟通，实现企业综合竞争能力的提高。第三层是营销市场份额的竞争。一个企业的营销竞争能力的大小最终要看企业占有的市场份额的多少，一个具备战略营销整合能力的企业在这个层次上就能够合理地应用资源，通过独特的营销手段，实现市场份额的增加。

（3）延展性。企业的战略营销能力作为核心能力的重要部分，一旦被树立，就成为企业的发展创新的源头，能够源源不断地为消费者提供创新产品，通过独特的营销程式，使企业获得潜在市场。所以，战略营销能力是企业竞争优势的源泉，具有向外的延展性。

三　战略营销能力的价值分析

在现代战略营销环境中，战略营销能力是企业运用战略营销资源的能力，战略营销资源运作的好坏直接关系到企业能否获取营销竞争力的关键，因此，探讨战略营销能力的价值具有重要意义。

（一）战略营销能力决定产业的发展能力

在现代市场条件下，产业的发展能力在很大程度上取决于其产业内企业的整体营销能力。研发能力和制造能力强但营销能力弱的产业，往往会陷入投入多收益少的"产业恶性循环"之中。在技术、市场、资源等条件不变的情况下，产业的发展能力与市场营销能力成正比，与制造能力成反比。[①] 在产业层面，营销能力对于一

---

① 王先庆：《产业发展能力与市场营销能力的相关分析》，《广东商学院学报》2005年第6期。

个企业至关重要。战略营销可以促使企业在产业内获得优于竞争对手的营销竞争力。因此,增强企业战略营销能力,对于产业的长期持续稳定发展意义重大。

(二) 战略营销能力是企业获取绩效的关键

市场营销能力不仅直接驱动企业绩效,而且还通过顾客价值间接地对企业绩效产生重要影响。[①] 战略营销能力是一个整合过程,旨在运用企业的知识、技能和战略营销资源来解决市场相关问题和创造优异的顾客价值。强大的战略营销能力能够为企业巩固现有的市场份额,并为企业开拓新的市场提供竞争优势和保障,从而提升企业价值,获取企业绩效。

(三) 战略营销能力是企业营销能力体系的核心地位

在企业营销能力体系中包含战略营销能力、职能营销能力、营销执行能力等,在这里,处于第一层级的是战略营销能力,包括市场感知能力、市场运营能力、市场定位能力。市场感知能力,是一种对外部环境诸如需求、顾客、竞争者和宏观环境变化的理解能力。市场定位能力,是一种能够识别各种机会并选择合适的目标市场以使企业的资源和能力获得最优效果的能力。市场运营能力是指企业对战略营销资源应用的能力。这三方面的能力决定着企业营销运行的方向、战略选择、运营方式,起到关键的作用,而处于第二层级的是职能营销能力,包括顾客关系管理能力、顾客接近能力、产品管理能力和新产品开发能力。处于第三层级的是营销执行能力,包括促销、销售、重新设计包装等具体营销活动的执行能力,是在战略营销能力的基础上拥有的能力,居于从属地位。

第3节 战略营销能力结构

一 战略营销能力结构模型的目标分析

企业资源基础理论、核心能力理论、动态能力理论以及隐性知识的企业能力理论,都各自从资源与能力、核心能力、动态能力、知识角度分析企业能力的含义、结构与培育。战略营销管理要善于借鉴和应用企业能力理论的精华,为构建战略营销能力结构模型服务。战略营销管理是以市场为导向,最终目的是获得营销竞争力。因此,战略营销能力结构模型的构建目标包括以下三个方面。

(一) 战略营销能力运用的前提

战略营销能力是对战略营销资源的应用的能力。因此,战略营销能力运用的前

---

① 韩顺平、王永贵:《市场营销能力及其绩效影响研究》,《管理世界》2006年第6期。

提是企业的战略营销资源的积累和培育程度。显然,企业战略营销资源的数量、质量及可被利用的程度都决定了战略营销能力运用的程度。同时,战略营销能力的应用也取决于企业营销人员的学习能力。当企业营销人员不断运用营销知识和技能来服务于营销决策和活动时,营销能力通过学习过程就形成了,当企业营销人员运用营销知识去解决营销问题时营销能力便得以提升。也就是说,学习能力成为战略营销能力运用的前提。

(二) 战略营销能力的层级结构

基于不同的企业能力理论,营销能力层级模型是不同的。基于资源基础理论的观点认为,营销能力包括三个层级:第一层级,战略营销能力;第二层级,职能营销能力;第三层级,运营或任务营销能力。基于知识的营销能力层级模型则认为,营销能力包括以下四个层级。第一层级,个人的专门知识专注于营销中特定的领域。如销售能力的开发,销售人员必须学会将其知识运用于销售活动中,这些活动包括探寻、同顾客建立信任关系、提供物能满足顾客的需要并最终成交等。第二层级,表现为诸如销售、广告定价和市场计划领域的专门的营销能力。第三层级,是与职能相关的能力层次,如营销、运营、管理信息系统、人力资源管理等,各种职能为整合和协调职能活动服务。来自不同职能领域的产出相结合就能够建立起组织层次的能力,即能力的第四层级,营销在组织层次的能力中起到了关键性的作用。其营销作用主要体现在顾客关系、渠道连接、顾客订单的完成,以及产品开发等方面。上述组织能力是组织在目标市场中取得必要的地位并最终获取竞争优势的需要。[①] 我们认为,对于战略营销能力而言,同样存在着能力层级:处于基础的第一层级的是市场感知能力;处于第二层级的是市场定位能力;处于第三层级的是市场运营能力。

(三) 战略营销能力运用的多维目标

在市场导向的战略营销管理中,具体要实现的目标是多维的。战略营销能力运用要实现的目标包括三方面:一是对市场参与者的理解和感知,这是了解顾客价值的过程;二是能够制定有效的营销战略,这是创造顾客价值的过程;三是能够促进战略营销资源的有效利用,这是提升顾客价值的过程,最终实现营销竞争力的提升。

二 战略营销能力结构模型及要素分析

在当今以顾客为中心的超强竞争时代,顾客变得更加挑剔、更加成熟、更加专业和更有权力。在产业内部,各种类型的企业在市场中展现着旺盛的竞争欲望。结

---

① 焦晓波:《营销能力理论研究动态》,《贵州财经学院学报》2007年第6期。

果，企业必须不断培育和强化自己的营销能力，以便更好地满足顾客需求，提高营销竞争力。在战略营销中，只有有效运用战略营销能力创造出优异顾客价值、实现营销竞争力的提升，才能在激烈的竞争中立于不败之地。由此，我们建立了一个战略营销能力结构模型来说明这个问题（见图10-1）。

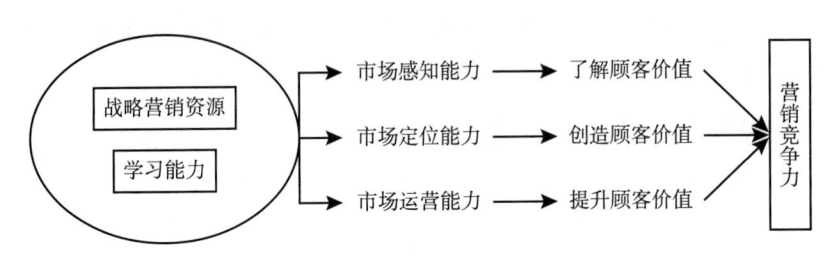

图 10-1 战略营销能力结构模型

在这个模型中，战略营销资源和企业的学习能力被定义为企业战略营销能力发挥作用的基础环节，战略营销能力运用的最终目标是获得营销竞争力，在战略营销实践过程中战略营销能力可以分解为三个层级：市场感知能力层级、市场定位能力层级、市场运营能力层级。各层级分别为了解顾客价值、创造顾客价值、提升顾客价值而服务。

（一）市场感知能力与了解顾客价值

优异的顾客价值意味着持续地创造出超越顾客期望的顾客体验，因而构成了战略营销的驱动要素，并在顾客头脑中形成差异化优势，创造了营销竞争力的基础。因此，创造优异的顾客价值是战略营销的关键，这首先在于了解顾客价值。如何了解？市场感知能力可以做到这一点。在以市场为导向的战略营销过程中，竞争对手、顾客、供应商、中间商以及周围的市场参与者都是影响战略营销效果的重要因素，了解、把握这些市场参与者尤其是顾客的动态不仅能够为营销战略提供决策参考，而且能够为营销行动提供有针对性的行动方案。因此，这里所说的感知，不仅仅是市场信息的搜集，还包括两层意思：一是需要不同的部门具有共同的认识并能协调行动；二是通过感知顾客，建立与顾客联系的渠道，达到双向沟通的目的。

（二）市场定位能力与创造顾客价值

顾客价值是一个立足于需求的概念，购买最终产品的顾客决定着市场定位能力的价值。因此，满足顾客的需求，创造优于竞争对手的顾客价值是战略营销的重要目标。在市场细分的基础上，选择目标市场并进行准确定位是市场定位能力的准确内涵。选择目标市场的过程就是寻找目标顾客的过程，市场定位的过程就是创造顾客价值的过程。

(三) 市场运营能力与提升顾客价值

顾客价值是顾客从产品或服务中获得的与顾客为此付出的代价之间的一种权衡。战略营销能力的价值源于它如何提升战略营销资源的使用效率，并满足目标顾客的需要。然而，驱动顾客进行选择的，不仅在于一种产品能够满足顾客特定的需求，即为顾客创造了价值，而且还在于它能够持续地为顾客带来更大价值，即提升了顾客原有的价值。因此，战略营销能力只有在有助于创造和提升顾客价值时，才能实现营销竞争力的提高。市场运营能力的目标是提升顾客价值，主要表现为三个方面：一是战略营销资源运营能力，包括市场组织能力以及产品、品类资源的开发能力、品牌运营能力、渠道运营能力、顾客联系能力等；二是战略沟通能力、市场促销能力和市场计划领域的专门的营销能力；三是战略定价能力，包括产品和服务的定价能力等。

战略营销能力是以战略为基础的能力，是由多种能力形成的复合能力。在战略营销实践过程中企业通过满足顾客需求，了解、创造和提升顾客价值，最终实现营销竞争力的提高，其本质上是对战略营销资源应用的能力。

第4节　战略营销能力管理

一　明确战略意图

在当前的中国市场，企业对营销问题越来越重视，大量做广告，进行大量的人员投入，但最终并没有获得预期的市场份额。为什么会出现这样的情况？战略意图不明晰是主要原因。

什么是战略意图？战略意图是战略目标的高度凝练，"是关于新功能的调配、新专长的获取或现有专长的转移以及与客户界面的重新设计等一系列问题的高级蓝图"[①]。战略意图是企业的远景规划，是企业员工明确未来发展方向、树立信心的关键。战略营销能力的培育首先应明确战略意图，这样才能将企业的注意力集中到战略营销能力的培育上，通过组织成员的沟通、调整和定位，战略营销能力的识别、培育和提升才具有明确的方向和目标。这就需要企业高层管理者提高预见能力、对市场的洞察力、战略营销决策能力和创新能力。

二　战略营销能力识别

每个企业发展的背后都存在长期积累和学习的能力体系，它支撑着企业不断获

---

① 〔美〕加里·哈梅尔、〔美〕C. K. 普拉哈拉德：《竞争大未来：企业发展战略》，王振西主译，昆仑出版社，1998，第129页。

取内部和外部资源，最终获取竞争优势。因此，在战略营销中，识别战略营销能力对于企业培育战略营销资源、有效利用营销资源意义重大。企业面对的是员工和顾客，识别战略营销能力可以从内部构成和外在表象两方面来分析。

（一）战略营销能力的内部识别

（1）战略营销活动分析。一个企业就是由一系列的活动组成的体系，而不是个别产品或服务的简单组合。战略营销就是由一系列的营销活动组成的组织体系。这些营销活动的组织主要的目的就是建立竞争优势。一个企业具有战略营销能力的关键就是使这些营销活动具有价值，适应市场竞争形势的需要。小米的品牌运动、广告营销活动、网络营销活动是小米公司拓展市场、成为中国 IT 市场领先者的关键。百事可乐的"百事新一代"营销活动，使年青一代变成了百事的忠诚顾客，在战术层次的营销活动就是我们常说的营销策略组合，不同层次的营销活动都对企业培育竞争优势具有重要作用，能够起到增加企业竞争优势的作用的营销活动就构成了企业的战略营销能力。

（2）战略营销技能分析。从战略营销技能角度来分析企业是否具备战略营销能力对企业来说最容易接受和掌握。大多数企业的营销竞争优势的源泉来自出众的营销技能，如业务单位生产出更适合市场需求的产品、定价技巧、市场推广技巧、营销人员做渠道的能力、专业的营销知识、营销团队的组织水平、营销人员的个人能力等。这些营销技能构成企业的战略营销能力的基础。通常来说，一个营销单位只有具备关键的业务技能才使企业具备一定的战略营销能力。所以，企业通常可以通过界定营销技能是不是关键技能，来识别和培育战略营销能力。

（二）战略营销能力的外部识别

战略营销能力的外部识别主要从两个角度来分析：一是市场和客户分析；二是战略营销能力的竞争差异分析。

（1）市场和客户分析。一个企业是否具有战略营销能力，要在市场上才能体现出来，如企业的市场占有率、企业的宣传、顾客对企业品牌的忠诚度、顾客看中的企业的价值等。企业的市场分析和客户分析是判断一个企业是否具有战略营销能力的重要方法。市场分析可以使企业获得市场占有率、产品受市场欢迎的程度等信息。客户分析可以使企业获得顾客对企业品牌的忠诚度、顾客看中的价值、顾客为某些产品和服务支付的价格、哪些价值因素对顾客最重要等信息。具有战略营销能力的企业的目的就在于让顾客了解、掌握、相信这些价值并产生购买行为。格力通过广告宣传、专用营销渠道的培育获得了战略营销能力，并通过战略营销能力促使消费者相信其所具有的产品功能，从而获得了营销优势。所以，当一个企业能够找到打动顾客的营销方法时这个企业就具备了战略营销能力。

（2）战略营销能力的竞争差异分析。一个具有战略营销能力的企业除了从客户那里获得信息外,从竞争对手那里也可以获得信息,识别企业与竞争对手的差异是重要的方法,这要从两个方面来比较:一方面,分析企业与竞争对手营销策略的差异,找出企业战略营销能力的独特性;另一方面,分析企业与竞争对手的市场差异,找出竞争对手在市场占有率、品牌忠诚度、顾客看中的价值方面的差异,获得企业在战略营销能力的外在表现上与竞争对手的差异。

三 设计营销业务流程,实行全新的组织设计

企业的战略营销能力如何培养?首先我们要从组织上进行研究。组织设计是创造和保持核心能力的有效途径。企业的营销组织在市场营销中发挥着重要作用,当一个组织在竞争市场上对顾客反应不再灵敏,成为企业营销发展的障碍时,那么这对企业培育战略营销能力是不利的,就要对组织进行全新的设计。营销组织设计的基本原则是使组织能够有效地配置营销资源,也就是说,在培育战略营销能力的时候,要把组织作为企业战略营销能力的载体。

营销业务流程是企业在竞争市场中组织的一系列创造价值的活动的组合,是营销过程节点及执行方式有序组成的工作过程。营销业务流程对于企业的意义不仅仅在于对企业营销关键业务的描述,更在于对企业的营销业务运营有着指导意义,体现在对营销资源的优化、对企业组织机构的优化以及对管理制度的一系列改变。良好的营销业务流程设计是保证企业营销活动灵活运行的关键。设计营销业务流程要体现以顾客为中心。根据迈克尔·波特的价值链理论,营销业务流程设计包括两个方面:一是基本营销业务流程,包括营销定位、产品和服务建议、营销方案、销售实现等活动;二是辅助的营销业务流程,主要是为基本营销业务流程提供服务的一系列活动,包括营销管理、后勤保障、财务等活动。营销业务流程之间以及构成总体的业务流程的各个子流程之间往往存在着形式多样的合作关系。一个营销业务流程可以为其他的一个或多个并行的营销业务流程服务,也可能以其他的营销业务流程的执行为前提。在组织结构上,同级的多个部门往往会构成业务流程上的合作关系,由此形成适应营销业务流程运行的组织设计。

四 协调企业内部资源

战略营销能力就是整合运用企业内部资源的过程。资源基础论认为企业是资源聚合体,每种资源都有不同的用途。根据研究目的的需要,资源可以分为三类:有形资源,如厂房和资本金;无形资源,如专利和商标;有关产品和工艺的知识资源,主要存在于个人自身、文件、计算机或类似的存储和交流媒介中。[①]

---

① 〔丹麦〕尼古莱·J. 福斯、〔丹麦〕克里斯第安·克努森编《企业万能:面向企业能力理论》,李东红译,东北财经大学出版社,1998,第83页。

企业利用战略营销能力以内部资源（包括有形资源、无形资源和知识资源）为基础，协调有形资源，包装宣传无形资源，发展企业的知识资源，在企业的营销流程中和全新的组织中，形成独特的资源。独特资源是企业获得持续竞争优势的潜在源泉。企业内部资源在原有的状态下，是杂乱无章的，人、财、物、知识没有被很好地结合在一起，不能成为企业营销流程的后盾，企业通过战略营销可以将组织的内部资源进行整合，使其成为营销行动的坚强的基础。

五 培育战略营销的能力层级

创造优于竞争对手的顾客价值是企业具有强大战略营销能力的表现。能否满足顾客的需求？能否提供顾客可接受的价格？能否给顾客提供有效的服务？这就决定了战略营销能力的层级性。第一层级，企业是否具有市场感知能力，表现在企业对顾客的敏感程度，通过战略营销情报部门对顾客情报收集，不断感知和满足顾客的需求。第二层级，做好战略定位的能力，表现在企业选定什么目标市场，勾画和传递企业在目标市场地位能力。企业通过认识目标市场顾客的特点，培养市场定位和再定位的决策能力。第三层级是提升顾客价值，表现在企业根据顾客的需求和发展趋势，运用战略营销资源创造出富有竞争力的战略营销活动，以提升顾客价值。

六 巩固战略营销能力

战略营销能力是一种独特的营销程式，这种独特性很大一部分在于企业的创新性，所以当企业创新能力减弱时，企业的战略营销能力将衍化为一般能力，或者由于缺乏专业管理，也使战略营销能力丧失独特性。所以，巩固战略营销能力是战略营销的长期工作。首先，企业的战略营销运作在主观上应保持战略营销能力产生的必要条件，促使战略营销能力的健康发展，企业独特的宣传、组织设计业务流程以及资源都是战略营销能力运作的必要条件。其次，加强对营销资源的管理，要从管理体制上、战略营销能力识别机制上、维护营销资源的专用性的保密机制上，积极培育独特的企业文化和营销文化，强化营销资源的独特性。最后，不断地创新是巩固战略营销能力的最佳方法，创新也是企业价值保障和价值提升的重要方法。

在竞争市场中，企业要想保持持续的竞争优势，培育战略营销能力是一个重要方面。因此，加强战略营销能力的培育，整合营销资源，培育企业独特的竞争能力，是目前中国企业应对市场竞争的当务之急。

本章小结

通过学习战略营销能力的概念、特点，学生可掌握战略营销能力的构成。企业只有通过识别战略营销能力并进行培育,才能不断提升战略营销竞争力。战略营销能力对战略营销活动具有重要意义。

案例训练1：江中制药

江中制药的前身是江西中医学院的校办工厂——江西江中制药厂,这家校办工厂依托江西中医学院的科研力量,在钟虹光等人的主持下,经营得很成功,其主打产品"江中草珊瑚含片"销售额达到1亿多元。江中制药厂很快就成为全国知名企业,成为药品市场的一匹"黑马"。1996年,"江中健胃消食片"问世,但销量长期为1亿元左右。为了寻找新增长点,其针对江中健胃消食片进行了一系列战略营销工作,取得了卓越的销售业绩。

1998年7月,在当地政府的撮合下,江中制药厂与江西东风制药有限责任公司(以下简称"东风制药")进行战略性重组,组建江西江中制药集团有限责任公司(以下简称"江中集团")。东风制药是江西省医药行业首家上市公司江西东风药业股份有限公司(以下简称"东风股份")的控股股东。东风股份1996年在上海交易所上市,也是江西省最早的上市公司之一。江中集团成立后,于1999年对东风股份进行了资产重组,以配股的方式把江中制药厂的优良资产注入东风股份,同时进行了二次融资。2002年3月,该上市公司更名为江西江中药业股份有限公司(以下简称"江中药业")。江中集团重组东风股份后,为公司的发展提供了资金后盾,上市也让江中集团经营的压力空前加大。

重组后的江中集团拥有的产品资源主要有原来东风制药的处方药、原江中制药厂的江中草珊瑚含片、江中健胃消食片等几种OTC药。虽然江中健胃消食片是依托"国家中药品种保护"的资源上市,具有一定的市场知名度,但是随着2002年国家不再限制其他制药企业生产健胃消食片,江中健胃消食片的市场受到威胁。在2002年的市场销售中,江中集团的OTC药的销售业绩并不突出。江中集团是全国生产健胃消食片的八大厂家之一。其中,江中健胃消食片以1亿多元的销量成为该品类的代表品牌,具备一定的品牌资源。从公司具有的外部资源来看,经过多年的市场销售,江中健胃消食片已经拥有一定的顾客群体,这将成为公司重要的外部资源。渠道的完善将是健胃消食片成功的关键,所有的市场支持都只有在完善的渠道下才能完全发挥作用。江中集团将多年来建立的分销渠道变为公司发展的依托,并决定深挖渠道,培育公司的外部战略营销资源：寻找市场薄弱点、空白点,健全地级市场客户网络,重点地区增设地区经理;健全县级市场客户网络,由地区经理管辖;配合渠道专项促销活动。在强大的渠道支持下,江中健胃消食片享誉大江南北。

资料来源：光辉《"没创意"的广告带来7个亿——江中健胃消食片的实效推广》,《广告大观》(综合版)2005年第2期；蓝汀《江中健胃消食片缔造品类传奇》,《新营销》2005年第2

期；《战略细分，江中抢占儿童助消化用药市场》，成美官网，http：//www.chengmei-trout.com/index.php？c＝cases&a＝index&id＝265，最后访问日期：2023年2月13日。

案例思考：江中制药如何获得战略营销能力使产品获得了市场的认同？

案例训练2：宝洁

宝洁（P&G）公司在一次市场调研中发现，多年来一次性尿布只占美国市场的1%。原因首先是价格太高；其次是家长们认为这种尿布不好用，只适合在旅行或不便于正常换尿布时使用。调研结果还表明，一次性尿布的市场潜力巨大。美国和世界许多国家正处于战后婴儿出生高峰期。将婴儿数量乘以每日平均需换尿布次数，可以得出一个大得惊人的潜在销量。宝洁公司产品开发人员用了一年的时间，力图研制出一种既好用又对父母有吸引力的产品。产品的最初样品是在塑料裤衩里装上一块打了褶的吸水垫子。但1958年夏天的现场试验结果是，除了家长们的否定意见和婴儿身上的痱子以外，一无所获。于是宝洁公司又回到图纸阶段。1959年3月，宝洁公司重新设计了一次性尿布，并在实验室生产了37000个，样子类似于现在的产品，拿到纽约州去做现场试验，有三分之二的试用者认为该产品胜过布尿布。为降低成本和提高新产品质量，公司进行了卓有成效的一次性纸尿布的研发，并选择地处美国最中部的城市皮奥里亚试销这个后来被定名为"娇娃"（Pampers）的产品，发现皮奥里亚的妈妈们喜欢用"娇娃"，但不喜欢10美分一片尿布的价格。在6个地方进行的试销进一步表明，定价为6美分一片，就能使这类新产品畅销，使其销售量达到零售商的要求。宝洁公司的几位制造工程师找到了进一步降低成本的办法，并把生产能力提高到使公司能以该价格在全国销售娇娃尿布的水平。娇娃尿布终于被成功推出，直至今天仍然是宝洁公司的拳头产品之一。

资料来源：吴健安主编《市场营销学》（第二版），高等教育出版社，2004。

案例思考：请查阅资料，根据宝洁公司娇娃产品的战略营销能力实践，模拟设计一个营销策划方案，在课堂中进行展示。

战略营销实训

战略营销实训：查阅小米公司相关资料，了解其是如何展示企业的战略营销能力的。

第 11 章 市场运营能力

本章要点

企业战略营销资源需要企业运用市场运营能力才能发挥作用。市场运营能力是指企业通过整合、协调战略营销资源,实现企业对市场的适应和组织,以获取营销竞争力的战略营销能力。企业利用市场运营能力整合内部和外部营销资源,通过相应的营销组合策略形成营销能力,进行市场运营,获取营销竞争力。市场运营能力是促进战略营销资源发挥作用的重要基础。企业持续的营销竞争力依靠市场运营能力的运用,企业内部营销能力、产品资源开发能力、品牌运营能力、关系营销能力等战略资源运营能力将企业内部的和外部的战略营销资源变为竞争优势。

关键术语

战略 Strategy
市场运营能力 Market Operation Capability
战略定价能力 Strategic Pricing Capability
战略沟通能力 Strategic Communication Ability
市场 Market
战略营销 Strategic Marketing

学习目标

核心知识:了解并掌握市场运营能力的概念和内涵
　　　　　了解并掌握市场运营能力的价值
　　　　　了解并掌握战略定价能力的分析框架
　　　　　了解并掌握战略沟通能力的分析框架
核心能力:学习和掌握市场运营能力以及分析企业战略营销活动的基本能力
课程思政目标:战略营销理论来源于实践,培养学生勇于实践的精神

> **引导案例**
>
> **最佳战略营销实践：拼多多的市场运营模式**
>
> 从拼好货开始到 2015 年 9 月拼多多正式上线，其创始人黄峥将游戏思维融入拼多多的商业模式创新之中，并最终将拼多多定位为"一家致力于为最广大用户提供物有所值的商品和有趣互动购物体验的新电商平台"。拼多多上线不到 4 个月便拥有了超过 2000 万的用户，上线两年多平台交易总额就超过了千亿元，快速增长的趋势令其获得了资本市场的青睐。2018 年 7 月，拼多多成功在美国纳斯达克上市。
>
> 从诞生伊始，拼多多就不断寻找与成熟电商平台——淘宝和京东的差异化模式，如重新定义目标用户、重新定义购物模式、重新定义购物场景。我们以广为人知的拼多多病毒式营销为例，病毒营销的根本目标是深入人心、律动情感和建立链接；本质是寄生在移动社交网络上的口碑传播的放大和再现；表现形式就是企业产品和品牌信息，在移动社交媒体上口耳相传，突破时空限制获得疯狂传播的营销技术；工具是移动社交媒体＋策略创意。在运用病毒营销的策略上，拼多多充分利用了社交网络的力量。在腾讯 QQ 和微信庞大的流量推动下，拼多多通过广泛利用朋友、亲属互相分享的力量为其进行传播；用户在拼团过程中，大量建立拼团砍价的社群，不断进行重复购买，形成了强大的循环生态。
>
> 分析拼多多的市场运营策略，在目标用户上，以"农村包围城市"的战略思路，关注需求未被满足的广大低消费群体；在获客形式上，其通过"拼团""砍价"等融入社交元素的购物模式，使得老用户成为主动拓展新用户的主要力量；在产品提供上，其利用 AI 算法匹配人和货之间的关系，从传统的"人找货"购物模式转变成"货找人"模式；在页面设置上，其极大程度地弱化了搜索商品功能，更注重以展位形式陈列商品，在有限品类中不断打造爆品；在供需匹配上，其通过大数据分析绘制用户需求，打造透明工厂，实现数字化的反向定制。
>
> 资料来源：拼多多公司官网；陈菡、张佳林、罗冬秀《拼多多的崛起路径与创新机理》，《财会月刊》2021 年第 1 期。

第1节　市场运营能力概述

2015 年，当互联网界都在大谈赢家通吃的理论时，一家有别于淘宝和京东的企业携新的营销模式杀入市场，以"拼好货"为招牌的拼多多依靠独特的市场运营能力成为一个独特的市场现象。市场运营能力是企业战略营销能力的重要组成部分，通过对企业内外部资源的运营获得战略营销价值。沃尔玛是世界 500 强中连续多年占据首位的企业。波士顿咨询集团在一项报告中对其这样评价道:"世界上从未有一家公司有如此之大的雄心,如此之大的能力和如此之大的势头。"沃尔玛能够表现出超强的竞争力与其对战略营销资源的运营能力有密切的关系。在今天我们知道的诸如完善的营销信息系统、高效率的物流配送体系、独具特色的经营方式以及健全的组织管理能力无不反映出其对内部战略营销资源和外部战略营销资源的支配和运营能力。

一 市场运营能力的含义

在战略营销过程中,每一个营销活动背后都有一些战略营销资源的支持,来自内部管理的、产品的、品牌的、顾客的、营销渠道的资源共同促进营销活动的成功。但是总有一些关键的资源要素在起作用,沃尔玛的成功来自企业的营销信息系统、高效率的物流配送体系、独具特色的经营方式等;戴尔公司的成功在于运用直销模式,因此,要把资源转化为营销竞争力首先应明确企业具备什么样的市场运营能力。

市场运营能力是指企业通过整合、协调战略营销资源,实现企业对市场的适应和组织,以获取营销竞争力的战略营销能力。企业利用市场运营能力整合内部和外部营销资源,通过相应的营销组合策略形成营销能力进而获取营销竞争力。海尔的内部市场链管理模式使其内部营销能力转化为外部竞争能力。联想公司的产品资源开发能力、品牌运营能力使其在中国市场获得了竞争优势。IBM是美国一家科技公司,在20世纪90年代,公司对自己拥有的战略营销资源进行了评估。结果表明,相对于其战略营销资源的运营能力,IBM在电脑制造(尤其是个人电脑业务)方面不具有优势。为了提高核心竞争力,达到资源与能力的匹配,IBM果断将个人电脑业务卖给了中国的联想,将它的战略集中到IT咨询和元器件两个业务领域,并且将资源集中到快速增长、利润高的咨询业务以及为其他的IT公司(尤其是戴尔公司和思科系统公司)供应元器件,由此也获得了丰厚的回报:它在客户服务方面的优势以及在基础技术方面的优势获得了快速增长。

市场运营能力是促进战略营销资源发挥作用的重要基础。企业持续的营销竞争力依靠营销能力的运用,企业内部营销能力、产品资源开发能力、品牌运营能力、关系营销能力等战略资源运营能力将企业内部的和外部的战略营销资源变为竞争优势。一般来说,市场运营能力包括产品运营能力、品牌运营能力、战略定价能力、战略沟通能力、渠道运营能力等。本章将重点分析战略定价能力和战略沟通能力。

二 市场运营能力的价值

(一) 市场运营能力可以使企业获得竞争优势

相对于竞争对手来说,一个企业能够保持相对的竞争优势,重点在于利用关键战略营销资源优势。可口可乐利用了其关键的战略营销资源优势——秘密配方、品牌、全球分销网络从而获得了全球战略的成功。在竞争市场中，各个企业的战略营销资源优势的分布不同，因此，营销战略也有差异。格兰仕电器利用了其规模经济优势和价格优势，制定了以价格为核心的营销战略；格力电器的分销渠道优势决定了其渠道营销战略。

（二）市场运营能力可以使企业识别和处理关键劣势

每个企业都可能面临一些致命的弱点，我们称之为关键劣势。企业在营销活动中继承了资源和能力的优势，同时也就继承了劣势，每个企业必须把转化关键营销劣势为优势作为自己长期的任务。目前流行的做法是将企业没有优势或具有明显劣势的业务外包出去，目的是通过整合利用外部最优秀的专业化资源，达到降低成本、提高效率、充分发挥自身核心竞争力和增强企业对环境的应变能力。联合利华是国内大型外资企业。其将在中国的食品零售业务营销网络转包给第三方公司——尤尼森营销咨询（上海）有限公司（以下简称"尤尼森公司"）。尤尼森公司将全权运作联合利华的食品营销，而联合利华食品（中国）有限公司负责营销决策的制定。此举意在增强和确保公司在市场环境中的长期竞争地位。尤尼森公司是专注于为国际公司在中国建立并维持市场地位的服务型公司，有较广泛的销售关系网络。联合利华在全球的发展战略之一是尝试各种新的渠道和方法，期望通过发挥自己的竞争优势，在市场上获得更为有利的竞争位置，并且以更经济的方式向客户提供更好的服务。这是处理关键劣势的重要方法。将关键劣势直接转化为竞争优势也是一种思路。哈里·戴维森公司每年只生产20万辆摩托车，相对于业界的丰田公司的400万辆，具有明显劣势，但是哈里·戴维森公司借助其传统的技术和设计，走回归路线，现在它的摩托车成为"哈雷车主会"欢迎的产品。

（三）市场运营能力可以培育开发战略营销资源和能力

培育开发战略营销资源和能力是营销战略的重要任务，这包括两个方面：一是积累和培育优势的战略营销资源；二是开发新的市场运营能力。麦当劳将工业化时代的流水线移植到餐饮行业实现了资源的积累，同时通过研究连锁管理模式形成了市场运营能力。这些都是在营销战略的制定和执行中获得的。

（四）市场运营能力可以辨认企业需要填补的战略营销资源缺口

将企业的战略营销资源和能力与竞争对手相比，客观地评估相对优势和劣势是非常困难的事情。许多公司往往沉浸在以往的胜利与辉煌中从而错失了发展的机遇。胜家因为对自己制造缝纫机的技术过于自信而被新的竞争对手所赶超，丧失了发展的机会。因此，认真识别和评估企业具有的资源和能力，选择标杆企业，找出差距，采取相应的营销措施填补这些资源和能力的缺口非常重要。

第 2 节 战略定价能力

在营销市场上，价格已经不仅仅表现为一种策略或战术，价格已经作为企业的营销战略影响着市场，并为企业创造营销竞争力。菲利普·科特勒认为："价格是市场营销组合的一个元素，并且它带来收入，而其他的市场营销组合元素则产生成本。价格也传达了公司预期的产品或品牌的价值定位。"因此，在战略营销实践中，价格并不仅是市场营销组合策略，还是一种营销战略，是市场运营能力的重要组成部分。

一　理解战略定价能力

"价格制定者的任务不仅是要确定一个价格，而且还要构架一个定价程序，从而使得每一个人都能够用最好的方法去解决价格问题。如果总是只想到我们所熟悉的关于考虑成本、顾客和竞争对手的技巧，则会导致拙劣的定价决策。"[1] 构架定价程序、做出有效的定价决策有赖于战略定价能力。战略定价能力就是企业为了实现战略营销目标而协调处理各种价格关系的营销能力。战略定价能力的大小对战略营销的成败具有重要的影响。

（一）战略定价能力能够为企业创造优于竞争对手的价值

在营销组合中，价格是若干变量中作用最直接、见效最快的一个变量，其运用效果如何，在很大程度上取决于战略定价能力，这种能力包括价格定位适当、能有效地组织其他资源为价格战略及策略的实施创造条件等。格兰仕能够在微波炉市场脱颖而出的秘诀来自其卓越的战略定价能力。格兰仕通过降价和立体促销来扩大市场容量，这种以市场为导向的战略定价能力使其创造出优于竞争对手的价值，为顾客提供了超越其想象的顾客价值。

（二）战略定价能力决定了与顾客沟通的水平

哈根达斯冰激凌售价虽然很高，但吸引了大量收入高、追求时尚的年轻消费者，他们在哈根达斯冰激凌店享受到了高雅时尚和高品质的生活。哈根达斯的高定价使其联络了一大批消费者，他们认同其价值并与之建立起良好的沟通。同样，"雕牌"洗衣粉以"只买对的，不买贵的"的广告口号，通过低价切走了宝洁公司的一大块市场蛋糕。"雕牌"通过低价策略建立了与消费者的沟通，实现了竞争市场的胜利。

---

[1] 〔美〕Thomas T. Nagle and Reed K. Holden：《定价策略与技巧：赢利性决策指南》（第 3 版），应斌、吴英娜译，清华大学出版社，2003，第 7 页。

企业的卓越的战略定价能力促进了其与顾客的沟通，联系了其目标消费者群。

（三）战略定价能力决定企业市场竞争的成败

尽管科技的发展、产品和服务的多样化已经使人们走出了只能使用价格这一种竞争手段的时代，但在某些行业、某些地区的市场上，价格仍然是一个被企业经营者十分关注并使企业家们感到巨大压力的问题。在很多情况下，即便企业的产品内在质量很好，外形设计也较先进，但如果价格策略运用不当，竞争的结果仍可能是灾难性的。战略定价能力是保证定价策略科学的基础。

（四）战略定价能力使企业掌握主动权

产品价格与市场需求联系密切，当市场需求出现不均衡时，企业产品的价格就要做出相应的调整，以适应市场变化的需要。企业通过价格策略，即通过提价或降价促使企业产品销售，可以提高企业获取利润的水平，这样有效的价格策略使企业在竞争中更能够掌握主动权，适应市场竞争。

二 影响战略定价能力的因素

一个企业如何有效地定价，如何通过定价获取价值是战略营销定价能力的表现。通常来说，制定价格取决于企业的定价目标、市场的需求、产品或服务成本以及竞争对手的价格。但是，价格对于企业战略营销来说不仅是一种营销策略，还具有战略意义。

（一）营销战略

菲利普·科特勒说："营销战略是业务单位期望达到它的各种营销目标的营销逻辑。营销战略由在预期的环境和竞争条件下的企业营销支出、营销组合和营销分配等决策构成。"[①] 营销战略的制定实质上是确定企业的竞争优势的过程。对企业的营销战略的分析实际上包括了对企业整体经营目标的确定和评价，对企业要获得竞争优势的肯定以及对企业营销战略方法的确认。这些都是为避免企业盲目发动价格竞争所做的确认工作。

（二）企业竞争环境分析

竞争环境的构成主要包括对竞争对手的分析、对企业顾客的分析、对供应商的分析、对营销渠道的分析以及对宏观经济、政治环境的分析等。但这仅仅是基本面的分析，对发动价格战的企业来说，还要针对市场的情况研究市场集中率，即以最大的四家或八家厂商占行业总产量或总销售额的比例作为集中率。若集中率超过

---

① 〔美〕菲利普·科特勒：《营销管理：分析、计划和控制》，梅汝和等译校，上海人民出版社和西蒙与舒斯特国际出版公司，1996，第83页。

50%，则称该行业为高度集中的行业。如果处于高度集中的行业之中，那么四家企业之中若有一家企业发动价格竞争势必遭到其他企业的猛烈进攻。营销竞争实际上是营销组合的竞争。单纯依靠一种竞争策略是不会获得巨大成功的。也就是说，价格策略的应用依赖于产品策略、分销策略和促销策略的配合。如果企业发动价格竞争战而不做营销组合的分析，就可能由于缺乏相关策略而失败。

（三）企业的财务状况

营销部门既需要对企业的利润负责，又需要掌握基本的会计和财务知识。在企业财务管理活动中，与战略定价相关的问题包括：（1）企业固定成本与变动成本；（2）相关成本与沉没成本；（3）利润与净利润；（4）盈亏平衡分析；（5）贡献分析；（6）流动性与现金流；（7）营业杠杆；（8）顾客终身价值。进行战略定价时需要企业考虑目标市场、顾客终身价值、竞争对手以及企业自身财务等方面，一个完善的财务分析是做好战略定价的基础。

（四）战略定价时机分析

显然，发动价格竞争是一项周密的策略工作，时机的选择是决定策略成功的关键。通常产品有淡旺季区别，在淡季，企业为保持正常的现金流，以低价抛售存货而变现，所以比较容易发生价格竞争。当然有许多企业为了扩大市场份额，在产品销售旺季也会选择价格竞争策略。同时，为了在市场中引起公众的注意，在同业中率先发动价格竞争，同样是企业对时机的准确分析。

当一个产品在市场中达到供需平衡时，广告、人员推销等促销手段是比较常用的竞争方式，这样可以扩大企业产品的销售量。但是，市场上产品出现供过于求时，采用价格竞争可以迅速提高市场份额，提高市场占有率。尤其是市场领先者在打击追随者或者市场追随者偷袭领先者时，价格策略是最好的选择方式。因此，企业先要进行有效的市场调研和竞争情报分析，了解市场供需状况，才能选择价格策略。

三 企业战略定价能力培育

基于市场导向的战略营销管理对于定价问题已经不再从策略角度来思考了，定价将作为重要的战略营销能力在战略营销中被应用。但是在竞争市场中，许多企业的定价决策仅仅是基于市场环境或市场定价出现问题后做出的反应，而不是一种主动管理、一种市场导向的战略决定。

（一）明确战略定价能力培育的原则

战略定价能力作为一种重要的战略营销能力在定价实践中可以被应用到多个方面，根据战略营销的目标，战略定价能力的运用要坚持以下三个方面的原则。第一，基于顾客价值进行定价。顾客所期望的是从购买的产品或服务中寻求最大化的价值。

通常他们不会在意销售商的成本是多少，他们在意的是价格与价值的关系。只有当产品或服务所提供的利益同顾客认同的价值一致时，才会实现顾客的价值。在实施以价值为导向的定价战略时，最重要的是掌握顾客的感受。第二，主动对市场进行管理。通过价格的制定，处于各个竞争地位的企业能够在各自的目标市场中主动地管理市场，先于竞争对手获得市场机会，并为顾客提供优于竞争对手的价值。第三，驱动企业实现盈利最大化。在以市场为导向的战略营销中，企业要通过战略定价促使企业引导市场，而不是仅仅从成本角度来思考问题，最终使企业的利润最大化。

（二）明确战略定价能力的培育目标

战略定价的目标是创造优于竞争对手的顾客价值实现营销竞争力的提升。在这一目标基础上，每个企业在进行战略定价之前都必须确定战略定价的具体目标。战略定价公司的资深评价人小乔治·E. 克雷斯曼总结了三个关于定价策略的神话：将成本完全包含在定价内会给我们带来利润；根据变化的市场份额来给产品定价会给我们带来利润；根据消费者的需求来定价会给我们带来利润。[①] 显然，这样做并不能给企业带来显著的竞争优势。在以市场为导向的营销环境中，追求为顾客创造更多的价值，并使价格比竞争对手低，这是企业进行战略定价的目标。沃尔玛的"天天平价"的营销口号已经逐渐超越了策略的范畴，变为能够给企业带来显著竞争优势的战略，相对于竞争对手时高时低的定价，沃尔玛已经具备了优秀的战略定价能力。

（三）确定战略定价结构

在战略营销管理过程中，决定企业战略定价的关键因素包括四个方面：细分市场、竞争地位、顾客价值、产品与品牌生命周期。因此，战略定价结构包括以下内容。

（1）细分市场定价结构：细分市场定价可以让企业根据各个市场上的消费者群体来制定合适的价格策略。对价格不敏感以及对竞争对手服务不满意的消费者群体可以收取较高价格，这样也不会造成价格歧视，而这个群体所带来的利润水平更高。战略定价能力在细分市场定价上的应用就是要辨别不同的市场群体以确定市场差异并通过不同的价格政策将其区别开来，同时能根据细分市场的特点通过战略定价主动管理市场。

（2）竞争地位定价结构：战略定价的选择适应于企业在目标市场所处的竞争地位。对于处在领先地位的企业来说，其营销战略显然与市场追随者或市场补缺者不同。处于不同竞争地位的企业的战略定价目标如下。市场领先者的战略定价：通过

---

① 转引自〔美〕菲利普·科特勒、〔美〕凯文·莱恩·凯勒《营销管理》（第12版），梅清豪译，世纪出版集团和上海人民出版社，2006，第492~493页。

战略定价扩大总市场战略；竞争防御战略。市场挑战者的战略定价：通过战略定价进攻竞争对手，获得更大的市场份额，威胁甚至取代市场领先者。市场追随者的战略定价：通过战略定价跟随领先者的方式获得成长。市场补缺者的战略定价：通过战略定价获取专业化的市场地位。

（3）以顾客价值为中心的战略定价结构：战略定价要以创造优于竞争对手的顾客价值为基础，这是其在市场参与竞争的立足点。以价值为中心的战略定价结构可以针对不同类型的顾客确定价格政策，如针对价格型购买者，应注意在成本基础上进行价格谈判；针对关系型购买者，应根据其品牌、形象的影响力来确定价格；针对价值型购买者，应注重产品的品质和附加服务带给消费者的价值，以此来确定价格。

（4）产品与品牌生命周期的定价结构：产品在不同的生命周期的营销目标不同，定价策略也就有所不同。在导入期，企业的目标是获得更大的产品知名度，定价包括撇脂定价和渗透定价；在成长期，企业的目标是获得更大的市场占有率，需要对定价策略做出调整，如果企业寻求差异化战略，原有的定价将会延续，而如果寻求成本领先战略，定价将会从高价向低价调整；在成熟期，企业目标会多元化，企业可能会调整市场、调整产品或者调整营销组合，竞争的压力使定价策略跟随调整策略而改变；在衰退期，其主要的战略选择是紧缩战略、巩固战略、收割战略，定价将会随产品逐步退出市场而走低。

（四）价格制定与调整

企业的价格制定就是根据价格政策形成明确的价格策略，包括新产品定价策略、价格调整定价策略（如价格折扣和折让、分段定价、心理定价、促销定价、地理定价、国际化定价等）、价格反应定价策略（如主动改变价格、对竞争的价格变动做出反应等）等。价格确定必须建立在对战略定价要素分析和定价政策的基础上，我们以一个案例说明问题。

中国民用航空总局曾经正式出台严禁机票打折的"禁折令"。中国民用航空总局认为，相较于外国航空公司，中国航空公司处于高负债、高成本、高运价的状况下，因此中国航空公司没有降价的空间，更不能放开票价而由市场决定；要使航空公司实现盈亏平衡，只有实行高票价并严格限制打折。但是，各航空公司一直通过各种方法打破中国民用航空总局的票价规定进行打折，特别是在淡季的时候。各方评论也认为，中国民用航空总局的规定和市场需求完全背离。中国民用航空总局不得不出台新的票价管理规定，规定航空公司在中国民用航空总局规定的基准票价基础上进行打折时，最低不能低于4.5折。[①] 由此案例可以看出，企业在价格制定时

---

① 《战略定价的反面案例》，《21世纪商业评论》2007年第1期。

需要考虑多方面的因素,这样才能制定出适合企业和市场需要的产品价格。

当企业有明确的价格政策并确定了价格后,就必须严格执行。许多企业在市场中引起的混乱就是因为其价格政策没有得到有效执行。企业在执行战略定价时应注意两个问题:首先,建立价格监控体系,严防在分销渠道中渠道成员破坏价格体系的行为,制定措施防止渠道窜货行为的发生;其次,适应市场变化,根据市场做一定的价格调整。企业对产品价格经常进行或升或降的调整,这是价值规律的客观要求,也是企业营销策略的反映。企业提价要考虑利润、成本及产品供求状况;企业降价更要考虑企业的生产能力、市场份额、竞争态势等。战略定价更多的是站在顾客和竞争对手的角度来思考如何做出有利于企业发展的决策。

第3节 战略沟通能力

每个企业都不可避免地充当了传播者和促销者的角色。面对顾客多元化和个性化的局面,追求与顾客双向沟通,提供优于竞争对手的价值是战略营销管理的目标。营销沟通是面向市场传播有关企业、产品及服务、品牌信息的过程,目的是告知顾客产品和服务的可获性、产品或服务的独特功用。因此,基于整合营销沟通的战略沟通能力培育是企业的重要目标。

一 战略沟通能力在战略营销中的价值

1960 年,密歇根州立大学教授麦卡锡提出了 4P(产品、价格、通路、促销)理论,开了大众营销的先河。该理论提出自下而上的运作原则,契合当时的文化与潮流,直到今天,其依然是许多企业热衷的营销思想。这是一个以大众为对象的营销理论。传播媒介是大众取向的,广告主导了营销策略。大众营销取得了很大的成功,大量的产品从工厂流向了大众家庭,消费者被动地接受着来自企业的一项项"新产品"。

只针对产品而忽略消费者的广告,逐渐受到了消费者的抨击。1972 年,特劳特和里斯发表"定位理论",他们认为:"是消费者在定位产品,而不是广告主和广告代理商在为产品定位。"广告主必须了解他们的广告和竞争品牌在消费者心中的相对位置。因为营销的战场仍在消费者的心中,而不是在营销企划室里,但只有少数人了解到其中的奥妙。实际上,这是消费者大解构的开始,将所有的消费者按照一定的标准分为一个个消费者群。每一个群体是一个细分市场。对于广告商或者营销经理来说,针对细分市场进行的营销活动效果要远远比针对所有的大众要好得多。

伴随着全球化的发展,基于阶层式的组织界限逐渐模糊,消费者逐渐从要求意见一致的束缚中获得释放,也发展出属于自己的品位。追求个性化、追求双向沟通的时代的到来,改变了企业营运获利方式,整合营销沟通由此被人们重视。1992年,美国西北大学的唐纳德·舒尔茨教授及其合作者首次提出整合营销传播的概念。其核心是以消费者为核心,整合企业一切传播方式,用"一个声音"和统一的传播形象、传播一致的产品信息,实现与消费者的双向沟通,确立产品品牌在消费者心中的地位。战略性是整合营销传播的核心,在以消费者为中心的目标下,企业需要实现不同工具、不同时间、不同空间、不同利害关系者的整合,实现用"一个声音"的双向沟通。培育企业战略沟通能力是实现整合营销沟通的前提。

企业战略沟通能力是基于整合营销沟通基础建立起来的。战略沟通能力是指企业为了实现战略营销目标而与消费者建立的双向沟通与信息传播的营销能力。战略沟通能力决定了企业如何适应顾客个性化要求、契合多元化的市场。美国的戴尔公司的成功正说明了这一点。战略沟通能力主要包括市场推广能力、促销沟通能力、广告沟通能力、公关促销能力等几个方面。战略沟通能力促进了企业在市场推广、促销、广告、公共关系等方面发挥作用,通过战略沟通,企业建立起深刻的品牌形象,成功地打造出品牌资产。

二 市场运营能力类型

(一) 市场推广能力

市场推广能力是一项重要的战略营销能力。企业的产品定位、产品概念、品牌概念要想为消费者所知,就必须利用市场推广的方式来完成。市场推广更容易获得消费者的信赖和认可,这正暗含了与消费者双向沟通的意思。因为市场推广能够通过消费者的亲身接触,促进消费者对产品的认可,同时更容易在消费者的心中树立别具一格的形象。比如"健力宝"在中国市场中通过赞助形成体育运动饮料的形象;格兰仕通过市场推广活动,获得微波炉市场第一的形象等。所以,一个企业的市场推广能力是其迅速获得市场认同、取得市场营销成功的重要的能力基础。

在销售产品的过程中,会伴随着各种方式的市场推广行为。但是,当前在中国市场上,有些企业依赖过度的包装炒作,失去了产品的真实性,虚假宣传、对广告的过分依赖等削弱了市场推广的作用。因此,加强对市场推广能力的培育具有重要意义。战略营销管理中的市场推广能力的培育工作应从以下几个方面做起。

第一,界定问题,明确推广主题。管理大师彼得·德鲁克说,不替客户解决问题,而是替客户"界定问题"。他改变客户所问的问题,提出一连串问题反问客户,其目的是帮助客户认清问题,找出问题,然后让客户自己动手去解决那些问题。通常客户愉快地离开德鲁克的办公室时,都会说:"这些问题我都知道,为什么我不做呢?"而德鲁克则说:"如果客户离开我的办公室时,他觉得学到了许多新东西,那么,不是我的效率太差,就是他是个笨蛋。"因此,市场推广首先应界定问题,明确推广的前提。

第二,开展市场调查。明确对产品实质的认知和消费者对产品的认知状况。

第三,寻找独特的市场推广切入点。市场推广的方式有很多,样品派送、折价券、特价包、赠奖、交易印花、售点陈列、商品示范表演、中间商促销(购买折让、推广津贴、陈列津贴免费商品、广告赠品等)、业务会议和贸易展览、竞赛、兑奖、游戏、公关赞助等。这些推广方式各有好处,关键是企业如何找到一个好的切入点,使企业的市场推广别具一格。一项成功的市场推广工作是建立在充分了解产品的实质和消费者对产品的认知的基础上的。要使市场推广有独特的市场切入点,需要企业自身的知识与经验的积累和大量的资料与案例分析。

第四,做好市场推广的计划工作。一项市场推广工作的完成需要有系统的安排,各个部门的相互配合,以及资金、人员、物品的准备,因此,做市场推广就需要企业制订出完整的市场推广计划和实施方案。

第五,抓好市场推广的实施与改进。一项市场推广工作的关键在于实施,能否将市场推广思想贯彻进去是实施中的重要工作,这也是考察市场推广执行力的关键问题。所以一个好的市场推广创意要经过人员招聘与培训、各部门的配合、与消费者的沟通、贯彻市场推广思想等多个方面的工作,才能将市场推广思想传播贯彻下去。市场推广方案在实施中不可能十全十美,这就要在市场推广过程中不断改进,以达到增强市场推广效果的目的。

(二)促销沟通能力

促销沟通能力决定促销策略是否把信息传递给消费者或潜在的消费者。企业促销的目的不是使消费者在头脑中储存短暂的记忆,而是通过促销工具的不断强化,使消费者有长期的记忆的储存。长期的记忆储存是企业不断宣传的结果。但是如何促进这种促销信息成为消费者的长期记忆呢?一般有两种说法:一种说法是取代消费者头脑中的旧有的观念,持久而大声地促销宣传,最终会使消费者购买自己的产品,这其实是大众营销传播的思想;另一种说法是积累模式,即企业通过发布一致性的促销信息,使消费者在接受、处理及储存产品或服务信息中逐步积累,从而建立与各种概念、信息、条件的联系,促使消费者比较后做出判断。如果是后一种说法正确,那么实际上促进消费者建立与各种条件的联系就是一个不断地与消费者进行双向沟通的过程。通过这种不断的双向沟通,消费者才能建立持久的记忆储存,才能够强化企业的促销效果。许多企业由于没有建立起与消费者沟通的渠道,依然依靠大众营销时代的传播方法,希望仅仅通过持久而大声地传播来取代消费者的旧有记忆,从而购买自己的产品,实际上这种思想伴随着消费者个性化时代的来临已逐步落伍了。消费者需要个性化的产品和服务,同样需要个性化的沟通,长期的沟通才能够使消费者建立持久的记忆储存。在不断地双向沟通中,促销能力水平也就相应提高了。

作为营销战略的制定者,提升促销沟通能力需要询问以下几个问题。

1. 企业促销沟通的目标群体是谁?

目标群体可能是公司产品的潜在购买者、目前使用者、决策者或影响者,可能是个人、小组、特殊公众或一般公众。目标群体将会极大地影响信息传播者的下列决策:准备说什么、打算如何说、什么时候说、在什么地方说、谁来说。一般来说,一个企业要使自己的促销能力提高,就必须准确确定自己的目标市场,找出目标视听群体和他们的需求、态度、偏好和其他特征,作为信息沟通目标的前提。

2. 促销信息传播的目标是什么?

一个消费者对企业产品的购买心理分为三个阶段:认知阶段、感情阶段、行为阶段。根据 AIDA 模式,这三个阶段又是经过注意、兴趣、欲望、行动四个步骤来完成的。企业需要通过对消费者的各个阶段来确定信息传播目标。通过顾客不同的反应确定相应的沟通目标,是确定信息传播目标的关键所在。

3. 促销传播信息如何设计?

说什么(信息内容)、如何说(信息结构)、怎样说(信息格式)以及谁来说(信息源),决定着信息的有效性。

4. 促销沟通信息渠道如何选择?

促销信息传播者需要将设计好的信息传播给目标受众就需要借助一定的信息沟通渠道。信息沟通渠道主要包括两个方面:人员信息沟通渠道和非人员信息沟通渠道。

5. 促销预算是多少?

促销预算是根据营销推广目的决定的。促销费用既是一种费用成本支出,也是企业进行营销的战略投资,需要根据企业营销战略来确定具体促销预算。

6. 如何确定促销组合?

促销活动实际上是对促销信息沟通和促销组合进行系统安排的工作。促销组合主要是企业根据促销预算和企业的产品特点安排在广告、公共关系和人员促销等促销工具上的任务。企业确定促销组合时需要考虑每种促销工具的性质及影响促销组合的因素等方面的问题。

7. 如何确定促销效果的评价方案?

确定评价方案主要的依据是企业与消费者沟通的效果。通过评价方案反映消费者对促销信息的知晓程度及购买行为来确定促销效果是重要的宗旨。

(三) 广告沟通能力

在今天企业竞争越来越激烈的市场中，消费者的消费观念逐渐趋向个性化，企业之间的竞争也趋于白热化，如果还坚持过去大众营销的观念，那么，消费者个性化的消费需求就得不到满足，企业的市场销路自然打不开。广告沟通能力是广告活动的实际操作能力，提高广告沟通能力对促进广告运动的高效率具有重要意义。

1. 以广告定位提高广告沟通能力

舒蕾在众多的洗发水品牌中以"焗油博士"作为自己的定位，从而脱颖而出。广告定位能够体现广告的差异化，促进广告运动瞄准消费者的心智，以更有效的广告手段促使产品打动消费者的心智。广告运动有许多步骤，如分析市场、进行市场调研、寻找目标消费者、确定传播战略、寻找广告创意、确定广告传播策略等，但是这一系列工具都是从定位开始的。特劳特和里斯在他们的定位理论中认为，当市场走过了产品至上和形象至上的时代后，就进入了定位时代，定位是做好广告的基础。在广告运动工作中定位起到承上启下的重要作用，企业的营销环境分析的结论最后都是为传播做准备的，而传播又是从定位开始的，定位将大量的调研报告浓缩成广告运动核心，可以就此迅速产生创意、找寻传播的独特主张。以后的广告沟通能力工作都要围绕定位工作来展开。因此，寻找目标市场、为市场定位、为企业的产品定位、为企业的广告宣传定位就成为企业适应竞争市场的制胜法宝。

广告运动除了给自己定位，在定位过程中还要给竞争对手定位，找出竞争对手的优势和劣势所在，然后针对其劣势并结合本产品的情况，制定相应的定位策略，也就是以竞争对手为中心展开广告和营销攻势。以市场为导向的战略营销不仅要寻找竞争对手的空隙，还要寻找消费者心智上的空隙，这是进入消费者心智的最可能的路径。当初娃哈哈就成功地寻找到目标市场的空隙——儿童果奶的空缺，而恰好这又是消费者——儿童重要的需求点。定位于儿童营养品市场，为娃哈哈找到了切入市场的关键点，其广告宣传语"喝了娃哈哈，吃饭就是香"直指人心，赢得了消费者的认同，赢得了市场。当然，如果企业通过分析和市场运作发现有些广告定位缺乏有效的促销力度，达不到预定的营销目标，或者缺乏实战操作性，或者不能得到市场认同，那么就要认错，从头再来。重新定位可能要冒一定的风险，如消费者的重新认同风险、企业内部员工的认识风险、资金投入风险等，但是，当考虑到定位不能使企业的促销获得有效增长，相反还会产生更大的风险时，重新定位是必要的，万宝路就是一个重新定位的成功例子。跟随竞争环境的变化，调整定位，进行适时的动态定位是必要的。

2. 广告创意与广告沟通能力

广告界有句名言："你的广告被人注意到了，你的产品就销出去了一半。"广告创意是产生广告注意的重要原因。现代广告运动是围绕广告创意来进行的，广告创意的好坏直接决定着企划的成功与否。优秀的广告创意能够吸引人们的注意力，并使人们记住所要销售的商品，虽然许多平凡的广告创意依靠大量的"轰炸"让消费者注意到了，但这是被动的注意，一旦广告停止，销售量就马上降下来了，企业只有依靠不断地播出广告才能支撑销售，显然这不是广告主的初衷。哈撒韦衬衫因为奥格威而成为名牌，其销售的成功在于只花了很少的广告费，这完全凭借被广告界奉为经典的"戴眼罩的男人"的创意，所以创意的重要性在广告沟通能力中是不言而喻的。

在战略营销中，广告沟通能力应用的最佳效果就是通过创意使广告直指人心，进入消费者的心智领域。白加黑感冒片在众多的感冒药品牌面前，以独特的创意（"白天吃白片不瞌睡，晚上吃黑片睡得香"）打入市场，取得非常好的市场成绩，就在于其创意直指消费者——感冒群体的需求。所以广告创意可以促使广告沟通能力的提高，使广告运动更加接近消费者。

提高广告沟通能力首先要提高广告创意水平。在广告运动过程中，广告创意要贴切达意，即贴近产品，切中消费者心理。贴近产品就是要找出产品的特点和个性，个性存在于产品的概念的差异中，广告创意所要做的就是发掘产品可见的或非实质性的感性差别。对于消费者心理的把握，重要的是对"人"的心理的理解，对人性的洞察。广告与消费者的心理沟通是广告创意的本质，广告所推出的产品应切切实实是人们想要得到的东西。贴切是将产品与消费者的需求进行完美的结合，并具有深入人心的促销的美感，塑造了消费者对广告的最佳接受心理。贴切注重消费者的感受，是以消费者为本位的创意观。达意是将贴切的创意准确地表达出来，也即说什么的问题。广告创意要表达得贴切，关键在于紧扣产品和消费者，并采用简单、关联、创新、震撼人心的点子，而这些点子离我们并不遥远，它们就藏在产品的背后、消费者的日常生活中。

其次，卓越的广告创意必须能对产品的文化内涵进行深层开发，从文化内涵的边际效应中寻找创意的切入点，以更好地满足市场中的消费者个性化消费思维和多元化的文化价值观。广告创意的文化底蕴主要表现在以下几个方面：将产品演绎为富有文化内涵的精神寄托；以人文精神来表现产品对人的情感的理解和关怀；广告创意通过创建独特的精神价值，反映一种社会导向，一种精神追求。

3. 以传播促进广告沟通能力的提高

广告沟通能力的大小都是通过传播来体现的，传播工作做得好坏也就能够直接反映出广告沟通能力的大小，因此，加强传播的设计与管理是提高广告沟通能力的重要工作。广告沟通能力应以消费者为传播的核心。整合营销传播的思想是企业必须从以自我为中心转向以消费者为中心，真正从消费者的需要出发。提高广告沟通能力的关键在于建立消费者数据库，了解消费者的需求和态度，不断改进产品和服务以做好传播的基础,并建立适合传播的媒体计划,推进战略营销传播。

(四) 公共关系沟通能力

以市场为导向的战略营销管理,不仅要求企业研究竞争对手、顾客,还要创造和谐的营销环境促进营销战略的成功。公共关系沟通能力能够促使企业适应复杂的人文营销环境,开展人文营销,尊重顾客的文化和民族差异,以全新的视角进行战略营销。同时,公共关系沟通能力促使企业摆脱营销危机,创造并维护企业的形象。本土企业在对公共关系的理解上、公关手段的利用上、公关传播技术上、对大众舆论的引导上、对人际态度的掌控上都缺乏深入的理解,出现危机后在应对上往往会存在问题。公共关系沟通能力可以使企业与公众建立良好的关系,赢得公众的了解、理解、信任和支持,既是组织塑造良好形象的前提和过程,又是组织具有良好形象的标志和结果。

公共关系沟通能力是指企业在竞争市场中,制定公共关系计划和策略、安排公共关系活动、处理相关利益群体的营销能力,主要通过企业认知度、美誉度、和谐度三个维度来评价。从沟通的角度来说,公共关系沟通能力使双向沟通成为可能,使整合营销传播理念渗透到企业的每一个营销环节上。传统的营销方式是一种单向的沟通模式,在单向沟通模式中,企业与公众关系是不平等、不平衡的。企业常常利用其优越的地位与权力,采取强制的方式实施传播,这很容易造成对公众权利的无视与损害。企业与消费者之间缺乏反馈的传播沟通渠道。随着现代传播沟通的发展,单向沟通模式明显地表现出难以适应现实需要的缺陷。战略营销以整合营销传播为基础,强调企业与消费者的沟通与反馈,强调只有通过双向沟通的模式才能促进竞争战略和竞争营销战术的实现。公共关系沟通能力促进企业与消费者、公众之间在公开、公平、公正的前提下,相互依赖、相互协调,从而实现真正的营销传播。随着市场竞争的发展,企业原有的一些权力优势逐渐丧失,公众的地位在逐渐提高。在这种营销环境中,以公共关系为基本营销策略,企业主动调整自己的位置,与公众处于平等协商的位置上,企业平等地对待公众,主动、热情地对公众传播信息以寻求合作,公众自觉配合企业的信息反馈和协调沟通,以此使企业的整合营销传播得以实现,公共关系沟通能力使整合营销传播理念渗透到每一个营销环节中。

三 战略沟通能力的培育

面对激烈的市场竞争,消费者选择的目标越来越多,企业依靠大批量的生产和针对所有消费者的广告越来越缺乏竞争力,消费者需要的是企业个性化的产品、服务和宣传,其购买行为也随着这种想法而发生变化。这些购买行为成为决定企业成功的关键。所以企业面对市场激烈的竞争和能获得众多资讯的消费者,唯一的选择方式就是"服务顾客"。战略沟通能力的研究重点就是如何在建立与消费者的双向沟通的基础上，提升企业的营销能力。因此，战略沟通能力的培育包括以下几个方面。

（一）重新认识消费者，建立消费者资料库

战略沟通能力是在与消费者建立双向沟通的基础上进行营销传播的，所以要重新认识消费者。

重新认识消费者，首先，就要了解消费者购买的诱因，确切地讲，就是消费者为什么要购买该产品？其购买产品时受到哪些因素的影响？为什么要购买某一品牌的产品？消费者购买这种品牌的产品的利益点是什么？为了能正确地实施传播策略，需要企业对每一个消费者、渠道内人员甚至是企业内部员工进行比较翔实的调查，并且建立资料库。

其次，要考虑的是，企业产品是否适合主要的消费者群。这包括以下两个方面。一方面，通过调查了解产品的实质，也即产品里面到底有什么？在营销企划中企划人员常常是将注意力集中在产品的成分上而很少从产品中挖掘更深的新颖性及存在于产品中的新奇性。比如说，产品是如何制造的？谁发明的？为什么发明？如何发明？产品生产过程中有什么故事？等等。要从消费者的角度来考虑产品到底有什么不同？消费者如何认知该产品？寻找产品的实质是在企划中找出企划线索、构思创意的条件。另一方面，检测消费者对产品的认知或看法。与产品同样重要的是消费者如何形成对产品及类别的认知，所以企业必须更深入地了解产品在市场中的营销效果。了解产品的认知主要包括：潜在消费者是如何认知产品品质的？产品能与其价格相匹配吗？品牌名称能被信赖吗？消费者对竞争品牌的看法如何？媒体报道是如何影响消费者的？产品的口碑如何？现场推广有效吗？等等。

（二）明确竞争状况，找出产品的关键性的利益点

明确竞争状况，并不是只了解市场占有率及广告花费而已。首先，企业要确认竞争对手是谁，本类别的产品在消费者心中有哪些品牌？竞争对手是如何与消费者沟通的？消费者对竞争品牌的认知是怎样的？将来有哪些竞争品牌可能威胁本企业？那些竞争品牌的弱点在哪里？企业可以怎样从竞争对手那里夺得市场？其次，了解消费者关键性的利益点。企业在了解了消费者、产品本身和竞争状况后，能够促使消费者舍弃竞争者的产品，而购买本企业的产品的关键性的利益点是什么？这些利益点有：能解决消费者的问题；能改善消费者的生活；具有竞争力——优于在同一竞争范畴内的其他品牌或产品；绝不是一句口号或广告词；能用一个简单句子表示；等等。这些关键性的利益点是企业吸引消费者的利器。

（三）抓住想象力，找出独特的销售主张

成功的营销传播依靠两个方面：其一，确定消费者的关键性的利益点，即"消费者想要听些什么"；其二，"你该如何说出来"——创意。创意是如此的重要以至于许多管理大师都对创意问题有过精彩论述，例如广告怪杰大卫·奥格威说"创意是神灯，这神灯是应用别人智慧的成果"。那么战略沟通能力是如何抓住想象力，从而使创意富有表现力的呢？

首先，创造一个足以令人相信的理由。现在，我们可通过调查了解消费者的利益点，知道消费者的需要与欲求，但我们需要一个理由让消费者相信：企业的产品品牌可以满足他们的需要与欲求。这个理由可以源自产品本身，也可以是认知上的支持点或沟通上的支持点。

其次，发现品牌的个性。品牌个性不是玩笑与戏言，也不是创意上的实验，更不是广告设计的元素，而是给予产品品牌生命与灵魂，能让消费者轻而易举地与竞争品牌区别开来，它能给消费者一种既熟悉又亲密、朋友般的感觉。品牌个性的建立必须配合商品的品牌定位，符合消费者对品牌的认知与期望，同时信而有征。如果你试图为品牌建立信任，那么每一种形式的传播工具（广告、标签、优待券等）在外观、文字及态度上也都必须令人相信。

最后，找出产品独特的销售主张。无论是透过广告、促销、直效营销、公关、商标还是透过在超市分发试用品的销售人员的语言，每一种品牌与服务都必须以一种源于消费者需求的特殊销售主张来呈现——创新的定位、能清楚定义该品牌及对消费者的承诺。销售主张能够抓住消费者的想象，建立起消费者对品牌的信心，为品牌建立起个性，并且使品牌广受欢迎、值得信赖。最重要的是销售主张的可信度及说服力，能使消费者接受你在策略中所提出的品牌所独具的竞争性利益点。销售主张根植于消费者的购买诱因，且在具备一套完整传播策略的创意人员的悉心灌溉下成长。当然，独特的销售主张不仅仅是通过调查消费者的购买诱因就能够得到，其依据的是企划者的深厚的市场研究功底。销售创意是建立起与消费者双向沟通的前提，整合营销是一种有效的思考方式，将促进企划人员生出许多独特的创意来。

（四）找出消费者接触点

当销售策略被制好以后，现在的关键是，我们如何将要传达的信息传达给策略中设定的目标对象。在现代的技术发展中，媒体的概念已不单是传统的宣传媒体，现在需要考虑的是建立一种与消费者沟通的通道，以便实现与消费者的双向沟通，互联网就是这种通道。那种沟而不通、通而不良的传播渠道是整合营销最为忌讳的。建立对消费者的接触管理体系就是找出消费者接触点的最好办法。

接触在营销中具有了新的定义。我们对接触的定义是：能够将品牌、产品类别和任何与市场相关的信息等资讯，传输给消费者或潜在消费者的"过程与经验"。根据这样的定义，我们发现能够接触消费者的方式，可谓成百上千。举例来说，接触就可能包括邻居、朋友、产品包装、报纸报道、杂志与电视的资讯、商店内的推销、待客之道以及产品在货架上摆放的位置等。同时，接触并不会因为消费者购买行为的停止而停止，在购买行为之后可能发生的接触方式有：消费者或潜在消费者的朋友或邻居、亲戚、上司谈及使用品牌产品的经验，也包括售后服务及各种客户申诉处理方式，公司用以解决顾客问题或引发额外消费的信函方式，这些都是消费者与品牌的接触，经年累月不断影响消费者与品牌、企业间的潜在联系。

接触管理的定义是在某一个时间、地点或在某种状况下，企业可以与消费者进行沟通。在以往消费者与企业充分沟通以及消费者会主动找寻产品资讯的年代里，决定说什么要比决定什么时候与消费者接触重要。然而，现在的市场资讯超载、媒体繁多，干扰大增，企业相信目前最重要的事，是决定"如何"及"何时"与消费者接触，同时接触的方式也决定了要和消费者沟通什么样的诉求主题。当然沟通的创意是重要的，但要传达创意的方式也同样重要。与消费者的接触管理可以使企业在营销传播中选择合适的传播策略，从而创造出最佳的沟通效果。

这是一个双向沟通的时代，战略沟通能力以整合营销传播思想来提升企业的营销能力，实际上是提高企业与消费者双向沟通的能力、分析和研究消费者的能力、整合销售传播的能力，如果能够做到这一点，企业的营销竞争力也将会得到提升。

本章小结

市场运营能力是指企业通过整合、协调战略营销资源，实现企业对市场的适应和组织，以获取营销竞争力的战略营销能力。市场运营能力可以使企业获得竞争优势；市场运营能力可以使企业识别和处理关键劣势；市场运营能力可以培育开发战略营销资源和能力；市场运营能力可以辨认企业需要填补的战略营销资源缺口。战略定价能力就是企业为了实现战略营销目标而协调处理各种价格关系的营销能力。战略定价能力的大小对战略营销的成败具有重要的影响。战略沟通能力是指企业为了实现战略营销目标而与消费者建立的双向沟通与信息传播的营销能力。战略沟通能力主要包括市场推广能力、促销沟通能力、广告沟通能力、公关促销能力等。

案例训练 1：泡泡玛特

北京 POP MART 泡泡玛特文化创意有限公司（以下简称"POP MART 泡泡玛特"），是中国领先的潮流文化娱乐公司。POP MART 泡泡玛特成立于 2010 年，主要业务是售卖包含自主开发商品与国内外知名潮流品牌的盲盒、二次元周边、BJD 娃娃、IP 衍生品等多品类商品。POP MART 泡泡玛特的品牌理念是："创造潮流，传递美好"。它构建了覆盖潮流玩具全产业链的综合运营平台，并通过杂货渠道发展为年入 16 亿元的潮玩品牌。

盲盒的卖点来自拆盲盒带来的未知感和惊喜感。盲盒最早起源于日本明治时期（1868~1912年），当时日本百货公司在新年期间都会销售福袋，福袋中的内容不会被事先公开，但百货公司往往会将高于福袋标价的商品放入福袋中。在中国，盲盒营销概念可以追溯到90年代的集卡式营销。POP MART泡泡玛特充分利用了盲盒这一卖点，聚焦年轻人群，抓住消费者的好奇心理，顾客只有消费之后才能知道自己购买的产品到底是什么。

POP MART泡泡玛特以市场为导向，抓住了盲盒这一卖点，推动公司在潮流玩具行业占据了一席之地。POP MART泡泡玛特强大的IP营销，向用户传递一种价值观或思想观念，实现产品或品牌的人格化。IP是POP MART泡泡玛特的核心竞争力，通过数量庞大的IP储备与吸引力强的热门IP，POP MART泡泡玛特的企业规模与市场份额持续增长。这是POP MART泡泡玛特可以源源不断推出新品盲盒的基础，也是POP MART泡泡玛特战略营销的基础。

资料来源：柴乔杉《泡泡玛特：从杂货铺到盲盒龙头》，《中国品牌》2021年第3期；王啸然《基于单点破局模型的泡泡玛特营销模式探究》，《中国市场》2021年第29期。

案例思考：试从泡泡玛特的营销实践分析其市场运营能力的表现。

案例训练2：途家

途家是一家2011年上线的全球公寓民宿预订平台，经过十多年的营销运营，途家已经成为中国民宅分享的引领者。途家提供包含公寓、别墅、民宿等具有家庭氛围的住宿产品，目标市场是家庭出游、聚会团建、商务差旅、休闲度假以及周租、月租的顾客。

途家网的商业模式是业主（分为自营和第三方酒店）将其暂时空闲房屋交由途家网管理，管理期间房屋的一切事宜由途家网负责，收获的利润均摊。一方面为房客提供具有家庭氛围的出行住宿酒店；另一方面为房东提供有较高收益且有保障的闲置房屋分享平台。途家通过整合共享利益相关者的资源，寻找到了企业社会责任活动与企业价值创造的契合点，进而提升了企业的市场竞争力。

为使房客获得优质和便利的休闲度假服务，途家网首先把控房源质量，依托国际分散式酒店管理和业务标准，结合线下旅游地不动产存量、线中呼叫中心服务、线上度假公寓订房交易系统搭建交易平台，将系统中满足各项参数要求的房源确认为可用房源。国内成熟的三星级和五星级酒店很多，但性价比高的四星级酒店却很少。途家就抓住这个空隙，定位于中高端住宿市场，基于住宿分享理念，利用闲置的房屋资源为游客提供酒店式公寓、特色民宿、别墅等具有家庭氛围、性价比更高的住宿产品，主要目标用户是家庭自助旅游和商务出行游客。

途家的品牌理念是旅途中的家，注重体现家的温暖。普通酒店受空间的限制不能满足多人出行,尤其是家庭出行的需求。入住途家平台提供的民宿,顾客仿佛回到了自己的另一个家,洗衣机、冰箱、空调等电器齐全,wifi、有线电视、燃气热水等该有的都有,小区有门禁保安,有24小时便利店,还有房东有求必应的服务,且人均价格低于普通酒店。途家在经营方面一直注重标准化,提出"每一间房间不一样,但服务一样"的口号,把控用户体验,提升顾客满意度。

为推广途家品牌,途家邀请旅游达人和媒体人,基于产品体验做了很多B2C的传播,积累了早期的口碑,这些意见领袖使途家在相对顶尖的群体中建立了比较好的口碑。途家通过搭建KOL外脑社群,更好地传播途家民宿产品,并且以专业的视角,告诉消费者怎么住、怎么玩,打造途家美宿家的品牌。从北方去南方避冬本是消费者的自发行为,而途家率先提出"暖南季"概念,成功将北雁南飞的候鸟式避冬市场动向和民宿产品建立起内在联系,配合相应一系列站内促销玩法,提前锁定南方过冬的民宿需求,占领旅游住宿市场,实现品效合一。

途家与摄影无忌和国家地理合作过大型的摄影活动,摄影与旅游的完美结合使途家每年能通过摄影吸引很多非常精准的用户。

资料来源:途家官网;范英杰、刘文秀、吴新祥《途家网:基于利益相关者视角的企业商业模式创新实践》,《财务与会计》2018年第18期;陈晓暾、胡雨《途家:因信任而分享》,《企业管理》2017年第11期;武亮《共享经济下短租商业模式创新策略研究——基于途家短租模式的分析》,《价格理论与实践》2019年第1期。

案例思考:1. 途家的商业模式是什么,其如何传播其商业模式?

2. 途家是如何培育其战略沟通能力的?

战略营销实训

实训项目:营销计划书的撰写

请查阅资料,设计一种商业模式,根据大学生的消费特点,撰写一份营销计划书来推广你的产品或服务。

第 12 章　战略营销执行

本章要点

营销执行是一个将营销计划转变为具体任务,并确保按计划实现目标的过程。营销执行是执行理论在营销职能领域的应用。在以市场为导向的战略营销管理中,战略营销执行是指企业在战略营销目标的指导下整合战略营销资源和能力,将营销战略转化为行动和任务的部署和实施过程。战略营销执行力是实现营销竞争力的基础。现代企业参与市场竞争,强化战略营销执行力是提升其营销竞争力的保证。战略营销审计是对企业的战略营销活动进行的全面体检,是战略营销的重要环节。

关键术语

执行 Execution
营销执行 Marketing Execution
战略营销执行 Strategic Marketing Execution
战略营销执行体系 Strategic Marketing Execution System
战略营销审计 Strategic Marketing Audit

学习目标

核心知识:了解并掌握战略营销执行的概念和特点
　　　　　了解并掌握战略营销执行体系的内容
　　　　　了解并掌握战略营销执行分析工具
　　　　　了解并掌握战略营销执行审计的内涵
核心能力:学习和掌握战略营销执行的内涵,具备执行能力
课程思政目标:从中国共产党发展历史看有效执行对成功的意义,培养学生履行担当的意识和忠实执行的精神

第 12 章　战略营销执行

> **引导案例**　**最佳战略营销实践：新东方的营销执行**

新东方教育集团（以下简称"新东方"）作为中国最有名的教育培训机构之一，在过去的几十年里，一直以线下教育培训为主，主要有 K-9、K-12、国际教育、职业考试等。但 2021 年双减政策的实施，使得新东方不得不放弃 K-9 业务和 K-12 业务。这两项业务是新东方教育培训的重点，终止这两项业务势必会对新东方产生不利影响，因此，新东方转型是大势所趋。直播带货近几年势头正盛，但大多数以促销为主（全网最低价、打折、买赠等），以营销直播（深度的产品讲解、内容引人关注、激发用户需求）为主的较少。新东方旗下直播平台东方甄选因为主播"讲课式带货"的风格而"出圈"，短短一个月之内，其粉丝数已经从 227 万暴增至 2145.7 万。东方甄选新颖的营销直播模式吸引了很多学生和宝妈的关注，这部分人群在很大程度上是消费的主力军。

东方甄选的主播们不仅讲解产品的功效、产地等，还会拓展与产品相关的文化、历史等知识，当然也会讲解产品所对应的英文表达。东方甄选主播们的知识储备量之惊人，让网友们感叹知识的力量和文化的魅力。新东方通过直播带货的方式，不但增加了公司的业绩，而且为公司的主营业务做了隐形的宣传，让更多人愿意为教育付费，这是新东方应对环境变化的举措，就当前的结果来看，此举措是明智和及时的。新东方在不同的环境下及时调整营销战略，并积极、充分地去执行，这是一个公司继续发展的必经之路。

资料来源：慈婉廷、李嘉欣、王妍《双减背景下教培机构后续发展路径探究——以新东方为例》，《中外企业文化》2022 年第 3 期；瞿寰宇、周佩颖、卢玉研、陆庆来、程双双《线下教育培训机构企业的转型与发展研究——以南京新东方教育集团为例》，《老字号品牌营销》2022 年第 8 期；刘青青、石丹《新东方"硬核"直播下的电商江湖之变》，《商学院》2022 年第 7 期。

党的十九大报告提出："转变政府职能，深化简政放权，创新监管方式，增强政府公信力和执行力，建设人民满意的服务型政府。"这指出了执行力对于服务型政府建设的重要意义。习近平总书记指出："要把坚持底线思维、坚持问题导向贯穿工作始终，做到见微知著、防患于未然。要强化责任意识，知责于心、担责于身、履责于行，敢于直面问题，不回避矛盾，不掩盖问题，出了问题要敢于承担责任。"[①] 由此可见，提高执行力对于宏观战略的落地具有重要意义。在以市场为导向的战略营销管理中，战略的制定对企业具有重要的方向性指导意义，但是缺乏强大的战略营销执行能力，战略依然无法实施。战略营销制定和战略营销执行相辅相成。战略营销制定的基础是企业战略营销情报、资源和能力的综合，而战略营销执行则是建立

---

① 《习近平谈治国理政》（第四卷），外文出版社，2022，第 44~45 页。

在对人员、能力与流程整合的基础上的。当市场竞争逐步深入的时候，企业之间比拼的不再是战略水平的高低、营销策略制定的好坏，而是企业的战略营销执行能力的大小，换句话说，卓越的战略营销执行力成为决定企业营销竞争力的基础。

第1节　战略营销执行的基础理论

彼得·德鲁克说："管理者的本分就是追求效率。'追求效率'和管理其实是同义词。作为一个管理者，不论在哪里工作，不论在医院、政府部门、工会、大学还是在军队，他都应该把该干的事干好。换句话说，他应该干事有效率。"① 追求效率是管理工作的重要目标。但是效率又体现在哪里呢？怎样才能提高管理效率？谁对管理效率的提高负责？从泰罗提出科学管理理论开始，管理效率体现在执行中，探索行动力的哲学和管理理论的源流成为管理学的重要命题。

一　管理执行的意义

1. 行动是管理工作的核心要义

在现代市场经济发展的过程中，"理论"和"实践"这在哲学命题意义上的关联概念，在企业管理实践中也体现得尤为突出。作为"知"方面的管理理论犹如天上繁星，令人眼花缭乱。但是，作为管理中"行"的方面并没有跟上理论发展的脚步。许多理论界的学者热衷于吹捧某一"理论"或"模式"的作用，而没有付诸行动，没有真正拿到市场上去检验。在企业实践中，一些企业在管理中往往追求时髦，提出一些新潮的管理理念或奇特惊人的管理口号，以期望吸引员工、媒体或者理论界的注意，但在现实执行的时候仍然是老一套，没有真正将管理理念落实到企业的具体的行动中，通常来说，这是"知而不行"的表现。同样，目前市场上有一些企业信奉经验管理，认为经验管理是企业管理经营的良方，将一两次经营的成功总结为企业的独特经营理论大加推行，排斥新的管理思想和管理理论，对管理的新发展一无所知。在企业经营中掌握信息不全就凭借经验行动，这是管理中的蛮干，在管理的知行观中这种行为称为"行而不知"。当然，在市场中有极少数的企业既没有先进的管理理念和市场信息，也没有相应的管理行为，在市场环境不断变化的过程中，思维迟钝、行动缓慢、坐等政府政策，在工作中陷入"等、靠、要"的状态，最后将企业陷入死地，这是管理知行观中的"不知不行"的表现。以上三种表现在管理知行观中是典型的知行脱节。一个企业面临市场竞争，正确的态度就是在管理工作中树立"行动至上"的理念，只有这样，才能以积极的态度去完成组织的

---

① 〔美〕彼得·德鲁克：《有效的管理者》，屠端华、张晓宇译，中国工人出版社，1989，第1页。

目标。

2. 管理工作的目标是将管理之"知"内化为管理之"行",从而达到知行统一的目的

随着历史的不断发展,人们对一个问题的认识也越来越接近问题的本质,知行观的千年争论也促使问题回归到其本质的方面。古今伟大的哲学家都在不断促进知行观的发展,哲学家的目的都在于如何使知内化于行,从而实现知行统一。在管理理论和实践飞速发展的今天,作为"知"的管理理论和管理新思维层出不穷,其中有来自西方的,也有来自本土的管理理论,这些理论和新思维从不同的角度对管理问题做出了新的阐释,影响着一个又一个新老企业。但同时我们又发现,许多理论犹如过眼云烟,在不断变化的市场中丧失了自己的解释力。当然我们不可能要求理论能够放之四海而皆准,但在一定时期提出一些适应人们当时的思维和介绍能力的理论同样对问题具有一定的解释和指导能力。现实中,众多的企业并不能接受新的管理理论、管理思维、管理信息,还停留在传统的管理基础之上,这是一种缺乏主动探索管理新知的表现,一个不能接受新事物的企业在竞争激烈的市场中会逐步失去生存的空间。

在现实的管理中还有另一个难题,那就是为何在其他组织中行之有效的管理方法、措施,会造成南橘北枳的结局?美国管理学者杰费里·菲佛和罗伯特·萨顿将这一现象定义为组织管理中的"知行难题"假设。他们认为:"组织在吸收了大量知识之后,最为关键的是:怎样把已知的提高组织运行的知识转化为与之对应的实际行动。"[1] 这也就是我们所说的如何将管理之"知"内化为管理之"行"的问题。如何才能做到这一点?我们认为有以下几个方面。

第一,加强管理培训,在企业中建立学习型团队,提高管理之"知"的水平。现代社会是信息社会,信息社会带来的变化是深远、巨大的,这使人们必须通过学习重新认识企业在市场中的作用和未来的发展方向。在管理实践中我们还要看到知识在管理中所起的作用,只有不断加强管理培训,使员工在工作中学习,在学习中工作,建立一支学习型团队,才能提高管理水平,企业才能在全球化竞争中具备竞争力。

第二,建立有效的知行转换的机制。建立学习型团队不是为了求知,而是为了行动。如何将管理新知转化为管理行动,使之融入具体的工作环节之中,是提高企业效率的重要工作。所以,企业必须建立起知行转换的机制,如奖励管理人员进行管理创新,鼓励员工利用新知识、新思维搞小发明和小创造等技术创新,鼓励员工提出合理化建议,等等,这些都是鼓励新知识应用的良好方式。

---

[1] 〔美〕杰费里·菲佛、〔美〕罗伯特·萨顿:《管理者的误区》,尤咏译,江苏人民出版社,2001。

第三,企业管理层应倡导执行文化,企业高层领导应积极参与到知行转换的实际行动中去。每一个企业都应该具有卓越执行的企业文化,这样管理的绩效才能通过管理者的执行体现出来。在执行文化的影响下,管理者才能真正了解企业和员工;积极参与经营管理过程;对管理流程及时跟进。但是,更为重要的是,执行应该成为高层领导者的一项重要工作。领导者需要做些具体的工作吗?领导者难道不应该只做一些战略性思考,用远景规划来激励员工吗?恰恰相反,对一个想要建立执行文化的企业来说,领导者必须全身心地投入企业的日常运营过程中去,将自己的经营理念、管理思维切切实实地贯彻到经营中去。彼得·德鲁克曾经举例说,泰罗的一位门生,名叫莫根森,他认为,如果懂得科学管理原则的监工自己应用这些原则,并把这些原则教给他所领导的工人,科学管理就会成功。① 也就是说,只有领导者和管理者共同执行和贯彻,才能将企业经营理念和管理思维(知)贯彻到企业经营实践(行)中去。企业的执行文化是知行转化的文化。

第四,激励员工积极行动,才是知行转换的根本。管理大师彼得·德鲁克认为管理是一种实践,其本质不在于知而在于行,其验证不在于逻辑而在于结果。经营管理的过程就是知行统一的过程,既不能有知无行,也不能无知却行,知与行同等重要,缺一不可,这就要求每一个员工以行动为己任,积极提高自身的素质和能力,在企业中大力倡导一种行动文化,这才是真正将"知"落到能够实际行动的人身上,这是知行转换的根本,只有切实做到这几点,才能达到知行统一的目标,企业的远景才能实现。②

二 执行的含义

《现代汉语词典》中对"执行"的解释就是"实施;实行(政策、法律、计划、命令、判决中规定的事项)"。关于执行的内涵,不同学者有不同的理解,提出了许多不同的观点。拉里·博西迪和拉姆·查兰认为:"执行并非仅仅是一种完成或者没有完成的东西,它更多的是一套具体的行为和技巧,为了拥有自己的竞争优势,公司就必须学会掌握这些技巧。"③ 他们认为执行的要素包括三点:第一,领导者的基本行为(了解你的企业和你的员工、坚持以事实为基础、确立明确的目标和实现目标的先后顺序并跟进、对执行者进行奖励、提高员工的能力和素质、了解你自己);第二,建立文化变革的框架(运营型文化、将奖励与业绩直接联系起来、

---

① 〔美〕彼得·德鲁克:《创业精神与创新:变革时代的管理原则与实践》,柯政译,中国工人出版社,1989。
② 杨保军:《差距——市场导向的战略营销管理》,经济科学出版社,2008,第218页。
③ 〔美〕拉里·博西迪、〔美〕拉姆·查兰:《执行:如何完成任务的学问》,刘祥亚等译,机械工业出版社,2003,第6页。

执行文化的社会软件部分、积极开放的对话的重要性、领导者的行为将决定其他人的行为);第三,绝对不能托付他人的工作——人员的配置(有的企业不能做到量才适用的原因是:知识的缺乏、勇气的缺乏、心理安慰因素的缺乏、责任感的缺乏)。

管理学所关注的是通过决策、计划、组织、协调、指挥、控制等管理手段,通过对组织资源的有效整合与充分运用更有效地实现甚至超越组织目标。执行不仅仅是简单地将任务交给下属去做的学问,也不仅仅是细节问题,而是一套通过提出问题、分析问题、采取行动解决问题来实现目标的系统流程。因此,执行是指为准确完成企业的任务,通过跟进、考核和激励等手段,在组织内部形成的人员流程、战略流程和运营流程。

第一,执行是探讨如何完成任务的学问。执行是一门学问,它不是简单的战术,而是一套通过提出问题、分析问题、采取行动解决问题来实现目标的系统工程,是战略的一个内在组成部分,是企业领导者的主要工作,是企业文化的核心元素。

第二,执行是企业领导的主要工作。执行是企业领导者面对市场环境,对组织的综合能力进行评估,对各部门进行协调,并实行奖励与产出挂钩,以适应市场挑战的领导机制。

第三,执行是一套系统的流程。其包括人员流程、战略流程和运营流程三个核心流程。执行是一个系统化的流程,它包括对策略的制定、实施、跟踪以及责任的具体落实,包括对企业组织能力的评估、对执行的相关资源进行有效配置,以及为提高企业执行能力以适应竞争战略挑战的实际流程和机制。

第四,跟进、考核和激励是执行的必要手段。执行之成功需要科学的手段,跟进、考核和激励就是要采用的手段和措施。执行是将人员、战略、运营有机地结合,以实现企业预期目标。它包括对方法和目标的严密讨论、质疑、坚持不懈地跟进,以及对责任的具体落实。

三 执行的流程

执行是一门如何完成任务的学问,解决想到哪里去(目标)、怎样到那里去(流程)、能否准确而快速地到达想去的目的地(技术或方法)等问题的学问。在过去,有许多企业领导关注的问题是战略规划、计划、指挥、控制等大问题,对于执行问题不屑一顾,但是越来越多的实践表明,管理学逐渐走向精细化、专业化,需要企业领导对管理的每一个过程都了如指掌,这样才能从容应对突如其来的危机。

拉里·博西迪和拉姆·查兰认为:"执行是一套系统化的流程,它包括对方法和目标的严密讨论、质疑、坚持不懈地跟进,以及对责任的具体落实。它还包括对企业所面临的商业环境做出假设、对组织的能力进行评估、将战略与运营及实施战略的相关人员相结合、对这些人员及其所在的部门进行协调,以及将奖励与产出相结合。它还包括一些随着环境变化而不断变革前提假设和提高公司执行能力以适应野心勃勃的战略挑战的机制。""执行的核心在于三个核心流程：人员流程、战略流程和运营流程。"① 具体说来包括以下几个方面。

人员流程：在战略和运营之间建立联系。人员流程主要包括：将人员与公司战略和运营结合起来；为公司提供完善的领导层培养渠道；处理那些表现不佳的人；将人力资源管理与实际效益结合在一起等。其主要的任务是对个人进行深入而准确的评估、为培养新的领导层提供指导性框架以及填充领导输送管道等。

战略流程：将人员与运营结合起来。一份符合实际的战略计划实际上就是一份行动计划。战略流程主要研究企业对外部环境的评估、对企业现有市场和客户的理解、发展企业的最佳方式、企业的竞争对手、执行计划过程中的阶段性目标、企业如何保持持久的盈利等问题。

运营流程：在战略和人员之间建立联系。战略流程通常只是定义了企业的发展方向，人员流程定义的则是战略实施过程中的人员因素，而运营计划则为这些人员开展工作提供了明确的指导方向。在运营计划中，领导者的主要任务应当是监督计划的实施工作。一份运营计划应该体现一种责任，应该是一条将整个企业的人员、战略和运营流程连接起来的线，而且它通常的表现形式是分配目标和预定计划。

第2节 战略营销执行价值分析

美国的一项研究表明，90%被调查的计划人员认为，他们制定的战略和战术之所以没有成功，是因为没有得到有效的执行。管理人员常常难以诊断市场营销工作执行中的问题，市场营销失败的原因可能是由于战略战术本身有问题，也可能是由于正确战术没有得到有效的执行。菲利普·科特勒和凯文·莱恩·凯勒认为，营销执行是一个将营销计划转变为具体任务，并确保按计划实现目标的过程。② 营销执行是执行理论在营销职能领域的应用。在以市场为导向的战略营销管理中，战略营销执行是指企业在战略营销目标的指导下整合战略营销资源和能力，将营销战略转化为行动和任务的部署和实施过程。

一 企业的战略营销资源的整合和利用需要战略营销执行

一个企业的营销资源包括内部资源和外部资源，是企业开展营销活动的基础。

---

① 〔美〕拉里·博西迪、〔美〕拉姆·查兰：《执行：如何完成任务的学问》，刘祥亚等译，机械工业出版社，2003，第18~19页。
② 〔美〕菲利普·科特勒、〔美〕凯文·莱恩·凯勒：《营销管理》（第15版），何佳讯等译，格致出版社和上海人民出版社，2016，第637页。

但是如何有效地整合和利用这些营销资源呢？营销战略、营销策略仅仅是一种营销计划或方案，真正的使用是在营销具体执行过程中。

每个企业都拥有众多的营销资源。但是，并不是所有的营销资源都能够在营销活动中发挥作用，一个具有战略营销执行能力的企业首先要考虑的是整合这些要素为企业服务，包括确定关键资源、剔除不必要的资源、对现有的营销资源进行培育和升级等。整合的含义就是将对企业有用的营销资源挑选出来，让它们发挥应有的作用，这些只有在实际的执行中才能做到。

企业的营销资源是一个大金矿，现在需要做的就是如何挖掘这些资源来为企业所用。战略营销执行就是利用营销资源的过程。营销资源的利用包括设计营销组织、构建营销团队，充分利用企业的营销人力资源；设计、开发产品，创建和推广产品品牌，充分利用企业的产品、品牌资源；筹措资金，充分利用企业的财务资源；培育、挖掘企业文化，充分利用企业的文化资源；开发和管理客户关系，充分利用企业的客户资源；整合和开发经销商，充分利用企业的渠道资源；开展战略联盟，充分利用企业的外部资源等。

二　战略营销执行通过细节提升企业营销竞争力

营销管理者处理细节的质量，决定了其营销业务的整体质量。任何战略营销执行的过程都是由无数个细节构成的，卓越的营销执行根本或者几乎不存在什么精巧的策划和创意，细节就是目标。战略营销执行主张将整个营销过程看作一个系统工程，并将客户看作一个理性的对手，营销的目的就在于通过对每一个营销环节细致入微的把握最终战胜这个对手。

战略营销执行就是通过细节使企业获得企业营销竞争力。管理理论中有一个现象叫"疏板效应"，就是说木桶中各块板的水平一样，但板块之间有缝隙，木桶的水平也不能升高。这告诉我们一个道理：战略营销执行应关注细节的疏板。战略营销执行在制度化管理平台上运行，决定其生命力的是其自身体制和技术上的周密安排，但企业关注细节疏板的意义更大，细节往往决定营销的成败。

三　战略营销执行以双向沟通为基础

在许多企业中，总听到这样的抱怨："执行力太差！"下属的执行力真的太差吗？这要根据实际情况来分析。有效的战略营销执行是以正确的战略和战术为前提的，而在一些企业，制定战略或战术的人与实际执行的人本身并不处于同一认知水平上。决策层或专家坐在办公室里听汇报、看报表就认为了解了市场，然后根据这些就制订行动计划，然后就要求在一线的员工照做，结果当然是互相埋怨。这是企业内部缺乏沟通的体现。

有效的执行往往是在正确理解战略和战术的基础上执行的，同样正确的战略和战术是在了解一线情况、营销资源和市场基础上做出的，而这都需要有效的双向沟通。那种诸葛亮式的"妙计"和下属狐疑地去执行的方式在快速变化的市场上是难以行得通的。因此，营销的执行是以沟通为基础的，决策层以掌控市场为前提，了解市场和营销资源的储备状况，执行者则是在对战略和策略全面掌握和理解的基础上去执行，只有这样才能提高营销竞争力。

四　有效的战略营销执行是以企业文化为背景的

企业的战略营销执行力有强弱之分：有不具备规范、系统的执行能力，只靠偶尔出现的市场机会获胜的企业；有具备了基础的执行能力，能够按照企业规划运作的企业；有具备了快速、高效地执行企业规划的能力的企业；有具备了优秀的战略营销执行力和极强的市场竞争力，不但具有依据市场状况自由调整企业运作的能力，而且具有驾驭市场、引领竞争的能力的企业。这些都依赖企业长期培育的文化背景。

企业文化是以企业管理哲学和企业精神为核心，凝聚企业员工归属感、积极性和创造性的人本管理理论。同时，它又是以企业规章制度和物质现象为载体的一种经济文化。正因为企业文化的内涵包含企业管理工作的方方面面，因此构建企业文化对于管理者来说很重要，它可以把管理者的管理理念逐步渗透到全体员工中间，从而引导全体员工主动去实现企业目标，促进企业的发展。战略营销执行就是建立在员工的共同价值观的基础上，没有良好的企业文化背景的企业是不能创造出卓越的执行力的。企业通过企业文化的构建把管理者的思想转变为全体员工的共识，并通过一些制度文化来保证员工能够顺利执行相应的营销战略和策略，那么就可以在企业内形成一种积极向上、敢于承担工作、勇于执行的工作氛围，通过调动员工的积极性，把员工的个人目标调整为与企业的最终目标相一致，推动企业良性发展。

第3节　战略营销执行体系

营销的目标是提升营销竞争力，营销竞争力表现为企业整合营销资源的能力、制定营销战略的能力、安排营销战术的能力，而这些最终都体现在企业的战略营销执行力上，战略营销执行力是实现营销竞争力的基础。对于现代企业来说，参与市场竞争、强化战略营销执行力是提升企业营销竞争力的保证。

一　战略执行体系的含义

在战略营销实践中，领导要学会领导，更要学会执行，能够有效执行的领导才是一位真正的领导。领导和执行不是对立的，执行不是小事，不能认为执行是下级和下属干的事情。执行是成功领导的关键因子。柳传志说，有效的执行是需要企业的各级领导者亲力亲为的系统工程，而不是对企业具体运行的细枝末节的关心。这句话集中阐释了执行的本质特征，执行是企业领导者的工作。世界组织行为学大师、领导力大师保罗·赫塞博士（Paul Hersey）曾经说过，成功企业的经验和研究结论表明，"执行力"问题就是"领导力"问题！在现代企业经营中，每个企业都需要建立一种执行力文化，要求每个员工都能参与其中，为实现企业的战略、战术服务，而作为一名领导者，必须深入而充满激情地参与到企业管理中去，并与企业中所有的人坦诚以待。企业领导只有参与企业的人员流程、运营流程和战略流程，才能真正将企业战略贯彻到底。

执行是成功的领导必须具备的一种能力，没有执行力的领导是一位不合格的领导。紧盯市场、分析和判断形势、制定战略和目标、追求企业的可持续发展，这些对企业领导者来说极其重要。战略似同生命，这是企业领导者工作的重要内容，但不是全部内容，其工作内容还在于执行，即将战略构想落地，更何况，一个企业领导人不深入基层，不深入市场，不深入业务，不熟悉和把握企业产、供、销的整个流程，就很难或者说不可能制定出正确的战略和战术。领导者的执行力还包括：启发下属认识到自身角色的重要性；告诉下属工作的目的是什么；让下属知道你对他的期望；及时告诉下属他做得如何。只有这样，你的监督和检查才能顺利进行。

中层管理者和基层管理者是企业的中、低层执行者。如果把企业比作人，老板就是脑袋，负责思考企业的方向和战略；中层管理者是脊梁，去协助大脑传达和执行命令到四肢——基层。可以说，中层管理者就是老板的"替身"，也就是支持大脑的"脊梁"，基层管理者就是企业的四肢。作为中层管理者，一旦领导和周围同事从中层管理者身上感受到坚定的力量，他们必然会信任中层管理者，中层管理者的态度必然会影响到他人的态度；基层管理者在管理过程中被赋予的角色应该是传递命令、分工、坚决执行。中层管理者必须是团队成员和教练，必须能够激励、赞美别人。而基层管理者则是团队的直接负责者，在足球场上，基层管理者就是场上队长，肩负着球员的重托和组织球队进攻的重要使命。这正应了拉里·博西迪和拉姆·查兰的论述："执行是领导者的工作。"

但是，对于中国企业的领导来说，当一个东西流行的时候，急不可待的心情使他们很容易从一种冲动陷入另一种冲动中去。对领导者执行的误解就成为当前一个重要的问题。余世维在他的著作《赢在执行》中指出了中国企业领导的6个执行误区：对"执行"的期望过高；片面理解"执行"；仍然保持原来的管理方式；缺乏辅助工具来考核"执行"成效；没有及时完善内部用人机制和人才成长机制；没有意识到真正彻底的"执行",其实是一场企业革命。①

中国企业领导执行误区的产生正说明了我们对执行问题理解的偏差。在我们谈论了这么多的问题之后,我们说执行是领导者的重要工作,而恰恰忽略了一个重要的、庞大的群体——员工。对领导来说,领导的本质是执行,那么对员工来说,其本质是什么?管理学的研究通常有一个惯例,在研究企业战略、战术、管理模式等问题时,主要的研究对象是企业领导和管理者,在这里,隐藏着一个假设,员工必然是服从命令的,必然是被动地接受命令的。我们不需要关注他们,因为企业对他们的要求是"我给了你公道的价钱,你就应该拿出十分的精力努力工作"。

在一个企业中,员工阶层的思考方式和管理阶层的思考方式并不完全相同。企业要求员工心甘情愿地为达到企业的目标而努力;企业期望员工不是被动地接受一项工作,而是要主动地对企业的成功担负起责任;企业还要求员工愿意接受变革,包括变革他们的工作、他们的习惯、他们的团队关系。对于一位员工来说,他对企业的要求绝不仅仅是拿到工资、福利那么简单,他要求企业将其看作一个整体的人、社会的人,他在企业中作为团队中的一分子而得到报偿,在这当中有友爱、尊重的要求;他要求企业对他个人前途的承诺能够兑现;他要求自己的工作有意义;他要求管理部门能明显地表现出对其做好工作的关心。这些都是员工要求企业和管理部门的最重要的东西。企业要求作为企业代表者一方的管理者能够忠实地执行来自企业领导的战略意图,他们通过调配企业的战略流程、运营流程、人员流程来实现企业的目标。而对于员工来说,企业对自己的承诺低于自己的预期,他们就可能丧失主动性,丧失积极行动的动力,员工的执行力就会大打折扣。

二 战略营销执行体系的构建

1. 以营销战略为指导,确立战略营销执行力方向

营销战略是在充分分析竞争对手、顾客、营销资源、营销能力的基础上制定的,明确的指向规定了战略营销执行的目标。因此,完美的战略营销执行首先建立在营销战略基础上,对营销战略的认识和理解是决定能否有效执行的关键。

为了有效地实施市场营销战略,必须体现在营销战术上,这就需要制定详细的行动方案。这个方案应该明确营销战略实施的关键性决策和任务,并将执行这些决策和任务的责任落实到个人或小组,并对具体的操作执行过程做出明确的说明,包括具体的时间表、行动任务等。

2. 强化营销团队的执行力

战略营销执行是一项团结协作的工作。每个人在企业中所追求的利益和自身素

---

① 余世维:《赢在执行》,中国社会科学出版社,2005。

质都是不同的，他们的价值观、营销思维、营销能力以及执行能力参差不齐，如何将他们整合在一起发挥出营销合力是每个企业都要思考的问题。团队在战略营销执行过程中起决定性的作用，执行团队是营销战略任务的落实者。一个有效的行动方案需要多方面组织配合，根据目标管理的原则，为落实这一任务，就要将具体的任务分配给具体的部门和人员，规定明确的职权界限和信息沟通渠道，协调企业内部的各项决策和行动。实际上，这些任务都是由一个个具体的执行团队来承担的，只有在这样一个团队里，执行者才能相互沟通协作，共同来完成任务。有效的执行团队要根据任务的特点、性质、人员情况来组建，不过这都要依赖于有效的执行文化。

在战略营销执行过程中，要提高战略营销执行力首先需要企业创造一种团结协作的环境。这是企业文化要做的工作，如为员工描绘一种美好的愿景，让员工看到企业发展的前途和方向，为共同的奋斗目标而努力；建立明确的工作职责与工作目标及合理的薪酬体系；加强对员工的教育，培养他们的团队意识与合作精神等。其次，通过建立营销团队提高协作效率。营销团队是介于正式组织和非正式组织的组织形式，是发挥小团体力量的重要形式。我们说团队的学习和互补将会促进战略营销执行力的提高。

市场营销战略最终是由营销团队成员来执行的，建立一个有效的激励和约束制度将对战略营销执行起保证作用。这涉及执行人员的考核、选拔、安置、培训和激励等问题。在考核选拔管理人员时，要注意将适当的工作分配给适当的人，做到人尽其才；为了激励员工的积极性，必须建立完善的工资、福利和奖惩制度。此外，企业还必须决定行政管理人员、业务管理人员和一线工人之间的比例。许多美国企业已经削减了公司一级的行政管理人员，目的是减少管理费用和提高工作效率。

3. 提高营销人员的执行技能

对于营销人员来说，提高执行力就在于提高其执行技能。这不仅体现在营销人员完成任务的能力要求上，而且体现在完成任务的效率与质量上。所以提高营销人员技能是一个多向度的变量，不仅仅局限于提高其能力素质，而且要在营销行动中来实践，增加其对环境的适应性，以提高其具体问题的处理经验。营销人员是战略营销执行的核心环节，执行能力将直接决定营销目标的实现，从而影响企业整体目标的实现。因此在讲究效率的现代社会中只有提升营销人员知识和能力，才能够提升战略营销执行力。

为了有效地执行市场营销方案，企业在每个层次，即职能、方案、政策等，都必须培育执行人员以下四种技能。

(1) 配置技能，是指市场营销经理在职能、政策和方案三个层次上配置时间、资金和人员的能力。

(2) 调控技能，包括建立和管理一个对市场营销活动效果进行追踪的控制系统，控制包括四种类型：年度计划控制、利润控制、效率控制和战略控制。

（3）组织技能，常用于发展有效工作的组织中，理解正式和非正式的市场营销组织对于开展有效的市场战略营销执行活动非常重要。

（4）互动技能，指影响他人把事情办好的能力。市场营销人员不仅必须有能力推动本企业的人员有效地执行理想的战略，还必须推动企业外的人或组织（如市场调查公司、广告公司、经销商、批发商、代理商等）来实施理想的战略，即使他们的目标与本企业的目标有所不同。

4. 建立有效的沟通渠道

营销的一个重要指导思想就是整合营销传播，其核心就是建立沟通渠道，这不仅要求企业与顾客的双向沟通，还要求在企业内部建立沟通渠道。战略营销执行是对营销战略和营销策略的执行，一般是企业制定战略后才由营销人员去具体落实，但是实际的情况是作为企业高层的管理人员和专业营销研究人员只专注于制定，对战略意图、战略构架、战略实施条件等要素没有和执行人员进行有效的沟通，使执行人员不能很好地贯彻，同时，执行人员对战略也缺乏充分的理解，导致执行效果不理想，最后的结果是互相埋怨。因此，沟通是建立彼此信任、提高理解能力和执行效率的有效法宝。

5. 以营销流程推动执行力的提升

战略营销执行工作是一项复杂的工作。营销人员每天都在围绕着各种各样的业务开展工作，这些业务都有不同的起点，并且在运作过程中互相交织在一起，可以想见，这些纷繁复杂的业务构成了一张多么庞大的网，这张网如果不能得到很好的管理，带给企业的只能是一场混乱。那么，如何才能有效地驾驭这张业务网呢？答案就在于建立营销流程，提炼出营销关键业务，通过对关键业务的流程进行设计，来保障战略营销执行力的提升。

营销流程包括营销战略流程、人员流程和运作流程三个方面。建立营销流程的目的是保证战略营销执行。如何建立营销流程？首先，明确流程运作部门。业务流程是跨越部门和职能的横向体系，每一项业务流程都可能涉及多个部门的共同运作，那么在这个过程中，必须明确各个部门的角色是什么，在这项流程中谁是主导部门、谁是参与部门，谁应该承担什么样的责任，应该具有什么样的权限，这些内容都必须在描述关键业务流程时体现出来。这等于是给各部门在业务流程中的职能进行定位，一旦定位明确后，各部门才能围绕业务流程各司其职、各负其责，业务流程也才能顺畅运行。其次，规定流程运作时间。业务流程的时间要求体现在两点：一是每个流程点的内容应该在什么时候完成；二是这些内容处理的时间应该有多长。比如，对一项年度营销策略规划的时间要求：一是规定在每年11月30日前完成；二是规定在20天的时间期限内完成，这样，每项业务流程就具备了结果性,而不只是一直处于运作过程中。最后,确定流程评估标准。在靠流程推动工作的体系中,必须使业务流程本身具有检核或者信息双向流动的职能,使得业务流程的结果能够被评估或者传递,真正实现以业务流程推动工作开展的目的。①

6. **建立有助于提升战略营销执行力的企业文化**

企业文化是指企业在其所处的一定环境中,逐渐形成的共同价值标准和基本信念。这些标准和信念是通过模范人物的塑造来体现的,是通过正式和非正式组织加以树立、强化和传播的。由于企业文化体现了集体责任感和集体荣誉感,它甚至关系到职工人生观和他们所追求的最高目标,它能够起到把全体员工团结在一起的"黏合剂"作用。因此,塑造和强化企业文化是执行企业战略的不容忽视的一环。一种有效的执行文化是促进员工服从的文化、注意细节的文化、实现团队协作的文化,只有具有这样的文化才能够保证有效的战略营销执行。对于战略营销执行来说,企业应致力于建立以下三种企业文化。一是建立一种团结协作的企业文化。团结协作是执行的基础,没有一个团结协作的环境,营销各部门就难以配合,营销团队就难以建立,战略营销执行就无从谈起。二是建立一种严格服从的企业文化。《把信送给加西亚》《没有借口》等著作都是讲服从的文化。执行力首先是领导力,那种严管重罚、以文件会议代替执行的方式是不会产生什么好的执行效果的,实际上这也是企业缺乏领导力的表现,好的领导力是清晰的战略思维、明确的管理方向和战略意图,同时是一种威信,是一种一旦确定目标就要求员工服从的文化。没有严格的服从,企业就不会有完美的执行。三是建立一种注重细节的企业文化。管理就是对细节的管理,管理高手一定是把握细节的高手,他洞悉事物发展过程中的每一个细节,知道哪些细节可以交由胜任的人去完成,他只需检查某些环节来控制细节发展;哪些细节则需要自己完成,疏密得当,张弛有度。这种注重细节的企业文化将会培养每个营销人员专注于执行的细节,真正将营销战略和营销战术贯彻下去,实现企业的目标。细节的完美才是真正的完美,才能获得完美的执行。

7. **建立战略营销审计制度,评估执行效果**

在市场上有良好的业绩未必就能证明战略营销执行得好,需要有一整套体系来评估执行结果。我们可以从这几个方面来评估战略营销执行活动的效果,包括是否有明确的营销主题?是否有健全的战略营销内部和外部的审计制度?企业营销活动是否在很好的控制和管理之下?企业与相关营销群体的关系?是否准确贯彻了营销战略和战术目标?企业采取什么监控办法来得知自己各种行动的执行情况和顾客的

---

① 张戟、和平:《执行力的基因》,《销售与市场》2003年第10期。

反应？企业在分配营销任务的时间、经费和人员上是否恰当？营销团队之间合作是否融洽？设计战略营销执行评估体系要根据企业的实际情况来完成，这是保证营销绩效的重要措施。

第4节　战略营销审计

审计工作是一个古老的职业。中国在西周就设有"宰夫"，秦汉设有"御史大夫"，隋唐设有"比部"，宋代设审计司（院）专司监管审计并最早提出"审计"一词，直到今日的中华人民共和国审计署，审计成为政府工作的重要内容。在西方，早在古罗马、古埃及和古希腊时期就已经建立了官厅审计机构——审计局，并设有监督官一职。随着经济的不断发展，当财产所有者与经营管理者出现了分离，形成委托和受托经济责任关系之后，基于经济监管需要的民间审计便随之产生。民间审计在经济建设中发挥着重要的作用，审计工作也得到了蓬勃发展。世界各国的审计界对审计概念进行了深入研究，美国会计学会（AAA）认为，为确定有关经济活动及经济事项的结论和所制定的标准之间的一致程度，客观地获取和评价证据，并将结果传达给利害关系人的有组织的过程。中国审计学会提出的概念是："审计是由专职机构和人员，依法对被审计单位的财政、财务收支及其有关经济活动的真实性、合法性、效益性进行审查，评价经济责任，用以维护财经法纪，改善经营管理，提高经济效益，促进宏观调控的独立性的经济监督活动。"由此可以看出审计是一种经济监督活动，并且具有独立性、权威性的特性。现代审计的发展经历了检查财务收支、证明交易事项、鉴证财务报表、审查经济管理活动几个阶段。尤其是20世纪60年代以来，关于管理方面的审计的重要性日益突出，营销审计便成为重要的活动。

一　营销审计起源

1950年，美国哥伦比亚大学的阿贝·舒克曼教授在《分析和改进市场营销绩效》中对市场营销审计的性质、目的和问题做了初步分析。他把市场营销审计当作一种检查和评价活动，市场营销审计的目的则是确定市场营销活动中的问题和机会，提出相应的市场营销行动计划和建议，以改进市场营销活动的效果。1959年，阿贝·舒克曼把市场营销审计的概念引入市场营销领域，由此开营销审计的研究先河。随后，特尔曼、菲利普·科特勒、威廉·格里哥和威廉·洛杰斯等学者相继发表了相关的研究，推动了营销审计理论的研究。

理论热点的背后必然伴随着深刻的社会背景。20世纪50年代以来，市场营销学逐渐被企业界重视，从以企业为中心的营销观念向以顾客为中心的营销观念转变，现代营销理念的确立、市场营销活动的广泛开展使以发掘市场营销机会、发现市场营销活动中存在的问题、整合市场营销资源、提高市场营销效率、改进市场营销绩效为主要内容的营销审计得到广泛的研究和关注，市场营销审计也被大量应用于企业实践。事实上，由于激烈的市场竞争，许多企业的市场营销活动暴露出缺陷，为市场营销审计的发展提供了广阔的空间。菲利普·科特勒在1987年5月世界营销学大会上所做的报告中指出："如此众多的公司被关在生产、产品或销售导向的圈子里，不知如何去寻找公司的发展机会和途径。许多公司已经死了，或者正在死亡却全然不觉。公司应该定期进行营销审计以检查它的战略、结构和制度是否与它们最佳的市场机会相吻合。"

（1）竞争激烈的市场环境促使企业必须加强营销审计。二战后，经济的迅速发展催生了大量具有强大竞争力的企业，市场竞争变得空前激烈，企业营销逐步从粗放式管理向精细化管理迈进，营销审计发挥着推进营销资源与营销能力的培育、营销程式的规范、营销水平的提升的重要作用。

（2）营销活动的缺陷为市场营销审计的发展提供了广阔的空间。不是每一个企业都能在自己服务的领域做到尽善尽美，市场营销在演进的过程中，企业在营销观念、营销战略以及营销策略的运用上难免有差错，直接导致大量的营销资源的浪费，影响了企业的营销效率。为此，一些公司开始定期开展营销审计活动，不断发现和消除市场营销活动中的问题，充分发掘并利用潜在的市场机会，全面提升市场营销资源的使用效果。

（3）大量的相关理论的研究促进了营销审计的发展。营销审计是综合多方面的学科而产生的理论。在二战以后，营销理论的大量研究使许多企业逐渐认识到营销审计的重要性，在观念上、行动上逐渐倾向于严谨、规范。从审计理论发展的角度来说，现代审计逐渐从财务审计向非财务审计过渡，审计已经不仅仅涉及财务收支、财务控制等问题，还包括对企业环境的审计、战略的审计等，管理审计理论的发展为营销审计理论提供了理论基础；从战略理论的发展来说，20世纪70年代后，战略管理理论迅速发展，战略分析成为企业经营的重要组成部分，由此影响了营销战略的发展，针对营销战略的审计成为营销审计的重要内容；从委托代理理论来说，随着现代公司制度的不断发展，企业内部的契约关系、绩效评价和控制难度增加，经济学的委托代理理论研究趋于深入，直接为营销审计提供了重要的理论支撑。从以上分析来看，营销审计是市场营销学、会计学、审计学、管理学、经济学等多方面学科的有机结合，是非常重要的企业诊断，对改进企业营销管理、提高营销效率具有重大作用。

二 营销审计的概念与内容

1. 关于营销审计概念的研究

关键概念是一个学科首要研究的对象。关于营销审计的定义从现有的文献来看，具有代表性的有阿贝·舒克曼和菲利普·科特勒的定义。阿贝·舒克曼认为，营销审计即对整个营销运转的目标、政策以及作为目标和政策的基础的假设和为执行政策和实现目标而采用的方法、步骤、人事和组织进行系统的、批判的、无偏的评论和鉴定。这个定义关键在于没有指出市场营销审计的目的，所以该定义还不完善。1977 年，菲利普·科特勒、威廉·格里哥和威廉·洛杰斯在《斯诺管理评论》中发表了《市场营销审计时代的到来》一文，文中将营销审计定义为：对一个公司或商业组织的营销环境、目标、战略和活动进行全面、系统、独立和定期的检验，以识别问题所在并发现机会、提出改进公司营销业绩的建议。该定义是迄今为止影响最广泛的定义，得到了大多数人的认可和引用。

2. 关于营销审计内容的研究

20 世纪 70 年代以后，企业所面临的外部环境的不稳定性在不断增加，企业所制定的营销策略需根据环境的变化不断进行调整，营销审计开始被看作一个监测外部环境的变化，相应地调整企业的营销努力以适应市场需求的工具，深入研究营销审计的内容具有重要的现实意义。特尔曼（Tirmann）、菲利普·科特勒（Kotler）等学者对营销审计的内容进行了深入研究。特尔曼认为营销审计包括三方面内容：营销环境评价、营销系统评价、细节性营销活动评价。[1] 菲利普·科特勒等对营销审计的内容进行了详尽的阐述，认为营销审计应包括营销环境审计、营销战略审计、营销组织审计、营销系统审计、营销绩效审计、营销功能审计六个方面。[2]

3. 关于营销审计应用的研究

20 世纪 80 年代以后，理论界对营销审计的研究转向应用实践，许多学者和企业界人士开始探讨营销审计在执行中存在的问题，包括对营销审计执行过程的研究、营销审计执行障碍的研究等。如 Bonoma 和 Shapiro 通过一个营销审计的实际案例，说明了企业是如何认识到营销审计的必要性，审计者是如何具体执行数据收集、分析和结果报告这三个基本阶段的工作，同时也证明了审计者与被审计企业管理者之间保持密切沟通是十分关键的。[3] 这是营销审计应用于实践的重要标志。Mokwa 提

---

[1] Tirmann, E., "Should Your Marketing Be Audited," *European Business*, 1971 (Autumn).
[2] Kotler, P., Gregor, W., Rodgers, W., "The Marketing Audit Comes Of Age," *Sloan Management Review*, 1977, (Winter).
[3] Bonoma, T.V., Shapiro, B.P., "Evaluating Market Segmentation Approache," *Industrial Marketing Management*, 1984, 13 (4): 257-268.

出，对于营销审计在一个企业中发挥的作用应有更广泛的视角，除了传统的评价企业营销努力的作用外，营销审计还可以发挥促成企业制度改变和创新的作用，成为一个确定或修正营销努力基本方向的有效工具。①

三 战略营销审计的含义

从以上分析看出，市场营销审计是通过对一个企业市场营销环境、目标、战略、组织、方法、程序和业务等进行综合、系统、独立和定期的审查，以确定问题和发现机会，并提出行动计划的建议，以改进市场营销的管理效果。② 战略营销是以提供优于竞争对手的顾客价值，提高营销竞争力为目标的营销管理活动。为最终实现营销战略，战略营销管理必须对战略营销情报、战略营销资源、战略营销能力以及战略营销执行等战略营销组合进行审计，以确定问题和发现机会，并提出行动计划的建议，以改进战略营销的管理效果。

那么，什么是战略营销审计呢？我们认为，所谓战略营销审计是指企业为达到提供优于竞争对手的顾客价值和提高营销竞争力的战略营销目标，对战略营销情报、战略营销资源、战略营销能力以及战略营销执行组合的运行进行综合、系统、独立和定期的审查，以确定问题和发现机会，并提出行动计划的建议，以改进战略营销的管理效果。

我们可以这样来理解战略营销审计的概念。

1. 战略营销审计推进了企业战略营销管理水平的跃升

战略营销审计是现代审计在营销领域的延伸，是改进企业营销水平和效果的重要工具，是现代企业管理的重要组成部分。如果说营销理论和方法使企业的经营管理发生了质的飞跃的话，那么，战略营销审计则使企业的战略营销管理达到了更高的层次，进而推动企业经营管理水平的不断改进和提高。

2. 战略营销审计是创造价值的活动

战略营销的目标是提供优于竞争对手的顾客价值和提高营销竞争力。随着现代科技的飞速发展，产品更新换代速度加快，市场需求向多层次、多样化和个性化发展，社会政治经济形势复杂多变，企业时刻面临新的机会和威胁，企业如何在多变的竞争环境中保持自己的战略方向，保持与设定的战略营销目标的一致性是战略营销审计关注的内容，通过审查战略营销管理的有效性、合理性，企业也就节约了资源，创造出更大的顾客价值和市场价值。

3. 战略营销审计是企业进行营销战略控制的重要手段

为确保企业实现战略营销目标、企业营销战略以及企业组织制度能以最佳状况

---

① 转引自韩睿《西方营销审计的发展历程》，《广东财经职业学院学报》2004年第2期。
② 李会太：《试论市场营销战略审计》，《北京商学院学报》1998年第6期。

适应企业的营销环境所做的努力，企业通过战略营销审计促使营销工作与原规划保持一致，通过不断评审与信息反馈，对营销战略不断加以修正和调节。营销战略控制常用的工具有两个：一是营销效果等级评核；二是战略营销审计。营销效果等级评核是从营销方针、整体营销组织、营销信息、战略导向及工作效率五个主要方面，衡量和评价企业营销效果；营销战略控制更为有效的工具则是战略营销审计。

4. 战略营销审计是对企业战略营销管理过程进行的全面体检

战略营销组合包括战略营销情报、战略营销资源、战略营销能力以及战略营销执行四个方面。战略营销审计对企业战略营销组合进行全面审查，目的在于使企业的营销结构、战略营销资源、战略营销能力及战略营销执行保持优势，在可承受的风险限度内，与市场环境所提供的各种机会达到动态平衡。

四 战略营销审计的特点

菲利普·科特勒认为，营销审计包含全面性、系统性、独立性和定期性等四个特性。战略营销审计本质上属于营销审计的重要种类。

1. 全面性

一般来说，战略营销审计是一项全面的活动，审计的范围可能涉及一个企业几乎所有的营销活动，从营销战略的制定到执行，从战略营销组合的发现到培育，且不同于一般的营销职能审计，如销售管理审计、广告审计、价格审计等，因此，对企业的营销资源、营销能力等战略要素进行审计具有全面性特征。

2. 系统性

战略营销审计不是一般的工作检查和民意测验，而是包含一系列完整有序的步骤和科学方法的分析诊断工作。战略营销审计包括对企业战略营销情报、战略营销资源、战略营销能力以及战略营销执行等战略营销组合进行诊断，并根据诊断结果和企业的具体情况，提出短期的和长期的改进措施，是一个系统的工作。

3. 独立性

战略营销审计不是单纯地由企业或组织所进行的自我审计，它往往是一项独立于接受战略营销审计的企业之外的工作。战略营销审计可以具体分为两种类型：企业内部战略营销审计，即由企业内部被评估部门之外的人或组织进行审计；外部审计，即聘请专业的管理咨询公司对企业营销活动进行审计。保持企业战略营销审计的相对独立性，可以使企业战略营销审计的结果更具有客观性，提高审计报告的权威性。

4. 定期性

不能仅仅将战略营销审计视为一剂帮助处于困境之中的企业摆脱困难的"特效药"，而应当将其视为一项定期的常规管理工作。无论企业是处于顺境还是逆境，对企业定期进行战略营销审计都是十分必要的。定期进行战略营销审计，可以对营销战略方向、战略措施、战略执行等环节进行评估，可以及时发现问题，提高战略的针对性和有效性。

五 战略营销审计的价值分析

战略营销审计是对企业的战略营销活动进行的全面体检。在现代的竞争环境中，企业必须准确了解自己所处的战略营销环境，并识别市场存在的机会和威胁，评估自己的优势和劣势，因此必须依赖战略营销审计，这是管理者在已知环境中进行定位的一种方法。同时，战略营销审计的实施为管理者提供了一份关于营销方案（包括营销战略、战略要素分析、营销策略等方面）的独立的、无偏的评价结果，在识别需要改进的地方的同时也提出了怎样改进的建议和未来发展的新方向。具体来说，战略营销审计的价值主要表现在以下几个方面。

1. 战略营销审计有利于企业掌控外部战略营销环境，发现市场机会和威胁

如何认识外部环境？如何抓住外部环境给企业带来的机会和威胁？这是战略营销管理要思考的首要问题，机遇是否能被每个企业发现，是否能结合自身特点加以利用，其实践结果是不均衡的。战略营销审计具有经济评价职能，开展营销环境审计可以及时了解市场变化，发现那些已出现的或潜在的市场机会，并审查自身情况，准确、有效地利用市场机会。营销环境同样会给企业带来威胁和风险，通过战略营销审计对企业营销过程中的各种风险因素进行评价来帮助企业发现并评价重要的风险因素，规避营销过程中可能出现的风险损失，从而为企业增加价值。战略营销审计是定期进行的审计，许多影响营销的因素在发生变化时就被及时发现，企业会及时采取必要的措施，防止不良结果发生。定期的战略营销审计可以预计营销活动的未来结果，为企业解决问题赢得时间，尽量避免损失或把损失降到最低。

2. 战略营销审计有助于企业对战略营销资源的合理配置

每个企业的战略营销资源都是有限的，如何通过营销战略和策略的有效配置，达成既定的战略营销目标是战略营销管理要思考的问题，也是战略营销审计要研究的问题。战略营销审计通过构建战略营销审计体系，提供了一系列审计指标及比较数据，使营销人员能依据资源情况选择适当的营销方式，实现资源与促销方式的最佳配合。企业可以通过战略营销审计审查企业各目标市场、区域市场的销售潜力，据以决定销售机构的设置、人员配备和资金占用等。企业通过战略营销审计，将有限的资源在营销的各环节、各方面合理配置，实现较好的营销效益。战略营销审计并不局限于解决企业中比较棘手的问题，而是要解决一个企业整体营销活动的全面性问题。一次全面彻底的营销审计可以更有效地找到公司营销问题的真正原因，使企业对自身的战略营销能力有一个比较清醒的认识。

3. 战略营销审计是企业战略控制与管理的重要工具

市场经济的逐步发展和成熟，企业竞争愈加激烈，而企业内部的生命机能和生长机制还不能完全适应企业的发展，需要有效的营销战略制定、实施和控制，市场战略营销审计是实施战略控制的重要工具，通过对企业的营销环境、目标、战略及一系列的经营活动进行全面、系统、独立和定期的审查，以确定企业的市场营销范围，捕捉市场机会，改进营销工作出现的问题，并提出正确的营销计划，提高企业的战略营销绩效。

4. 战略营销审计有利于企业达成战略营销目标，提高营销竞争力

菲利普·科特勒指出，产品导向或技术导向企业、经营方向存在问题的企业、经营业绩很好的企业、新成立的公司以及非营利组织如高校、医院等可以从市场营销审计中获取更多的利益。战略营销审计结束时，审计人员要依据审计事实编写审计报告，对被审计单位的现实营销情况做出基本评价，指明问题所在，抓住问题实质，提出整改措施和建议。即便营销情况很好的单位，也可能存在潜在问题和某方面不足，战略营销审计人员都会在基本评价的基础上，挖掘各种提高营销业绩的途径，提出针对性的建议和意见，改善、促进营销工作，达到提高营销竞争力的目的。

六 战略营销审计的市场导向分析

20世纪70年代，一些发达国家的工商企业，尤其是一些大型跨国公司，逐步从单纯关注企业利润和效率，转移到全面检查经营战略、年度计划和营销组织，以高瞻远瞩地探讨企业经营管理的成败得失，最大限度地改善企业经营管理，提高经济效益。作为企业重要的职能部门——市场营销部成为重要的审查对象。伴随着审计理论的成熟，审计在营销领域的应用越来越广泛，逐渐扩大到顾客导向、营销组织、营销信息、营销战略及营销效率等多方面的内容，并分别制定了审查的具体要求，确定了审查标准，并采用计分的方法进行考核与评审。从此，营销审计开始逐步走向成熟，并迅速发展，被工商企业当作改进营销管理的有效工具。

战略营销理论的出现是对传统营销理论的重要发展，其重要的特征是以市场为导向来分析战略营销的各种战略要素，制定相应的战略营销组合，来提升企业的营销竞争力。这就决定了战略营销审计的理念导向也是市场导向。

1. 以市场为导向的战略营销审计应以市场为评判的标准

战略营销审计是随着市场的不断发展而发展起来的，在20世纪90年代，市场营销活动在企业经营管理活动中占据重要位置，但是市场营销活动的效率与效果较差，市场营销支出和市场营销活动没有取得令人满意的结果时，整个社会才会呼唤战略营销审计这一能够有效改进市场营销绩效的评价与控制系统。因此，以市场绩效为评判的标准成为战略营销审计的重要特征。

2. 以市场为导向的战略营销审计应体现以市场为基础的委托—代理关系

战略营销审计产生的直接原因是企业实施管理分权后,企业高层管理人员与企业市场营销机构和市场营销人员之间存在的委托与受托的经济与管理责任。对市场营销活动进行评价与控制的战略营销审计也需要委托或授权后才能进行。这是一种基于市场的契约关系,通过相对独立的机构和人员进行审查来检验这种委托—代理的绩效。

3. 以市场为导向的战略营销审计应体现市场驱动战略的特征

市场驱动战略思考的问题是企业如何建立起与市场的关系,提升战略营销能力并优于竞争对手;如何整合战略营销资源以创造更大的战略营销价值;如何培育有效的战略营销执行机制以推进营销战略的实施。而这些有赖于战略营销情报的开发。市场驱动战略的根本在于提高企业对市场的感知能力,挖掘顾客的潜在需求,创造优于竞争对手的顾客价值。战略营销审计依据一定的审计标准,搜集足够的证据,发现战略营销活动中存在的问题,寻找市场机会,从而达成市场驱动战略的目标。相对传统的营销审计,战略营销审计能够更贴近市场,以促进企业市场感知能力的提高。

第5节 战略营销审计的度量

一 营销审计度量的演变

市场竞争加剧促进应对市场的学科研究逐步深入,近些年来,对市场营销的审计集中在减少开支、提高效率、增加利润方面,企业希望通过提高营销质量来提高营销绩效,而这些都很难从传统的财务报表中反映出来。这些反映了营销审计发展的方向,即由财务审计向非财务审计的演变。

(一) 财务导向的战略营销审计度量

传统理论认为,市场营销对企业的贡献主要体现在销售收入、利润以及现金流等方面。因此,营销审计主要体现在销售与收款循环业务的审计、营销收入审计、营销成本及费用等方面的财务审计等,度量的指标具体包括以下三方面。

(1) 销售与收款循环业务的营销审计度量。销售与收款循环业务审计的对象包括两个:一是销售收款凭证;二是账户。营销审计度量内容包括销售额、销售量、销售价格、应收账款、现金量、银行存款额、折扣与折让等。

(2) 营销收入的营销审计度量。销售过程的收入包括主营业务收入和其他业务收入。营销收入审计度量的内容包括主营业务收入、销售退回、折让和折扣额、非主营业务收入等。

（3）营销成本及费用的营销审计度量。这是指在营销过程中发生的费用，主要包括应交税金、运输费、装卸费、包装费、展览费、广告费、营销渠道网点的职工工资及福利费用、业务费等。

（4）营业利润的营销审计度量。营业利润等于营业收入减去营业成本，主要包括营销利润。

（二）非财务导向的营销审计度量

虽然以上从财务角度进行的营销审计度量能够准确地以财务数据反映出营销的收入、成本及利润的数据，但是营销经理逐渐对这种传统的度量方法感到失望，他们需要从多方面、非财务角度进行营销审计度量的方法，以全面评价他们的所作所为，这就是非财务的营销审计度量方法。当市场营销研究的范围逐渐扩大时，营销审计已经不再局限于从单一的财务角度来评价营销活动和营销绩效，人们开始尝试用开放的视野、全新的角度来全面评价营销所做出的贡献，于是非财务角度的营销审计有了用武之地。在过去，人们主要集中于这些概念的研究：市场份额、顾客满意度、顾客忠诚度、品牌价值。[①]

市场份额是反映企业在目标市场占有情况的指标，通常用市场占有率指标来表示，反映企业在目标市场中的竞争地位和竞争能力。通过市场占有率的审计，可以明确企业在目标市场中的竞争地位和竞争能力，从而找出提高企业营销竞争力的对策，不断增强企业的竞争优势，帮助企业获取更佳的营销绩效。

顾客满意度是指顾客在使用某产品或服务的过程中，对产品或服务的质量、价值等不同方面的感知及与其预期相吻合的程度，以及由此导致的对该产品或服务的后续行为（比如是否愿意继续购买）等因素的综合测评值。顾客满意度应表现为两个层面：从个人层面上讲，顾客满意度是顾客对产品或服务消费经验的情感反应状态；从企业层面上讲，顾客满意度是企业用以评价和增加企业业绩，以顾客为导向的一整套指标。

顾客满意是一种态度，而顾客忠诚是一种购买行为，即顾客对某一种品牌或某一品牌生产企业产生依赖，从而对其产品产生购买的欲望。美国资深营销专家 Jill Griffin 认为，顾客忠诚度是指顾客出于对企业或品牌的偏好而经常性重复购买的程度。受质量、价格、服务、文化等诸多因素的影响，顾客对某一企业的产品或服务产生感情、形成偏爱并长期重复消费该企业产品或服务的程度我们称为顾客忠诚度。

品牌价值是指与同质产品相比，消费者愿意为购买这一品牌而多付出的价格。

---

① 王方华、彭娟编著《营销审计》，上海交通大学出版社，2005，第 19 页。

品牌价值实际上是品牌消费者心理价值的体现,从消费者心理与行为学的角度讲,品牌价值则是指消费者根据自身对某一品牌的认识和偏爱程度而对该品牌的市场营销做出选择性反应的结果。品牌的确切价值很难被计算,仅在品牌转让使用或企业收购交易中才对其进行评估。不同品牌因其在市场中的影响力不同而有不同价值。一个成功的品牌,特别是驰名品牌,往往有很高的品牌价值。品牌价值的高低取决于消费者对品牌的忠诚度、品牌知名度、品牌所代表的质量等。

显然,从财务导向转向非财务导向的营销审计度量方法使企业评价营销活动和营销绩效时多了许多有效的指标,扩大了营销评价的范围,有效地增加了营销审计结果的针对性和实用性。但是在现代竞争激烈的市场中,基于策略角度的传统营销在提升企业营销竞争力、获取竞争优势方面思路还不够开阔,需要企业站在战略的高度来探索营销的战略要素对营销竞争力的贡献。战略营销承担了这个使命,战略营销审计的度量方法也就随之改变。

二 战略营销审计的度量方法

基于市场导向的战略营销审计的度量方法相对传统的营销审计有一个很重要的转变,即从传统的产出度量方法转向营销投入度量方法,根本区别在于从事前——初始营销行为进行审查,分析未来营销战略方向的正确性以及战略营销实施、营销效率问题,能够为营销活动提供战略参考和行动建议。战略营销审计的度量指标包括:市场导向、市场占有率、顾客满意度、顾客忠诚度、品牌价值、战略营销情报准确率、战略营销资源储备率、战略营销资源利用率、战略营销能力水平、战略营销执行水平。

三 战略营销审计内容分析

战略营销审计就是对企业的战略营销环境、战略营销目标、营销战略、活动所做的全面、系统、独立和定期的检查,目的在于发现战略营销中的问题和可能的市场营销机会,以提出企业营销的行动计划,调整企业的营销运作,提高企业的营销效率。战略营销审计的内容包括以下四个方面。

(一) 战略营销情报审计

每一个在市场中的企业都很清楚营销环境对企业意味着什么,同样,每个企业也非常明白战略营销情报对企业的价值,现在的问题是企业需要做出这样的判断:通过营销情报系统获取的战略营销情报是否能准确地预测出市场的机会在哪里,市场的威胁在哪里,企业的顾客和竞争对手目前的情况如何。因此,战略营销情报审计的主要内容如下。

（1）企业系统内部的战略营销资源、战略营销能力以及战略营销执行信息情报审计，以随时掌握企业内部的资源、能力状况。内部战略营销情报审计主要审查、评价企业的营销情报系统是否能准确、有效、及时地提供关于企业内部组织、资源、能力的有关情报资料，企业的决策者在决策中是否进行充分的市场调研并利用市场调研的结果等。

（2）竞争对手的战略营销资源、战略营销能力以及战略营销执行信息情报审计。在做战略营销情报审计时，应重点审查竞争对手的生产规模、地理位置、营销战略和领导者的素质及决策风格；审查竞争对手的市场定位、产品组合、销售渠道、促销策略、价格变动情况；审查竞争对手潜在的竞争者情况；等等。

（3）顾客和用户的消费趋势及偏好的信息情报审计。重点审查市场需求状况、偏好、发展趋势；测算市场容量及其变化；测算市场增长率情况；进行潜在顾客情况分析等。

（4）营销环境的信息情报审计。战略营销是在人口、经济、生态、技术、政治、文化等宏观环境的基础上，制定企业的市场营销战略。因此，战略营销情报审计在分析宏观环境的趋势的基础上针对相应的目标市场环境进行分析。目标市场营销环境审计具体包括市场规模、分布、潜力状况、市场占有率、增长率、盈利方面的变化，企业主要细分市场的特征及发展趋势，现有及潜在的顾客对企业的评价，竞争者的目标、战略、优势、劣势、规模、市场占有率，企业的分销渠道以及不同分销渠道的效益和潜力，供应商的推销方式，经销商的渠道等。

通过这样的战略营销情报审计，一套完整的营销信息情报收集、整理和分析系统就被建立起来了，以为营销决策者提供系统的营销信息。

（二）战略营销资源审计

战略营销资源是战略营销的基础，是企业制定、实施营销战略的前提，对战略营销资源的审计主要包括以下两方面。

1. 内部战略营销资源审计

（1）营销管理制度资源审计。战略营销管理过程包含一系列有关营销管理制度、营销政策以及营销创新等方面的制度资源，这是保证企业营销运作时能够正确贯彻企业所确定的营销方针、弥补计划与执行偏差的基础性的资源，是企业营销资源运作的平台。对于营销管理制度资源的审计，能够评价营销管理制度的独特性、适应性，包括对营销部门的管理规章、经销商和代理商管理政策、客户管理制度、广告及促销管理制度、企业售后服务规定、营业人员守则、营销人员报酬及奖励制度等多方面的管理制度的审查。

（2）营销组织和人力资源审计。企业的营销组织在市场营销中发挥着重要作用，一个组织如果在竞争市场上对顾客反应不再灵敏，那么这对企业培育战略营销竞争力是不利的。通过市场营销组织审计，企业能够评价自身的市场营销组织在执行市场营销战略方面的组织保证程度和对市场营销环境的应变能力，包括对企业内部各职能部门的协调及面对市场时的灵活性、适应性以及对营销组织系统的有效性进行评价，以达到优化组织结构、提高营销效率的目的。

(3) 产品、服务与品牌资源审计。对于任何一个企业来说，提供产品或服务是立足的基础，而一切的营销工作都是围绕产品、服务及品牌展开的。通过产品、服务与品牌资源的审计，企业能够评价自身产品资源、品类资源与品牌资源的储备状况和培育计划以及面对外界环境变化的应变能力等。

2. 外部战略营销资源审计

(1) 顾客或客户资源审计。一个企业长期的营销战略、营销策略就是能够获得更多的顾客或客户，留住更多的忠诚顾客或客户，从而实现营销业绩的提升。从另一个角度来说，忠诚顾客会成为企业营销中重要的外部资源，将会对企业未来的营销战略与策略的制定起到重要的支持作用，忠诚顾客的数量的多少也代表着企业营销竞争力的大小。通过顾客或客户资源审计，可以评价顾客或客户资源作为外部资源的可靠性，可以顾客满意度、顾客忠诚度指标作为度量。

(2) 经销商与渠道资源审计。一个分销系统是一项关键性的外部资源，它的建立通常需要若干年，并且不是轻易能改变的。其重要性不亚于内部资源。分销系统构成企业一系列政策和实践活动的承诺，这些政策和实践将编织成一个巨大的长期关系网。对渠道与经销商资源的审计，首先是评价建立渠道目标和限制因素，包括来自顾客、产品、中介机构、竞争者、企业政策和环境等各种限制因素；其次是评价渠道选择方案和选择标准；再次是对渠道成员进行评价；最后是评价渠道改进措施以及评价渠道冲突解决措施；等等。

(3) 战略营销联盟资源审计。营销资源是流动的，对于一个缺乏营销资源的企业来说，在战略层面联盟可以使企业的战略营销资源和能力达到最佳水平。通过战略营销联盟资源的审计，可以评价战略联盟的可靠程度、对企业战略营销的影响、风险程度等。

(三) 战略营销能力审计

战略营销管理以市场为导向，最终目的是获得营销竞争力。因此，战略营销能力结构模型的构建目标包括三个方面：明确战略营销能力运用的前提、明确战略营销能力的层级结构、明确战略营销能力运用要达到的目标。从这个角度来看，战略营销能力包括以下三方面。

1. 市场感知能力审计

在以市场为导向的战略营销过程中，竞争对手、顾客、供应商、中间商以及周围的市场参与者都是影响战略营销效果的重要因素，了解、把握这些市场参与者尤其是顾客的动态不仅能够为营销战略提供决策参考,而且能够为营销行动提供有针对性的行动方案。对于市场感知能力的审计,首先,应审查各个部门是否具有共同的认识并能协调行动;其次,审查企业是否能通过感知顾客来建立与顾客联系的渠道,从而达到双向沟通的目的。

2. 市场定位能力审计

市场定位决定战略营销的方向,一个企业是否能够对所营销的产品和服务进行清晰的定位,取决于其市场细分能力、目标市场选择能力的大小。因此,对市场定位能力的审计包含评价市场细分的标准、评价目标市场的战略与策略等。

3. 市场运营能力审计

对市场运营能力的审计主要表现为三个方面:一是对战略营销资源运营能力的审计,包括审查市场组织能力、产品及品类资源的开发能力、品牌运营能力、渠道运营能力、顾客联系能力等;二是对战略沟通能力的审计,主要审查市场促销能力和市场计划领域的专门的营销能力;三是对战略定价能力的审计。

(四) 战略营销执行审计

战略营销执行是在整合战略营销资源和能力的基础上执行营销战略的能力。在竞争市场中即使有完美的战略,但没有细致的战略营销执行也是难以达到目标的,所以,好的战略依靠卓越的执行能力,包括执行团队的组织、执行的细节、执行的技能。战略营销执行是调动一切营销资源贯彻营销战术的过程。有效的营销战术是探索企业如何完成营销任务的方案,这需要战略营销执行能力,按照营销策略、计划的要求,准确地贯彻下去。战略营销执行是探索企业"怎样做"的学问,是一种具体的营销技能,包括:发现和诊断一个问题的技能;对企业存在问题的层次做出评估的能力;实施计划的技能和评价执行结果的技能。[①] 企业的战略营销执行审计主要包括:营销团队组织和营销人员流程安排的执行审计;营销战略流程安排的执行审计;营销运营流程的执行审计。

四 战略营销审计流程分析

审计流程是审计机构和审计人员为达到审计目标所采取的所有工作步骤的总和。审计流程是使审计工作能够按照科学合理的轨迹有序运行的保证。在审计过程中,审计人员要根据所确定的审计目标和可支配的审计资源,针对具体的审计事项取得充分的审计证据,依据审计证据去证实审计事项与审计依据的相符程度,就审计事项的性质做出结论,并将审计结果传达给利益相关者。为了保证战略营销审计能够有序进行,战略营销审计流程包括以下几个方面(见图12-1)。

---

① 〔美〕菲利普·科特勒:《营销管理:分析、计划和控制》,梅汝和等译校,上海人民出版社和西蒙与舒斯特国际出版公司,1996,第926页。

```
         ┌─────────────────────────────────┐
         │ 明确战略营销审计的主体、客体及标准 │
         └───────────────┬─────────────────┘
                         ↓
              ┌──────────────────────┐
              │ 拟订战略营销审计计划 │
              └──────────┬───────────┘
                         ↓
┌──────────────┐   ┌──────────────┐   ┌──────────────┐
│ 分析战略营销 │ ← │ 评价战略营销 │ → │ 确认战略营销 │
│   审计证据   │   │   审计证据   │   │   审计证据   │
└──────────────┘   └──────┬───────┘   └──────────────┘
                          ↓
              ┌──────────────────────────┐
              │ 撰写和提交战略营销审计报告 │
              └──────────────┬───────────┘
                             ↓
                 ┌──────────────────────┐
                 │ 落实战略营销审计建议 │
                 └──────────────────────┘
```

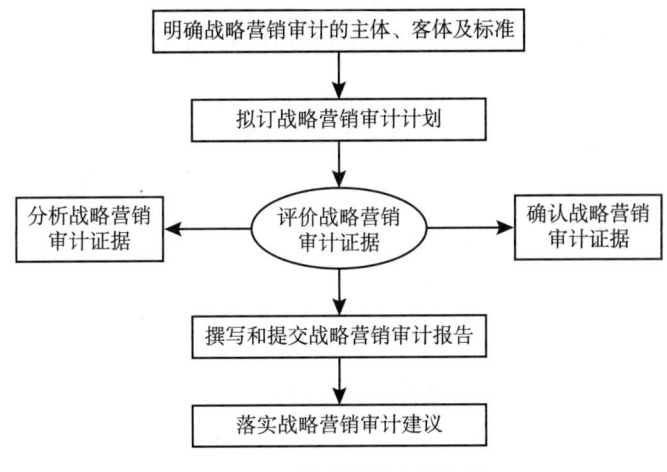

图 12-1　战略营销审计流程

（一）战略营销审计的主体、客体和标准

战略营销审计工作第一步是明确审计主体。根据审计学的定义，我们把从事战略营销管理评价和控制的人员及其机构称为战略营销审计的主体。从广义上看，所有从事战略营销审计的人员和机构都是市场营销审计的主体。但根据对战略营销审计本质、目标和职能的分析，严格地说，市场营销审计的主体至少必须同时具备两个特性：一是身份的独立性；二是具有对战略营销及其相关活动进行评价和控制的知识与能力。从目前营销审计实践来看，企业内部审计人员、管理咨询师、注册会计师都可以充当战略营销审计主体。

战略营销审计的客体是指战略营销审计评价和控制的内容。如前所述，战略营销审计的客体应包括战略营销情报审计、战略营销资源审计、战略营销能力审计、战略营销执行审计。在具体的营销实践中，战略营销客体要根据审计需要来确定，这样才能明确战略营销审计的目标、任务和范围。

战略营销审计标准是指审计主体评价被审计的战略营销活动的效率和效果的基准。标准是评判是非的依据，战略营销审计标准是评价和控制战略营销活动绩效、找出问题、提出意见的关键性指标，包括两个方面：财务标准和非财务标准。财务标准是在战略营销审计过程中，根据会计凭证和财务报表选取的营销指标，如销售收入、销售收入增长率、营销费用、费用比率、销售利润、销售利润率等；非财务标准是指在战略营销审计过程中根据战略营销活动的需要而设置的审计评价指标，如市场占有率、市场覆盖率、顾客满意度、顾客忠诚度、品牌资产价值等。

（二）拟订战略营销审计计划

战略营销审计计划就是要明确战略营销审计的目标、任务以及实现目标和完成任务所需采取的行动。具体来说，审计人员要与企业的高层管理人员沟通，明确本次战略营销审计的目的，然后商定战略营销审计的任务，接下来要明确此次营销审计的范围与深度，为完成此次审计所需搜集的资料，将整个审计工作分解为几个阶段和若干子项目，再具体列出执行每个审计子项目的时间和从事这些审计项目的人员，使审计人员既有分工又有协作。战略营销审计计划，可以指导整个战略营销审计项目有条不紊地进行，有利于实现战略营销审计的目标，也有利于节约审计时间与审计成本，提高战略营销审计的效率和效果。

（三）评价战略营销审计证据

审计证据是审计人员在审计过程中按照审计目标搜集的，并据以得出审计结论的那些资料和事实，这些资料和事实是对被审计的经济活动及其属性的客观描述，是被审计经济活动中各种发展变化和特征的真实反映。[①] 战略营销审计证据是针对战略营销活动过程收集的资料和客观事实，是审计人员通过多种渠道获得的，是审计结论的重要支撑，也是明确战略营销审计活动各利害关系方责任的依据。通常战略营销审计证据包括如下几个方面。[②]

（1）战略营销审计的实物证据，是指那些以实物形态存在的、能够帮助战略营销审计人员做出审计结论和建议的证据。战略营销审计人员可通过直接观察或实地调查获得这些证据。

（2）战略营销审计的文件证据，是指那些反映企业战略营销活动状况，能够帮助战略营销审计人员做出审计结论和建议的证据。比如记录战略营销活动情况及其绩效的资料就属于这类证据。

（3）战略营销审计的制度证据，是指那些与企业战略营销活动有关的规章制度，如战略营销活动规程、战略营销人员的考核与奖罚制度等。这些制度可作为战略营销审计人员评价战略营销活动的证据。

（4）战略营销审计的陈述证据，是指独立的第三者和企业内部管理者及其员工所做的、能够用于评判企业战略营销活动好坏的书面或口头陈述。有些陈述是很正式的，有些陈述是非正式的，它们都能帮助营销人员得出审计结论与建议。

（5）战略营销审计的情况证据，是指那些对被审计战略营销活动及其绩效产生影响的各种环境事实。比如企业的战略营销环境分析、企业的营销战略和策略、企业营销人员的素质及工作水平等都可作为这类证据。

（6）战略营销审计的计算、分析性证据，是指对上述有关证据进行加工处理后所获得的、可以真实地反映战略营销活动状况及其绩效的战略营销审计证据。如市

---

① 王文彬、林钟高：《审计基本理论》，上海三联书店，1994，第221页。
② 谢获宝：《市场营销审计》，武汉大学出版社，2003，第197~198页。

场占有率指标等。

战略营销审计的过程就是不断搜集、整理、审查和评价证据的过程。评价战略营销审计证据包括以下两个方面。

(1) 搜集、整理、确认战略营销审计证据。搜集战略营销审计证据是根据审计计划、审计的内容和相应的审计要求进行的。在获得了这些审计证据后，需要整理、确认，并不断更新，为分析证据做准备。

(2) 对审计证据本身的数量和质量进行分析。对于战略营销审计数量与质量的分析，主要是评估已搜集到的、比较齐全的并经过适当分类整理后的审计证据的充分性、真实性和相关性，并对这些证据进行评估判断，以推理出战略营销审计的结论和建议，战略营销审计证据的评价主要是按照战略营销审计证据的基本特征对所搜集的证据做出更深入的评估，以推理出恰当的市场营销审计结论和建议。

(四) 撰写和提交战略营销审计报告

1. 战略营销审计报告内容

审计报告是指审计人员根据有关规范的要求，对审计项目实施了必要的审计程序后出具的，用于阐明审计结果、做出审计评价、表明审计意见或建议的书面文件。审计报告是在完成审计工作后用以反映审计工作最终成果的一项重要实务，具有典型的鉴证作用、保护作用、证明作用、促进作用，是衡量审计工作质量的主要标志。[①]

战略营销审计报告是由战略营销审计人员编制的，以战略营销审计标准为依据，以公认的管理审计准则为保证，以战略营销审计证据的搜集与评价为基础，对被审计企业战略营销活动的水平及其绩效做出客观、公正的评价，并为改进战略营销管理提出建议的书面报告。

2. 战略营销审计报告编制的步骤

对战略营销审计人员来说，所有的审计过程都要体现在审计报告中，因此，编制审计报告时，审计人员应当仔细审阅在审计过程中形成的审计工作底稿，并仔细检查审计工作是否符合计划以及是否符合独立审计准则的要求，只有这样才能做出一份独立的、具有针对性的审计报告来。

(1) 整理和分析审计工作底稿。审计工作底稿是指审计人员在执行审计业务过程中形成的审计工作记录和获取的资料。在战略营销审计过程中，审计工作底稿是审计工作联系的纽带，是形成审计结论、发表审计意见的直接证据。因此，在做审计报告之前，整理和分析审计工作底稿、全面总结审计工作、列举发现的问题非常重要。审计人员应遵循独立审计的原则进行检查，对工作底稿做出综合结论，形成书面记录。

(2) 审计结论反馈。企业在做出审计结论后，应向被审计单位通报审计情况、

---

① 叶陈刚、李相志：《审计理论与实务》，中信出版社，2005，第346页。

初步结论和相应的反馈意见，提请被审计单位就战略营销管理中存在的问题与审计人员沟通、交流，达成一致认识。

（3）确定审计意见。审计人员针对被审计单位的战略营销审计情况、找出存在的问题、分析出现的原因，并提出相应的改进建议。在这个过程中，审计意见的类型和措辞非常重要，审计意见的类型一般分为无保留意见、保留意见、否定意见、无法表示意见几种类型。战略营销审计意见一般以"肯定式战略营销审计意见"或"否定式战略营销审计意见"的方式加以陈述。肯定式战略营销审计意见对评价意见以认可的方式给出，先陈述企业在战略营销活动及其绩效中所取得的成绩和令人满意的方面，再指出其薄弱的方面，这种方式多用于市场营销审计活动做得好的企业。否定式战略营销审计意见主要针对被审计单位中战略营销活动做得不太好的企业，对评价意见以批评的方式给出，先陈述企业市场营销活动及其绩效中存在的诸多不足，如果有做得好的方面在问题后予以列出。在给出审计意见时措辞比较重要，这关系到被审计单位对于审计报告是否接受以及是否能够按照提出的审计意见进行整改的问题。

（4）编制和出具审计报告。在前几项工作完成后，审计人员应拟定审计报告提纲，汇总审计工作底稿所提供的资料。标准的战略营销审计报告可以只拟定简单的提纲，根据提纲进行文字加工即可编制出审计报告。审计报告经复核、修改定稿后，送达委托人。

（五）落实战略营销审计建议

落实战略营销审计的建议阶段属于战略营销审计的后续阶段，即营销审计的追踪阶段，其主要任务是审查对审计结论所提的建议和意见的贯彻情况，促使其贯彻实现，并在相关条件发生变化时提出修改意见。

战略营销审计报告中所提出的提高企业营销业绩的建议若要付诸实施，则需要一个过程，在实施中可能由于某种原因面临失败。失败的原因有很多，包括审计意见与企业实践没有紧密结合、企业执行人员的理解偏差、企业战略营销审计仅仅是"走过场"或者客观环境变化导致原有的审计意见需要修正等，因此，跟踪被审计单位、有效落实战略营销审计的建议是审计工作的一项重要的后续程序。

本章小结

本章重点分析执行、营销执行、战略营销执行以及战略营销审计的概念和内涵。首先要掌握执行的核心流程：人员流程、战略流程和运营流程。营销执行是一个将营销计划转变为具体任务并确保按计划实现目标的过程。营销执行是执行理论在营销职能领域的应用。在以市场为导向的战略营销管理中，战略营销执行是指企业在战略营销目标的指导下整合战略营销资源和能力，将营销战略转化为行动和任务的部署和实施过程。战略营销执行体系的构建包括以营销战略为指导，确立战略营销执行力方向；强化营销团队的执行力；提高营销人员的执行技能；建立有效的沟通渠道；以营销流程推动执行力的提升；建立有助于提升战略营销执行力的企业文化；建立战略营销审计制度，评估执行效果。战略营销审计就是对企业的战略营销环境、战略营销目标、营销战略、活动所做的全面、系统、独立和定期的检查，目的在于发现战略营销中的问题和可能的市场营销机会，以提出企业营销的行动计划，调整企业的营销运作，提高企业的营销效率。

案例训练1：乌江榨菜

乌江榨菜是家喻户晓的榨菜品牌，但毕竟消费者消费榨菜的数量是有限的。乌江榨菜不能只成为"榨菜"的代名词，还需要控制榨菜最优质的工艺资源，以此持续占据榨菜市场的主导地位。此外，将其与"中华酱腌菜美味文化"关联。乌江榨菜放弃了原有的"张铁林"形象，选择更为博大精深且不存在过气风险的"国粹形象"，在整体品牌设计上，创作了以中国红、中国剪纸以及京剧脸谱为核心元素的整体品牌形象，同时为了迎合低年龄层消费群体，在TVC声音识别上以RAP的方式呼应，将国粹与现代进行了完美的融合。乌江榨菜新的营销战略的执行，让乌江榨菜的销售额有了新一轮的跨越式的发展。

资料来源：叶茂中《小产品　大市场——乌江榨菜策划纪实》，《大市场》（广告导报）2006年第3期；《乌江榨菜的民俗营销：中国好味道》，《中国广告》2014年第11期。

案例思考：从乌江榨菜营销案例中分析其战略营销执行体现出什么特点？

案例训练2：爱马仕

爱马仕是代表法国文化的世界顶级品牌。1837年以生产马具起家，在经历了近两个世纪的风雨洗礼后，如今屹立在世界奢侈手工艺品牌金字塔的塔尖，产品包括丝巾、领带、男女服装、香水、手表、箱包、饰品等17大类产品系列。顶级、神秘是爱马仕给人的印象。同时，它也是全球精品界中皮包平均单价最高、定制比例最高、在二手市场比新品还贵的唯一品牌。爱马仕主要的营销策略如下。一是把钱花在服务顶端客户上。爱马仕的定位非常明确，放弃80%的大众客户群而紧紧抓住那20%的尖端客户。在各大品牌通过各种渠道卖力宣传时，爱马仕的营销费用仅占营收的6%！爱马仕将资金集中在顶尖客户上，精准服务目标客户，培养顶尖客户的忠诚度。二是"饥饿营销"，分散财务风险。爱马仕坚持手工定制原则，所以爱马仕的产品，很多都是"有钱也买不到"的。符合条件的买家需要亲自去店里预约下单，并且亲自决定产品的颜色等。爱马仕定制一款包通常需要三年以上的时间，这也刚好分散了公司的财务风险。三是以手工定制打造独特性。爱马仕始终坚持手工定制，这也保证了产品的高质量和独特性。产品的高质量和独特性也是爱马仕经久不衰的秘诀。四是坚持口碑营销为主的奢侈品推广模式。爱马仕投入的营销费用相较于其他奢侈品品牌而言是非常少的，然而对于顶尖客户的精准定位才是爱马仕坚持的营销手段，也就是口碑营销。通过高质量的产品和高水准的服务，爱马仕的顾客感受到品牌的优势进而增加了顾客的忠诚度也实现了口碑营销的效果。爱马仕独特且优秀的营销策略是它长盛不衰的秘密武器。

资料来源：章瓯雁《从爱马仕年题设计解读其独特的营销手段》，《丝绸》2013年第2期；朱宇亮、杨以雄《奢侈品品牌管理与营销案例分析——以爱马仕为例》，《美与时代》（城市版）2015年第10期。

案例思考：爱马仕的战略营销执行的关键在哪里？

战略营销实训

实训项目1：有学者指出，营销团队是保证战略营销执行的关键，但另一部分学者认为战略营销执行关键在人，个人是营销战略能够落地的关键。查阅资料并结合实际辨析：

正方：营销团队是保障战略营销执行的关键

反方：个人是营销战略能够落地的关键

实训项目2：战略营销审计在现代营销管理工作中的地位越来越重要。查阅资料，分析一个企业的营销战略，从战略营销审计角度分析其营销绩效，提出改进方案。

实训项目3：请结合本章补充资料谈谈你对战略营销执行的看法。

第 13 章 市场导向营销战略

本章要点

市场导向概念强调企业战略营销观念的执行、企业对于顾客和竞争对手的关注以及市场营销部门对于营销资源和能力协同的战略重要性,是建构在企业长期形成的以关注顾客和竞争对手为导向的文化和市场导向行为的战略思维基础上的营销理念。市场导向战略是基于市场导向理念形成的战略营销规划和行动。市场导向战略是一种管理过程,其任务是通过关注顾客以满足顾客的需求,建立竞争标杆以弥合差距;整合营销资源和能力,以获得目标利润和成长。

关键术语

市场导向 Market Orientation
市场驱动 Market Driven
驱动市场 Drive the Market
市场导向战略 Market Oriented Strategy
市场导向战略分析工具 Market Oriented Strategy Analysis Tool
市场导向战略分析要素 Elements of Market Oriented Strategy Analysis

学习目标

核心知识：了解并掌握市场导向的含义与区别
　　　　　　了解并掌握市场导向战略的内涵及特点
　　　　　　了解并掌握市场导向战略分析工具
核心能力：能够应用市场导向战略分析企业营销战略并能够在企业实践中应用
课程思政目标：从中国企业的市场实践理解构建全国统一大市场的战略营销的含义

引导案例

最佳战略营销实践：京东的战略营销规划

京东是中国的综合网络零售商。自成立以来京东凭借有效的战略营销规划逐步成为中国电子商务领域受消费者欢迎和具有影响力的电子商务网站之一。

自成立以来，京东面对中国快速发展的网络购物市场，首先瞄准计算机、通信、消费类电子产品的主流消费人群，销售 3C 数码、家电图书、百货、机票等产品，主要以 20~35 岁的人群为对象，由此，公司明确了市场定位：锁定公司白领、公务人员、在校大学生和其他网络爱好者。

京东商城的经营模式是提供网上购物系统、容管理系统/新闻管理系统、产品展示系统、信息/商品检索系统、会员注册系统、留言反馈系统，创造了种类繁多的商品展示空间，消费者查询、购物都将不受时间和地域的限制。在经营过程中创造了成本低、购物方便、资金雄厚、经营模式独特、客户服务优质等优势，依托多年打造的庞大物流体系，消费者充分享受到"足不出户，坐享其成"的便捷。

京东商城突出为顾客提供更加丰富多样的产品，是中国最大的自营式电商企业，计算机、手机及其他数码产品、家电、汽车配件、服装与鞋类、奢侈品、家居与家庭用品等一应俱全，实现了顾客一站式购物的便利。在产品价格策略方面，京东价格制定从不参考同行价格，而是在商品的采购价的基础上，加上 5% 的毛利，即为京东的价格。这个价格要比 3C 实体渠道之王的国美、苏宁便宜 10%~20%，比厂商零售指导价便宜 10%~30%。在特色服务方面，京东提供全场免运费、GIS 包裹实时跟踪系统、手机客户端应用、211 限时达、7×24 小时客服电话、售后 100 分、500 万元"先行赔付保证金、全国范围上门取件"等服务，如特色上门服务包括上门装机服务、电脑故障诊断服务、家电清洗服务等。这不仅可以使消费者在京东商城买到物美价廉的商品，还能够获得更多贴心服务，安享舒适生活。此举成为探索 B2C 增值服务领域的重要突破，也是商品多元化的又一体现。自 2009 年开始，京东商城开始自建物流体系，在中心城市建立了城市配送站，最终，配送站将覆盖全国 200 座城市，均由自建快递公司提供物流配送、货到付款、移动 POS 刷卡、上门取换件等服务，极大地提高了物流配送速度，服务质量得以全面提升。

京东集团定位于"以供应链为基础的技术与服务企业"，目前业务已涉及零售、科技、物流、健康、保险、产发和海外等领域。作为同时具备实体企业基因和属性、拥有数字技术和能力的新型实体企业，京东在各项实体业务上全面推进，并以扎实、创新的新型实体企业发展经验助力实体经济高质量发展，筑就持续增长力。

资料来源：京东官网；刘向东、何明钦、米壮《全渠道零售系统：基于中国的实践》，《北京工商大学学报》（社会科学版）2021 年第 3 期。

第13章 市场导向营销战略

《孙子兵法·势篇》记载："凡战者，以正合，以奇胜。故善出奇者，无穷如天地，不竭如江海。终而复始，日月是也。死而更生，四时是也。声不过五，五声之变，不可胜听也；色不过五，五色之变，不可胜观也；味不过五，五味之变，不可胜尝也；战势不过奇正，奇正之变，不可胜穷也。奇正相生，如循环之无端，孰能穷之哉！"[①] 这道出了军事战略面对纷繁复杂的变迁的精髓。如今中国经济表现出强劲增长，中国已经成为世界第二大经济体。2022年4月，《中共中央 国务院关于加快建设全国统一大市场的意见》发布，建设全国统一大市场是构建新发展格局的基础支撑和内在要求。加快建立全国统一的市场制度规则，打破地方保护和市场分割，打通制约经济循环的关键堵点，促进商品要素资源在更大范围内畅通流动，加快建设高效规范、公平竞争、充分开放的全国统一大市场，全面推动中国市场由大到强转变，为建设高标准市场体系、构建高水平社会主义市场经济体制提供坚强支撑。加快建设全国统一大市场的主要目标是持续推动国内市场高效畅通和规模拓展，加快营造稳定公平、透明可预期的营商环境，进一步降低市场交易成本，促进科技创新和产业升级，培育参与国际竞争合作新优势。在这样的背景下，买方市场的确立，收入水平的提高，使人们的消费观念、价值导向、行为方式等方面发生了重大变化，消费需求呈现个性化、品牌化、休闲化和知识化等新的特征和态势。消费者不仅要求企业满足其现实需求，还要求企业满足其尚未认识到的潜在需求。现代科学技术的飞速发展也为满足消费者的潜在需求提供基础条件。满足消费者的现实和潜在的需要、提升顾客价值、提高企业营销竞争力都成为战略营销需要考虑的问题。因此，构建基于市场导向的营销战略对企业发展具有非常重要的意义。

第1节 市场导向战略内涵与演变

一 市场导向战略的内涵与特点

市场导向理论产生于20世纪90年代，已被学术界和企业界公认为是企业必须遵循的行为准则，也是综合顾客导向和竞争导向而形成的战略营销理念。培育市场导向是获取和维持竞争优势、改善组织绩效、提高顾客价值的有效途径。

（一）市场导向

相对于顾客导向战略来说，市场导向不仅注重当前顾客所表现出来的需求，还注重当前顾客没有表现出来的需求以及那些自己还没有服务到的顾客群体。在战略

[①] 孙武：《孙子兵法·势篇》，陈曦译注，中华书局，2022。

营销实战中，市场导向战略以现有的服务领域为基础，更加注重那些自己还没有服务到的市场。没有服务到的市场代表了一种潜力和未来。因此，新产品和那些还没有服务到的市场是市场导向战略的着眼点。同时，市场导向战略相对于竞争导向战略来说不仅关注来自竞争对手的竞争情报，来自顾客、供应商、市场新加入者、替代品企业的竞争情报也是其研究的重要内容，这样企业就可以在整合自身的战略营销资源和能力的基础上从容应对竞争对手的挑战和威胁，并提出有针对性的营销战略来提升顾客的价值。由此，市场导向是指企业基于顾客和竞争情报，协同营销资源和能力以获取市场绩效为目标的战略营销方向。市场导向包括四个特征：关注顾客、关注竞争对手、协同市场营销资源和能力、市场绩效。市场导向概念强调企业战略营销观念的执行、企业对于顾客和竞争对手的关注以及市场营销部门对于营销资源和能力协同的战略重要性，是建构在企业长期形成的以关注顾客和竞争对手为导向的文化和市场导向行为的战略思维基础上的营销理念。

（二）市场导向战略

市场导向战略是基于市场导向理念形成的战略营销规划和行动。市场导向战略是一种管理过程，其任务是通过关注顾客来满足顾客的需求，建立竞争标杆以弥合差距；整合营销资源和能力，以获得目标利润和成长。因此，市场导向战略具有以下三个特点。

1. 关注顾客，持续创新，满足顾客需求

市场导向战略的价值就体现在创造顾客价值上。顾客价值包括产品价值、服务价值、形象价值、人员价值。要提高相应的顾客价值，企业就必须推进市场导向的创新。

首先是产品、服务的创新。产品、服务作为满足顾客需求和实现企业目标的基本手段，产品的变化既反映了市场变化，同时产品创新也会引起市场变化，甚至导致一个新市场的出现。市场导向的产品、服务创新包括功能创新、质量创新、设计创新、品牌创新、产品服务创新和价格创新等许多方面，是建立在顾客需求的基础上，注重主动性和预见性，即对产品要素和属性的改变要走到顾客需求前面，依靠技术优势，强化品牌，使顾客认同和接受新产品，并控制竞争格局。瑞士手表生产商SMH公司在日本企业生产的廉价石英手表冲击国际手表市场时，没有与日本企业短兵相接，争夺传统的手表市场，而是潜心探索，将手表设计制作成表现情感的装饰品，生产出一款款漂亮而又便宜的Swatch手表，创造了一个空间广阔的新市场——Swatch手表成为人们表现情感和时尚的道具。

其次是营销模式的创新。企业通过改变目标市场、市场定位、市场组织结构、分销渠道、沟通与促销等，来改变现有市场状况及特征，开辟相应的新市场或主动影响市场，促进市场向有利于企业产品价值实现的方向转化。市场导向的创新促进了顾客总价值的提升，从而有效地实现了战略营销目标。美国西南航空公司是个典型例子。在传统的思想中，民航公司与汽车客运公司属于不同的行业，服务价格与利益不同，吸引的顾客群也不同。因此，尽管各民航公司竞争激烈，但谁也没去想如何争取乘汽车的旅客。西南航空公司认真分析顾客的购买决策过程，发现顾客经常在几种旅行方式之间进行比较选择，如果能提供与汽车一样廉价的民航服务，不仅可以吸引一部分原来就乘飞机旅行的旅客，还可以吸引更多原来乘汽车的旅客，在民航业与公路客运业之间找到自己的生存空间。西南航空公司通过业务活动的创新，实现了这种消费价值组合，打破了航空客运业和公路运输业之间的界限，在传统行业划分的边缘地带找到了自己的市场。

2. 关注竞争对手，建立竞争标杆，缩小差距

立足于竞争大背景下的战略营销首先研究的对象就是竞争对手，提出企业唯一的可持续竞争优势是比竞争对手更快的学习能力。市场导向战略的制定和操作隐含了对现有组织框架进行内部改善的适应性学习，也即通过建立竞争标杆、寻找差距，通过学习弥补差距。学习、适应、创新、超越是市场导向战略的重要思路。

美孚石油就是一个典型案例。1992年美孚石油询问了服务站的4000位顾客什么对他们是重要的，结果得到了一个令人震惊的结果：仅有20%的被调查者认为价格是最重要的，80%的被调查者想要能提供帮助的友好员工、快捷的服务和对他们的消费忠诚予以认可。公司立即组建了由不同部门人员组成的3个团队，分别以速度（经营）、微笑（客户服务）、安抚（顾客忠诚度）命名，以通过对最佳实践进行研究作为公司的标杆，努力使客户体会到加油也是愉快的体验。速度小组找到了Penske，仔细观察了Penske如何为通过快速通道的赛车加油，身着统一的制服的Penske员工分工细致，配合默契。速度小组还了解到，Penske的成功部分归于电子头套耳机的使用，每个小组成员能及时地与同事联系。微笑小组考察了卡尔顿宾馆的各个服务环节，以找出该宾馆是如何获得不同寻常的顾客满意度的。微笑小组发现卡尔顿宾馆的员工都深深地铭记自己的使命就是照顾客人，使客人舒适。微笑小组认为美孚石油同样可以通过各种培训，建立员工导向的价值观，来实现自己的目标。安抚小组到家居仓储店去查明该店为何有如此多的回头客。在这里他们了解到公司中最重要的人是直接与客户打交道的人。没有致力于工作的员工就不可能得到终身客户。这意味着企业要把时间和精力投入到如何招聘和训练员工上来。而在美孚石油，那些销售公司产品、与客户打交道的一线员工在传统意义上被认为是公司里最无足轻重的人。安抚小组的调查改变了公司的观念，使领导者认为自己的角色就是支持一线员工，让他们把出色的服务和微笑传递给客户和公司。由此，美孚石油形成了新的加油站概念——"友好服务"。其在佛罗里达的80个服务站开展了这一试验：顾客一到加油站，迎接他的是服务员真诚的微笑与问候，所有服务员都穿

着整洁的制服，配有电子头套耳机，以便能及时地将顾客的需求传递到便利店的出纳那里。希望得到快速服务的顾客可以开进站外的特设通道中，只需要几分钟，就可以完成洗车和收费的全部流程。"友好服务"的初期回报是令人振奋的，加油站的平均年收入增长了10%。美孚石油由总部人员和一线人员组成了SWAT实施团队，构建和测试维持友好服务的系统，全面提高了营销效率。

3. 整合战略营销资源和能力，形成协同优势

每个企业都拥有一定规模的战略营销资源，也在长期的营销过程中培育了战略营销能力和执行能力，如何将这些资源和能力整合到一起发挥最大的作用，是市场导向战略需要思考的重要问题。

戴尔电脑公司是整合外部战略营销资源的典范。在戴尔电脑公司发展起来以前，个人电脑的销售主要采用两种形式：一种是大型电脑公司销售的个人电脑，这种电脑质量有保证、售后服务好，但售价高、不太符合用户的个别需要；另一种是配件经营商根据用户自选的配件组装的或用户自己组装的个人电脑，这种电脑定制化程度高、价格便宜，但质量不易保证、售后服务不足。戴尔电脑公司发现了两个战略集团在消费价值上的缺陷，大胆进行直接销售的探索，摸索出简捷的一对一直接订购方式，向顾客直接销售顾客定制的个人电脑，同时成功地建立了快速灵活的生产系统作为支持。新的直销方式能够为顾客提供更多的利益，同时，该公司的渠道和生产体系变革也降低了成本，公司又适当降低售价，将创新活动创造的一部分效益转让给顾客，大幅提高了顾客的消费价值。

蒙牛以市场为导向整合战略营销资源同样获得了营销竞争力。[①] 1999年创立的蒙牛在当时名列中国乳业的第1116位，注册资金1380万元，作为一个没工厂、没市场、没品牌的"新星"，蒙牛没有按照一般企业的思路，首先建厂房、进设备、生产产品，然后打广告宣传，获取知名度和市场。因为采用这种方式，这点创业资金连建厂房、买设备都不够，哪还有钱去开拓市场，于是负责人牛根生提出逆向经营的思路："先建市场，再建工厂。"牛根生把有限的资金集中用于市场的营销推广，先建品牌，打市场，使得品牌迅速深入人心，有了一定的张力后，牛根生就与中国营养学会联合开发了系列新产品，然后通过合作的方式把全国的工厂变成自己的加工车间。典型的例子是当牛根生了解到拥有中国最大奶源生产基地的黑龙江省有一家美国独资企业，因经营管理不善，效益很差时，他就带了7个精兵强将去把这个企业托管了。"蒙牛"牌第一年2000万元牛奶的销售额就全是由这个企业完成的。蒙牛这种运作成功了，在短短的两三个月的时间内，牛根生盘活了企业外部7.8亿元的资产，完成了一般企业几年才能完成的扩张。蒙牛整合了大量的社会资

---

① 《看蒙牛整合营销》，第一营销网，https://www.cmmo.cn/b/85073/29254.html，最后访问日期：2008年10月9日。

源。参与公司原料、产品运输的运货车、奶罐车、冷藏车,为公司收购原奶的奶站及配套设施,以及员工宿舍均由社会投资完成。有人开玩笑说,蒙牛只问奶的事,不问车的事。个体车主买来运奶车,刷上蒙牛的统一标识,与蒙牛签订运奶合同。蒙牛自己只投入品牌、技术、配方,采用托管、承包、租赁、委托生产等形式,将所有产品都打上"蒙牛"品牌。这样,既投资少、见效快,又可创造出自己的品牌。以该种方式,蒙牛可以在全国发现和利用资源,有效地分工合作,把蒙牛变成一个近似液态的公司,有品牌、有技术、有人才就是没厂房、没固定资产。液态公司的好处是在动态中整合社会资源为我所用,通过无形资产的衍化使之快速发挥潜力,形成强劲的市场竞争力。

二 市场导向战略的演变

实证研究表明,市场导向通常能够提高企业的整体绩效,但若把绩效细分为财务绩效和市场绩效,市场导向与它们的关系就显得并不清楚和明确。学者们对导致这一模糊结论的原因提出了两种推测:一种是企业的市场行为很可能受到其运营环境的影响;另一种是市场导向内涵和类型的不同很可能会影响市场导向对企业的作用。为了进一步厘清它们之间的关系,有学者通过案例研究指出,市场导向本身是由市场驱动导向和驱动市场导向这两种不同而又互补的导向组成的,为了获得短期成功和维持长期生存,企业必须同时开展市场驱动导向和驱动市场导向活动。[①] 由此,在战略营销管理中,以市场为导向的战略可以分为两种:市场驱动战略和驱动市场战略。

(一) 市场驱动战略

从市场驱动到驱动市场这本身就是一个认识市场、分析市场到驾驭市场的过程。市场驱动理念认为消费者能够清楚地表达自身的需要。因此,企业只要深入调研消费者需要和为界定明确的细分市场提供差异化产品或服务就能取得成功。企业相应的措施就是通过市场调研,明确消费者需要,寻找目标市场,并以适当的产品来满足这种市场需要。许多在市场中已经很成功的企业就是坚持市场驱动的理念。宝洁公司坚持做市场调研掌握了消费者特点,从而做出正确的市场细分来满足消费者需要。

但是,从消费者市场来看,市场是变化的,大量的潜在需要尚未被满足,消费者也不可能对所购买的东西了如指掌,周围的社会、文化、营销环境都对他们产生重要影响。如果企业被动地去适应,就只能被消费者多变的个性牵着鼻子走。因此,市场驱动导向是一种被动型导向,它关注当前市场,是企业对主导型市场结构中现

---

① 刘石兰:《市场导向的类型及其影响研究》,《外国经济与管理》2007年第9期。

有顾客的需求和行为以及现有竞争对手的战略和行为进行理解，并做出反应的行为方式。当企业对市场的认知逐步增强的时候，企业需要的不仅是了解市场、分析市场、适应市场，还应该逐渐去驾驭市场，通过营销创新引导消费者的需求和偏好，企业通过洞察潜在的、成长的消费者需求，为消费者提供全新的商品价值，由此淘汰与之相竞争企业的商品。他们通过重写游戏规则，从而革命性地改变竞争格局，我们称之为驱动市场导向。这是一种主动型导向，它关注未来市场，是企业超越当前主导型市场结构的束缚，对未来潜在的顾客需求和行为以及竞争对手战略和行为进行预测，并试图通过事先参与来对其进行影响和引导的一种行为方式。

（二）驱动市场战略

营销战略是指导企业竞争的基本逻辑，本身负有长期使命，指导着更多、更实际的营销竞争活动。基于不同导向的营销战略的出发点是不同的，最终的决策也不同。因此，在战略营销管理中，驱动市场战略是指企业通过影响产品、市场和行业层面的价值创造过程而促使市场的结构改变的营销战略，通常包括营销资源、营销能力、营销竞争情报、营销战略执行等战略要素及据此提出的基本的决策，其特点包括以下几个方面。

（1）驱动市场战略为企业重新设定行业的市场细分，通过全新的市场定位获得竞争优势。传统的市场驱动战略目标就是通过市场调研，企业进行战略上的决策，从而寻找到市场份额和竞争优势。驱动市场战略的发展取决于对市场的洞察力而非传统的市场调研，在战略营销中，驱动市场战略推动企业在满足顾客现实需求的同时，进一步发现顾客的潜在需求，通过创造新的需求点来实现顾客价值的创造。

（2）驱动市场战略就是整合战略营销资源的过程。企业是一个资源的集合体，每种资源都有多种不同的用途。战略营销资源的整合程度是决定营销水平的关键。驱动市场战略以市场为导向，通过对原有的战略营销资源的重构和整合，创造性利用战略营销资源实现营销的创新，例如培育市场导向的企业文化、加强组织职能的协调、设计独特的组织结构和激励机制促进组织变革等，以更有效的资源整合实现战略营销的目标。

（3）驱动市场战略是培育企业战略营销能力的过程。能力不只是资源集合或资源束，能力更是人与人之间、人与资源之间相互协调的复杂模式。从一定意义上说，企业的资源可以从市场中获得，能力只能在企业内部培育，但是能力可以影响企业从而使企业获得资源储备，如营销能力的获得依赖于在执行营销任务过程中获得的经验积累。战略营销资源的获得依赖于企业能力。驱动市场战略就是培育战略营销能力的过程。战略营销能力的培育只有在市场重构与破坏中获得。驱动市场战略从产品、行业和市场三个层面驱动市场。从产品角度来看，驱动市场战略通过发现潜在的顾客需要，主动为产品创造需求，而不是等待顾客提供现实需求的反馈，从而实现了产品创新，培养了企业的产品创新能力；从行业角度来说，驱动市场战略通过改变关键的行业参与者的结构和行为达到驱动市场的目的，从而培育了企业的市场运营能力；从市场角度来说，其通过重新划分行业细分市场、努力实现个性化等战略来驱动市场。七喜汽水的"非可乐"定位重新划分了原有的细分市场，达到了破坏原有市场格局、实现顾客价值提升的目的；宁夏红通过健康果酒的个性化定位实现了市场超越，这些企业都在破坏和重构中培育了自身的市场运营能力。

（三）市场驱动与驱动市场的区别与联系

建立在市场导向基础上的战略营销管理是奠基于交易营销理论和关系营销理论的全新的营销管理范式，在技术不断升级、消费偏好多变以及信息和知识成为创造财富来源的时代，企业必须围绕"创造顾客价值，提高营销竞争力"这一中心问题进行决策与活动。因此，企业必须整合营销资源和能力，打破原有的营销竞争规则，实现营销创新，包括在为顾客提供的价值上实现创新、在企业运行上创新并执行独特的营运模式。只有这样，企业才能以不同的方式来认识市场和参与竞争，通过洞察深层的、潜在的、成长的顾客需求，去创造新的市场；通过重写游戏规则，从而革命性地改变行业结构和竞争格局。研究和实践表明，驱动市场战略是提高营销竞争力、获得竞争优势的最佳选择。市场驱动战略与驱动市场战略的区别与联系如表13-1所示。

表13-1 市场驱动战略与驱动市场战略的区别与联系

序号	区别标准	市场驱动战略	驱动市场战略
1	整体市场战略	差异化营销	革命性营销
2	细分市场策略	按常规变量细分	颠覆现有细分
3	市场调研	看重对现有市场的认识	看重对未来市场的把握
4	价格管理	以顾客感知为主	形成新的价格参考点
5	促销管理	突出产品形象	强化顾客教育
6	渠道管理	以渠道去适应产品和市场	重构渠道系统
7	品牌管理	以大量的媒介广告投入来奠定品牌的资产价值	多利用媒介炒作和口头传播
8	产品开发	渐进积累式	激进革命式

资料来源：吴丰《论企业市场战略转型——从市场驱动到驱动市场》，《财贸经济》2001年第4期。

显然，市场导向战略要发挥独有的作用、适应现代竞争环境，就必须将市场驱动和驱动市场两种导向作为互补，市场驱动的行为与组织学习、理解和响应市场的能力有关，而驱动市场的行为则与组织改变市场的能力有关。驱动市场战略向市场提供更好的产品和服务，以获取可持续的竞争优势。

第2节　市场导向营销战略分析工具

一　市场导向战略营销要素

在市场驱动和驱动市场两种互补战略的配合下，市场导向战略充分适应市场，依靠市场洞察力来发现那些潜在的、未满足的顾客需求，并不断创新，实现了超越。在战略营销过程中，市场导向战略的目的是在战略营销情报的基础上，有效配置和协调战略营销资源、提升战略营销能力和执行力，从而实现创造顾客价值和提升营销竞争力的目标。因此，其要素包括以下几个方面。

（一）战略营销情报

战略营销情报在市场导向战略中的应用包括以下三个方面。一是消费者情报。消费者的消费观念的改变、知识水平和鉴别力的提高，使中国的消费者变得更为理性，他们需要在任何地方、任何时候都能买到想要的东西，而且价格必须便宜。这也就是说，随着市场竞争的加剧，消费者的讨价还价能力提高了。这使企业促销难度提高了，相形之下带来了竞争压力。很显然，一个企业制定营销战略首先就应该研究消费者，研究消费者的购买力、购买偏好。

二是供应者情报。买方市场在一定程度上限制了供应者的砍价能力，但是市场中供应者实力与买方实力是此消彼长的。通常，供应商会在以下情况中表现出比较强的砍价能力：第一，当供应者集中化的程度比买方企业高时，供应者能在价格、质量及交货期上施加相当大的影响；第二，供应者的产品是买方业务的主要的投入品；第三，供应者产品的替代品较少；等等。砍价能力是企业竞争优势的体现，企业只有了解供应者的情况，才能在与供应者交易过程中获得较强的砍价能力，形成优势。因此，获取供应者情报可以使企业了解供应商的状况，提前做好竞争战略安排，提高企业自身的竞争地位。

三是竞争对手情报。在当前的竞争市场上存在众多势均力敌的竞争对手和潜在的竞争对手。缓慢的产业增长对于那些寻求扩张的公司而言，竞争的内容就成了一场争夺市场份额的竞赛，这时的市场份额竞争要比在快速增长的产业中活跃得多，因为在产业快速增长时，公司只要保持与产业同步增长就可获益。一个市场如果存在高额利润或战略利益，那么它一定会吸引众多竞争对手参与进来。同时，潜在的竞争对手是市场中重要的威胁来源。当然，分析潜在竞争者自然就要分析其对产业的威胁程度。竞争对手情报将会对威胁因素进行重点分析，如规模经济、产品差异优势、资金需求、转换成本等。企业在制定市场导向战略时应充分考虑现有的和潜在的竞争对手的影响，在战略上保持竞争优势。

（二）战略营销资源

战略营销资源包括内部战略营销资源和外部战略营销资源。内部战略营销资源包括营销管理制度分析、营销组织机构分析等。对营销管理制度的分析就是要研究企业的营销管理制度的基本情况，是否建立了有效的客户管理制度？营销目标如何确定？区域营销如何管理？经销商如何管理？物流和货款如何管理？是否建立起有效的营销人员管理制度？是否建立起营销人员的营业守则？是否建立起一套有效的绩效管理及薪酬分配方案？是否建立起一套行之有效的营销人员培训制度？组织设计是创造和保持核心能力的一条有效途径。企业的营销组织在市场营销中发挥着重要作用，但是当一个组织在竞争市场上对顾客反应不再灵敏，成为企业营销发展的障碍时，那么这对企业培育战略营销能力是不利的。组织机构分析和关注：营销组织能否有效地配置营销资源？也就是说，在培育营销能力的时候，需要关注这些问题：组织能否作为企业营销能力的载体？组织的营销业务流程能否有效地为顾客服务？外部的营销环境资源包括渠道资源分析和客户资源分析。制定营销战略的目的就是能够获得更多的客户，留住更多的忠诚客户，从而实现营销业绩的提升。客户资源分析主要包括识别哪些是企业的现有客户、哪些是企业的潜在客户，以及分析企业的忠诚客户的状况、企业的客户关系管理状况等。

（三）战略营销能力

一个企业就是由一系列的活动组成的体系，而不是个别产品或服务的简单组合。对于企业营销来说，就是由一系列的营销活动组成的组织体系。组织这些营销活动的主要目的是促进产品销售，使企业营销更具有营销竞争力。一个企业具有营销能力的关键就是使这些营销活动具有价值，适应市场竞争形势的需要。娃哈哈的品牌运动、广告营销活动、网络营销活动使娃哈哈拓展了市场，成为中国饮料市场的领先者。

从营销技能角度来分析企业是否具备营销能力对企业来说最容易接受和掌握。大多数企业的营销竞争优势来自出众的营销技能，如营销部门生产的更适合市场需求的产品、定价技巧、营销人员做渠道的能力、专业的营销知识、营销团队的组织水平、营销人员的个人能力等。这些营销技能构成企业的营销能力的基础。通常来说，一个营销单位只有具备关键的业务技能才能使企业具备一定的营销能力。所以，企业通常可以通过界定营销技能是不是关键的技能来识别和培育营销能力，从而获得营销优势。

（四）战略营销执行

战略的制定还要依赖于企业的战略营销执行能力。战略和执行在某一战略层次里是紧密关联的。

二 市场导向战略要素分析框架

显然，从创造价值的角度来说，不是每个因素都能发挥作用，那些人们认为理所当然的因素在战略制定和执行过程中却显得无关紧要。因此，深入分析上述战略要素对构建市场导向战略模式至关重要。

判断一个战略要素对市场导向战略的重要性主要从以下几个方面。

1. 哪些战略要素被视为关键元素，需要增加投入？
2. 哪些战略要素可有可无，应该减少投入？
3. 哪些战略要素对营销战略是无用的，可以被剔除？
4. 哪些战略要素缺乏，需要被创造？

由此，我们建立了一个分析框架来进行研究，如图13-1所示。

增加 营销战略关键要素	减少 对营销战略可有可无的要素
剔除 无用的营销战略要素	创造 企业缺乏的战略要素

图 13-1 市场导向战略要素分析框架

在市场导向战略实践中，企业要创造顾客价值，提升企业的营销竞争力，就必须做到依靠关键战略要素、剔除和减少对营销战略无用的或可有可无的战略元素，保证企业以相对于竞争对手低的营销成本获取竞争优势。创造企业缺乏的战略要素就是帮助企业发现顾客价值的全新源泉，以创造新的顾客需求，改变企业的战略地位。市场导向战略要素分析框架的价值主要表现在以下几个方面。

一是市场导向战略要素分析框架促使企业在获取差异化、增加顾客价值的同时，保持与营销成本的平衡。

二是市场导向战略要素分析框架促使企业严格分析每一种战略要素，考量战略要素对营销战略制定的价值，以决定是增加和创造企业战略要素还是减少和剔除无用的战略要素。

三是市场导向战略要素分析框架使企业通过清除无关紧要的战略要素而明确战略方向，通过增加和创造关键战略要素获取营销竞争力。

四是企业在制定营销战略之前通过市场导向战略要素分析框架能够清晰地理解战略意图、战略方向，从而有利于战略执行。

市场导向战略要素分析框架为企业制定营销战略提供了重要的思路。我们以

"宁夏红"为例来说明这个问题。

枸杞是宁夏的特色资源，它的种植历史、生长特性都体现了宁夏的地方特色，以其独特的药用和食用价值享誉中外。但由于受地方传统思想以及一些客观因素的影响，枸杞这一资源优势并没有被充分开发利用，只是简单地停留在以卖原料为主的原始加工状态，没有成熟的、高附加值的专业深加工产品，更没有著名的品牌。如何利用有限的资源创造无限的价值，形成产业链条，打造品牌效应，这是宁夏红发展枸杞产业的营销战略出发点。

如何将喝白酒、葡萄酒以及追求保健的消费者聚集在一起，这成为宁夏香山集团（以下简称"香山集团"）需要考虑的重点。于是香山集团实施了市场导向战略分析框架，从而开启了一个全新的市场空间，在全国市场上打造了"宁夏红"枸杞果酒的品类概念和良好市场形象。

增加关键战略要素，创造企业缺乏的战略要素是市场导向战略的前提。香山集团琢磨着如何把白酒与枸杞结合，在利用自身优势的基础上把枸杞的价值发挥出来。但是白酒和枸杞的组合仅仅停留在几百年流传下来的"泡"的组合上，无法在产品层面进行推广。宁夏红并没有复制其他企业的品牌建设道路，而是以地方优势、资源优势的战略高度为起点，进行品牌创新。宁夏红联手国内权威的科研机构，利用现代科技对枸杞加以萃取精炼，率先利用枸杞鲜果低温发酵技术，打破了千百年来人们以枸杞浸泡酒的传统制造方式，使枸杞有效成分的吸收率由10%提升至90%，有效地提升了产品的科技含量。宁夏红枸杞果酒通过精选、清洗、低温发酵精酿等数十道工序，创新了枸杞产业。

宁夏红将产品定位为"健康果酒"，从而避开了"健康保健酒"的定位。"果酒"具有纯天然、绿色的认知，人们对其认识是温和健身，香山集团决定推出自己独创的枸杞酒产品，起名"宁夏红"。"宁夏红"定位于追求身体健康的中年人群，主打保健牌，并用"宁夏枸杞、鲜果酿造、工艺独特"等卖点来吸引消费者。过去产业对酒的分类是白酒、啤酒和果酒等几大类，而宁夏红提出了新"健康果酒"的概念，从而开辟出一个全新的领域。

减少和剔除对企业无用的或可有可无的战略元素是保持战略平衡的关键。对于大多数消费者来说，面对琳琅满目的酒品市场，如何选择一直是一个问题。如何让消费者简单直接地认出你的产品并购买就是重要的问题。于是，宁夏红打破一般保健酒的瓶型设计，推出了扁形的瓶装酒。同时，其将积淀了千百年的枸杞药食文化和中国红文化完美结合，创新了宁夏红文化，在推广的过程中把枸杞的颜色想象、中国的"红"文化和宁夏的地域特色结合起来，大打"红"品牌。醒目的颜色、特别的扁瓶、传统装束的女性代言人、"健康果酒"的核心概念，使宁夏红在消费者心目中建立了枸杞果酒的品类标准。

第 3 节 市场导向营销战略规划

许多企业的营销战略往往不能获得有效的市场效果，这时，我们就要分析企业制定战略的依据是什么？企业为什么要制定战略？是否真正考虑了顾客的需求和变化，考虑了竞争对手的战略与市场策略？企业的战略措施如何？作业规划如何？也就是说，营销战略规划的执行是否按照一定的程序，从而保证决策的科学性和有效性？

一　市场导向营销战略规划流程

（一）构筑市场导向的企业愿景

在市场导向改革之初，企业的首要任务在于创造一种以市场为导向的组织的愿景，来描述组织理想的未来状态。这一愿景陈述应当以一种有吸引力和易于沟通的方式呈现给领导层。此外，愿景还应该描述组织想为其目标顾客提供的独特价值以及为了产生这种价值所需要的过程和行为。这为市场导向战略进一步的制定和实施提供了重要参考。

（二）进行营销战略要素分析

（1）营销市场的特性分析。

（2）企业的宏观营销环境分析。从政治、经济、法律、人口、科学技术、社会文化和自然生态等方面分析，这些环境因素对企业营销起着间接影响作用。

（3）企业的五种竞争作用力状况分析。分别从进入威胁、替代威胁、买方谈判能力、供方谈判能力以及现有竞争对手的竞争五方面进行分析。

（4）战略营销情报、战略营销资源、战略营销能力、战略营销执行状况分析。

（5）建立市场导向战略要素分析框架。

（三）确定战略意图以及战略措施

（1）确定企业战略意图。战略意图意味着企业要有深远的奋力拼搏的眼光。战略意图代表着企业在未来希望取得的竞争地位，代表着企业未来的发展方向。战略意图应该是与众不同的，它是企业对未来具有的看法。首先，战略意图具有一定的方向感；其次，战略意图具有一种探索感；最后，战略意图具有一种使命感，员工们从内心把它看作值得追求的目标。方向感、探索感、使命感这三者正是战略意图的特征，每个企业的最终奋斗目标应该是在竞争市场中建立全新的竞争优势，包括企业在未来所具备的核心能力和核心产品。具有个性化战略的企业应该在方向感、使命感、探索感中找到自己的战略意图，进而确定企业的战略计划。

（2）确定企业的目标市场。

（3）分析产品对目标市场的冲击力。

（4）对目标市场中竞争对手进行全面分析。这包括分析竞争对手的战略规划、竞争对手的营销战术及其采取了哪些相关营销策略。

（5）分析目标市场的机会、威胁、优势和劣势情况。

（6）针对目标市场的特点确定战略目标。

（7）确定企业的营销战略措施。

（8）对企业营销战略措施进行分析和评价。

（四）确定营销战略发展框架

企业制定战略是为了应付未来的竞争局面，所以企业需要准确预测未来市场，把握商机。企业不仅需要制订年度发展计划，还需要提供发展蓝图的战略设计，这个蓝图便是营销战略发展框架。营销战略发展框架是以战略意图为核心的未来企业发展的战略设计。它能够解决企业如何获得商机，如何获得未来的竞争优势，怎样发展企业核心能力和核心产品，如何使企业获得产业领先地位，如何贯彻企业的战略意图，如何变革组织体系以适应未来市场竞争等问题。营销战略发展框架是企业对传统战略计划的一种创新。

（1）分析和建立营销战略组织结构。

（2）界定营销能力及营销资源。

（3）明确企业的营销组织结构的责任。

（五）建立战略营销作业规划

（1）制订有效的营销计划。

（2）确定营销策略。

（3）分析企业在营销执行中面临的问题并提供解决方案。

（六）控制营销方案

（1）确定企业营销战略评估模式。

（2）衡量和监督战略计划。

（3）控制营销战略。

二 市场导向的营销战略规划应用

成立美国西南航空公司（以下简称"西南航空"）是罗林·金和约翰·帕克想出来的。罗林是圣安东尼奥的企业家，拥有一家小型航空公司，从事通勤运输，而帕克则是个银行家。帕克曾经向罗林抱怨：在休斯敦、达拉斯和圣安东尼奥之间的交通很不方便，而且路费高昂。因此，他建议罗林开设一条连接这三个城市的州内航线。1967年3月，在凯莱赫的出资帮助下，罗林筹集到了成立新公司的原始资本。同年 11 月，他们向得克萨斯航空管理委员会（TAC）提出开通航线的申请，次年 2 月获得批准。由此，一家在固定成本极高的行业中成功实施低成本竞争策略的优秀公司崛起了。2002 年 2 月，西南航空市值超过了 157 亿美元，比美国其他所有航空公司市值的总和还高。截至 2003 年底，西南航空已经由 30 多年前的 1 架飞机和 3 条航线，发展为拥有 400 余架飞机，拥有员工近 3.2 万人，年载旅客超过 6500 万人次的美国四大航空公司之一，占据了国内 25% 的市场份额。据报道，在低于 500 英里的短程航线上，西南航空已占有 65% 的市场份额。

在市场化程度极高的美国航空业，要想取得显著的竞争优势必须在充分适应市场的基础上，依靠市场洞察力来发现那些潜在的、未被满足的顾客需求，并不断创新价值，实现超越。西南航空历经 40 多年的发展，深刻领会到其中的意义。

刚刚成立的西南航空还是一家规模较小的航空公司，在庞大的竞争对手面前，如何利用自己的战略营销资源和能力并寻找到有效的营销战略？对于西南航空来说，首先，应分析顾客看重的价值；其次，确定需要投入哪些关键的战略要素。自成立之初，西南航空就宣布要与长途汽车运输争夺客源。他们以高频率、高正点率和快速登机来吸引短程商务旅客。因为对于短程商务旅客来说，频度与正点率对他们来说是最重要的，频度可以保证商务旅客出席会议时做到早出晚归，而且频度越高，市场份额也越大；航班延误对于商务旅客来说就意味着失约或失去顾客；因为低成本公司一般不选择繁忙机场，所以顾客登机时间快。至于其他方面如机上服务，对于经常乘坐飞机的中短程商务旅客来说，就显得不那么重要了（见图 13-2）。

图 13-2　低成本点对点结构航空公司对休闲旅客
及短程商务旅客的吸引

资料来源：王跃《美国西南航空公司的管理分析》，《当代经理人》2005 年第 4 期。

从图 13-2 中我们可以找到西南航空需要加强投入的三个要素：速度、友好的服务、频繁的点对点直航的起飞班次。为突出这三个要素，西南航空比照汽车运输的费用为机票定价，它不在旅行用餐、商务舱候机室和座位选择上做过多的投资，从而降低了成本，突出了重点。

每个企业都有许多种战略要素，但不是每一种战略要素都能发挥效用，因此，在做战略要素分析时应逐步减少那些非关键的战略要素的分析，从而整合资源为营销战略服务。对大多数航空公司来说，提供机上服务是重点，于是有了千篇一律的供餐和商务舱候机室。但是西南航空认为，点对点直航短途运输的旅客在意的是成本、快捷、准点，免费的餐食供应、饮料供应不是主要的。因此，在舱内服务方面，西南航空的飞机上没有免费餐食供应或只供应小食品或饮料，这样可以减少食品采购、运输、保存、装卸的工作量和成本，降低旅客所需承担的运费。

在航空运输中，剔除一些不必要的、非关键的要素，显然可以提高服务效率、减少成本。西南航空根据这一理念，针对公司的战略营销资源和能力状况，在航线选择方面，均为直接的短途运输航线，采用点对点航线经营模式，摈弃长途运输航线；在机场选择方面，通常使用拥塞较少的区域性机场或二线机场，摈弃大型机场或一线机场；在机型选择方面，只使用同一种机型的飞机——波音737，摈弃多种机型的选择；在客舱布局方面，采用单级舱位，摈弃多种舱位选择；在售票系统方面，采用订座中心或网上售票，实施无票旅行，摈弃多种订票方式。

在创造优于竞争对手的顾客价值和打造营销竞争力方面，企业必须坚持差异化的定位，创造那些企业没有的但对顾客和企业营销战略很重要的战略要素。西南航空做到了这一点。首先，西南航空通过建立核心价值，创造出令人信服的宣传口号。相对于竞争对手，西南航空的核心思想就是最大限度地消除浪费，为客户创造价值。由此，其宣传主题（"飞机的速度、驾车旅行的价格——无论你何时需要它"）超越了竞争对手。为保证企业内部实现营销战略目标，西南航空还创造了独特的企业文化。西南航空创造出色业绩的一个关键因素是它在各层员工与工会之间建立并维持了一种绩优关系的组织性能力。这种绩优关系以目标共享、知识共享以及相互尊重为特征。西南航空的战略要素分析框架如图13-3所示。

增加——	减少——
速度	免费餐食供应
友好的服务	商务舱候机室
频繁的点对点直航的起飞班次	
剔除——	创造——
长途运输	独特的宣传主题
大型机场、一线机场	独特的企业文化
多种机型选择	
多种舱位选择、多种订票方式	

图13-3　西南航空的战略要素分析框架

从以上分析来看，西南航空要想在竞争激烈的美国航空市场立足，其市场导向战略应突出差异化和成本领先的战略定位，并建立有效的战略执行保障。

西南航空的成功源于其敢于追求差别化的市场定位，这是世界上唯一一家只提供短航程高频率、低价格、点对点直航的航空公司。在美国相对成熟的航空市场，利润较高的长途航线基本被瓜分完毕，利润较薄的短途航线因单位成本高而无人问津，唯有西南航空审时度势，选择以汽车为竞争对手的短途运输市场，这一别出心裁的战略定位既实现了与其他航空公司的差异化竞争，又开辟了一个巨大的市场。"我们的对手是公路交通，我们要与行驶在公路上的福特车、克莱斯勒车、丰田车、尼桑车展开价格战。我们要把高速公路上的客流搬到天上来。"西南航空的执行官赫伯·凯勒尔这样解释道。起初西南航空只将精力集中于得克萨斯州内的短途航班上，它提供的航班不仅票价低廉，而且班次频率高。短途航班避开了和实力强大的老牌航空公司间的竞争弱势，有助于吸引注重方便、原本应该搭乘提供全套服务班机的顾客；高班次频率突出了与公路汽车相媲美的竞争强势，有利于招揽注重价格、原本应该坐巴士或开车的顾客。

　　航空公司原有的高额固定成本行业特性和"与汽车竞争"的低价竞争定位，促使西南航空致力于对成本的控制。首先，选用型号单一、装修朴实的飞机。西南航空只购买波音737，不搞豪华铺张的内装修，机舱内没有电视和耳机，单一机型能最大限度地提高飞机利用率，因为每个飞行员都可机动驾驶所有飞机。此外，机型全部为节省燃油的波音737，这不单单节约了油费，而且使公司在人员培训、维修保养、零部件购买与库存上均只执行一个标准，大大节省了培训费、维护费，还可以简化管理，并降低培训维修和保养成本。同时，西南航空将飞机大修、保养等非主业业务外包，保持地勤人员少而精。比如，飞机降落后，一般只有4个地勤人员提供飞机检修、加油、物资补给和清洁等工作，人手不够时驾驶员也会从事地勤工作。其次，选择价格低廉、成效卓著的转场。西南航空尽可能选用起降费、停机费较低廉的非枢纽机场，这样不仅直接降低中转费用，而且也能确保飞机快速离港。为了减少飞机在机场的停留时间、增加在空中飞行的时间（也就是挣钱的时间），西南航空采用了一系列保证飞机高离港率的规定：不提供托运行李服务；不指定座位，先到先坐，促使旅客尽快登机；建立自动验票系统，加快验票速度；不提供集中订票服务；等等。这些规定使得西南航空70%的飞机滞留机场的时间只有15分钟，而其他航空公司的客机需要一两个小时。对于短途航运而言，这节约下的一两个小时就意味着多飞了一个来回。最后，提供化繁为简、顾客满意的服务。选择低价格服务的顾客一般比较节俭，于是公司在保证旅客最主要满意度的基础上，尽可能将服务项目化繁为简，降低服务成本。比如，飞机上不提供正餐服务，只提供花生与饮料。一般航空公司的空姐都询问"您需要来点儿什么，果汁、茶、咖啡还是矿泉水？"，而西南航空的空姐则问"您渴吗？"只有当乘客回答"渴"时才会提供普通的水。更甚之，西南航空直接将饮料和食品放在登机口并让旅客自取，以使西南航空能保持86∶1的机服比例，而美国其他航空公司则平均为126∶1，甚至更高。基于以上措施，西南航空的低成本战略取得了非凡成绩。统计数据表明，西南航空每座位英里的运营成本比联合航空公司低32%，比美国航空公司低39%。

西南航空通过一系列富有创意的举措实现了它的柔性化运营，快速转场就是其中之一。西南航空想以低成本提供短程飞行服务，就类似于以低成本进行小批量生产，所以，西南航空确立了快速转场、提高航班频率的目标。对于旅客来说，这意味着飞行时间选择更加多样，飞行安排也变得更加便捷，大大提高了飞行系统的柔性。西南航空在改善客户满意度及提高客户忠诚度方面，同样出色。西南航空甚至征集了一些乘客来帮助公司强化顾客驱动型的文化。一些经常乘坐飞机的乘客被邀请来协助公司的人事管理者们对申请成为空中服务人员的候选者们进行面试。公司还成立了一些专门的工作小组来帮助公司考察顾客对于公司所提供的新服务的反应，并且提出改进当前服务的新思路。

西南航空的运行模式可能被其竞争对手模仿，但其独特的文化难以被复制。西南航空的员工拥有公司大约11%的业绩非常优秀的股票。西南航空自1971年创立以来从未解雇过一名员工，员工的年流动率为7%，这在业内是最低的。在"9·11"恐怖袭击事件发生后，西南航空拒绝裁员，保持了稳定的态势。与此同时，其他航空公司却既裁减了员工，又取消了一些不能赢利的航线。员工参与决策是西南航空的企业文化的另外一种表现。公司采用积极的、非正式的提案建议制度以及各种各样的激励手段（现金、商品和旅行凭证等）来对员工所提出的新想法加以奖励。无论是各种工作小组，还是个人，公司都期望他们能够为提高顾客服务以及节约成本贡献自己的力量。公司人事副总裁伊丽莎白·皮德雷克·沙丁说，正是西南航空的文化使得该公司显得与众不同。"我们觉得这种温馨愉悦的气氛让大家找到了一种共同体的感觉。它同时还抵消了高强度的工作以及竞争所带来的压力。"正如凯莱赫所指出的那样："如果你不善待自己的人，就别指望他们善待他人。"因此，西南航空所关心的不仅仅是自己的顾客，同时也包括自己的员工。

西南航空一直在追求尽善尽美。一方面，西南航空凭借其高效率和可靠的服务，在1992~1996年的整整5年中，始终同时保持着"航班准点率冠军"、"顾客满意率冠军"（投诉率最低）及"行李转送准确率冠军"的光荣称号；另一方面，西南航空的安全性一直享有盛誉。有效的战略执行使西南航空成为行业标兵以及市场导向战略制定和应用的典范。

本章小结

本章重点研究了市场导向的特征，包括关注顾客、关注竞争对手、整合战略营销资源和能力。在战略营销过程中，市场导向战略的目的是在战略营销情报的基础上，有效配置和协调战略营销资源、提升战略营销能力和执行力，从而实现创造顾客价值和提升营销竞争力的目标。市场导向营销战略规划的流程包括构筑市场导向的企业愿景、进行营销战略要素分析、确定战略意图以及战略措施、确定营销战略发展框架、建立战略营销作业规划、控制营销方案。

案例训练 1：蜜雪冰城

　　蜜雪冰城主题曲的爆火让蜜雪冰城这个老牌茶饮品牌大火了一把，让更多的消费者知道并且"爱上"了蜜雪冰城。蜜雪冰城创始于1997年，是一家以新鲜冰激凌与茶饮为主的连锁机构，始终秉承着"让所有热爱生活的人，享受高质平价的美味"的理念，经过二十几年的发展，已成为中国新鲜冰激凌与茶饮连锁第一品牌。2021年，蜜雪冰城门店数量已经突破2万家，成为国内门店规模最大的连锁茶饮品牌之一。

　　蜜雪冰城是典型的采用成本领先战略的企业。与其他茶饮品牌相比，蜜雪冰城采取低价策略，单杯饮品的售价基本上低于十元，这也使得大部分的消费者可以消费得起，从而吸引了更多的消费者购买。蜜雪冰城的市场定位使得其消费群体大部分是年轻人，尤其是中学生和大学生，该群体数量较大且追求性价比，对茶饮及冰激凌的需求相对也大。因此，蜜雪冰城的门店很多开在校园内或校园附近。

　　除了低成本战略，蜜雪冰城还将快速扩展作为战略之一。除了产品带来的收益，通过快速扩张带来的加盟费是其收入的主要来源。随处可见的蜜雪冰城的店铺，是蜜雪冰城快速扩张的证据。除了国内市场，蜜雪冰城已经进入了越南、印尼、新加坡、菲律宾和马来西亚五个东南亚国家。东南亚市场成为蜜雪冰城海外扩张的重点。这种快速扩张模式，无疑起到了广告、宣传、推广的作用。

　　资料来源：张子璇《新经济时代企业的市场营销观念与营销战略探讨》，《营销界》2022年第12期；方宇《蜜雪冰城，低价为王》，《经理人》2022年第5期。

　　案例思考：试分析蜜雪冰城的营销战略的特点，其是否符合市场导向战略特点？

案例训练 2：欧莱雅

　　欧莱雅集团（以下简称"欧莱雅"）成立于1907年，是全球著名的化妆品公司，旗下各大品牌的化妆品畅销全球，经营范围遍及130多个国家和地区，是《财富》全球500强企业之一，其业务范围主要涉及护肤品、化妆品、染发护发等，旗下的品牌有HR（赫莲娜）、阿玛尼、植村秀、巴黎欧莱雅等。

　　欧莱雅的营销战略可以简单概括为差异化战略。一个公司的产品在整个市场营销中占据核心地位，好的产品能够使公司树立良好的形象，帮助公司开拓市场。欧莱雅在提高公司产品质量的同时，还增加了产品的数量。如今的欧莱雅的生产主要分为四个板块：大众化妆品、高档化妆品、专业美发化妆品和活性健康化妆品。欧莱雅旗下四个板块针对不同的消费人群，有不同的产品，差异化和多样化的产品几乎涵盖了所有的消费群体。

针对不同消费水平的群体，欧莱雅的产品分为高档、中档和低档三类。这满足了不同消费者的需求。低档产品定价不超过 300 元，部分产品低于 100 元，这类产品满足了学生阶层和一般工薪阶层的需要。这部分人群的消费需求巨大，市场的细分对于欧莱雅集团无疑是正确的选择。

资料来源：王春银《基于 4P 理论的欧莱雅集团中国市场营销策略研究》，《商场现代化》2021 年第 11 期；梁丹婴、孙波《欧莱雅与资生堂品牌营销策略对比及其启示》，《江苏商论》2009 年第 4 期；王翔、李燃《欧莱雅日化品企业在中国市场营销策略研究》，《赤峰学院学报》（自然科学版）2013 年第 10 期。

案例思考：试分析欧莱雅的营销战略如何与市场结合？

战略营销实训

实训项目 1：有学者指出，市场导向本身是由市场驱动导向和驱动市场导向这两种不同而又互补的导向组成的，为了获得短期成功和维持长期生存，企业必须同时开展市场驱动导向和驱动市场导向活动。查阅资料辨析：

正方：市场驱动战略促进了营销战略的发展

反方：驱动市场战略促进了营销战略的发展

实训项目 2：市场导向战略是基于市场导向理念形成的战略营销规划和行动。查阅资料，分析一个企业的营销战略是否符合市场导向战略特点，若不符合，请提出改进方案。

第 14 章 全球化、新技术与战略营销差距

本章要点

全球化、科技是战略营销面临的新现实。全球化使远在天涯的市场近在咫尺，推动企业将产品和服务销售到更为遥远的异乡。战略营销需要面对的是全球化影响下成熟市场的变迁、新兴市场以及多元化需求，更需要机器创新和新产品服务的开发。电子商务、移动网络、区块链、大数据、人工智能等新技术接踵而来，带来的影响可能是颠覆性的，需要企业一直走在新技术的前沿，获得新技术带来的竞争优势，战略营销不仅需要迎接新技术带来的变化，还需要利用新技术转变营销观念，提升营销竞争力。企业是不断发展的，面对一个急剧变化的市场，战略营销需要树立标杆，弥补差距，本章将从战略营销资源、战略营销情报、战略营销能力与战略营销执行四个方面分析企业面临的差距，通过实施营销战略弥补差距。

关键术语

全球化 Globalization
新经济 New Economy
电子商务 E-Commerce
移动商务 Mobile Commerce
大数据 Big Data
标杆管理 Benchmarking
服务质量差距 Service Quality Gap
战略营销差距 Strategic Marketing Gap

学习目标

核心知识：了解全球化对战略营销的影响
　　　　　了解新科技对战略营销的影响

第14章 全球化、新技术与战略营销差距

掌握战略营销标杆管理分析框架

利用战略营销差距分析框架分析企业间存在的差距

核心能力： 学习和掌握战略营销差距分析框架并运用该框架分析问题

课程思政目标： 学习中国在经济全球化和新技术发展过程中取得的成就，培养学生爱国精神

引导案例

最佳战略营销实践：耐克的全球化运营

耐克是一家起源于美国的跨国公司，从事鞋类、服装、设备、配件的设计、开发、制造和销售。公司总部位于俄勒冈州的波特兰市区，是世界上著名的运动鞋和服装供应商之一，也是运动器材的主要制造商。现如今，耐克的全球化程度已相当成熟与完备。耐克在全球化的进程中，选择逐渐向轻盈的品牌经营靠拢，将经营的风险外包给国外其他不同的厂商。耐克的外包工厂集中在中国、泰国、印度尼西亚、越南等国家。这种外包的生产方式使其在世界各地建立起一条分工细致的全球商品链。以一双耐克篮球鞋为例，其生产过程需要 5 个国家参与。耐克这种全球化的策略在很大程度上为其节约了成本，因为这些国家的人力等成本相对较低，这可以使耐克将更多的资金用于研发和广告。在全球化日益激烈的今天，优质的产品和宣传是公司发展的基础，也是耐克选择现有战略营销的理由。

资料来源：闫领先《体育品牌全球化战略的文化省思》，《四川体育科学》2017 年第 4 期；《耐克与阿迪达斯的品牌战略分析》，《中外鞋业》2019 年第 5 期。

习近平同志 2018 年在中央外事工作会议上指出："当前中国处于近代以来最好的发展时期，世界处于百年未有之大变局，两者同步交织、相互激荡。"[①] 面对世界权力转移对象和国际格局的剧烈变化，这是中国对世界发展大势的最重要的判断，核心是一个"变"字，本质是世界秩序的重塑和全球治理机制的完善。但是，变局同时蕴含机遇与挑战，应抓住机遇，应对挑战，推动变局向有利的方向发展。从这个角度来理解战略营销未来的发展趋势，具有重要意义。

第1节 全球化与战略营销

一 全球化竞争

每个企业不仅仅局限于一个区域、一个国家，随着业务和投资的扩展，企业将

---

① 刘尚希等：《新中国财政史》，人民出版社，2022，第 320 页。

会在世界范围内拓展业务,华为、可口可乐、中国石油、东芝等世界知名的企业已经在全球化市场奋斗多年,成为知名的全球化公司。从战略营销角度来说,越来越多的公司为占领市场,获取盈利增长进行全球化运营,营销战略与执行不仅仅局限在单一市场,全球化竞争成为战略营销的常态背景。20世纪90年代,诺基亚是通信行业首屈一指的全球化企业,公司规模庞大,业务覆盖世界各地。但随着市场的不断发展,到21世纪初,诺基亚在中国的市场份额却不断下降,这可能是远在欧洲的诺基亚公司总部没有料到的。全球化市场的快速变化和市场竞争使企业必须投入巨大的营销情报队伍和战略营销才能适应这种变化。菲利普·科特勒认为:"在一个全球化行业领域,竞争者在地域市场和国内市场的战略定位受其在全球化市场地位的影响。"[1] 从消费者角度看,全球化公司在品牌形象、产品声誉和市场形象上更加优于竞争对手。

全球化是伴随着国与国之间在政治、经济贸易交流交融中形成的互相依存的状态。对于全球化,我们亦可以解释为世界的压缩和视全球为一个整体。在农业社会,由于交通通信的限制,人们对世界的认识狭小,贸易经济半径较小。随着工业革命的发展,为获取低成本的原材料、更为广阔的市场,推进全球化贸易成为企业热衷的选择,联想电脑使用Intel和AMD的处理器、三菱化工的工程塑料和纤维制品、Intel的硬盘、三星的内存、京东方的屏幕,成为全球最大的电脑组装公司。全球化使产品成本最低,市场更为广阔,盈利增长更快。但全球化带来的不仅仅是收益,随着市场的不断发展,许多发展中国家在全球化过程中并没有获得更多的收益,反而付出更多的成本,甚至连发达国家的代表美国也在特朗普总统时期提出增加关税以降低全球化对本国的影响。美国哈佛大学肯尼迪政府学院教授丹尼·罗德里克(Dani Rodrik)在其著作《全球化的悖论》一书中提出,"政府是每个国家的政府,市场却是全球性的,这就是全球化的致命弱点"。著名经济学家、诺贝尔经济学奖获得者斯蒂格利茨(Joseph E. Stiglitz)也在其《全球化逆潮》一书中提出,"贸易全球化真正的问题很简单:即使全球化如它的支持者所宣传的那样,对整个国家有利(从总体上说,国民收入增加),但这对一个国家的每个人来说未必都有利。贸易协定是不公平的,这些协定有利于美国和其他发达国家,发展中国家的抱怨是合理的。无论在发达国家还是在发展中国家,这些协定都有利于公司,不利于工人,所以美国工人们也抱怨全球化"。因此,他认为:"贸易全球化:通过牺牲他人的利益让一些人受益。"全球化使一部分人受益,但另一部分人也可能在全球化中牺牲了自己的利益,个人与企业如此,国家也是这样。

---

[1] 〔美〕菲利普·科特勒、〔美〕凯文·莱恩·凯勒:《营销管理》(第15版),何佳讯等译,格致出版社和上海人民出版社,2016,第199页。

二 全球化与营销决策

(一) 全球化与"走出去"战略

党的十七大报告明确指出:"坚持对外开放的基本国策,把'引进来'和'走出去'更好地结合起来,扩大开放领域,优化开放结构,提高开放质量,完善内外联动、互利共赢、多元平衡、安全高效的开放型经济体系,形成经济全球化条件下参与国际经济合作和竞争的新优势。"党的十八大报告要求加快"走出去"步伐,全面提高开放型经济水平。由此可见,"走出去"战略是全球化背景下中国实现经济社会长远发展、促进与世界各国共同发展的有效途径。

从宏观角度来判断"走出去"的战略意义在于:在更加市场化、更加开放、更加相互依存的世界,国家必须考虑,通过具有宏观影响力和国家长远发展战略意义的对外投资,提高国家在全球经济中的地位,在国际资源分配中争取一个更加有利的形势并改善与相关国家和地区的关系。在跨国公司利用自己的实力重组在中国的优势的同时,中国有实力的企业也应利用跨国公司产业结构调整的机会,以自己的比较优势重组他国产业和企业,主动参与国际合作与竞争,以获得市场份额和技术开发能力。显然,"走出去"战略是中共中央、国务院根据经济全球化新形势和国民经济发展的内在需要做出的重大决策,是发展开放型经济、全面提高对外开放水平的重大举措。在全球化背景下,要提高对外开放水平就需要通过企业"走出去",在更大的市场中不断提升企业竞争力,使其获取更大的市场收益。

(二) 全球化与市场选择

肯德基在中国已突破8000家餐厅。寻求全球化发展是肯德基的发展战略,公司为适应中国市场,专门设计了适应中国人口味的老北京鸡肉卷等新品。为了解决在尼日利亚的食材供应,肯德基使用鱼肉作为食材制作产品,全球化策略使肯德基迅速成长为世界上最大的快餐连锁店。从市场熟悉的角度来看,由于语言、习惯和对国内顾客的了解,大多数企业并不愿意离开本土到海外开拓市场。但是,全球化的发展促使企业必须下定决心到国际市场寻求新的竞争优势,如国际市场比国内市场具有更好的获利机会;公司需要更大客户基数以实现规模经济;公司要降低对单一市场的依赖性;公司的顾客走向国际化,需要公司提供服务;等等。① 因此公司需要对进入哪些国际市场进行决策。

(1) 全球营销国别市场决策。对中国企业来说,全球营销的国别市场包括以下几个方面。首先是发达国家市场,主要指以美国、欧盟为代表的西方发达国家市场,

---

① 〔美〕菲利普·科特勒、〔美〕凯文·莱德·凯勒:《营销管理》(第15版),何佳讯等译,格致出版社和上海人民出版社,2016,第200页。

海尔公司为了进入国际市场首先选择对产品质量要求比较高的德国作为出口市场，从而获得了成功。其次是新兴市场，包括印度、俄罗斯、南非、巴西等金砖国家市场，这类国家市场增长速度较快，企业进入可以获得先发优势，如小米手机进入印度市场从而成为主导品牌。最后是非洲等发展中国家市场，发展中国家虽然经济欠发达，但人口规模较大，竞争对手较少，企业可以凭借先发优势占领市场，传音手机在20世纪90年代初期看到非洲市场的巨大潜力，克服困难毅然进入，通过开发适应本地市场的手机产品占领了非洲市场。

（2）全球市场的投资决策。投资是进入全球市场的重要方式。一般投资方式包括两种。一种是直接投资，企业通过购买当地公司的部分或全部权益，建立合资企业以获取成熟的产品生产或服务渠道；企业直接通过投资在当地建立自己的生产和服务设施。福耀玻璃通过向美国市场投资，建立自己的生产基地进入美国市场。另一种是间接投资，这是一种在国际资本市场上通过资本购买公司债券、金融债券或公司股票等各种有价证券，以预期获取一定收益的投资。

企业在全球市场的运营依赖战略营销决策。面对全球市场的差异性和不确定性，企业采取标准化的营销方案并不可行，不同国家消费者需求的差异性、营销环境的差异性、消费者对企业营销方案反应的差异性等都可能使企业遭遇营销失败，需要采取不同的适应性战略营销方案，通过营销战略的制定和执行以稳定国际市场。

第2节　新技术与战略营销

杰克·韦尔奇在他的《商业的本质》一书中谈道："正如近期《纽约时报》一篇文章指出的那样'几乎每一天，互联网都让我们如履薄冰'。"这样的判断在技术不断进步的今天感同身受。菲利普·科特勒教授在《营销革命4.0：从传统到数字》中表达了同样的观点："在麦肯锡（Mckinsey）公司给出的对经济影响最大的创新技术名单中，移动互联网、人工智能、物联网、云计算、先进机器人、3D打印技术等赫然在列。……面对一浪高过一浪的新兴技术，大多数用户的态度是喜忧参半的。"基于此观点，菲利普·科特勒教授提出了营销革命4.0，即从传统到数字的重要判断。战略营销是基于营销环境的变化而不断发展的，新技术对战略营销的影响关系到许多方面，从细分市场战略的转变、营销模式的调整到顾客购买方式的变化等多方面，都受到现代创新技术的影响，需要企业转变固有的战略营销方式，向新技术靠拢，逐步适应战略营销的转变。

一　技术创新与战略营销

战略营销与技术的关系首先从技术进步说起，一般来说，技术进步是技术不断发展、完善和新技术不断代替旧技术的过程。技术创新、技术扩散、技术转移与引进是实现技术进步的三大途径，从这一意义上看，技术进步是循序渐进的过程，企业在生产过程中的产品创新或工艺创新，开发新技术或者将已有的技术进行应用创新，或者通过技术贸易、技术转让、技术交流、技术传播等技术扩散行为，或者通过技术许可证、技术对接平台、产学研结合、设备和软件购置、信息传播、技术帮助、创办新企业等都可以推进技术进步。随着对技术创新研究和认识的深入，科技界日益认识到技术进步并不是技术创新的全部，也不是技术创新的目的。信息技术的发展推动了知识社会的形成，科学界进一步认识到技术进步与应用创新两者的互动在技术创新中扮演的重要作用。

技术创新的快速发展推动新技术推陈出新。德国学者克劳斯·施瓦布在其出版的《第四次工业革命》一书中提出："正是在这样动荡不安的政治与社会背景下，从人工智能到生物技术，从先进材料到量子计算，一系列强大的新兴技术带来了大量技术和挑战，并将从根本上改变我们的生活方式。我们将这一过程称为'第四次工业革命'。……有史以来，技术创新的过程（发明、商业化、广泛应用和使用）一直是增进财富和福祉的最大驱动力。"前三次工业革命，分别是蒸汽技术革命、电力技术革命、计算机及信息技术革命，而第四次工业革命则是指以人工智能、新材料技术、分子工程、石墨烯、虚拟现实、量子信息技术、可控核聚变、清洁能源以及生物技术等为技术突破口的工业革命。这些新技术对人们生产和生活的影响将是颠覆性的，对于战略营销同样具有显著的影响。

二　电子商务与战略营销

1999年成立的阿里巴巴依靠大数据技术、区块链等新技术，阿里巴巴快速成长为全球最大的电子商务公司。2021年，虽然受到新冠疫情的影响，但是阿里巴巴的天猫平台在"双11"总交易额达到惊人的5403亿元，这是任何传统企业都难以达到的销售成绩。从营销角度看电子商务的成功在于四点：营销战略、商业模式、物流服务供应链、顾客互动与顾客满意。营销战略的成功在于企业电子商务对市场细分、目标市场和市场定位的战略设计；商业模式的成功在于企业通过选择什么样的服务顾客的方式以满足顾客的需求；物流服务供应链的成功在于企业如何通过最快的物流配送速度、好的退货政策服务顾客；顾客在网站购物成功的重要性在于顾客与电子商务企业进行有效的互动，拥有愉快的购物体验。

三　移动商务与战略营销

随着中国5G网络的兴起与应用，通信技术和计算机技术的快速发展，新兴技术将转化成更好的产品或服务，借助移动支付功能，消费者更加便利地在移动终端购买商品。移动电子商务领域将成为技术创新的窗口，消费者借助平板、手机等移动终端购物逐渐普遍。移动商务脱胎于电子商务，在技术创新的推动下实现了商务活动参与主体可以在任何时间、任何地点获取和采集商业信息，进行实时交易。实时接触性是移动商务的第一个特点，由于移动通信的实时性，移动商务的用户可以通过移动通信终端在第一时间准确地与对象进行沟通，消费者能够实时接触到电商主体的产品和服务，从而实现实时交易。互动性是移动电商的第二个特点，移动商务活动以应用移动通信技术和使用移动终端进行信息交互为特性，使用户摆脱固定的设备和网络环境的束缚，实现随时随地的信息交互，从而实现交易。iiMedia Research（艾媒咨询）数据显示，2013~2021年中国移动电商用户规模呈现逐年上升趋势，2020年达7.88亿人，2021年达9.05亿人，预计2023年中国移动电商用户规模将达11.39亿人，移动电商用户规模的增长使企业要面对更大范围的战略营销来推动企业满足移动电商顾客的需求。移动电商对战略营销的影响主要表现为三个方面：移动电商改变了消费者获取市场信息的方式，使他们逐步转向依靠移动通信终端进行实时信息交互和双向沟通；移动电商改变了消费者购买行为和购买方式，逐步转向通过移动通信终端进行实时交易；移动电商改变了营销策略，逐步转向基于移动通信终端的个性化营销。因此，现代战略营销应充分考虑移动新技术带来的影响，加强战略营销研究，适应市场的变化。

四 大数据与战略营销

中国经济时报曾转载过这样一个案例：美国最大的连锁卖场分析了他们的销售数据后，发现了一件有趣的事，每次飓风来临前，最畅销的商品除了矿泉水、手电筒、电池等必需品和啤酒之外，竟然是草莓夹心饼干，其销量是平时的7倍。在飓风"法兰西丝"登陆前夕，美国95号州际公路上聚集着数百辆装载啤酒和草莓夹心饼干的货车，而他们得到的共同指令是"在飓风来临前务必送达！"[1] 这是一个典型的大数据营销的案例。当前，大数据在战略与营销的应用上表现在多个方面：企业通过大数据营销模式引导战略高层对营销价值产生新的认知，实现企业智能化转型；企业通过大数据分析消费者购买行为和习惯，提升营销针对性，减少库存，降低物流成本，降低投资风险。2011年，麦肯锡公司在其研究报告中指出："数据已经渗透到每一个行业和业务职能领域，逐渐成为重要的生产要素，而人们对于海量数据的运用将预示着新一波生产率增长和消费者盈余浪潮的到来。"在战略营销领域，大数据已逐步产生重大影响：一是大数据分析为战略营销情报提供了重要的技

---

[1] 焦丽莎：《"大数据时代"来袭》，《中国经济时报》2012年6月6日。

术和数据支持，随着营销领域本身的数字化的推进以及各类客户数据、销售数据、行为数据等类型数据的累积，商业大数据分析将赋予企业战略营销情报新的意义；二是数据挖掘技术为营销战略制定提供了重要依据。

第 3 节　战略营销标杆与差距

一　标杆与差距

（一）标杆管理

标杆管理（Benchmarking）一词有多种不同的译名，例如企业标杆、竞争基准、基准设定、标杆制度、标杆分析、标杆管理等，本章将称之为标杆管理，除了取其动词的词性外，也有强调其管理工具之意味。所谓标杆，最早是指工匠或测量员在测量时作为参考点的标记，后来渐渐衍生为衡量的基准或参考点。标杆管理是一个通过衡量和比较来提升企业竞争地位的过程，它强调以卓越的企业作为管理的对象，通过持续改善来强化自身的竞争优势。标杆管理就是先决定某些企业功能领域（例如生产、行销、财务、服务等）的绩效衡量标准，然后再去寻求在这些特定的领域内表现卓然有效的其他组织，比较企业本身与这些标杆组织之间的绩效差距，并通过分析转换其作业流程的做法来达到提高绩效、缩小差距的目的，也就是以一种系统化、架构化的方式来持续寻求最佳作业典范，并将其作为对象，汲取对方精华的过程。其目的在于通过分析组织内部以及竞争者或其他组织的优势与劣势，明确最佳实践及绩效差距，并将最终实践应用到组织中，实现绩效的提升。标杆管理的方法于 20 世纪 70 年代由施乐公司首创，它较好地体现了现代企业管理追求竞争优势的本质特征，具有较强的实效性和广泛的适用性。标杆管理与企业再造、战略联盟并称为 20 世纪 80 年代三大管理方法之一。标杆管理的主要类型如下。

1. 内部标杆管理

内部标杆管理是以企业内部操作为基准的标杆管理。很多大企业内部不同的部门有相似的功能，通过内部比较，有助于找出企业内部最佳职能或流程及实践，然后将其推广到组织的其他部门，这是最简单且易操作的标杆管理方式。优点是使企业内实现信息共享，运行便捷。但是单独执行内部标杆管理容易产生封闭思维，忽视其他公司信息，因此在实践中要与外部标杆管理结合起来。

2. 外部标杆管理

外部标杆管理也叫竞争性标杆管理，是以竞争对象全部特征为基准的标杆管理。竞争性标杆管理主要是将直接竞争对手的产品、服务以及最重要的工作流程与本身进行比较。

3. 职能标杆管理

职能标杆管理是以行业领先者或某些企业的优秀职能操作为基准的标杆管理。标杆的基准是外部企业（但非竞争者）及其职能或业务实践。由于没有直接的竞争者，因此往往容易分享技术与市场信息。

4. 流程标杆管理

流程标杆管理是以最佳工作流程为基准的标杆管理。标杆管理是类似的工作流程，而不是某项业务与操作职能或实践。这类标杆管理可以跨不同类组织进行，它一般要求企业对整个工作流程和操作有很详细的了解。

（二）服务质量差距

差距分析最早由战略决策的先驱者安索夫提出，安索夫通过分析计划差距，认为存在两种差距：一种是竞争差距，表示现有业务的销售潜力；另一种是多元化差距，表示新业务的销售潜力。安索夫在将现有产品和新产品以及现有市场和新市场进行对比的基础上在他的增长矩阵中提出缩小差距的选择。1985年，泽丝曼尔等三位学者推出了一种名为"服务质量差距模型"的分析方法，为分析服务质量问题产生的原因并帮助管理者了解应当如何改进服务质量打下了基础。

服务质量差距模型（见图14-1）说明了服务质量计划和分析工作的基本程序和步骤，根据这些步骤，管理者可以发现产生服务质量问题的原因，并可以据此采取相应的对策。

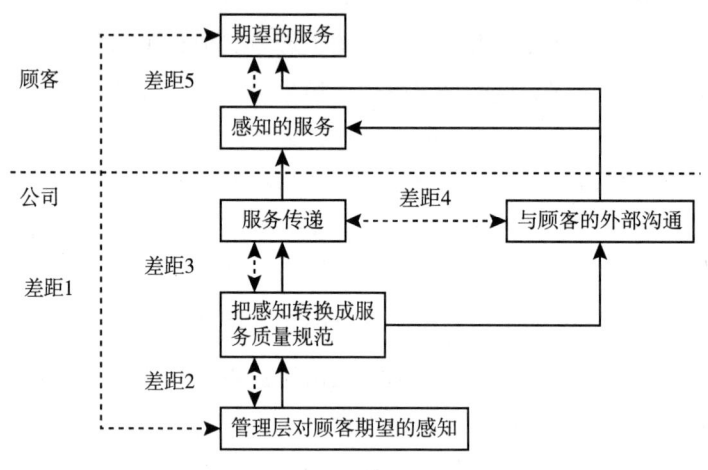

图14-1 服务质量差距模型

差距1：顾客对服务的期望与管理层对其的感知之间的差距，指管理层不能准确地感知顾客对服务的期望。

差距 2：管理层对顾客期望的感知与服务质量规范之间的差距，指管理层所制定的服务质量规范与其所感知的顾客对服务的期望不一致。

差距 3：服务质量规范与员工实际行动之间的差距，指服务生产与传递过程没有按照企业所制定的服务质量规范进行。

差距 4：服务实施水平与服务承诺之间的差距，指企业实际提供的服务与企业在市场宣传（与顾客的外部沟通）中所做出的承诺不一致。

差距 5：顾客感知到的服务与其期望得到的服务之间的差距，指顾客感知或实际体验到的服务质量与其预期的不一致。

在服务质量差距模型中一共包含了 5 种差距，其中最核心的是差距 5，即顾客感知到的服务与其期望得到的服务之间的差距。服务型企业或制造型企业提供的服务的目标应该是消除或至少尽可能缩小这个差距。服务质量差距模型是一种能够跨行业应用的方法，企业通过运用此模型，可以逐步缩小顾客期望与其实际感知之间的差距，从而可以减少顾客的抱怨，同时提高顾客的满意度甚至忠诚度。

二　战略营销标杆管理

（一）战略营销标杆管理的含义

1976 年，一直保持着世界复印机市场实际垄断地位的施乐遇到了来自国内外特别是日本竞争者的全方位挑战，如佳能、NEC 等公司以施乐的成本价销售产品且能够获利，产品开发周期、开发人员分别比施乐短和少 50%，施乐的市场份额从 82% 直线下降到 35%。面对竞争威胁，施乐发起向日本企业学习的运动，开展了广泛、深入的标杆管理。施乐从生产成本、周期时间、营销成本、零售价格等方面找出一些明确的衡量标准或项目，然后将施乐在这些项目中的表现，与佳能等主要的竞争对手进行比较，找出了其中的差距，弄清了这些公司的运作机理，全面调整了经营战略、战术，改进了业务流程，很快收到了成效，把失去的市场份额重新夺了回来。多年的市场实践证明，标杆管理是一种非常实用的方法，对一个企业分析竞争对手、提高自身的经营绩效具有非常大的作用。

战略营销管理思维立足于竞争激烈的市场中，要对来自市场的顾客、竞争对手、供应商、公众等内外部竞争环境做出综合判断从而找出企业未来营销走向，在细分市场中获得竞争优势，赢得营销竞争力。尤其对于竞争对手来说，首先是要分析，其次是找出竞争对手标杆来提高企业的营销绩效。因此，从这一点来说，战略营销是树立标杆的过程，是将本企业营销业绩指标与竞争对手的业绩指标进行对比分析，从而找出差距并加以改进。战略营销将标杆法应用于竞争对手分析，目的不是复制对手的某些管理和操作程序，而是将别人好的解决方案和经验借鉴到本企业的营销管理环节中来并加以改善，其最终目的是进一步加强本企业的竞争优势。

战略营销的标杆管理主要分为战略性标杆管理和操作性标杆管理。战略性标杆管理，是在与同业最好的公司进行比较的基础上，从总体上关注企业如何竞争发展，明确和改进公司营销战略，提高公司战略运作水平。战略性标杆管理是跨越行业界限寻求绩优公司成功的战略和优胜竞争模式。战略性标杆管理需要收集各竞争者的财务、市场状况进行相关分析，提出自己的最佳战略。许多公司通过标杆管理成功地进行了战略转变。操作性标杆管理，是一种注重公司整体或某个环节的具体运作，找出达到同行最好的运作方法。其从内容上可分为流程标杆管理和业务标杆管理。流程标杆管理是从具有类似流程的公司中发掘最有效的操作程序，使公司通过改进核心过程提高业绩；业务标杆管理是通过比较产品和服务来评估自身的竞争地位。操作性标杆管理专注于营销具体业务流程和营销业务，立志做到同行最好。

（二）战略营销标杆管理的目标

竞争对手是战略营销管理重点研究的对象，研究竞争对手的内部管理、营销战略、营销策略、经营动向是营销的基础，战略营销管理所要做的就是树立竞争标杆，找出彼此之间的差距，通过一系列战略营销组合来缩小差距。在美国的企业界中，对直接竞争者进行标杆研究是最普遍的一种标杆管理方式。对于许多将标杆管理当作一种竞争策略工具的企业而言，任何与营运有关的重要项目只要是可以与竞争对手比较的都会进行标杆管理。美国管理学者 H. 詹姆斯·哈里顿在《高绩效的标杆管理》一书中对标杆管理给予非常高的评价，他写道："与以往一个年度 10%～20% 的增长率相比，实施标杆管理会让企业在 8 个月内绩效提高 20 倍，使成本流通与周转时间以及次品率下降 20%～80%。"标杆管理能够促进企业不断追求卓越，提高竞争优势，尤其以行业内优秀的竞争对手为标杆更能强化企业自身的资源基础，形成本身的核心能力。原因是竞争标杆的重点不仅是了解标杆企业到底生产或提供了什么比我们还要好的产品或服务，更重要的是去了解竞争对手的这项产品或服务是如何被设计、制造或提供的。如果企业能够彻底地分析竞争标杆企业产品或服务的最佳作业方式并且经过内化吸收，成功地将其转换应用到自己的组织内，发展出一套独特的做法与技能，就可以塑造出自身的营销竞争力，为企业创造竞争优势。尽管竞争对手的作业方式并不见得是行业内的最佳作业典范，但通过竞争性标杆管理活动所获得的情报很宝贵，因为竞争对手的作业方式会直接影响你的目标市场。因此，竞争性标杆信息对于企业在进行策略分析及市场定位时有很大的帮助。竞争标杆管理是战略营销寻找与竞争对手差距、不断取得进步的重要方法，具体来说要树立以下几种标杆来寻找差距。

1. 战略营销竞争情报标杆

实践表明，与一般的企业相比，卓越的企业更能寻找和利用营销竞争情报。竞争性标杆管理比起传统的竞争商情收集更能让企业系统地去分析竞争对手与产业环境。企业与竞争对手在目标市场、生产和销售的产品或服务等方面有很多相同的地方，企业本身与竞争对手的做法比较相似，并且一旦需要将对手的流程转换到自身企业时也不会有太大的困难。因此，战略营销竞争情报可以促使企业将从竞争对手那里获得的资讯很快地运用于自身组织内部，以提高企业的营销竞争力。

2. 战略营销资源标杆

战略营销资源是能被组织控制和利用以实现战略营销目标的一切经营性要素的总和。企业与竞争对手的差距就在于掌握的战略营销资源的多寡，换句话说，卓越的企业因为获取了竞争性的战略营销资源而与一般企业产生了差距，企业建立战略营销资源标杆就是要找出这种差距，包括无形的知识性资源的差距（例如信息、声望、品牌、技能、经验、专利、商标等）和有形的资源差距（如产品、人才、顾客等）。企业研究战略营销资源标杆来寻找基础资源和能力差距、企业内部各资源要素或能力的匹配水平差距、营销与环境资源的匹配水平差距、营销与外部环境的适应性差距，在规划营销战略和执行战略营销管理过程中，一方面要合理界定企业所能利用的资源，另一方面要合理配置有限资源。

3. 战略营销能力标杆

一般意义上认为，营销能力就是企业在不断满足需求的过程中得到发展的能力，包括企业在营销战略、营销战术、营销管理职能、营销适应等方面的能力。从战略角度看，营销能力的形成具有长期性，企业的短期努力不能保证市场营销能力的快速形成。一个卓越的企业在市场中的表现就是在长期的竞争环境中由顾客、竞争对手共同认同的具有特异性的市场营销能力，这种异质性的能力使企业得以在竞争市场中生存。显然，建立战略营销能力标杆就是要找出企业与卓越的竞争对手之间的差距，分析竞争对手的市场表现和内在的市场能力将会提升企业的营销竞争力。

4. 战略营销执行标杆

营销执行理论脱胎于执行理论和营销管理理论。执行理论认为，执行不仅是一个战术问题，它是一门学问，也是一个系统。营销管理理论则是行动中的营销观念。显然，执行理论和营销管理理论都是偏重于具体实际工作的理论。战略营销执行是指现代企业在经营与管理中具备的营销实施能力，它包括战略、运营和人员三大核心流程。一个卓越的企业也是具有较强执行力的企业，战略营销执行标杆使企业找出与卓越竞争对手在战略制定、运营流程、人员组织上的差距，从而实现营销执行力的提升，促进营销竞争力的提高。

三　弥合顾客差距

顾客期望是顾客对企业提供的产品和将发生的服务的预测，顾客期望是顾客对产品质量和服务绩效的一种预期。顾客期望是由顾客定义的，是顾客产生购买动机以后，经过各种渠道获得信息，通过比较鉴别某种产品或参与某种服务行为时，对正面的结果与负面的结果出现的概率的定义。顾客期望是指顾客对服务提供者的服务形成一种"标准"，进而对服务企业及其所提供的服务形成主观期望，并决定是否购买。影响顾客期望的因素如下。

1. 顾客过去的消费经验

顾客以往的购买经历、感受和体验会使之产生期望，由此使企业感觉到服务一个老顾客会比服务一个新顾客要困难，因为老顾客积累了经验，形成了一定的顾客期望值。顾客的消费经验、经历对顾客期望的形成具有重大的决定性影响。比如，如果一个消费者是一个新手，对如何选购笔记本电脑一无所知，他购买时可能完全听从业务员的介绍，他在乎的可能是外观、品牌和价格。但当他已经是一个使用笔记本电脑多年的老顾客，他可能并不会相信业务员的介绍，他对笔记本电脑的品牌、历史、软硬件有可能了如指掌，过去使用产品的经历会按目的、过程、事件分别储存在意图记忆、情景记忆与事件记忆中，从而形成消费者理解和评估产品和服务的一个重要尺度。顾客对某一产品和服务的经验越多，对这个行业或机构的产品和服务期望就可能越高。顾客以前的消费经验无形中提高了其今后使用这种产品和服务满意度的门槛，经验多的顾客对行业或服务机构的服务效果比较了解，他们会不断将最好的服务感知转化为自己理想的服务期望。

2. 企业的承诺

广告、宣传、人员推销、营业推广是企业与顾客沟通传播信息的主要方式。实践表明，简单的传播信息已经不足以引起顾客的反应，顾客需要的是企业明确的承诺，恰恰这种公开的承诺，在顾客心中形成了明确的期望。麦当劳以生产销售汉堡包为主，它带来了一种文化，人称"汉堡文化"。麦当劳之所以能够形成一种产品震撼，是因为它本身就代表着快餐文化。这个企业的成功，归功于它明确的经营理念与规范化的管理。在麦当劳，对产品的要求简直到了苛求的程度。为了确保汉堡包能够达到广告宣传的那样鲜美，其采取了系列严格的措施。这些措施使顾客产生了较高的期望。

3. 企业暗示的承诺

长期以来，产品和服务质量与价格的关系成为营销学要考虑的重要因素。但是大多数企业常常让顾客建立这样的联系：高价格就意味着毋庸置疑的高质量。顾客也顺理成章地认为这是企业对质量的承诺。这就解释了为什么一些低价格的产品和服务质量出现问题的时候，顾客很少去投诉，而当高价格的产品和服务出现问题时，顾客的反应可能会大大不同，除了与顾客付出的成本有关外，顾客坚信高价格就意味着企业对产品和服务质量的承诺，这是一种期望和信任，而且这会随着价格的上升而不断被提高。

4. 口碑营销的影响

在这个信息过度膨胀，依靠传统营销手段越来越难以引起受众注意的年代，口碑营销正逐渐成为一个热门话题。口碑营销，本质上说，是依靠人与人之间的口口相传来达到增加品牌知名度以及用户与产品、服务从此厮守的目的。菲利普·科特勒教授曾经指出，企业要更有效地利用口碑传播。口碑传播是通过与所提供服务有关的当事人而不是服务组织发表个人及非个人的言论，来向服务需求者传递服务将是什么样的信息。对于难以评价的服务，在购买和直接体验之前，口碑非常重要。普通消费者获取产品信息的主要来源有两种：一种是生产或营销企业所做的大众媒体广告；另一种为从家人、亲友、熟人或同事那里获得的信息。显然大众媒体广告已经暴露出诸多难以克服的问题，面对每天各类广告的狂轰滥炸，消费者已经麻木，甚至感到厌烦，加之许多广告传递虚假信息，或者夸大信息误导消费者，伤害了消费者对广告的信任，降低了广告在消费者心中的地位。而口碑传播对产品信息的可信度和说服力方面有着不可忽视的作用。口碑营销形成了顾客期望。云南盘龙云海药业集团的排毒养颜胶囊是第一个提出排毒理念的产品，品牌家喻户晓。1993年，其市场动作主要也是采取广告加常规促销的手段，迅速成长，取得了不错的销售业绩。随着同类竞品对市场的蚕食，恶性竞争加剧，该集团又迅速对营销策略做出调整，同时加强口碑营销。1999年8月，该集团发起了"飞昆明看世博"活动，邀请全国各地的数百位消费者代表、经销商代表和合作媒体代表飞赴昆明，这部分"意见领袖"在领略春城世博美景的同时，亲身了解了集团"健康人类"的企业精神以及先进的科研、生产、售后服务体系，零距离了解了每粒"排毒养颜胶囊"是如何从GMP的生产车间中被制造出来的，达到了口碑效应。当消费者通过口碑获取产品信息并产生购买行为时，他们的期望就已经形成了。

5. 竞争格局的影响

市场竞争格局千变万化，使企业竞争优势也随之变化，也使顾客期望发生变动。从前人们为拥有一台摩托罗拉传呼机而欢欣雀跃，炫耀于世人，现在当移动通信工具大众化时，人们对产品的期望可能不是质量或品牌而是个性。根据迈克尔·波特的五种竞争力模型，已有行业、潜在入侵者、提供替代产品或服务的企业等，都会导致市场竞争状况发生变化，带来企业竞争优势和地位的变动。在这种条件下，如果企业不能继续满足顾客已经形成的顾客期望，理性的顾客就会转向更有竞争优势的替代企业，寻求等同或更大的价值收益。顾客同企业保持的关系也会破裂，顾客期望也会下降。

四 顾客感知价值

迈克尔·波特曾在《竞争优势》一书中开宗明义："竞争优势归根结底产生于企业能为顾客创造的价值。"Woodruff 也指出："顾客感知价值是下一个竞争优势源泉。"[①] 对于顾客感知价值的研究开始于 20 世纪 80 年代初，瑞典学者 Gronroos 首先提出了顾客感知服务质量（Customer Perceived Service Quality）的概念，顾客感知服务质量是指顾客对服务的期望与实际服务绩效之间的比较。[②] 如果实际服务绩效大于顾客的期望，则顾客感知服务质量良好，反之，顾客感知服务质量较低，这个概念的提出为以后的研究打下了坚实的基础。

美国的服务管理研究学者 Parasuraman、Zeithaml 和 Berry 对顾客感知服务质量进行了更为深入的研究。他们于 1985 年提出了差距模型，并将服务质量影响因素归纳为 10 类，以后又缩减为 5 类。在 10 类要素的基础上，他们建立了 SERVQUAL 感知质量评价方法。他们认为，在企业为顾客设计、创造、提供价值时应该从顾客导向出发，把顾客对价值的感知作为决定因素。[③] 顾客价值是由顾客而不是供应企业决定的，顾客价值实际上是顾客感知价值（Customer Perceived Value，CPV），顾客感知价值就是顾客所能感知到的利益与其在获取产品或服务时所付出的成本进行权衡后对产品或服务效用的总体评价。

顾客感知价值实际上是顾客在体验产品或服务的过程中的主观感觉，是顾客按照自己对产品的使用目的和需求状况，综合分析市场上各种经由正式或非正式途径获得的相关信息，对一种产品或服务所做的抽象的主观的评价。每一位顾客在购买产品之前，都会或多或少地去了解一些与产品有关的信息，越是贵重的或大型商品，顾客考虑的时间越长，收集的信息越多。当顾客对产品感知的价值越接近实际价值或产品的实际价值超过顾客感知的价值时，顾客就会购买该产品。因此对企业营销活动来说，最重要的任务就是通过各种途径提高顾客对产品感知的价值。影响顾客感知价值的因素如下。

1. 产品和服务的技术质量和功能质量

顾客感知价值实际上是顾客感知的产品或服务的质量，有形产品的质量是可以用一些特定的标准来加以度量的，通常顾客感知的是产品的技术质量（结果质量），

[①] Woodruff, R. B., "Customer Value: The Next Source for Competitive Edge," *Journal of the Academy of Marketing Science*, 1997, 25: 193-153.
[②] Gronroos, C., "An Applied Service Marketing Theory," *European Journal of Marketing*, 1982, 16: 30-41.
[③] Zeithaml, V. A., Parasuraman, A. and Berry, L. L., "Servqual," *Journal of Retailing*, 1988, 64: 12-40.

消费者对有形产品的消费在很大程度上是结果消费；顾客对服务消费感知不仅仅是对服务结果的消费，更重要的是对服务过程的消费，也就是说感知的是服务的功能质量（过程质量）。服务结果与服务过程是相辅相成、不可或缺的，忽视任何一个方面都会给服务质量带来灾难性的后果。

2. 顾客的消费经历和消费心理

顾客感知价值与顾客满意一样，都属于一种态度、一种心理状态。态度具有很强的主观性，也具有极强的差异性。在不同的时间、地点，面对变化的顾客，服务具有显著的差异性。因此，顾客的消费经历、消费心理、态度乃至消费时的情绪都可能使感知的价值具有差异性。顾客的心理和态度的变化是非常复杂和微妙的，我们难以找到非常有效的度量指标来加以衡量。这是理论界研究的一个难题。

3. 消费者的文化背景的影响

台湾长荣管理学院的林恬予曾对旅馆业顾客感知服务质量问题进行过较为详尽的探讨。其在研究过程中发现，不同国籍（代表不同的文化背景）对服务质量的感知存在较大的差异。以国籍划分，日本顾客对旅馆业服务质量要求最高，特别在"保证性"这个度量标准上，由此可以说，不同的文化背景下的顾客感知服务质量的方式和对服务质量的要求差异较大。因此，我们在度量顾客感知服务质量时，必须将文化背景纳入我们的视野。

4. 产品、服务的品牌形象

产品和服务质量是影响顾客感知价值的重要因素，但不是绝对的，因为顾客感知价值具有主观性，顾客要结合购买产品或服务的企业以及产品或服务的品牌的知名度、美誉度等多方面的因素来考虑。一个顾客到超级市场购买一瓶洗发水，如果是宝洁公司的产品，它可能会相信产品的质量，并产生较高的产品或服务质量认知，反之，其认知价值就较低，因此，不断提高产品或服务的品牌知名度、美誉度是提高顾客感知价值的重要途径。

五 战略营销差距模型

战略营销本质上是树立竞争标杆、寻找差距、弥合差距的过程。我们根据前面的论述建立起一个概念模型。这个模型将为我们说明战略营销的概念、营销战略、战略营销组合策略提供帮助，我们称之为战略营销差距模型，如图14-2所示。

（一）顾客差距

战略营销差距模型的核心是顾客差距，也就是顾客期望价值与顾客感知价值之间的差距。顾客期望价值是顾客在购买产品或服务之前的参照点，顾客依据经验、

```
            ┌──→ 竞争标杆
            │    差距5：战略营销执行差距
            │    差距4：战略营销能力差距
            │    ┌──────────┐
            │    │ 顾客期望价值 │
            │    └──────────┘
            │         ↕        差距1：顾客差距
            │    ┌──────────┐
            │    │ 顾客感知价值 │
            │    └──────────┘
            │    差距3：战略营销资源差距
            │    差距2：战略营销情报差距
            └──→ 企业
```

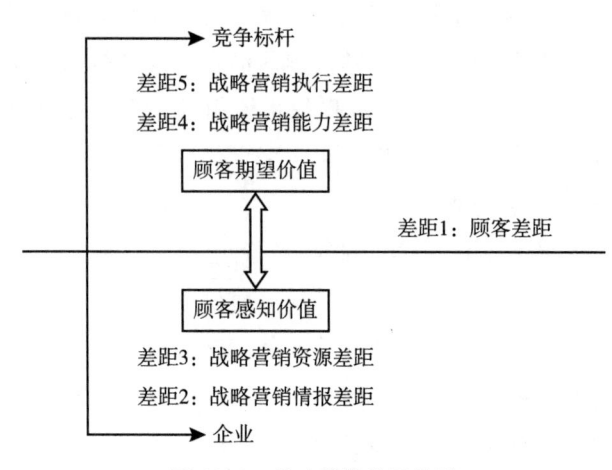

图 14-2　战略营销差距模型

企业明确或隐含的承诺、对产品或服务口碑的了解、竞争态势做出判断，并形成心理预期。顾客感知价值是指顾客在购买产品或服务中的实际体验，主要是顾客对产品或服务的质量、品牌的认知而形成的实际反应。分析顾客差距的主要目的是寻找企业提供的产品或服务与顾客期望之间的差距，通过企业的营销努力弥合顾客期望价值与顾客感知价值之间的差距，以使顾客满意，提高企业的营销竞争力，获得战略营销优势。

```
         ┌──────────┐
         │ 顾客期望价值 │
         └──────────┘
              ↕      差距1：顾客差距
         ┌──────────┐
         │ 顾客感知价值 │
         └──────────┘
```

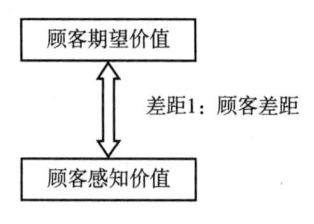

图 14-3　顾客差距

（二）竞争标杆差距

弥合顾客差距的重要途径是以卓越的竞争对手为标杆，寻找差距，学习标杆企业以改进营销，提高营销竞争力，主要包括以下四个方面。一是竞争标杆差距 2：战略营销情报差距。二是竞争标杆差距 3：战略营销资源差距。三是竞争标杆差距 4：战略营销能力差距。四是竞争标杆差距 5：战略营销执行差距。

营销情报是企业进行营销活动的前提，营销战略、营销策略的制定都依赖营销情报提供的信息及情报分析。卓越的企业通过有效地利用营销情报，抢占了市场先机。对顾客、竞争对手、市场缺乏有效的了解和分析，不能有效地利用战略营销情报资源体现了企业与竞争标杆企业之间的差距，这个差距（差距2）也是造成顾客差距的第一个原因。

营销资源是企业进行营销活动的基础，战略营销资源通过组织有效配置转化为营销能力，从而形成创造顾客价值的技能或组织方式。卓越的企业依靠战略营销资源实现了企业营销战略和营销策略。缺乏战略营销资源的准备、不能有效盘活企业内部和外部资源体现了企业与竞争标杆企业之间的差距，这个差距（差距3）是造成顾客差距的第二个原因。

营销能力是企业进行营销活动的重要条件，战略营销能力是组织运用营销资源的能力，包括外在的显性营销能力，如外部市场地位和市场实力的表现，也包括内在的隐性的能力，如营销人员的营销技能、对销售渠道的管理与控制能力、企业售后服务及用户关系的处理能力等。卓越的企业利用差异化的战略营销能力实现了营销战略和策略。缺乏外部营销能力和内部营销能力、不能有效地培育战略营销能力体现了企业与竞争标杆企业之间的差距，这个差距（差距4）是造成顾客差距的第三个原因。

营销执行是企业进行营销活动的保证，战略营销执行调动企业营销资源，利用企业营销能力，在营销情报的支持下设计运营流程和人员分配流程促使企业营销战略和策略实现。缺乏明确的运营流程和人员分配流程、营销执行缺乏有效的保障是企业与竞争标杆企业之间的主要差距，这个差距（差距5）是造成顾客差距的第四个原因。

六 弥合战略营销差距

战略营销差距模型的核心是顾客差距，战略营销是围绕弥合顾客差距展开的，而要弥合顾客差距首先要弥合竞争标杆差距。竞争对手与企业都面临同样的顾客群，为满足顾客需求，企业必须在内部培育营销资源、营销能力、营销执行力，建立竞争营销情报系统，而且要做得比竞争对手还要出色，这样才能获得顾客的认同，因此，提高企业的营销竞争力、获得营销竞争优势成为企业战略营销的必然选择，但是，在一个细分市场中只有少数企业才能获得市场领先位置，大多数企业只能扮演挑战者、追随者、利基者的角色。而且，即使是最好的企业在满足顾客需要时，也有可能失误，有可能在某些专业领域里难以做到最好，都有需要向别的企业学习的地方，企业只有通过向卓越的竞争对手学习，才能更好地满足顾客需要。因此，理解战略营销差距模型首先应建立起这样的理念：弥合顾客差距首先要弥合竞争标杆差距。

（一）弥合竞争标杆差距2：战略营销情报差距

要弥合企业与竞争标杆企业的差距首先要清楚差距出现的原因，找出影响差距的关键因素。战略营销情报可以为企业带来保持营销竞争力的有关市场的信息和知识资料,包括客户情报、产品开发情报、品牌价值、竞争对手情报、销售和营销情况等各个方面的信息和知识,这些是保持营销竞争力的重要信息。通过战略营销情报,企业可以了解市场机会,并准确定位,制定富有竞争力的营销战略和策略,这是任何其他方式不能替代的价值。相对于竞争标杆企业,战略营销情报差距出现的原因表现为两个方面。一是企业战略营销情报没有把握战略营销的方向。营销竞争情报部门利用自己掌握的丰富资料,通过一系列情报技术手段来分析,以指导营销战略的走向。但是,一个蹩脚的营销竞争情报部门不能准确地获得战略营销情报来为企业营销决策者提供决策信息,企业的营销战略也就不能实现。也就是说,企业战略营销情报与标杆企业相比在战略上首先没有"做得更好",其次没有帮助更高级的管理团队"做得与众不同"。二是企业战略营销情报在战术上有效识别战略行动,为营销战术提供有效的情报信息。

从战略营销实践来看,影响战略营销情报差距的关键因素主要有营销竞争情报流程、营销竞争情报组织、情报技术、决策支持以及企业文化等。① 由此,要弥合战略营销情报差距应从以下几个角度来分析:第一,设计完善的战略营销情报流程,从程序上保证战略营销情报获取流程的科学性;第二,构建有效的战略营销情报组织,从组织上保证情报资源的准确性;第三,提高战略营销情报技术,从手段上保证情报获取的科学性;第四,重视情报资源的利用是战略营销情报真正成为企业决策支持的重要基础;第五,建立重视营销竞争情报的企业文化,建设信息流通的渠道和机制,实现有效的沟通。差距的弥补是在比较的基础上进行的,只有以竞争对手为参考点,才能缩小甚至弥合差距。

(二) 弥合竞争标杆差距3:战略营销资源差距

战略营销资源为企业营销竞争力的提升提供资源保证。相对于竞争标杆企业,战略营销资源差距出现的原因有以下两个方面。首先,企业没有培育出具有差异化的战略营销资源。每个企业在发展中都拥有或多或少的营销资源,但在市场竞争中只有那些拥有独特的、具有异质性的营销资源的企业才能提升顾客感知价值,获得顾客的青睐。其次,企业没有盘活、有效利用已有的战略营销资源。从资源利用的角度来说,每种资源都有利用价值,只不过是利用的时间、地点有所不同。竞争标杆企业之所以卓越,一个共同的特点是挖掘盘活企业内有效的营销资源,发挥其有效的作用。海尔集团的"吃休克鱼"理论,生动地说明了这个问题。战略营销竞争优势源于对战略营销资源的有效利用,并以此为基础经由关联、匹配、协同等方式形成核心能力并获得持续的竞争优势,以实现顾客价值和企业价值。从战略营销实

---

① 杨保军:《试论营销竞争情报在营销战略中的应用》,《商场现代化》2006年第36期。

践来看，影响战略营销资源差距的关键因素主要有以下几个方面。

第一，企业自身的基础营销资源和能力水平，即基础资源和能力，包括营销资金、营销人力、营销竞争情报系统、营销渠道、营销文化、营销制度、企业知名度、企业美誉度和员工忠诚度等。第二，战略营销资源与企业内部各资源要素或能力的匹配水平。第三，战略营销资源与企业外部各资源要素的匹配水平。第四，战略营销与外部环境的适应性。由此，要弥合战略营销资源差距应从以下两个方面来分析：一方面，要合理界定企业所能利用的战略营销资源；另一方面，要合理配置战略营销资源，使战略营销资源与内部各资源要素和外部各资源要素相匹配，促使战略营销保持与环境的适应。

（三）弥合竞争标杆差距 4：战略营销能力差距

卓越的企业战略营销能力可以将企业的营销资源转化为强大的竞争优势。日本松下能获得惊人的发展，源于它在流通中为自己确立了地位，在日本有"技术的日立，买卖的松下"之说。当年松下与代销店山本老板痛苦诀别，停止代销合同，断绝业务关系，就是因为松下的实力太小，不能支配代销店。20 世纪 50 年代初，松下先生在改组生产体系后，立即着手建立与众不同的推销网络，并创造了"分期付款"方式等，从而使松下有了广阔的发展前景。造成战略营销能力差距的主要原因在于以下两个方面。一是战略营销决策能力差距，主要表现为环境分析能力、营销战略目标确定能力、营销策略组合选择能力和市场细分及定位能力。五谷道场方便面在竞争激烈的市场中凭借卓越的战略营销决策能力，提出"非油炸"概念，开辟了竞争的新路。二是营销运作能力的差距。营销运作是营销战略的具体执行，它反映了企业资源优化的配置程度，营销运作能力主要表现为市场调研与预测能力、产品研发与创新能力、市场营销渠道管理能力和营销传播能力。宝洁公司显著的市场地位与其卓越的营销运作能力分不开。

影响战略营销能力差距的关键因素有营销文化、营销资源基础、营销人力资源。由此要弥合战略营销能力差距要从以下几个方面着手。第一，培育积极的营销文化。营销文化决定着企业在营销活动中的导向与态度。营销文化根植于企业最深处，强烈影响企业对于市场变化的认识及采取的行动，培养积极的营销文化能增强企业的战略营销能力，提升企业的竞争优势。第二，培育战略营销能力的营销资源基础。第三，培养、引进营销人才，培育企业的营销人力资源。

（四）弥合竞争标杆差距 5：战略营销执行差距

营销竞争力的外在表现就是营销执行力。企业的战略营销资源、战略营销能力以及战略营销情报的有效性最终都表现在战略营销执行力上。调查研究表明，许多关键因素不利于弥合执行差距，即使有非常好的营销资源和能力、制定有效的营销战略，企业也有可能难以取得良好的营销效果，人力资源、顾客的要求、资源和能力的匹配性都影响到战略营销执行。从营销研究和实践分析来看，企业领导者、营销文化、营销制度因素是导致战略营销执行差距的关键因素。所以，弥合战略营销执行差距应从以下三个方面着手。

第一，提高企业领导者关注、参与战略营销执行的程度，尤其是促使企业高层重视营销执行，做到企业营销战略、营销策略的制定以能够执行为标准，真正使执行落到实处。第二，在企业内形成强调执行的文化，将战略营销执行与企业员工实际工作能力结合起来，在企业内部形成重视执行的风气。第三，构建鼓励执行的制度体系，以制度保证员工的营销执行，在激励、考核、薪酬制度上体现员工营销执行的效果。

本章小结

本章全面分析了全球化、新技术对战略营销的影响。利用差距模型构建战略营销差距分析框架，为企业寻找竞争标杆、缩小差距提供了重要的理论依据。本章重点论述以下四个方面。第一，标杆管理是一个通过衡量和比较来提升企业竞争地位的过程，它强调以卓越的公司作为管理的对象，通过持续改善来强化自身的竞争优势。第二，服务质量差距模型说明了服务质量计划和分析工作的基本程序和步骤，根据这些步骤，管理者可以发现产生服务质量问题的原因，并可以据此采取相应的对策。第三，战略营销差距模型。战略营销本质上是树立竞争标杆、寻找差距、弥合差距的过程。第四，战略营销差距弥补。战略营销差距模型的核心是顾客差距，战略营销是围绕弥合顾客差距开展的，而要弥合顾客差距首先要弥合竞争标杆差距，包括战略营销情报、战略营销资源、战略营销能力与战略营销执行的差距。

案例训练1：百雀羚

随着经济快速发展，中国化妆品消费迅速崛起。然而中国化妆品行业由国际品牌主导，国产化妆品企业多处于中低端市场；中低端市场由于产品差异小、竞品多，企业之间竞争异常激烈，而且国际化妆品企业有部分产品线已经布局或者即将布局中低端市场。面对如此激烈的市场格局，国产化妆品品牌如何突破重围是一个亟须解决的问题。

百雀羚是国产化妆品的头部企业，2020年成为第一个跻身全球最有价值化妆品品牌榜单前二十的中国企业。百雀羚由顾植民于1931年创办，在中国首创香脂类润肤膏，自诞生之初就在上海刮起风潮，并受到阮玲玉、周璇、胡蝶等时尚电影明星和宋氏三姐妹等名媛的追捧，引领了一个时代的时尚风潮。然而，在一众国际品牌进入中国市场，并占据巨大市场份额的情况下，国货品牌的市场地位越来越低，国人对于国民品牌的评价多数是落后、土气和廉价等。但是,即使面临巨大的压力和困难,国货护肤品一直努力跟上国际的步伐,比如百雀羚一直努力突破消费者对于其产品的固有印象,寻找突破。

百雀羚的改变体现在市场营销以及产品定位等方面。在营销方面,增加广告投入、增加冠名机会以及请具有国际知名度的明星代言等一系列营销活动。在产品定位方面,百雀羚确立了品牌属性即"本草护肤品",倡导"天然不刺激"的"温和护肤",新的定位更贴近产品属性和时尚潮流。通过营销手段和产品定位的改变,百雀羚的知名度得到了明显的提升,随之而来的是产品销量的增加。百雀羚成功的国际化营销,值得国货品牌借鉴和学习。

资料来源:诸葛纯《消费社会视域下国产护肤品的崛起——以百雀羚为例》,《试听》2019年第11期;陈海超《百雀羚:"老树开新花"有秘密》,《日用化学品科学》2018年第12期;蔡碧莹、闫泽斌、朱文文《国产化妆品企业营销中的问题与对策研究——以百雀羚为例》,《现代商业》2022年第10期。

案例思考:试从百雀羚案例分析国货品牌如何适应全球化发展?

案例训练2:阿里巴巴

随着经济全球化趋势的日益加深,中国的发展政策也紧随国际局势的步伐,政府为保障跨境电商稳定且快速发展出台多项扶持政策。阿里巴巴集团控股有限公司(以下简称"阿里巴巴")作为国内最大的电商平台,在跨境电商业务方面已经相当成熟,是跨境电商的领跑者。

阿里巴巴是马云带领下的18位创始人于1999年在浙江省杭州市创立的公司。阿里巴巴经营多项业务,包括淘宝、天猫、聚划算、全球速卖通、阿里巴巴国际交易市场、1688、阿里妈妈、阿里云、蚂蚁集团、菜鸟网络等。早在阿里巴巴成立之初,阿里巴巴就布局了阿里巴巴国际站这一业务板块,便于今后从事跨境电商领域。

阿里巴巴全球化战略主要体现在以下五方面。第一,商品:全球买和全球卖。阿里巴巴电商平台完善,已经覆盖上百个国家与地区和上千种品牌,使全球买和全球卖成为可能,也为世界互联互通的实现奠定了坚实基础。第二,支付:商户与用户间的互动。蚂蚁金服是其重要的组成部分,增加了商户与用户之间的互动性。在支付宝的运营中,可有效联结出境用户和海外用户。第三,物流:菜鸟网络全球化。2013年,菜鸟网络科技有限公司成立,为物流配送的"最后一公里"问题的解决提供了新思路。菜鸟网络的发展,可优化物流服务,为跨境物流提供保障。第四,文娱:未来方向。阿里巴巴始终紧跟时代发展潮流,在新时期尝试"大数据型媒体平台"的构建,以消费者需求出发,抓牢市场的先机。第五,云计算:发展亮点。云计算是新时代的产物,将云计算作为发展战略,可进一步拓展市场。同时,云计算还处于初步发展阶段,有较大的发展空间。阿里巴巴在国际化发展中拥有较为丰富的经验，是其他企业国际化发展的标杆。

资料来源：姚瑶《跨境电商平台的商业模式分析——以阿里巴巴国际站为例》，《财富时代》2022 年第 2 期；徐东升、刘嘉琪《电商企业国际化战略分析——以阿里巴巴集团为例》，《全国流通经济》2020 年第 24 期。

案例思考：试用战略营销差距模型分析阿里巴巴的国际化存在什么问题？

战略营销实训

实训项目 1：全球化与反全球化是当前国际政治经济领域的两股思潮，对企业战略营销产生深远的影响，查阅资料，分两队对此开展辩论：

正方：全球化对战略营销具有正向影响，可以满足世界市场顾客需求

反方：全球化对战略营销具有抑制作用，不能满足世界市场顾客需求

实训项目 2：从营销情报、资源、能力和执行角度分析企业与竞争标杆的差距，选择一个行业的标杆企业和本区域企业，查阅资料，分析二者之间的营销差距，并提出弥补差距的方案。

参考文献

[1]《习近平谈治国理政》(第一卷),外文出版社,2018。

[2]《习近平谈治国理政》(第二卷),外文出版社,2017。

[3]《习近平谈治国理政》(第三卷),外文出版社,2020。

[4]《习近平谈治国理政》(第四卷),外文出版社,2022。

[5]〔美〕菲利普·科特勒、〔美〕凯文·莱恩·凯勒、〔美〕亚历山大·切尔内夫:《营销管理》(第16版),陆雄文、蒋青云、赵伟韬、徐倩、许梦然译,中信出版集团,2022。

[6]〔美〕菲利普·科特勒、〔美〕凯文·莱恩·凯勒:《营销管理》(第15版),何佳讯、于洪彦、牛永革、徐岚、董伊人、金钰译,格致出版社和上海人民出版社,2016。

[7]〔美〕菲利普·科特勒、〔美〕凯文·莱恩·凯勒:《营销管理》(第12版),梅清豪译,世纪出版集团和上海人民出版社,2006。

[8] 杨保军:《差距——市场导向的战略营销管理》,经济科学出版社,2008。

[9] 杨保军编著《营销竞争力》,清华大学出版社,2005。

[10] 王永贵编著《市场营销》(第2版),中国人民大学出版社,2022。

[11]〔美〕戴维·W.克雷文斯、〔美〕奈杰尔·F.皮尔西:《战略营销》(原书第10版),董伊人、葛琳、陈龙飞译,机械工业出版社,2016。

[12]〔美〕菲利普·科特勒、〔美〕加里·阿姆斯特朗、〔新〕洪瑞云、〔新〕陈振忠、游汉明、〔新〕梁绍明:《市场营销原理》,赵占波、姚凯等译,机械工业出版社,2020。

[13]〔美〕杰夫·贝佐斯、〔美〕沃尔特·艾萨克森:《长期主义》,靳婷婷译,中国友谊出版公司,2022。

[14] 腾讯研究院、中国信通院互联网法律研究中心:《人工智能》,中国人民大学出版社,2017。

[15] 郭国庆、贾森磊编著《营销思想史》,中国人民大学出版社,2012。

[16] 肖丽、朱姝、肖凌编著《战略营销》，电子工业出版社，2003。

[17] 曾国安：《战略市场营销》，东北财经大学出版社，2001。

[18] 〔美〕戴维·A.阿克：《战略市场管理》，王霞、申跃译，中国人民大学出版社，2006。

[19] 〔美〕乔治·S.达伊：《市场驱动型组织》，白长虹等译，机械工业出版社，2003。

[20] 〔爱尔兰〕弗兰克·布拉德利：《战略营销》，文瑜译，华夏出版社，2005。

[21] 〔美〕罗伯特·M.格兰特：《现代战略分析：概念、技术、应用》（第4版），罗建萍译，中国人民大学出版社，2005。

[22] 〔美〕瓦拉瑞尔·A.泽丝曼尔、〔美〕玛丽·乔·比特纳：《服务营销》，张金成、白长虹译，机械工业出版社，2002。

[23] 李扣庆：《顾客价值优势论》，经济科学出版社，2004。

[24] 吴健安、聂元昆主编《市场营销学》（第六版），高等教育出版社，2017。

[25] 阳翼：《大数据营销》，中国人民大学出版社，2017。

[26] 〔美〕约翰·A.皮尔斯二世、〔美〕小理查德·B·鲁宾逊：《战略管理——制定、实施和控制》（第8版），王丹等译，中国人民大学出版社，2005。

[27] 〔美〕迈克尔·波特：《竞争战略》，陈小悦译，华夏出版社，1997。

[28] 王甦、汪圣安：《认知心理学》，北京大学出版社，1992。

[29] 唐十三、谭大千、郝启东：《品类》，企业管理出版社，2007。

[30] 梁宁建：《当代认知心理学》，上海教育出版社，2003。

[31] 〔美〕凯文·莱恩·凯勒、〔美〕沃妮特·斯瓦米纳坦：《战略品牌管理——创建、评估和管理品牌资产》（第5版），何云、吴水龙译，中国人民大学出版社，2020。

[32] 王锡秋：《企业能力战略——基于顾客价值经营竞争优势》，东方出版社，2006。

[33] 〔美〕拉里·博西迪、〔美〕拉姆·查兰：《执行：如何完成任务的学问》，刘祥亚等译，机械工业出版社，2003。

[34] 〔美〕杰克·韦尔奇、〔美〕苏茜·韦尔奇：《商业的本质》，蒋宗强译，中信出版社，2016。

[35] 〔美〕罗杰·A.凯琳、〔美〕罗伯特·A.彼得森：《战略营销——教程与案例》，范秀成译，中国人民大学出版社，2011。

[36] 〔美〕杰伊·B.巴尼、〔新西兰〕德文·N.克拉克：《资源基础理论——创建并保持竞争优势》，张书军、苏晓华译，格致出版社、上海三联书店和上海人民出版社，2011。

[37]〔美〕菲利普·科特勒、〔印度尼西亚〕何麻温·卡塔加雅、〔印度尼西亚〕伊万·赛蒂亚万：《营销革命3.0：从价值到价值观的营销》，毕崇毅译，机械工业出版社，2021。

[38]〔美〕菲利普·科特勒、〔印度尼西亚〕何麻温·卡塔加雅、〔印度尼西亚〕伊万·赛蒂亚万：《营销革命4.0：从传统到数字》，王赛译，机械工业出版社，2021。

[39]〔美〕沃尔特·基希勒三世：《战略简史——引领企业竞争的思想进化论》，慎思行译，社会科学文献出版社，2018。

[40]〔美〕艾·里斯、〔美〕杰克·特劳特：《营销革命》，邓德隆、火华强译，机械工业出版社，2021。

[41]〔德〕克劳斯·施瓦布、〔澳〕尼古拉斯·戴维斯：《第四次工业革命》，世界经济论坛北京代表处译，中信出版集团，2018。

[42]〔美〕托德·A.穆拉迪安、〔美〕库尔特·马茨勒、〔美〕劳伦斯·J.林：《战略营销》，郑晓亚、尤海波、闫慧、肖莹译，上海人民出版社，2014。

[43]王世渝：《第三次全球化浪潮》，中国民主法制出版社，2020。

[44]〔美〕约瑟夫·E.斯蒂格利茨：《全球化逆潮》，李杨等译，机械工业出版社，2019。

[45]〔美〕小阿瑟·A.汤普森、〔美〕玛格丽特·A.彼得拉夫、〔美〕约翰·E.甘布尔、〔美〕A.J.斯特里克兰三世：《战略管理——概念与案例》，于晓宇等译，机械工业出版社，2020。

[46]何佳讯：《战略品牌管理：企业与顾客协同战略》，中国人民大学出版社，2021。

[47]〔美〕埃弗雷姆·特班、〔美〕戴维·金、〔韩〕李在奎、梁定澎、〔美〕德博拉·特班：《电子商务：管理与社交网络视角》（第9版），时启亮等译，机械工业出版社，2020。

[48]李蕾、李东红编著《营销战略》（第4版），首都经济贸易大学出版社，2014。

[49]曹虎、王赛、乔林、〔美〕艾拉·考夫曼：《数字时代的营销战略》，机械工业出版社，2017。

图书在版编目(CIP)数据

战略营销管理 / 杨保军编著 . -- 北京：社会科学文献出版社, 2023.6（2024.2重印）
 ISBN 978-7-5228-1951-8

 Ⅰ.①战… Ⅱ.①杨… Ⅲ.①企业管理-营销管理 Ⅳ.①F274

中国国家版本馆 CIP 数据核字（2023）第 100648 号

战略营销管理

编　　著 / 杨保军

出 版 人 / 冀祥德
组稿编辑 / 高　雁
责任编辑 / 贾立平
责任印制 / 王京美

出　　版 / 社会科学文献出版社·经济与管理分社（010）59367226
　　　　　 地址：北京市北三环中路甲29号院华龙大厦　邮编：100029
　　　　　 网址：www.ssap.com.cn

发　　行 / 社会科学文献出版社（010）59367028
印　　装 / 唐山玺诚印务有限公司

规　　格 / 开　本：787mm×1092mm　1/16
　　　　　 印　张：19.5　字　数：393千字
版　　次 / 2023年6月第1版　2024年2月第2次印刷
书　　号 / ISBN 978-7-5228-1951-8
定　　价 / 98.00元

读者服务电话：4008918866

版权所有 翻印必究